中国社会科学院　学者文选

吴家骏集

中国社会科学院科研局组织编选

中国社会科学出版社

图书在版编目（CIP）数据

吴家骏集／中国社会科学院科研局组织编选. —北京：中国社会
科学出版社，2007.12（2018.8 重印）

（中国社会科学院学者文选）

ISBN 978 - 7 - 5004 - 6515 - 7

Ⅰ.①吴…　Ⅱ.①中…　Ⅲ.①吴家骏—文集②企业管理—文集
Ⅳ.①F270 - 53

中国版本图书馆 CIP 数据核字（2007）第 171212 号

出 版 人　赵剑英
责任编辑　卢小生
责任校对　石春梅
责任印制　戴　宽

出　　　版　中国社会科学出版社
社　　　址　北京鼓楼西大街甲 158 号
邮　　　编　100720
网　　　址　http：//www.csspw.cn
发 行 部　010 - 84083685
门 市 部　010 - 84029450
经　　　销　新华书店及其他书店

印刷装订　北京市十月印刷有限公司
版　　　次　2007 年 12 月第 1 版
印　　　次　2018 年 8 月第 2 次印刷

开　　　本　880 × 1230　1/32
印　　　张　16.75
字　　　数　398 千字
定　　　价　99.00 元

出版说明

　　一、《中国社会科学院学者文选》是根据李铁映院长的倡议和院务会议的决定，由科研局组织编选的大型学术性丛书。它的出版，旨在积累本院学者的重要学术成果，展示他们具有代表性的学术成就。

　　二、《文选》的作者都是中国社会科学院具有正高级专业技术职称的资深专家、学者。他们在长期的学术生涯中，对于人文社会科学的发展做出了贡献。

　　三、《文选》中所收学术论文，以作者在社科院工作期间的作品为主，同时也兼顾了作者在院外工作期间的代表作；对少数在建国前成名的学者，文章选收的时间范围更宽。

中国社会科学院

科研局

1999 年 11 月 14 日

目　录

三 关于现代企业制度与公司治理结构

四 关于国有企业民营化与私有企业的发展

五　关于经济结构调整

六　关于社会保障与社会稳定

附　　录

序　言

　　吴家骏同志和我一起工作已经快半个世纪了。1960 年他从中国人民大学工业经济系毕业后，就参加了我主持的为起草《工业七十条》而进行的企业调查和《中国社会主义国营工业企业管理》一书的写作。"文化大革命"以后，领导上要我在原经济研究所工业组的基础上筹建工业经济研究所，他和工业组组长陆斐文同志一起，协助我进行了创建工业经济研究所的工作。此后，他长期担任了这个研究所的副所长，并且一直围绕着企业问题开展他的研究工作。

　　1978 年 9 月 9 日，他和我一起用"马中骏"的笔名在《光明日报》发表了《充分发挥企业的主动性》一文，提出：

　　一、"解决经济管理体制问题，应当把充分发挥企业的主动性作为基本的出发点"，针对当时解决经济管理体制问题主要在中央和地方条块分工上变来变去，反复出现"一统就死，一死就叫，一叫就放，一放就乱，一乱又收……"的团团转的现象，指出："无论企业归谁管，无论国家机关的条、块怎样分工，都需要按照客观规律的要求，处理好国家和企业的经济关系，尤其要承认企业在客观上所具有的独立性，赋予企业一定的自主权。"

二、"正确处理国家和企业的关系是实现国家、企业和劳动者个人三者利益统一的关键",针对当时企业只是行政机关的附属物的状况,指出:"在社会主义经济中,国家和企业之间,应当建立严格的经济核算关系。企业要有独立的资金,要对自己经营的成果负责。""不把国家和企业的关系处理好,企业之间的关系、企业和劳动者个人之间的关系也都不可能处理好"。

三、"明确国家和企业双方的经济责任,才能更好地发挥企业的主动性",针对当时国家只下达指令性计划而不能提供物质保证的混乱局面,指出:"企业为完成计划任务所需要的条件国家也应当给予保证。在经济上必须明确国家和企业双方的责任。这种责任应当落实到人,真正把企业经营好坏同每个人的经济利益挂起钩来。"这是较早提出承认企业独立性、扩大企业自主权,强调把企业经营和职工利益紧密挂钩的文章。

1978 年党的十一届三中全会前夕,他和我一起参加了袁宝华同志率领的企业管理考察团访问了日本。后来,他又协助我主持编写了《现代中日经济事典》,组织了历次"中日经济学术讨论会",并多次出访日本,对日本企业进行了比较系统的考察。他的文章比较多地涉及了日本企业和企业管理的经验,并且比较早也比较系统地介绍了日本股份制企业的第一手资料。

1990—1991 年,他到日本亚洲经济研究所做了 10 个月的客座研究员,回国后发表了"访日归来话改革"系列文章,比较早地提出了在国有企业公司化改造过程中,通过企业法人相互持股实现股权多元化、分散化的主张,同时提出了利用多元法人相互持股的"架空机制",实现企业自主经营;建立合理的利益结构,构筑"利益防线",实现企业自负盈亏;增强企业凝聚力,通过企业内部"适度竞争",提高企业对外竞争力,使企业成为"自主经营、自负盈亏、有竞争力的经济实体"的改革思路。

　　1993年底，党的十四届三中全会提出"转换国有企业经营机制，建立现代企业制度"的任务后，他在各种报刊发表文章，反复强调，不能把现代企业制度等同于公司法人制度，指出：我国改革中出现的各种非规范化的行政性翻牌公司和国际上客观存在着的无限责任公司，都是公司法人但并不具备现代企业制度的本质；现代企业制度的本质不在于公司的名义和法人的地位，而在于有限责任。无限责任的公司法人，由于出资者要承担无限连带责任，企业经营好坏会累及所有者的身家性命，所有者必然要亲自掌握经营大权，所有权和经营权必然是合一的，不可能出现两权分离；有限责任制度出现后，所有者在出资额的范围内、企业以其拥有的法人财产承担有限责任，风险被限定了，企业的经营对所有者来说不再是无底洞，这时所有者才有可能超脱出来，把经营大权交给专门的经营者去掌握，这时才会有两权分离，才会有经营者阶层的出现，公司治理结构等现代企业的一系列制度特征才会产生。他认为："我国的国有企业，在旧体制下实际上是无限责任制的企业……因此，国有企业的改革要在有限责任上下工夫，解决了这个问题，才能建立起产权明晰、政企分开、责权明确、管理科学的现代企业制度。"我认为，当时提出这样的观点，对国有企业的改革具有特别重要的意义。

　　1994—1995年，他在日本东京大学做客座研究员，调查研究了日本的社会保障制度；1997—1998年，他又受聘担任东京大学客座教授，重点研究了民营化问题，回国后发表了相应的文章。在《国有企业的民营化与民营企业的发展》一文中，他针对在民营化问题上容易产生的误解，用企业形态分类的理论阐明了民营化与私有化的联系和区别，指出：在研究民营经济的时候，至少要涉及三个方面企业形态的划分，一是企业的经济形态，二是企业的经营形态，三是企业的法律形态。这三种形态是从三个不同的侧面对企业进行的类别划分，它们之间既有联系又有区别。把这三种企业形态区分开来之后，就可以清楚地看出国有企业民营化同私有化的联系与区别。民营化是经营形态范畴的问题，而私有化是经济形态范畴的问题，两者并不是一回事。从国际经验来看，国有企业民营化的形式也是多种多样的，有的可以伴随所有权的改变，但多数情况下和所有制的变化是无关的。上述这些观点，我觉得也是很重要的。

1997年初，他针对当时市场销售不畅给企业生产带来的困难，提出了"抓消费、促生产"，"向低收入者倾斜加大资金投入"的主张。他指出："这次的比例失调同改革初期那次失调不同，不是中间产品大量积压，而是更多地表现为最终产品的过剩积压。"因此他认为："根据消费品积压和物价涨幅回落的状况分析判断，近期内拿出数百亿甚至上千亿资金来启动市场是可行的。但资金的投向十分重要。投向高收入者，只会增加银行存款，不能形成现实购买力，如果能够确保投向低收入者，就可以扩大有支付能力的需求，从而启动市场。"进而他提出了五条措施："提高最低生活保障线；给建立养老保险基金以资金支持；给建立医疗保险基金以资金支持；给建立再就业基金以资金支持；给住房困难户购房以资金支持。"现在回过头来看，这些主张是可行的，而且提得也是比较早的。

这部文集的特点是主题比较集中，而且紧紧结合我国企业改革的实际，提出了自己独到的见解，较有深度，对我国企业改革和管理，较有参考价值，故特为之作序，并向读者推荐。

马 洪

2005年1月23日

一　关于企业管理

探索我国企业管理现代化的道路

实现四个现代化,必须努力掌握现代化的、科学的管理,加速实现管理的现代化。正像我国的四个现代化建设必须走自己的道路一样,实现管理现代化,也必须从我国的实际出发,走我们自己的道路。这就需要研究管理科学的发展,分析各国现代企业管理的特点,探索适合我国国情的企业管理现代化的道路。

一

现代管理是经过很长的历史过程逐步形成和发展起来的。有共同劳动就要有管理,但是,有管理实践还不等于有管理科学。管理科学是随着资本主义生产的发展逐步形成的。

资本主义企业管理理论在发展过程中,有不同的发展阶段。怎样划分它的发展阶段,目前国内外理论界的认识还不一致。比如,有的说是从泰罗开始的,有的说是在泰罗以前,从亚当·斯密、大卫·李嘉图开始的。但是,不论看法多么分歧,大家都认为,管理理论的大发展,是在泰罗以后。

在泰罗以后的几十年间,出现了许多学派,国外有人用

"热带的丛林"来形容学派之多。对于这些不同的学派，如果从管理思想史的角度进行研究，当然可以作细致的划分，但如果从应用的角度，从便于我们借鉴的要求出发，我觉得不妨分成两个大的流派来理解，这就是"技术组织学派"和"行为学派"。从这两大学派的特点分析它们的差别，可以看出管理理论的两种不同的思路和两个不同的理论体系。

技术组织学派，强调管的作用，强调在技术上、组织上、制度上下工夫，强调用技术的方法和手段建立科学的、严格的管理制度和管理办法来促进生产效率的提高。这个学派形成得比较早，泰罗制就具有早期的技术组织学派的特征。它的主要内容是搞作业研究，从工人的操作上研究工时的合理利用，实际上是把人看做机器，要求每个人都被动地按事先规定的办法去做。随着生产的发展，管理理论也在泰罗制的基础上进一步发展，从操作方法、作业水平的研究向科学组织的研究方面扩展，研究采用科学的合理的劳动组织、生产组织、企业组织、供产销衔接组织，等等。近二三十年来，随着现代自然科学、工程技术学的发展和电子计算机在管理上的应用，使作业研究、生产组织和劳动组织的研究，同现代技术方法、技术手段结合起来，形成为新的"现代组织管理科学"。从泰罗制到现代组织管理科学，可以看做是一个大的流派，属于同一个理论体系。

行为学派，强调人的能动作用，强调从社会学、心理学的角度来研究管理，注意发挥和调动人的内在动力来促进生产效率的提高。这个学派把行为科学的理论应用于企业管理，认为人们的一定的行为产生于一定的动机，而一定的动机又产生于一定的需要，产生于满足一定需要的欲望。因此，行为学派反对把什么都规定得死死的，强调从社会学、心理学角度研究人们的不同需要。有的学者把人们的各种需要归结为生理、安全、社交、心理和自我成就五大类，认为这是不同等级、不同层次的需要，当初级的、最基本的需要得到满足之后，它的刺激作用就会减弱或消失，人们就会关心进一步的更高一级的需要。因此，他们认为，现代企业管理应当研究和体察职工在不同条件下的各种各样的需要，并巧妙地引导，把职工的需要和企业的目标统一起来、结合起来，做到在使职工的需要得到一定满足的同时，使企业的目标得到实现。这和技术组织学派具有完全不同的思路，可以看做另一个理论体系。

从一些工业发达国家的企业管理中，可以看出一个共同的特点：注意吸收技术组织学派和行为学派的优点，既强调科学的组织和严格的规章制度，又下工夫研究人的心理，发挥人的主动性。有些国家还把技术组织学和行为学理论与民族习惯、民族传统结合起来应用，形成具有民族特色的管理体系。这些，可以说是现代管理的最基本的特点。

当然，社会主义企业的管理同资本主义企业的管理具有不同的社会性质。马克思说：资本家的管理，作为一种"监督劳动和指挥劳动"，"不仅是一种由社会劳动过程的性质产生并属于社会劳动过程的特殊职能，它同时也是剥削社会劳动过程的职能，因而也是由剥削者和他所剥削的原料之间不可避免的对抗决定的。"① 这种剥削和对抗的性质在社会主义企业管理中已经不存在了。但是，社会主义制度是在资本主义发展起来的巨大的生产力的基础上经过无产阶级革命建立起来的。社会化的大生产决定了社会主义企业的管理必然同资本主义企业的管理有一定的联系，有一定的继承性，有一定的共同点。因此，正确认识现代管理的上述特点，对于探索我国实现企业管理现代化的道路，改进

---

① 《马克思恩格斯全集》第23卷，人民出版社1972年版，第368页。

我国工业企业的管理工作，还是很有意义的。

二

过去常常碰到一种误解，认为现代管理只是采用电子计算机等管理手段。一讲现代管理，想到的只是高深的管理技术、复杂的计算技术和计算手段，而不是从技术组织学派和行为学派的结合上去考察现代管理。这实际上是把管理现代化同电子计算机化等同起来，把大量引进和采用电子计算机看做是我国实现管理现代化的根本出路。这种认识是值得商榷的。我们知道，电子计算机在现代工业企业管理中具有非常重要的作用，但它毕竟不是企业管理现代化的全部内容，而只是一种技术手段。企业管理是对企业的生产、技术、经济活动进行组织、计划、指挥、核算、监督和调节，它所要解决的问题涉及生产力、生产关系、上层建筑等各个方面，决不是单纯的技术问题。现代企业管理科学就是把当代自然科学和社会科学成就运用于现代企业管理而形成的一门经济管理科学，人们通常把它看做跨自然科学和社会科学的边缘科学。因此，仅仅从技术上、电子计算机的应用上去考虑管理现代化问题显然是不妥的。我们可以看到，即使是生产力发展水平比较高、工业技术比较先进的国家，搞管理现代化也不是光靠电子计算机。像日本的企业管理，虽然也广泛采用电子计算机，但其基本特点并不在于采用电子计算机，而在于集中了各种管理理论流派的长处，把它同日本的"家族主义"的民族传统和习惯巧妙地结合起来，形成了一种管理现代工业企业的具有独特风格的有效方法。目前，我国技术和经济条件都很有限，不能把注意力集中在采用电子计算机上。这样说，并不是要否定或低估电子计算机等现代管理手段的作用，而是要脚踏实地、从我国的实际出发去实现管理现代化。

我国的企业管理，过去不用行为科学之类的术语，但在实践中，既强调严密的组织和严格的规章制度，又强调调动人的积极性。在社会主义条件下，由于消灭了剥削，所有劳动者的根本利益是一致的，因此，在推行合理的组织制度和调动人的积极性方面，我们具有资本主义企业无法比拟的优势。我们在这方面有自己的理论，而且已经积累了许多很好的经验。今后，还是应当发挥优势，继续沿着这个方向，走出一条适合我国国情的实现企业管理现代化的道路。

当前，我们应当怎样从我国实际出发，实现企业管理现代化呢？我觉得需要特别注意的问题有以下几个：

1. 发扬我国企业管理工作的优良传统，把过去行之有效的办法恢复起来，并在新的条件下加以发展，使它更加系统化。

管理现代化，不能忽视传统经验。必须继承和发扬传统的优点，把民族的、革命的好传统同现代工业生产的实际很好地结合起来，同现代管理技术很好地结合起来。这是我国企业管理现代化的一个带有根本性的问题。

从我们在老革命根据地开始办企业算起，已有半个多世纪了，我们从正反两个方面积累了十分丰富的经验。过去，我们的工业建设是同革命军队和革命根据地的建设和发展联系在一起的，因此具有优良的革命传统。新中国成立以后，这些好传统得到了发扬，同现代工业生产的实际结合起来，进一步取得了搞好各项管理工作的系统经验，如在工业企业工作中坚持计划性、经济核算、分工负责制、政治教育和物质鼓励相结合、群众路线等各项基本管理原则的经验；坚持党的领导，实行职工代表大会制、厂长负责制等各项基本制度的经验；有效地组织企业的供产销各个环节工作的经验；在工业企业搞好各项基础工作的经验，等等。由于"四人帮"的干扰，这些传统经验遭到严重破坏。要提高企业管理水平，首先必须拨乱反正，把过去行之有效的办法恢复起来。当然，在过去的经验中，也有一些早已不适应生产力发展的要求了，如企业管理受供给制、小生产经营习惯、自给自足自然经济思想的影响很深，这些都应该彻底改变，否则也会阻碍企业管理现代化的实现。

2. 加强管理教育，从现有水平出发，努力提高企业领导人和管理人员的技术、业务水平。

现在，我国企业领导人和管理人员的文化、技术和业务水平一般比较低，在实现管理现代化过程中，管理人才的培养应当放在十分突出的地位。应当加强高等院校现代管理专业的建设，迅速培养掌握现代管理理论、管理技术、管理手段的专门人才；对在职管理人员的训练，也应当尽可能多地灌输现代管理技术知识。不这样做，就不能适应四个现代化建设的需要。但是，对在职干部的培训，一定要从实际出发，循序渐进，从他们熟悉的问题入手，在总结我们自己的传统经验的基础上提高。如果离开现实的管理基础和干部条件去学一些暂时还不能普遍应用的管理技术和理论，对改进管理工作不会有多大直接帮助。

固然，管理人员水平的提高要靠培训，只有经过专门训练，才能打好牢固的基础，便于攀登高峰；但对多数人来说，更为经常的是靠在实践中提高。因此，建立能够促进领导干部和管理人员水平不断提高的责任制度非常重要。列宁在十月革命以后，通过推行以"一长制"为中心的责任制度，把工作担子压在各级领导者和管理干部身上，既消除了无人负责的混乱现象，又在实践中造就了大批管理人才，迅速解决了管理落后的问题。我们也应当加强厂长负责制，严格各项责任制度，这应当成为促进管理干部成长的经常的重要因素。

3. 从实际出发，积极改进企业的经营管理工作，不可消极等待。

管理现代化的内容极为广泛，除了正确的理论指导外，至少包括三个方面的内容：

第一，管理组织的现代化，即采用科学的、合理的组织形式和组织方法，如合理的企业组织、劳动组织、生产过程组织、供产销衔接的组织，等等。

第二，管理方法的现代化，既包括采用经济方法，也包括采用行政方法；既包括经济数学方法、统计分析方法、系统分析方法和基础管理工作中的科学方法的运用，也包括政治教育、群众路线、社会心理学方法的运用，等等。

第三，管理手段的现代化，即采用电子计算机和自动控制装置，等等。

如果全面地从这些方面下工夫，即使在不能普遍采用电子计算机的条件下，实现管理科学化、现代化，也是有大量事情可做的。目前，我国企业管理方面的潜力很大。管理基础工作还很薄弱；在用数学方法、系统分析方法对经济管理进行定量分析方面，还有不少新东西可以学习和运用；过去行之有效的管理方法，许多已被荒废，也有待于恢复和进一步发扬。所有这些，都是实现管理现代化过程中需要解决的问题。那种认为管理现代化可望而不可即，没有电子计算机就无能为力的思想是不正确的。我们相信，只要有明确的科学化、现代化的目标，又能实事求是、脚踏实地地前进，我们就一定能够实现我国企业管理的现代化。

（原载《红旗》1980 年第 20 期）

我国企业管理理论和实践的几个问题*

一 什么是企业管理?为什么必须进行管理?

党中央明确提出了我们党的政治路线,就是要实现四个现代化,多快好省地建设现代化的社会主义强国。要实现四个现代化,现代科学技术固然重要,同时,管理问题也是非常重要的。国内外的经验告诉我们,没有现代化的、科学的管理,要使国民经济高速度地发展,是根本不可能的。从国际上一些工业比较发达的国家来看,它们都把管理放在非常突出的位置,认为现代管理和现代技术是同等重要的。它们把现代管理和现代技术比作一辆车子的两个车轮,缺一不可。我们觉得这种比喻是很有启发的。事实也正是这样,如果没有现代化的技术装配,当然就没有办法实现四个现代化;但是,有了现代化的技术装备,如果管理非常落后,那么这些现代化的技术装备,也不可能真正发挥作用,同样没有办法实现四个现代化。因此,我们应当充分认识管好企业的重要性,高度重视管理。

---

* 1980 年 4 月在辽宁省轻工业干部培训班作的学术报告。

既然企业管理如此重要，那么我们就有必要弄清楚什么是企业管理，企业管理作为一门科学到底应该研究什么问题，解决什么问题？

所谓企业管理，概括地说，就是对企业的生产、技术、经济活动进行组织、计划、指挥、核算、监督和调节。它包括的内容是非常广泛的。从企业的人财物，到供产销的各个环节；从生产到生活的各个方面，都存在怎样进行组织、计划、指挥、核算、监督、调节的问题。

企业管理的内容虽多，但从理论上概括起来分析，无非是生产力、生产关系和上层建筑三个方面的问题。

比如说，企业要进行生产，就必须有人、有材料、有设备工具。也就是说，必须有劳动力、劳动对象、劳动手段。这些都是生产力的要素，必须把这些要素结合起来，才能进行生产。马克思讲过："不论生产的社会形式如何，劳动者和生产资料始终是生产的因素，但是，二者在彼此分离的情况下只在可能性上是生产的因素。凡要进行生产，就必须使它们结合起来"①。在社会主义条件下，劳动者和生产资料在全民所有制企业里结合在一起，怎样把它们组织好，这是生产力的合理组织问题，主要是处理人和自然的关系，属于生产力方面的问题。这是企业管理需要解决的一个方面的问题。

又比如说，企业要进行生产，不光要发生人和自然之间的关系，而且人和人之间要发生一定的联系，因此，必须处理好人和人之间的关系。领导与群众的关系，工人和技术人员、管理人员的关系，工人群众之间的关系，等等，都必须处理好。不处理好这些关系，就不能调动各个方面的积极性，生产力也组织不好。

---

① 《马克思恩格斯全集》第24卷，人民出版社1972年版，第44页。

这里有很多是属于生产关系方面的问题，是企业管理需要解决的第二个方面的问题。

再比如说，企业要进行生产，必须制订计划；企业在生产中处理人和自然的关系以及人与人的关系，需要通过一定的规章制度去组织、去调节、去把各个方面的活动协调起来，还要有一定的纪律去约束人们的行动，等等。这些又是属于上层建筑方面的问题，是企业管理需要解决的第三个方面的问题。

所以，企业管理是涉及生产力、生产关系、上层建筑各个方面，内容非常广泛的一门科学。这也正是企业管理这门科学区别于一般经济科学、一般工程技术科学的一个重要特点。人们常常把企业管理看成是一门跨技术科学和经济科学的边缘科学，强调它既有很强的技术性，又有很强的理论性和思想性。所以，对管理干部的要求非常高，需要我们花大力气，下大工夫学习和研究，才能很好地掌握企业管理这门学问。

但是，"四人帮"一伙为了破坏社会主义经济建设，硬把企业管理说成是资本主义、修正主义的东西。好像无产阶级可以不要企业管理，企业管理是资本家的事。他们不但不去研究管理，而且鼓吹取消管理，要创造什么"不要管理而把企业办好的典型"，胡说什么："规章制度都姓修，彻底砸烂不保留"。他们的这些论调，在实践上是十分有害的，在理论上也是十分荒谬的。

从实践上看，问题已经很清楚。"四人帮"一伙的倒行逆施，否定和破坏企业管理，把我国国民经济弄到了崩溃的边缘。这个事实已经充分说明了社会主义企业必须有管理，必须有严格的科学的管理，否则就不可能把企业办好，国民经济就得不到发展。

那么，从理论上我们又应当怎样认识企业管理的必要性呢？

关于这个问题，马克思早就给我们解决了。马克思在《资本论》里讲："管理是一种生产劳动，是每一种结合的生产方式中必须进行的劳动"。① 这就是说，管理的必要性是由共同劳动所决定的，凡是许多人在一起相互配合，共同劳动，就必须有管理。因为许多人在一起配合，进行共同性的劳动，就需要协调每一个人的活动。这样就必须有计划、有组织、有监督、有指挥、有调节，不然的话，这种共同的劳动就没有办法进行。马克思在说明这个问题的时候曾经做过一个比喻，他说："一个单独的提琴手是自己指挥自己，一个乐队就要有一个乐队指挥"。这非常能够说明问题，如果"一人一把号，各吹各的调"，企业当然是搞不好的。共同劳动就得有管理，这不光对资本主义是这样，对社会主义和共产主义也一样。所以，这是理解企业管理必要性的最根本的一点，也是最重要的一点。

但是，我们现在研究的是社会主义的管理，是现代工业企业的管理，仅仅从上面说的这一点去理解，就不够了。这里还必须从现代化企业的特点出发，再从另外两个角度去理解，才能领会现代企业管理的必要性。这两个角度是：

第一，共同劳动的规模越大，技术越复杂，管理也就越重要、越复杂。很明显，几个人、几十个人的小厂和成千上万人的大厂，在管理上复杂程度是大不一样的，管理方法也有很大差别。在少数几个人一起进行共同劳动场合，有些事情随时商量一下就解决了，但是，成千上万人的大厂用小作坊的办法去管就不行。在大厂里碰到一些事情，光靠个人的经验、靠临时应付是不行的，必须事先有明确的规定，有一定的、科学的规范，大家按规定办事，整个企业就运转起来了。再从技术的复杂程度来看，在手工劳动的条件下，更多的是要解决人和人之间的协调、配合

---

① 《马克思恩格斯全集》第 25 卷，人民出版社 1974 年版，第 431 页。

问题，而现代化企业，运用机器体系进行生产，不但要协调每个劳动者之间的配合关系，而且要协调人和机器以及机器设备之间的配合关系。在生产过程中，各加工阶段和生产环节，在时间上、空间上必须配合好、衔接好，否则就不能保证机器体系的正常运转和高效率地进行生产活动。这就使企业管理更加重要、更加复杂。

第二，共同劳动的分工越精细，社会经济联系越广泛，管理也就越重要、越复杂。现代工业生产，不仅企业内部的分工精细，企业外部的协作关系也很复杂。一个产品往往由成千上万个零件组成，由几十家、几百家企业共同完成。这种复杂的社会分工协作关系、广泛的社会经济联系，对管理也就提出了更高的要求。

把上面所说的内容概括起来就可以看出，现代化企业管理的必要性应当从三个方面来理解：其一，它是由共同劳动决定的；其二，它是由技术的复杂性决定的；其三，它是由经济联系的广泛性决定的。这就是说，企业管理的必要性是由生产、技术、经济三个方面的因素决定的。这就给我们提出了一个任务：要搞好企业管理，就必须努力钻研和掌握生产、技术、经济规律，要学习生产组织，学习技术和经济，真正按照生产、技术、经济的客观规律的要求办事，否则就会出现瞎指挥，不能把企业办好。

二 管理科学的形成和发展

我们在座的同志都是搞管理的。管理作为一种社会实践活动来考察和作为一种科学理论来考察，是不一样的。作为一种实践活动来说，管理自古就有。我们古代修长城、挖运河、盖宫殿，这里都有管理，没有一定成熟的管理经验，干不成这些事情。这是从管理的实践活动来说的。但是，有管理的实践活动并不等于就有了管理科学。这是两个概念。管理科学是在一定的历史条件下形成和发展起来的。

关于管理科学理论的形成和发展，在国内外理论界有许多争论。比如说，管理科学到底从什么时间产生的？看法就很不一样。比较多的人认为是从泰罗开始的，在他以前是没有的，是他把经验变成了系统的理论。按这种观点来看管理科学，它的历史并不长。我们知道，泰罗的代表作发表的时间是1911年，到现在只不过70多年的时间。因此，研究管理科学并不难，它的时间长度是有限的。还有一种观点，认为管理科学理论不是从泰罗制开始的，在泰罗之前就有，是从英国古典经济观学家亚当·斯密开始的。亚当·斯密所处的时代比泰罗早一个世纪。按照这个观点，管理科学理论形成的时间距今也不过二百年左右。在这两种观点当中，我个人的看法是主张后一种。我认为是从亚当·斯密开始的。从亚当·斯密算起到现在，它是怎么走过来的呢？我认为管理科学理论经历了四个发展阶段。

（一）早期管理理论，代表人物是亚当·斯密（1723—1790）（英国）。

（二）传统管理理论，代表人物是泰罗（1856—1915）（美国）。

（三）现代管理理论，产生于本世纪40年代，本质特征是采用行为学原理。

（四）最新管理理论，这是从70年代后形成的管理理论，主要特征是把系统学原理应用于管理。

关键是第一个阶段，现在有人赞成，有些人不赞成。亚当·斯密是研究政治经济学的，他的主要成就是政治经济学。但是，他提出的劳动分工论也是管理上的一个很重要的原理。劳动分工理论，运用到企业管理，带来了一系列新的局面。比如说，他分析劳动分工，生产工人在不进行分工的情况下，他要完成所有的工序，比如，从头到尾生产一个零件，在这种情况下，他的熟练程度不容易提高，培训时间要长，花费要大，熟练过程当中付出的劳动要多。如果实行劳动分工，每人只完成一个单工序，这样工人培训的时间就可以缩短，这方面花费就可以减少，这实际上已经深入到了管理上的问题。同时，按工序分工，操作上就可节省时间。一个人从头干到尾，生产工具、卡具要经常更换，如果按工序分工，就可以节省换工具、卡具的时间，效率就可以提高。不仅如此，按工序分工还可以把生产操作简单化，分解到最简单程度，这是机械化的一个起点。我们现在复杂的机器都是在从简单的操作，用机械代替手工，然后，再把它连接起来，形成一个复杂的机器。现代化的机器设备，不可能一下子就形成，都有一个从简单到复杂的过程。这是生产发展过程中必不可缺少的阶段。这也是一个管理上的问题。从这些方面看，劳动分工论可以说是标志着管理理论的初步形成。另外，在亚当·斯密以后，在泰罗之前，还有一些人在劳动分工论的基础上进一步研究，把工序的分工和成本核算联系起来，这显然是管理问题，而不是一般的政治经济学理论问题。举一个例子来说：过去的手工制针，在早期没有劳动分工理论做指导，一个工人要从头做到尾，铁丝要把它调直，按一定的尺寸把它切断，把它磨光，尾部要砸扁，做一个鼻，再镀上点什么东西，最后再包装。从头到尾一个人干，许多工人坐在一起，但都干同样的工作。工人的工资标准要按复杂工序计算，因为各个工序有的简单，有的复杂，但是，一个人能够从头干到尾，所有工序的复杂程度都要掌握，他的工资标准就比较高。如果把它分解到若干个工序，根据每个工序的复杂程度配备不同的劳动力，有的工序可以用一般工人，有的工序可以用女工，有的可以用技术比较高的熟练工人。不同工序的工资标准可以相差很多。这样，总的平均起来，同样制针生产操作，它的工资支出就可以大幅度地下降。这就使它深入到经济核算、成本核算中来了。它是从理论上来指导的，这个内容不能不承认它是管理理论。所以，它是管理理论最早期的成果。当然，也应当承认，在亚当·斯密以后和泰罗以前这上百年时间里，管理理论的发展比较缓慢。

管理理论的大发展，确实是在泰罗以后，这是大家一致的认识。泰罗制管理理论的特点不同于亚当·斯密的劳动分工论。泰罗搞的是操作研究，也叫作业研究，研究生产工人的具体操作。研究工人的操作怎么样做才合理，哪个动作是多余的，把它去掉。把科学的操作方法纳入操作规程，把它制度化。一系列规章制度产生了。定了规章制度、操作规程，就要求每个工人必须严格按照操作规程办事，一点也不准走样，走样受罚。管、卡、压这套东西就是从泰罗制中逐渐形成的。最初，泰罗在钢铁企业中进行试验，研究装卸工的操作。在研究试验中，他发现资本家的管理凭经验，总觉得铁锹越大，工人干得越多，资本家赚钱也就越多，所以铁锹越搞越大。泰罗分析：这个经验实际上是不科学的，铁锹越大不见得效率越高。因为一个人的体力是有限的，一天干十几个小时，开始的时候，效率很高，到下午就没劲了，半天扔不起一锹，算总账，效率不见得高。但是，铁锹太小了也不行，锹小扔起来省力，但一锹装不了多少东西，总的效率也不高。因此，他认为必须找一个最佳值。经验是，原先资本家用的铁锹，铲铁矿石是 38 磅，铲煤时变为 35 磅，因为比重不一样。测定的结果证明，按人的体力一天操作下来使用 21 磅的锹最好。他定了这个最佳值，然后设计铁锹，不管干什么活，铁锹下去就是 21 磅。铲沙子设计用平锹，铲铁矿石设计用尖锹，派活时用工票，张三今天干什么活、到什么地点、用几号工具，都规定好。以后，又进一步研究机床的操作动作。后来又利用电影机，把动作拍下来，进行分析，哪个动作不合理就去掉，这样研究出一个科学的规程，把它制度化。这是泰罗制最基本的特征。

再前进一步，到第三阶段，行为学把哲学的一些思想、一些理论运用到管理上，研究管理问题，这就开辟了一个新的思路。这就标志着进入了一个新的阶段。关于行为科学，新的东西很多，学校里设有专门的课程，在这里就不多谈了。我只想说一点，就是它与泰罗制相比，有一个根本的突破，集中表现在对人的评价上。按泰罗的观点，是把人看做机械的一部分，机器上的一个零件，当成一个死的东西。我的科学成果都体现在操作规程里，你照办就行了。他是这么一种思路，按照这个思路，越算越细，越算越烦琐，规章制度越搞越多。行为科学就不一样了，它把人看成能动的，觉得人是一个活的因素，它有内在的动力，研究他内在的动力，调动他的积极性。这个思路同泰罗的思路就完全不一同了。所以，我们说它开辟了管理理论上的一个新的阶段、新的领域。这个理论上的突破，是通过一个实验取得的。这就是著名的霍桑试验。在霍桑工厂里做的这个实验，是要想分析劳动条件的变化、物质待遇的变化对生产效率的影响。这个试验的指导思想是按照泰罗制那套思路去做的，把人当作"经济人"，即认为工人是从经济利益上考虑问题的，如此而已。他研究，劳动过程中，一般劳动十几个小时，我给你减少几小时，按十个小时、八个小时，为工人缩短劳动时间。另外，在工间增加一次休息，另外还有一份茶点，物质待遇上加强，然后过一段时间又把这些待遇撤掉。这些条件来回变化，一会得增加，一会得减少。这样，他想工人的劳动积极性就要受到影响，想从中摸到一些规律。结果实验了很长时间，从这里找不到规律，条件不管怎样变化，怎么折腾，实验班组的生产效率仍直线上升。用传统管理理论解释不了这个现象。为什么会这样？物质条件增加了，也是这样，你给他去掉了，仍是这样，研究了好长时间，找不到原因。最后有一位管理学家，用哲学、行为学理论和思路进行分析，认为人不仅仅是"经济人"，同时，还是"社会人"。所以引出了一个概念："社会人"。也就是说，人有一定的社会关系、社会地位。把他摆到一定的位置，他可以在一定条件下起重要作用。物质待遇的变化可以变为第二位的因素。为什么呢？因为，实验班组变成了一个特殊的社会组织，成员事先知道要搞社会实验，他参加实验，认为是一件有意义的事情。工人的脑子里装着这个东西，社会地位的变化带来了心理的变化，物质条件怎么变化，被他放到第二位了。这个心理与此实验的最终要求背道而驰。你把劳动条件变坏，如照明度下降，通常会使工作效率下降。可是，在实验班组，你条件越变，工人们越想尽办法克服困难，使生产效率不下降。他这个劲是从哪个地方来的？不是从照明度来的，是从他的社会地位中来的。这就引出一个新的思路。所以，行为学就从这个事物上去研究，怎么调动人的内在动力，研究人的心理、人的需要。这里又引起行为科学的一般所讲的一个重要的理论——需要等级论。这种理论，把人们的需要划分若干个层次、等级。在一定时期，哪个等级的需要是主要矛盾，你抓住这个主要矛盾去满足他的需要，他的积极性就能得到一定的发挥。比如说，第一层次讲的是生理上的需要，人首先要吃饭；第二层是安全上的需要，第三层是社交上的需要；第四层是心理上的需要，也就是自尊心的需要；第五层是实现抱负、成就的需要。在没有吃饱肚子的时候，自尊心这个东西就突出不出来。在生理上的需要得到满足后，安全上的问题就突出了，然后才提到社交上的一些交往问题。一个企业在安全生产上没有保证的情况下，你不抓安全生产，而去组织青年男女去跳舞，搞社交活动，那就没有抓住主要矛盾。从一定的意义讲，抓住一定时期的主要需要，采取措施满足这些需要，就可以进一步调动群众的积极性。行为学研究这些东西，开辟了一个新的思路，在管理科学理论上成为一个新的阶段。

第四个阶段，是把系统理论运用到管理。从系统理论来看，它比较复杂，这是一门专门的学问，我也没有专门学过，但是，听系统学工作者讲过一些基本道理，感到系统理论不光解决宇宙航行、阿波罗等大系统的问题，也可以运用到我们身边的一些实际工作中去。据我理解，系统理论有两个最基本的观点：一是把所要研究的事物作为一个整体，从事物的全局而不是局部考虑问题。不是孤立地研究一件事情，而是把周围的事情作为一个整体，作为一个系统联系起来通盘研究。二是选择最佳方案，要解决问题，可设想很多方案，从这些方案中选择最佳方案去推广、去执行，这就是系统理论要解决的问题。当然，你要选择方案进行比较的时候，一些大的复杂的系统，要用电子计算机测算，你要测算很多数据，比较哪个方案是最好的。但是，有些事情不需计算，只凭直观就能判断那种方案最好，就可应用。比如说，我国古代宋真宗时宫殿着了火，派一个大臣去修复。大臣不是就这个宫殿本身来考虑，他把周围环境通盘来考虑，先把宫殿前的路挖成沟，变成一条河，把外面的河水引到工地形成一个码头。这样外面的石料、木料都直接运到工地。把挖出的土就地烧成砖，建成后，用废砖烂瓦把沟填平，把路面一修，整个工程就完成了。这个施工方案是最佳方案，这是朴素的系统思路的运用。系统理论就是从整体出发而不是从局部出发去研究事物的一种理论。它把同某一事物有关的全部组成要素的总体看成一个系统。系统可大可小，我们可以把我们整个企业看做一个系统，也可以把一个车间看做一个系统，结合一个班组，也可以把班组看做一个系统。在设定的系统中，物和人以及人们所处的环境等都是这个系统的构成要素，进行系统分析就是要对这些要素进行全面分析研究，求得计划、方案、设计、办法的最优化。

以上说的是管理科学理论发展的几个阶段。对这个问题常常碰到一种误解，总想用这几个阶段来套我们现在的管理，说我们的管理落后，还处于传统管理的阶段。我认为，这个问题值得商榷。我们研究管理理论的发展阶段是为了认识过去管理理论发展的一般规律。但应用时并不是按部就班、从头走起，并不是从亚当·斯密到泰罗的传统管理，再走到行为管理、系统管理……不是这样，而是跨越阶段、综合运用的。现在是很难说我国管理发展到哪个阶段，实际上是各个发展阶段的有用的东西都可以吸收和运用。

三　现代管理的基本特点

对各国有效的、成功的管理经验，我们进行分析、比较和研究，可以发现，现代管理有三个基本特点：①把技术组织原理和行为学原理结合起来应用，注意吸收这两大流派的优点。这是现代企业管理很重要的一个特点，凡是管理搞得好的国家，研究它的管理都会发现这个特点。②重视民族传统和民族习惯。③运用现代化的管理方法、管理技术、管理手段，包括电子计算机的运用、数学方法，等等。

全面认识这三个方面的特点，对我们实现管理现代化有很大的实际意义。过去，我们常遇到这样的观点，把管理现代化的特点仅仅归结到管理技术，认为搞管理现代化就仅仅是搞计算机，搞一些技术方法。这些要不要搞？要搞。但这些只是一个方面，并非全部。由于过去常常忽视前两个特点，所以，今天我想着重讲一讲前两个特点。

第一个特点是技术组织学原理和行为学原理的结合。

这要回过头从我前面讲的管理科学发展来看。可以看出，从泰罗以后，管理科学有了很大的发展，学派很多，西方形容最近几十年，管理学派就像"热带丛林"一样茂盛。对这些名目繁多的学派，可以有两种方法去研究：一是专门研究管理思想，这就要求进行细致的研究，搞清楚哪个国家、哪个管理学派，提出什么观点。一个学派、一个学派地去研究，找出各个学派的特征。这是一个专门的学科，就是研究管理理论的发展，或者叫做管理思想史。对我们搞实际工作来说，我认为没有必要从事这样的研究。这很烦琐，没必要。有很多学派，实际上是大同小异的。他出一本书，题目很新，标新立异，可是内容大同小异。能不能找一个方法，把"热带丛林"修理一下呢？我曾经试验过这样一种做法，把所有这些学派按其最本质的特征分出两大类。一类我们称之为技术组织学派，另一类我们叫它行为学派。在管理的"丛林"中，对每一个学派不管它是叫什么名字，都可以归于上述两大类中的这一类或哪一类。因为行为学派和技术组织学派是属于两个根本不同的思路。这两个思路关键差别在于对人的看法。技术组织学派提高生产效果的方法是，我给你设计科学的操作方法，你就按这个去做，保你能够提高效率，不用你去发挥什么创造性。这种理论把人看成一种被动的东西。行为科学则强调要调动人的内在动力，发挥他们的创造性。这两个是完全不同的思路。按泰罗的那套办法，要使人"个别化"，工人能够单个分开的，尽量分开，一个一个的，尽量不让四个人以上在一起干活。为什么这样：他有个理论，认为人多在一起就要互相聊聊天，在一起讲话，就会干扰操作规程的执行。另外，人多在一起会发牢骚，对操作规程这个不满意那个不满意，对领导发泄不满，互相闹事，他认为这些都是消极的。而行为科学观点就不主张个别化，而主张集团化，认为人在一起，除了有消极的一面以外，还有积极的一面。人有一种竞争心理，在一起比着干，有个相互促进的作用。技术组织学派看不到这点，行为学派却认为是很宝贵的东西。上边说的是这两个学派的不同点。我们再来分析一下各个国家的管理，就会发现凡是搞得好的国家，都是把这两个思路结合起来，而不是对立起来。这就给管理现代化创造出一个理论前提。这里我就想举一些例子，用亲眼看到的一些东西，来说一说管理搞得比较好的国家是怎样把技术组织学原理和行为学原理结合起来应用的。

比如说，现在各个国家都承认日本的管理搞得比较好，从理论上去分析能够看得出来，他有很多地方是严格按照技术组织学派一套东西在行动。1978 年 12 月，我参加了由袁宝华、邓力群、马洪等同志带队的一个访日代表团，我们的一个组去一家公司参观，按日程规定八点钟到厂，那天因为路程较远，提前出发，到厂提前了十分钟左右，按理说，提前一点是正常的嘛。但车队在离厂门很远的转角处停了下来。接待人员解释说：这个厂的接待事先已安排好，有夹道欢迎。欢迎人群规定提前三分钟集合，车队提前到达，欢迎人群还没有集合，因此要停车等候。这样的企业，欢迎一次外宾前前后后用不了五分钟的时间。你人进去他们欢迎，摇旗呐喊，你进去没有两分钟，他人散了。从这个小事来看，他就是按照技术组织学派那套严密的组织方法办事的。在接待上这样，在生产上也是这样。生产上每一个工序上的衔接，在时间空间上配合得也是很紧的，这个配合就是靠技术组织学原理那套东西。他硬碰硬的组织好。他现在企业里可以没有库存，工厂与工厂之间就像一个流水线，工作地可以不要半成品库存，但是，企业之间能够做到，按小时供货，这空间和时间的配合，就很紧密。这套组织工作就是技术组织学原理的具体运用。他们运用到这个程度，效果就很好。

另外，我们也看到与这完全不同的东西，就是按照行为学的一套在行动。同一企业就看到两种东西综合在一起。比如，在一个工厂我们参观了一个"健康管理室"（进行思想健康管理教育的场所）。在工人之间吵架或领导与工人之间闹了大的纠纷，就组织双方到健康管理室，受健康管理教育。比如说，两个人吵架了，一般都很激动，脸红脖子粗，拉也拉不开。那怎么办？到这儿来受教育。一间很大的房间，一进去，对面有个落地大镜子，两个人来站着照镜子。双方在吵架的时候，感觉不出来自己的面貌变化，就知道对方今天对我怎么这么凶啊，看人家，看不到自己。一照镜子，威风马上就杀下去了，自己就提醒自己，感到今天有点失去控制。马上就有一种自己责备自己的心理。这是劝架的前提，他自己就有一种克制的感觉，使双方平静下来。然后到第二个房间，是一排哈哈镜，有的把人照得很高大，有的又把人照得很矮小，有的把人照得歪七扭八，龇牙咧嘴。最后是一面正常的穿衣镜。双方依次照镜子，通过这些镜子启发双方要正确对待自己，正确对待别人，不能像哈哈镜那样，把自己看得很高大，把别人看得很矮小。然后再向前走，还有一个厅叫弹力球室。在地板上有一个钩子，房顶上有一个钩子，两个钩子中间用松紧带紧紧拉着一个球，挂在一人多高，然后让每个人用全身的力气打三下。这个球由于弹力作用弹了回来，正好打在自己的脸上。这东西并不是一个惩罚，只是提醒一个原理，就是作用力与反作用力，人与人的关系也是这样，你打击别人，别人是要报复的。你不想让人对你那样刻薄，你首先就不能对别人那样刻薄。这是一种作用力与反作用力的原理，启发人们相互要"和"。再往下走，是傲慢像室。是用稻草做的草人，而且画得非常傲慢，旁边挂着一个棒，每人进去打三下，意思是否定这种傲慢态度，实际上是互相表态，互相检讨，求得互相谅解。再往下去，走廊两边挂着两排镜框装着许多照片，一边是青年人应该怎样生活、学习，如何正确对待别人，尊重师傅和长辈；另一边是青年人在酒吧间里鬼混、打架斗殴等日本社会的黑暗面。两边对照，启发青年要正确对待生活。最后。是一间谈话室，经过几个厅的教育，两个人坐下来谈话，交谈意见。有时领导还出面调解。最后，问题解决了，两个人脸红脖子粗地进去，笑逐颜开地出来。他们用这种思想教育的办法，目的是减少阻力，消除各种不利因素，使工人团结起来，为我赚钱服务。他们安排我们看这个东西，但也不给你讲什么理论，实际上从理论来分析，这就是行为学的运用，研究人的心理，消除一些消极因素。生产中，如果大家情绪都顶着牛，生产就搞不好。遇到这样的问题，他想办法消除，齐心协力大家好好干。至于为什么要干，他可以不说。我们要说，可把这东西说到底，我们有四个现代化目标、共产主义远大目标。我们教育青年可往这方面引导，比他们理直气壮得多。但是，我们这方面的东西过去放松了，这是不是现代管理应解决的问题？我看是应该解决的。现代管理不能只靠计算，我们过去正确的思想工作，用计算机能够做得出来吗？技术组织原理与行为学原理结合起来，是实现管理现代化的重要方面，不抓住这一点，光靠技术手段，我们的管理水平提不高。这个特点的重要性就在这里。恰恰相反，我们过去七斗八斗，本来大家团结在一块，结果弄得四分五裂。今后，我们怎么增强群众的团结，加强这方面工作，这大有文章可做。

第二个特点，就是注意民族传统和民族习惯。

民族的东西、传统的东西各国都是有的。搞现代管理怎么把传统的东西和现代的东西结合起来，对我们管理水平的提高，也是大有潜力可挖的。日本民族的东西很多。咱们从电视上看，日本人节日穿着过去古代的服装，那一套东西他们没有扔掉。去年，我们听见马洪同志访印回来做报告，到印度去看，印度你别看他的殖民地化那么厉害，但你看他的民族的东西很多。咱们看电视也能看得出来，印度那些高级场面，国家领导人都穿着袍子，民族的东西保留很多。我们的国家对民族的东西也非常重视。我们民族的东西怎么样挖掘是一个重要的课题。日本的民族有很多东西，有些东西不是管理上的，但是，他把它用到管理上去，确实也见效。比如，忘年会，意思是把过去一年中发生的不愉快的事情都忘掉。忘掉不愉快的事情并不是一个号召、开一个忘年会，就可以全部忘掉的。他有长期的民族习惯。就像咱们春节拜年似的，这是一个习惯。他觉得在管理上有用，他就加以引导在管理上普遍使用。日本的管理凭家长式的统治，宗族主义很厉害，上下等级森严，甚至动手打人都有，粗暴得很。但是，到年底搞一个忘年会，在这个忘年会上的气氛，和你平常看到的气氛完全不一样。他到每年十一、十二月份，大饭馆发广告招揽生意，欢迎各家来开忘年会，房间订得满满的。像一个科室、一个班组这样的单位都要开一个忘年会。实际上就是搞会餐。科长请客，大家再凑点份子，这么一个活动，大家喝得醉醺醺的，无话不说，弄得很融洽。不需要具体地讲，今年我那件事对不起你，什么也不用说，开了这么个会，大家心照不宣，一风吹了。这个东西不是硬性规定的，而是一个习惯，开个忘年会，大家互相谅解。把这个东西用到管理上，是很有益的。比如说，平常大的纠纷可以到健康管理室或用其他的方式去解决。有些东西是发现不了的，比如，你平常说话不小心，一下子伤了张三，张三气鼓鼓的，你自己还不知道，这事常有。这样就会结很多疙瘩，很细小的问题,但常常会影响团结。在日本通过忘年会这些东西就一风吹了。这是民族的东西,用到管理上搞得很凶、很有效。

另外,用"小红包",这也是利用民族习惯的一种方式。我们有些地方也用,但有争论。对"小红包"我们做了一些研究。在日本有一个理论,就是决不能调动了一个人的积极性而伤害了一片人的积极性。认为这样做不合算。因此,在日本企业中没有评奖这一说。不评奖怎么体现好坏差别呢?他也不搞平均主义。为解决这个问题采取了很多办法,其中之一就是"小红包"。到年终分奖金,一级管一级,上级对他的部下,一个一个地谈话。比如一个科,科长对他十几个科员,一个一个地谈话。怎么谈,就是"灌米汤",完全是表扬,没有批评。该批评的事平常就干了,到年终他不说这些,都给你说好的。你这一年在哪件事上给咱们公司做了什么贡献,你在哪件事上干得好,取得了什么成绩。历数了每个人的成绩、贡献,当然听了心里非常高兴。觉得我干了一件好事,顶头上司就注意到了,而且都给我讲了出来。讲了一大堆好话,最后给一个小红包。拿回家打开看吧,里面无论是什么,在心里都觉得我是一等奖。因为你给我谈的贡献那样大,你给我的奖那还不是最高的奖赏吗?一定是一等奖。给每个人的小红包里边装的东西差别很大,但使每个人,在心理上都觉得是一等奖,他就研究这个心理。是不是都是一等奖,实际上差别大得很。有的一拿到小红包,打开一看是一张提货单,钱都替你付了,凭提货单就可以提取一辆最新型的小轿车。这样的奖励是很高的了。为什么给他这样的奖励?一方面是因为他这一年的贡献比较大,值得给他这么大的奖励;另一方面事先也了解他的需要,知道他正在盘算想买一辆新车。这样的奖励很有针对性。这是较高的奖励,也有比较低的,如有的给一台彩电。彩电在他们那儿值不了几个钱,但他也挺高兴,因为这家只有一台彩电。

两个孩子经常争频道，给他奖一台彩电，解决了这个矛盾，针对性也很强。日本有个习惯，就是对别人的收入情况不能打听，认为打听收入是对别人的侮辱。这样，就可以钻这个空子，他知道职工在下边不通气，就利用个别发奖的办法来调动群众的积极性。很明显，这是利用民族传统的习惯进行管理的很突出的典型事例。这种办法既省事，又可以避免矛盾，达到用最少的钱，最大限度地调动人们积极性的目的。

我们有些企业，听说日本企业用小红包的办法很有效，也图省事，模仿去做。找工人谈话时，鼓励一番，听了很高兴，拿到小红包也以为自己是一等奖，但第二天见了面一通气就露了底，张三多了、李四少了，结果适得其反，人为地制造了矛盾，很多人骂厂长两面派，说得好听，发的奖比别人少。这正是只学皮毛不分析本质造成的不良后果。简单照搬别人的做法，没有不失败的。日本企业用这种办法有效，同他们的传统习惯有关。我们没有这个习惯，硬要照搬当然不能成功。还有的企业，为了搬用这套办法，人为地规定保密制度，每人包里装多少奖金不许告诉别人，这样一来，反而使人互相猜疑，本来他得的最多，但总猜想别人得到的比自己还多，结果谁也不满足。日本企业用小红包的办法使人人都有头等奖的感觉，我们有些企业人为地保密，使人人都有末等奖的感觉。这样一比，效果就差多了。因此，决不能简单照抄。要看到核心问题在于如何运用民族传统的习惯，这是现代管理的特点。我们要下工夫研究我们自己的情况，从本国国情出发，巧妙地运用本民族的传统和习惯，这样才能发挥自己的优势，形成有效的管理。

第三个特点，是采用先进的管理方法、管理技术和管理手段。

我们强调前述两个特点，并不是否定管理手段。只是要说明，管理手段的现代化只是企业管理现代化的一个方面，不是全部。实现管理现代化，当然离不开先进的管理技术、方法和手段。现代科学技术的发展使企业管理从组织劳动日益渗透、扩展到生产工艺技术过程当中去，技术管理在整个经营管理中的地位和作用越来越突出。特别是在新技术革命到来的时候，我们面临着新的挑战。当然这也是一个很好的机会，我们应当抓住时机、迎接挑战，从我国的实际出发，采用现代技术手段，加速实现企业管理的现代化。

四　我国企业管理的现状

我们掌握全国现代工业，已经 30 年了。工业企业总数，从新中国成立初期的 12 万个，发展到现在的 35 万个，技术水平也有了很大的提高。随着生产力的发展，随着生产规模的扩大和社会化程度的提高，企业管理也在不断地改善。但是，目前我国企业管理的水平还很低，与生产力发展的要求极不适应。对于我国企业管理的现状，大家都很不满意，普遍觉得我们的管理落后。

管理落后的表现是多方面的，但最终必然要反映到经济效果上。毛泽东同志说过，资本家管理企业很突出的一点是用人少、效率高，会做生意。可是，我们的企业正好相反，用人多、效率低，很多企业亏本。全民所有制企业的亏损面最高时达到 1/3，粉碎"四人帮"以后情况不断好转，但至今亏损企业仍然占很大的比重。

我们有许多工厂，从设备、厂房条件来看，并不比国外差，但与国外同类工厂相比，用人多、效率低、经济效果差。这是我国企业管理落后的突出的表现。过去我们常常对资本主义企业的加速折旧有一种误解，以为很快把投资收回，购置新的设备，原有设备就报废回炉，好像资本主义企业总是使用最现代化、最新的设备。其实并非如此。资金的回收和实物的报废是根本不同的两回事情。资本主义企业为了竞争，需要尽量加快折旧，尽快把投资收回，进行扩大再生产。它的折旧率的高低并不直接决定于设备的损耗情况，而在很大程度上取决于企业经营状况。企业赚钱多，就可以多提折旧，摊入成本，既可以积累资金，又可以少交税（一般以利润额为基数缴纳一定比例的税金，多提折旧，加大成本，就可以压低利润从而少纳税款）。有些国家的政府（如日本）为了控制税收，不使企业过多地提取折旧，为各类设备规定了法定折旧年限。按规定年限提取折旧，可以进入成本，如果再想缩短年限、多提折旧，则超过法定免税折旧而多提的部分，不允许摊入成本，要先计入利润额，按规定税率完税后再提取。这是资金的回收情况，至于实物的报废，则完全可以不受这种年限的限制。提完折旧的设备，一般还要使用一个时期，大企业不再使用时，还廉价卖给中小企业使用。因此，像日本这样工业技术水平很高的国家也并不全是现代化设备，而是现代化技术与一般技术同时并存，很多企业还使用一些比较陈旧的设备，并不比我们某些企业的条件好。我们在日本参观现代化的手表厂时，就在同一车间里看到过两条技术水平差别很大的生产线同时开动。一个是全自动化，无人操作；另一个是各工序都有人操作的半自动化生产线。在参观松下电器公司时，专门看了它的一个协作厂。这是一个只有120人的金属加工厂，专门加工电容器外壳供给松下电器公司。这个厂的厂房比较拥挤，设备比较陈旧，条件并不比我国一些金属加工厂好，但它能够长期和松下电器公司维持协作关系，在质量、成本、按期交货等方面能够满足松下竞争的需要。靠什么呢？就是靠加强管理，靠对原有设备的革新和改进。

近些年来，我们先后从国外引进了一些先进设备，但一到我们手里，效率就变低了，生产能力发挥不出来。例如，这几年进口了 13 套大化肥厂，按国外设计，像这样年产 30 万吨合成氨，48 万吨尿素的大化肥厂，定员是 240 人，为我国设计时，考虑到我国"工厂办社会"的现状，同样的设备条件，定员加到 800 人，而建成投产后，实际人员却达到 1513 人，比国外高出 6 倍多，管理人员高出 16 倍以上。国外像这样的厂，厂级领导 3 人，厂长 1 人，总工程师 1 人，化工工程师 1 人；我们搞得比较好的一个厂，书记、厂长 7 人，另外还有总工程师、各种技术人员、管理人员、政工人员等，加起来共 515 人，占全厂职工的 1/3。再举个机械工业的例子：我国像富拉尔基那样的重型机器厂有 5 个，其中一个厂的锻压设备能力就相当于罗马尼亚全国锻压能力。我国最大锻压机为 12500 吨，而罗马尼亚最大锻压机只有 6000 吨。我们设备条件比他们强得多，但论产量，却基本相等，1977 年，我国是 7 万吨，罗马尼亚是 6 万吨。显然，这不是设备问题，而是管理问题。主要是管理落后造成的，说明我国同工业先进国家相比，不仅科学技术方面的差距很大，管理方面的差距也是很大的。

最近我们和日本经济学家向板正男先生座谈管理问题，他参观了我国长春汽车厂，听说这个厂是 1956 年建成的感到十分惊奇，那个时候就有了这样的厂子，比日本当时的水平要高得多。丰田汽车公司在 1960 年才建成了相当于长春汽车厂那样水平的汽车制造工厂。但是，20 年来，丰田汽车公司生产不断翻番，品种不断增加，质量不断提高，发展成为世界第一流的大公司，而长春汽车厂却二十年如一日。这种落后，与其说是技术问题，倒不如说是管理问题。

因此，如果说我国企业管理的现状是用人多、效率低、经济效果差；如果说这种状况集中反映了我国企业管理落后的面貌，看来大家的认识是接近的，不会有太大的分歧。但是，原因何在，为什么我国的企业管理长期落后不能改变？对这个问题的看法，却有很大的分歧，如果不能求得统一的认识，就容易消极等待或者怨天尤人，不利于有效地改变企业管理落后的面貌。所以，下边想着重分析一下我国企业管理落后的原因。

五　我国企业管理落后的原因

有一种意见，认为企业管理落后主要是因为管理手段落后，要改变落后状态，实现管理现代化，就要大量进口电子计算机等现代化的管理手段。这种意见是值得商榷的。

电子计算机在现代工业生产的管理上重不重要呢？当然非常重要。现代科学技术的发展使企业管理从组织劳动日益渗透、扩展到生产技术工艺过程中去，技术管理在整个企业经营管理中的地位和作用越来越突出。在我国工业现代化建设的进程中，电子计算机的使用有非常广阔的前景。电子计算机是现代化工业高度发展的需要，是同生产力发展水平相适应的一种管理手段。工业发展了，人力不够用或者用人力不经济，需要采用电子计算机；工业发展了，所需大量数据人力无法完成，需要采用电子计算机；工业发展了，现代技术无法用人力控制，需要采用电子计算机。然而，在我国工业发展的现阶段，上述这些情况还不普遍。因此，既无必要，也不可能大量采用电子计算机。如果把实现管理现代化仅仅看做是电子计算机化，就容易觉得无能为力，只能消极等待。

其实，即使是生产力发展水平比较高、工业技术比较先进的国家，搞管理现代化也不是两眼光盯着电子计算机。像日本这样的工业发达的国家，近一二十年来，管理水平有了很大的提高，对生产的高速度发展起了非常重要的作用。但是，日本的管理，就不是光靠电子计算机，而是在采用现代化管理手段的同时，非常重视改善管理组织和改进管理方法。它从美国引进的事业部制，就是适应生产力的发展和生产规模的扩大而采取的组织措施，企业内部实行权力委让，把总公司的经营管理权转移到事业部一级，以事业部为独立核算单位。这种组织体制的采用，使管理更加灵活、机动，更能适应市场情况的变化，产生了良好的效果，这在日本的企业管理上是一项重要的改革，对于加速管理科学化、现代化起了重要作用。它的全面质量管理，也不是靠大量使用电子计算机，而是用数学方法、统计方法进行群众性的质量分析。日本的质量管理是群众性的，搞得很活。在各个企业内，广泛开展群众质量管理小组活动，进行群众性质量分析。检查某一产品，或某一零件的质量，不是为了发现哪个产品、哪些零件不合格，把它捡出来扔掉，而是着重检验工艺的稳定性。通过检验，如发现这个部位、这道工序经常出现问题，就抽查一批产品，然后做分析。分析这个加工部位为什么有毛病，提到班组会上，发动大家七嘴八舌发议论，找原因，人人有发言权，班长将大家的分析意见一个个记下来，画成一个鱼刺形图表，然后一遍遍过筛，大家逐个分析，把找得不准的或次要的原因排除，最后集中到三两个或者一个问题上，就针对这个问题，研究采取什么措施。如果把这个问题解决了，产品质量问题也随之消除了，就说明原因找对了，生产也就稳定了；如果这个问题解决了，但产品质量仍无好转，就坐下来再分析，直到问题解决为止。另外，他们还经常进行质量评比，开展厂内、厂外社会性的评议活动，开展全国性质量月活动，规模相当大，全国派代表，一个小组一个小组地介绍经验，也是搞的群众运动。显然，这套东西主要不是靠电子计算机。

正因为日本的企业管理不受电子计算机的局限，他们非常重视电子计算机，但也把现代化的管理看得非常广泛，所以，向外国学习也很广泛。前面已经说过，他们非常注意吸取资本主义管理理论各种流派的长处，把"组织学"家主张的靠严格的规章制度和严密的组织手段进行管理的理论以及"行为学"家主张的运用社会学、心理学的原理，动员职工内在的动力来进行管理的理论结合起来。对我国企业管理上的一些特色以及我们过去在企业管理上曾经提出过的一些口号和实行过的一些好的做法，如群众路线、质量第一、安全生产、加强思想教育工作、工人参加管理，等等，也很注意。所有这些可取的东西，都拿来同日本的"家族主义"的民族传统和习惯巧妙地结合起来，把每个企业和单位看做一个"家族"，形成一种管理现代工业的独特的、有效的方法。然而，这套方法的主要风格和特色，并不表现为电子计算机的采用。

因此，实现管理现代化，决不能仅仅看成是采用电子计算机，我认为至少应当包括三个方面的内容：

第一，管理组织的现代化，即采用科学的合理的组织形式和组织方法，如合理的企业组织、劳动组织、生产过程组织、供产销衔接的组织，等等。

第二，管理方法的现代化，特别是数学方法、统计分析方法、系统分析方法和基础管理工作中的科学方法的运用，等等。

第三，管理手段的现代化，即采用电子计算机和自动控制装置，等等。

改变管理落后的面貌，应当全面地从这些方面下工夫，那种认为计算机万能的迷信思想，对于管理现代化不但无益而且有害。电子计算机可以提高管理水平，然而它首先要求必须具有一定的管理水平作为前提。如果管理水平很低，组织工作很落后，管理方法很不科学，没有全面、系统的统计和数据资料，甚至连原始记录都搞不准确，即使有了电子计算机，也不能发挥作用。这也正像有的同志说的那样：电子计算机＋官僚主义＝混乱＋灾难。因此，我们应当努力做好基础工作，必须充分认识，在不能普遍采用电子计算机的条件下，实现管理科学化、现代化还是有大量的事情可做的。认为管理现代化可望而不可即，暂时没有电子计算机就无能为力的消极等待思想是不正确的。

当然，我们这样讲，并不是要否定和低估电子计算机的作用，也不是要反对采用电子计算机。我们的目的，是要脚踏实地，从我国的实际出发，充分发挥我国的传统优势，充分发动广大群众和广大管理干部，去实现管理现代化。我们反对的是：

第一，盲目进口电子计算机。现在各部门、各地区已经签了合同的电子计算机，达几亿美元之多，其中有很多是技术新、效率高、性能强的计算机，它的价格比一般计算机高许多倍。我们有的单位不从本国实际需要出发，盲目引进高级的计算机，造成很大的资金浪费。有的单位办事拖拉，效率很低，软件人员长期配不齐，使计算机不能很快地建成投入正常使用，结果使高价买进的先进设备很快变成陈旧技术，白白浪费大量资金。类似这样的一些做法，我们是应当坚决反对的。

第二，单纯依赖电子计算机，忽视现实可行的管理方法的改进和基础工作的改善。我们应当坚决地下工夫、花力气去积极学习掌握电子计算技术，普及电子计算机知识。与此同时，我们还应当认真研究改进管理的基础工作，从我们的现实条件出发，扎扎实实地前进。那种认为电子计算技术难掌握就不去努力学习的畏难思想，我们是要反对的，那种认为电子计算机太费钱就根本不去搞的思想，我们也是反对的；同样，那种认为反正我们现在也没有那么多的电子计算机，等将来有了计算机自然就实现了管理现代化的消极等待思想，我们也是应当坚决反对的。

还有一种意见，认为管理落后主要是因为新中国成立初期我们开始管理现代工业的时候，学了苏联的一套企业管理办法，受苏联的影响把企业管得很死。这种意见也是值得商榷的。

苏联的一套企业管理办法确实问题很多，对我国工业企业管理的影响也很大。但这也不是我国企业管理落后的根本原因。因为苏联的企业管理办法本身就是一分为二的，虽有缺陷的一面，如计划统得过死，不注重用经济的方法调节经济的发展和管理企业，企业管理办法也过于烦琐，等等。但它也有科学的一面，在工业发展过程中，很重视企业管理的科学化，列宁、斯大林在领导苏联社会主义工业化的过程中，在理论上和实践上做了很多努力，采取了许多措施，使企业管理适应社会化大生产的要求，对改变企业管理落后的面貌起了积极作用。十月革命胜利以后，列宁及时指出："目前时局的全部特点，全部困难，就是要了解从说服人民和用武力镇压剥削者的主要任务过渡到管理这一主要任务的特征。"[①] 并且向党的干部提出一个十分尖锐的问题，他说："任何管理工作都需要有特殊的本领。有的人可以当一个最有能力的革命家和鼓动家，但完全不适合做一个管理人员。凡是熟悉实际生活、阅历丰富的人都知道：要管理就要内行，就要精通生产的一切条件，就要懂得现代高度的生产技术，就要有一定的科学修养。这就是我们无论如何都应当具备的条件。"[②] 经过多年努力，反复摸索，在实践中切实加强企业生产经济活动的计划性，实行经济核算，努力降低成本，建立责任制度，实行社会主

---

① 《列宁选集》第3卷，人民出版社1972年版，第496页。
② 《列宁全集》第30卷，人民出版社1959年版，第394页。

义劳动竞赛，提高劳动生产率，实行社会主义劳动保护制度，巩固劳动纪律，等等，形成了一套基本上符合客观经济规律要求的企业管理制度和办法。这种管理体系，基本上是科学的，体现了社会主义制度的优越性，反映了社会化大生产的客观要求，促进了苏联工业的发展。新中国成立初期，我们学习苏联的企业管理办法，就其主导方面来说，对我国大规模的经济建设不是起了阻碍作用而是起了积极的促进作用。

这样说，并不是认为苏联的企业管理没有问题，相反，苏联企业管理中的问题很多。多年来，他们也一直在不断改革，到目前为止，也并没有突破统得过死的集中管理的格局，但也要看到，他们越来越注意了用经济办法管理经济，越来越强调把企业经营好坏同职工群众的物质利益联系起来。问题不在于苏联企业管理中的问题是不是已经解决了，而在于他们能够不断地改革，我们为什么二十年一贯制，总也改不动？这就使我们不能不从自己身上寻找原因。

怎样从我们自己身上寻找企业管理长期落后的原因呢？我认为，应当从根本上找，从指导思想上找。我国企业管理落后的主要原因，既不是管理手段落后，也不是苏联那套管理办法的束缚，而关键在于企业管理的指导思想落后。

我们的企业管理思想是怎样形成的，它有哪些基本的特点呢？为了说明这个问题，需要简单地回顾一下历史。

我们党抓工业企业管理工作并不是全国解放以后才开始的，应当追溯到30年代。早在第二次国内革命战争时期，在江西中央苏区就开始发展工业生产。但那时的工业，只是一些农具、造纸、织布等军需民用的手工业，公营企业很少。革命根据地工业开始有了较多的发展，是在抗日战争时期。从1938年起，陕甘宁边区就开始强调公营工业的建设和发展。到1942年，已有公营企业 60 多家，职工人数达到 4000 人，取得了相当可观的成绩。抗战胜利以后，在解放战争时期，随着一些工业城市的解放，才逐步地掌握了现代工业。

简单回顾这段历史，可以清楚地看到，在整个民主革命时期，工业的发展，是同党领导的革命军队、革命根据地的建设和发展联系在一起的，这个"新式的国家经济的模型"，是在革命战争中、在农村环境中成长起来的。因此，在这个时期形成的管理思想和管理经验有以下几个特点：

第一，具有优良的革命传统。革命根据地的工业是为着解决革命战争的军需和民用而发展起来的，是和党领导的革命军队和革命根据地一起建设和发展起来的，因此，在指导思想上有许多优点，这就是：在党的领导下，要把革命战争坚持下去，就必须努力发展生产，革命和生产的关系十分明确；艰苦奋斗、因陋就简、自力更生的革命精神很强；革命队伍中的官兵一致、军民一致的革命作风应用于工业建设，实行政治民主、经济民主、技术民主和管理民主。这也就是毛泽东同志后来所总结的党的领导、政治挂帅和群众路线。这些优良的革命传统，比较好地调动了群众革命和生产的积极性。

第二，实行供给制。当时的革命根据地处于被封锁的、经济条件十分困难的战争环境，军队和革命根据地的党政机关都实行供给制，所以，工厂也基本上实行供给制。虽然毛主席提出了加强计划性，实行企业化，建立经济核算制等经济工作的指导思想，但是，由于物质条件的限制，由于工业企业处于供给制的社会环境之中，这就使当时的企业管理工作缺乏必要的经济核算，不大注意经济效果。

第三，小生产的经营方式。当时革命根据地的工业主要是手工业，又处于农村环境，一家一户就是一个生产单位的个体经济的影响相当大，小生产的经营方式和管理方法极为普遍。正像马克思在《资本论》里所指出的："这种生产方式是以土地及其他生产资料的分散为前提的。它既排斥生产资料的积聚，也排斥协作，排斥同一生产过程内部的分工，排斥社会对自然的统治和支配。排斥社会生产力的自由发展。"这种小生产的经营管理思想习惯于"小而全"的经营方式，同社会化大生产的要求是极不适应的。

第四，发展自给经济。当时政府办了许多自给工业，毛主席说："军队和机关学校所发展的这种自给经济是目前这种特殊条件的特殊产物，它在其他历史条件下是不合理的和不可理解的，但在目前却是完全合理并且完全必要的。"[①] 这种自给经济帮助我们战胜了困难，但在这种自给自足的自然经济思想的影响下，商品经济观念非常薄弱，不大重视流通领域里的问题，容易忽视价值规律的作用和市场的调节作用。

长期以来形成的这些管理思想和管理习惯，一直对我们的企业管理发生着巨大的影响。如何发扬革命传统，去掉落后的、小生产的习惯势力的影响，把革命传统同现代工业的社会化的生产条件很好地结合起来，是改变我国企业管理落后面貌，提高企业管理水平需要认真解决的问题。

全国解放以后，对从敌人那里接收过来的官僚资本主义企业进行了民主改革和生产改革，迅速改变了企业的机构和经营管理制度。在所有制的社会主义改造完成以后，对所有企业都实行了计划管理，不断发扬革命传统，适应社会化生产的需要，使企业管理制度和办法不断完善，向革命化和现代化相结合的方向迅速前进。但是，由于对资本主义企业中那些符合大生产要求的、科

---

① 《毛泽东选集》，人民出版社 1966 年版，第 894 页。

学的管理方法研究和吸收不够,特别是后来在几个直接同企业管理有关的问题上不适当地开展了批判运动,以致我们的企业管理出现多次反复,没有能够比较快地把革命传统同社会化大生产的条件结合起来,形成一套适合我国情况的科学的企业管理办法。这几次企业管理问题的批判是:

第一,批判一长制,否定了专家的作用和严格的责任制度。马克思和恩格斯多次论证过,共同劳动、社会化的生产必须服从统一意志,必须有权威,而这个统一意志可以是由一个人体现,也可以是由一个委员会来体现。恩格斯在《论权威》一文中指出:进行生产活动需要有一个起支配作用的意志,"不论体现这个意志的是一个代表,还是一个负责执行有关的大多数人的决议的委员会,都是一样。"这里,恩格斯突出强调了问题的实质在于必须有一个统一的意志,即由一个人或一个委员会为代表的统一的意志。

列宁从苏联社会主义建设的实践中更进一步得出结论,认为必须实行一长制,并把它作为一个管理的原则肯定下来。他说:"集体管理制在最好的场合下也要浪费大量人力,不能保证集中的大工业环境所要求的工作速度和工作的精确程度。"并且指出:"主张集体的议论中,往往浸润了一种愚昧的精神,即反对专门家的精神。"因此,列宁认为集体管理制是初期的萌芽的形式,一长制才是成熟的高级的形式。而斯大林则把具有大批精通技术、业务的专家看做是推行一长制的前提条件,指出:只要"在布尔什维克中间还没有足够的精通技术、经济和财务问题的人才,我们就不会有真正的一长制。"在苏联社会主义工业化建设的实践中,一长制不但成为有效地管理现代化工业企业的一项重要制度,而且也成为促进精通技术、业务的专家迅速成长的一个十分重要的因素。推行这种制度,要求企业各级领导干部必须具有当机立断地正确处理各种问题的能力，同时，由于责任明确，遇事无法互相推托、互相依赖，既促进了工作效率的提高，也锻炼和造就了大批管理干部。

新中国成立初期，我国的一些企业实行一长制，加强了责任制度，促进了领导干部业务水平的提高，逐步建立了一套适应社会化生产需要的企业管理制度。当然，在实行一长制的过程中也出现了一些缺点，如发扬民主不够，不注意发挥集体智慧，在一些领导同志身上表现出独断专行、不走群众路线的官僚主义作风，等等。但是，在解决这些问题的时候，没有从现代工业生产的特点出发，在加强责任制度的同时，在思想认识上和工作作风的改进上下工夫，而是根本否定和批判一长制，一长制虽然可以批判掉，可是，社会化大生产需要统一意志、统一指挥的客观要求是批不掉的，结果在有些场合，使厂长的一长制变成了书记的一长制；内行的一长制变成了外行的一长制；严格的责任制度变成了职权不清和无人负责。党的工作削弱了，专家的作用被忽视了，那种不发扬民主、不走群众路线的官僚主义作风并未因此而得到转变，管理水平不是提高而是降低了，管理干部的成长不是加速而是延缓了。

第二，批判《工业七十条》，否定了科学的管理体系。1961年党中央发布了《国营工业企业工作条例》草案（即《工业七十条》），这个条例草案系统地总结了我国工业企业管理的经验，特别是总结了三年大跃进时期企业管理的经验，既强调党委的集体领导，又强调行政管理上的厂长负责制，建立一个厂长负责的统一的生产行政的指挥系统；既强调依靠群众，开展轰轰烈烈的群众运动，又强调实行严格的责任制度和管理上的分工负责，建立正常的生产秩序；既强调破除迷信、解放思想，又强调尊重科学，按照客观经济规律、技术规律的要求办事；既强调加强政治思想工作，对职工群众进行共产主义的思想教育，又强调贯彻按劳分配原则，关心群众的物质利益，把政治挂帅和物质鼓励结合起来。总之，这个条例草案比较充分地反映了生产力发展的客观要求，比较好地体现了社会主义的生产关系，初步形成一套比较完整、比较科学的企业管理体系，在把革命传统同现代工业生产条件结合起来的道路上迈进了重要的一步。

在试行这个条例草案的短短的三四年时间里，我们企业的面貌发生了根本的变化，工业总产值以平均每年18%的速度飞跃发展。

但是，1967年由上海的报纸带头，连篇累牍地发表文章，攻击《工业七十条》，说它是"复辟资本主义的黑纲领"，是"反革命修正主义路线的代表作"，从根本上否定了《工业七十条》规定的企业管理的正确原则，我们刚刚建立起来的科学的管理体系遭到破坏，使我国工业企业的管理出现了大反复、大倒退。

第三，批判"管、卡、压"，否定了一切规章制度。"反对管卡压"的口号，是打着批判资产阶级的旗号提出来的。但是，这个口号本身并不科学，根本不能反映资本主义企业管理的阶级本质。资本主义是"为掠夺而管理"，是"借管理来掠夺"，其本质在于剥削。用"反对管卡压"的口号去批判资本主义管理，显然不能打中要害。其实，"四人帮"提出所谓"管卡压"问题是作为反对把国民经济搞上去的一根大棒，是为他们篡党夺权的阴谋服务的。他们喊叫"反对管卡压"的口号，是要根本否定管理。他们说，"规章制度都姓修，彻底砸烂不保留"，谁要提整顿和加强企业管理，建立和健全合理的规章制度，他们就给谁扣上对工人群众进行"管卡压"和搞资产阶级专政的大帽子。结果搞乱了人们的思想，把合理的规章制度否定了，弄得企业无章可循，有章不循，组织涣散，秩序混乱，事故增多，生产下降。企业管理实际上被取消了。

第四，批判所谓"洋奴哲学"，否定了学习国外经验。世界各国的国情尽管各不相同，但在企业管理方面，共同的东西、可以相互借鉴的东西还是很多的。不仅国外在生产力的合理组织方面的一些办法，我们可以学来为我所用，就是处理人和人之间的关系的一些做法以及有些规章制度，也是可以参考的。"四人帮"一伙为了打倒一大批党和政府的领导干部，实现其篡党窃国的野心，动不动就抡起所谓"洋奴哲学"的大棒，大搞闭关锁国、闭目塞听，使我们不能吸收国外的技术经验和管理企业的科学经验，使我们在工业生产技术上和工业企业管理上同国际上的差距越来越大了。

总之，在我们全面掌握了我国现代工业以后，没有始终不渝地坚持发扬过去的优良革命传统，没有随着生产力的发展，适应社会化大生产的需要改变过去那种供给制思想和小生产的经营习惯的影响。相反，在很多问题上违反了经济规律和自然规律的要求，使管理水平长期提不高。尤其是"四人帮"推行的极"左"路线。大搞空头政治，用资产阶级政治冲击无产阶级政治，更是破坏了党的优良传统，使企业的领导干部和管理人员无法抓生产、抓管理，使企业管理的基础工作遭到破坏，使职工的经济利益得不到关心，在工作上好坏不分，干与不干一个样，干好干坏一个样，严重挫伤了广大群众的社会主义积极性。这种搞法，企业管理怎能不落后呢？

六　怎样改变企业管理落后的面貌

我们觉得，改变企业管理的落后面貌，还应当从实际出发，把总结自己的经验和学习外国的经验正确地结合起来，创造出一套适合我国国情的科学的管理办法。

一个经济比较落后的国家，在无产阶级进行社会主义革命夺取政权以后，如何改变管理落后的面貌，如何去掉小生产的习惯势力的影响，提高管理的水平，这样的问题，不光是我国会碰到，苏联十月革命胜利以后，也遇到了这样的问题。因为旧俄国也是经济比较落后的国家，在资本主义国家当中，它的经济不是很发达的。列宁在《苏维埃政权的当前任务》这篇文章里边曾经讲过："同先进民族比较起来，俄国人是比较差的工作者。在沙皇制度统治下和农奴制残余存在的时候，情况不可能不是这样的。"所以，列宁强调指出："学会工作，这是苏维埃政权应该全力向人民提出的一个任务"。列宁和斯大林下了很大的决心，解决了这个问题，他们在解决这个问题的时候，经验很多，其中有两点是很值得我们深思的，提出来供给同志们参考。

第一，列宁和斯大林一再强调光有革命精神这一方面是不够的，还必须掌握现代技术和管理现代化工业的本领，他们通过推行"一长制"，造就了一大批精通业务和技术的专家，促进了管理水平的提高。这在当时整个社会主义建设当中，起的作用是非常重要的。

在苏维埃政权建立以后，列宁强调必须适应革命形势和任务的转变，迅速掌握现代技术和管理现代工业的本领。他说："要有专长，没有专长，没有充分的知识，没有管理的科学知识，你们又怎么能够管理呢？"[①] 1922 年列宁在给莫洛托夫的一封信中说："我们所缺少的主要的东西就是文化就是管理的本领。"为了适应经济建设的需要，后来斯大林又进一步提出了"技术决

---

① 《列宁全集》第 36 卷，人民出版社 1959 年版，第 544 页。

定一切"，"干部决定一切"的口号，这个口号当时是针对着苏联经济建设当中的一些问题提出来的。实践证明，没有大批精通技术、业务的干部，就没有办法掌握现代工业，有效地促进经济发展，搞好社会主义建设事业。

列宁、斯大林抓干部问题，抓技术问题，抓得非常紧。他们采取了很多措施来促进干部的成长，特别是通过推行"一长制"，很快地造就了一大批专家，促进了管理水平的提高。这条经验是适合苏联国情的，是很重要的一条成功的经验。

"一长制"是列宁提出的原则。列宁提出的这个原则是符合马克思主义原理的。前边说过，马克思和恩格斯多次论证过，共同劳动必须服从统一意志，必须有权威。而这种统一意志是由一个代表来体现或者是由一个委员会来体现，没有什么本质的区别，按恩格斯的说法，这两种体现统一意志的形式"都是一样"，意思是说，关键在于必须有统一意志，有权威，而不在于体现它的形式。列宁根据苏联的实践，认为"一长制"能更好地体现社会大生产的要求，能够更好地促进生产的发展，促进干部的成长。但是，他是允许争论的，他指出集体制的弊病和弱点，但并不认为主张集体制就是反马克思主义的，没有当成修正主义进行批判。列宁、斯大林的这些实践经验是很值得重视的。我们从我国的国情出发，实行党委领导下的厂长负责制，这种制度能够比较好地把集体领导和个人分工负责结合起来，也是符合马克思主义原理的。既然如此，我们就没有必要把党委领导下的厂长负责制和"一长制"绝对地对立起来。"一长制"是和严格的责任制联系在一起的，从苏联的经验看，它能够锻炼干部，在实践中促进干部的成长。我们在实行党委领导下厂长负责制的过程中，完全可以把"一长制"中适合大生产要求的一些有效的正确的东西吸收进来，尽量吸收"一长制"的优点，加强责任制度，把这些体现大生产要求的东西贯彻到党委领导下的厂长负责制当中去，而不应当把和"一长制"有关的一切都看成是不好的、修正主义的，更不能使无人负责和拖拉作风滋长起来，这样才有助于我们加强管理，提高管理水平，改变企业管理落后的面貌。

第二，列宁和斯大林采取了坚决措施，把外国一切好的东西都拿来为我所用。这对改变管理落后的面貌也起了非常重要的作用。无产阶级夺取政权以后，如何对待资产阶级已经成就了的东西，是关系到社会主义事业能否胜利发展的一个极其重要的问题。列宁制定了明确的方针，非常强调要善于吸取和利用资产阶级组织大生产的经验。正因为列宁、斯大林吸取了外国的一切好的东西，就帮助苏联提高了管理水平，促进了社会主义事业的发展。我们应当重视和学习列宁的这些经验，正确地学习世界各国的管理经验，洋为中用，促进我国企业管理水平的提高。

要学习外国的经验，就必须真正解放思想，真正打破思想僵化半僵化的状态。对各国的东西必须全面地学，凡是对我有用的东西都可以拿来为我所用，不管你是哪个国家的。这样才能集各家之所长，真正解决我们提高企业管理水平和搞好经济管理改革的问题。不然的话，老是一个片面代替另一个片面，用一种僵化来反对另一种僵化，结果还是片面，还是僵化。过去由于政治上的原因，我们对美国、日本这些资本主义国家的管理不去研究，更谈不到去学习了，公开报刊也不能介绍，这样就使我们不能从这些国家的科学管理中得到好处。这实际上对我们是一种损失，对我们经济的发展是不利的，这是思想僵化的一种表现。现在，我们批判了"四人帮"，批判了他们的这种思想，改变了闭关锁国的状态，加强了对外交往，这使我们收到了很大的实惠。但是，不能认为只有美国、日本这样一些资本主义国家的经验对我们有用，而不去研究另外一些国家的管理经验。过去美国、日本什么都不好，现在就一切都好吗？恐怕也不是这样的。经过这次去日本考察，我自己感觉到，他们在管理上有很多值得我们借鉴的东西，很多管理技术、管理方法，对我们都是适用的。但是，日本的所有制性质和我们不一样，他们那里是资本主义的市场经济，他们的办法，我们有些可以用，有些不能用。相反，有些国家，像东欧的一些国家以及苏联的一些管理经验，倒是不应该回避的，也应该真正下工夫去研究，因为在所有制性质和计划经济方面，我们和这些国家是相同的。我们所碰到的这些问题，他们过去也碰到过。他们过去的几次改革，也就是要解决这些问题。有些他们没有解决好，到现在也没有解决好；有些他们解决了。他们在解决这些问题当中到底有什么经验教训，我们在改革经济管理，改善企业管理当中应当研究和借鉴。不能因为政治上的一些因素，妨碍我们借鉴他们在经济管理方法上的经验，因为我们用他们的经验，不是帮他们的忙，而是帮我们自己的忙。苏联搞霸权主义我们可以从政治上揭露，但是，如果他的管理方法对我们有用，我们可以学、可以用。这不是属于他们特有的，可以互相通用。如果我们老是随着政治气候转，那就会从一个僵化到另一个僵化，以前美国的不敢碰，现在苏联的不敢碰，老是片面性，不是真正的科学态度。

提高我国企业管理水平，根本的问题是找到我们自己的道路。日本有自己的风格、特色，中国应从中国的特点来搞我们自己的管理现代化。这是根本。只要我们认真总结我们自己的经验，广泛地学习国外先进经验，从我国实际情况出发，搞出一套适合我国国情的行之有效的管理方法来，我们的管理水平就会大大提高，经济的发展是会大有希望的。

从我国当前的实际出发，提高企业管理水平，改变企业管理落后的面貌，有以下几个问题值得特别注意：

第一，发扬革命传统，把过去那一套行之有效的办法恢复起来并且要在新的条件下加以发展，使它更加系统化。

改变管理落后的面貌，不能忽视传统的经验。半个多世纪来，我们在管理的实践中，从正反两个方面积累了十分丰富的经验，搞管理现代化，不能忽视这些传统的管理经验。传统的管理经验和实现管理的现代化并不是对立的，而是一致的，是相辅相成的。问题在于如何正确地总结这些经验，真正继承和发扬传统的优点，克服传统的缺点，把民族的、革命的好传统同现代工业生产的实际很好地结合起来。在全国解放以前，我们的工业建设是同党领导的革命军队和革命根据地的建设和发展联系在一起的。因此，它有许多传统的优点，这在前边已经详细地讲过了。新中国成立以后，这些革命的传统得到了发扬，并且同现代工业生产的实际结合起来，使我们进一步取得了在现代工业企业中加强党的领导，加强政治思想工作的经验。同时，也积累了搞好各项管理工作的系统的经验。例如，积累了如何在工业企业工作中坚持计划性、经济核算、分工负责制、政治教育和物质鼓励相结合、群众路线等各项基本管理原则的经验；积累了如何在工业企业中坚持党的集体领导，贯彻执行生产行政工作中的厂长负责制、职工代表大会制、两参一改三结合等各项基本制度的丰富经验；积累了如何在工业企业中充分发挥人、财、物的作用，有效地组织供产销各个环节工作的丰富经验；积累了如何在工业企业中搞好各项管理基础工作的丰富经验。但是，由于林彪、"四人帮"长期推行极"左"路线，大搞空头政治，肆意破坏党的优良传统，使我们长期以来积累起来的丰富的经验和行之有效的经营管理办法受到严重破坏。因此，要改变管理落后的面貌，首先就要拨乱反正，发扬过去优良的革命传统，恢复过去行之有效的各项经营管理办法。

在我们的传统经验中，如何贯彻政治思想教育和物质鼓励相结合的原则，充分调动群众积极性方面，过去做得是很出色的。虽然我们没有使用行为科学的概念，但在"文化大革命"以前，我们的企业工作中在强调要从政治上关心群众进步的同时，一直比较强调从物质上，从切身利益上去关心群众的需要，注意解决群众的思想问题和实际问题。今后，我们还应当像过去一样，认真做好人的工作，决不能认为，实现管理现代化的过程中，技术手段的作用突出了，人的作用就无足轻重了。特别是近些年来我们的企业里增加了大量的青年工人，更要注意解决职工中存在的思想问题和实际问题，使每个人心目中都有社会主义、共产主义的大目标。现在我国社会主义经济中存在的问题很多，我们的技术和经济发展水平都不如发达的资本主义国家的水平高，这是事实，但这不是社会主义制度造成的，决不能因此而使一些青年对社会主义事业失去信心。现实存在的很多问题，是长期积存下来的，是有历史原因的。往远处说，这是帝国主义、封建主义长期统治造成的；往近处讲，这也是林彪、"四人帮"的破坏造成的。当然和我们经验不足，工作中的很多缺点、错误也有关系。但是，只要我们认真总结经验教训，真正把大家的力量引导到一个方向，调动群众的积极性，共同为社会主义事业拧成一股劲地干，我们就一定能够充分发挥社会主义制度的优越性，把管理搞得更好，促进国民经济高速度地向前发展。

第二，加强管理教育，努力提高企业领导和管理人员的技术业务水平。国外把管理人才看做是一种"经济资源"，认为大量培养管理人才可以大大改善和提高企业的经济效果。因此，普遍重视管理人才培养，企业管理成了热门。美国有600多家大学设有管理学院或管理系，不但每年有大批学生毕业，而且还采取多种方式为企业代培在职的经理和各级管理人员，各大学办的训练班很多，长的有半年到一年，短的有一两个星期，灵活多样，根据不同的需要办各种不同形式、不同内容的训练班。日本的大企业一般也都建立训练中心，新入厂的职工要经过一段训练才能上岗，在工作过程中每提拔一次（如担任车间主任、厂长等），都要在上任前进行一次专门的预备训练，学习新的领导岗位必须掌握的最基本的知识和本领，在学完指定课程之后才能走上新的岗位。因此，在这些国家企业中各级领导和管理人员，一般都积累了相当丰富的技术和管理知识。

改善我国企业管理的状况，人才培养十分重要。现在，我国企业的领导和管理人员的技术、文化水平普遍比较低，进行管理教育应当从当前的实际出发，逐步提高。在管理教育中，我们应当加强高等院校的现代管理技术专业的建设，迅速培养掌握现代管理技术、手段的专门人才；对在职管理人员的训练，也应当打开眼界，尽可能多地灌输现代管理技术知识。不这样做，就不能适应科学技术发展的需要，不能适应四个现代化建设的需要。但是，我们对在职管理干部的培训，一定要从我们培训对象的实际出发，循序渐进地提高他们现代管理科学技术水平，要注意从现代管理组织、管理方法和管理技术手段等几个方面，全面地进行培训。要从他们熟悉的一些问题上入手去训练、去提高，要注意总结我们自己的传统经验，在总结现实条件下的管理经验的基础上提高。如果离开现实条件去单打一地学习一些暂时还不能普遍应用的管理技术和手段，就会使人感到学不懂或没有用，觉得对现实管理工作的改进和提高没有直接的帮助。

企业领导和管理人员水平的提高，固然要通过培训去实现，只有经过专门训练才能打好牢固的基础，才能攀登更高的高峰。但是，培训只能是对部分人进行的，而且对一个人来说，参加学习的时间与经常工作的时间比较起来，只能是很短暂的，更多的时间是参加实践，必须在实践中提高。因此，建立能够促进领导干部和管理人员技术业务水平不断提高的工作制度是十分重要的。前面说过，列宁、斯大林通过推行"一长制"，把工作担子压在各级领导干部身上，既消除了无人负责的混乱现象，又在实践中锻炼和培养了大批管理人才。我们是否可以考虑，在推行党委领导下厂长负责制的基础上吸收"一长制"的优点，建立严格的责任制度，使各级领导同志有当机立断地处理大量管理问题的实践机会，这应当成为促进管理干部成长的经常的、重要的因素。

第三，采用科学的管理方法。全面实现管理现代化，当然不能没有一定数量的电子计算机等管理手段，因此，应当积极努力地掌握现代化的管理技术和手段。与此同时，决不能忽视管理组织和管理方法的改进。

现代企业管理中采用的方法五花八门，现在大家谈论比较多的就有很多种，如经济数学方法、统计分析方法、经济方法、组织行政方法、社会学和社会心理学方法、系统分析方法，等等。这些方法，有的和我们的传统经验接近，所以比较容易理解、容易掌握；有些则必须具备一定的数学和计算技术知识才能理解和掌握。对于那些不太容易理解和掌握的方法，我们需要加速培养专门人才并积极创造条件，在不断提高职工科学技术文化水平的基础上，日益广泛地应用和推广。同时，还应注意做好通俗宣传和普及工作。例如，系统工程是一门新兴科学，这门科学在我国的研究和运用时间还不久，需要认真钻研，推动这门科学不断向更高的水平发展，更好地运用系统工程方法来解决经济发展，甚至空间计划的大课题。但这在现阶段还主要是由这个方面的专家进行提高的工作，对于广大管理干部来说，还有一个普及的问题，而这种普及的工作一定不能脱离广大管理干部的实际水平，否则就达不到预期的效果。有的同志觉得系统分析方法和我们离得太远，一讲系统工程就和宇宙航行、尖端武器系统的研制等等连在一起，就和电子计算机、信息论、控制论以及各种高深的数学连在一起。当然，系统工程确实是同这些高深的东西联系在一起的，不掌握这些方面的学问，要想真正掌握和运用系统工程解决大系统的课题是办不到的。但是，从我们的实际水平出发，我们不妨也可以应用系统分析的原理，系统分析的思路来改进我们现实的日常管理工作。这样做，既不会妨碍系统科学的发展，又可以使它的一些思路得到普及和应用。在运用系统工程的这些基本原理解决复杂的大系统的问题时，必须运用电子计算机，否则无法进行最佳方案的比较和选择，因为系统工程本身就是运筹学在经济领域的运用，就是要运用数学来进行定量计算，而不是靠"拍脑袋"。离开了定量分析，离开了现代的计算技术和计算工具，就谈不到现代的系统工程。但如果运用朴素的系统分析的思想去解决大量的小课题，就不一定需要那么高深的数学方法和那么复杂的计算工具，可以通过直观的或者相对比较简单的运算来进行最佳方案的比较和选择。现在在我们的实际生活中恰恰有很多问题，连起码的科学都不讲，连最朴素的系统思想都不去应用，这方面的潜力是很大的。比如说，修一条马路，刚铺完路面，没几天就挖开埋电缆。埋好电缆修补了路面，没过几天又挖开埋煤气管道……没完没了地折腾；盖一个楼房，今天把砖运来摆在这里，过了几天发现妨碍地下管道施工，又得倒开，如此等等。这些都是缺乏最起码的、最朴素的系统工程思想。如果把我们要解决的课题（一项施工或者一项生产任务）看做一个系统，运用系统思路去全面考虑问题，就可以减少很多浪费。我们在普及和宣传系统理论的时候，如果能够不仅想到航天计划，而且多想一些大量的生产建设的日常管理问题，设法用系统理论哪怕是用朴素的系统思想去解决这些问题，就会更有群众性，就会取得更大的效果。我想这种普及工作恐怕不至于妨碍系统理论的提高和发展，因此，也就不会把系统科学庸俗化。从这里我就联想我们的管理教育，特别是对在职管理干部的训练中，在讲现代管理方法和手段时，除了讲些原理，讲些国外运用的情况帮助人们打开眼界之外，是否可以针对我们现实管理工作中的实际问题搞一些通俗易懂的、大众化的案例，进行一些普及呢？

第四，要改变企业管理落后的面貌，还必须去掉供给制思想的影响，改变小生产的习惯势力和去掉自给自足的自然经济思想。也就是说，既要发扬过去的革命传统，又要去掉上面所讲的这些传统的缺点，使我们的思想和工作适应现代工业生产的要求。这方面的问题前面讲了很多，这里不再重复。

上边讲的这些想法很不成熟，错误之处请批评、指正。

（原载《财务会计通讯》1980 年第 4 期）

关于企业领导制度改革
问题的理论探讨*

中央党校经济管理教研室的同志叫我来讲讲企业领导制度改革的问题。我对这个问题研究得不够，有些想法，但不一定对，希望同志们批评、指正。

我想分成四个问题来谈：一是企业领导制度改革是城市改革的一项重要内容；二是健全和完善企业领导制度的客观标准；三是实行厂长负责制的理论根据；四是怎样健全和完善我国社会主义企业领导制度。

一　企业领导制度改革是城市改革的一项重要内容

企业领导制度的改革，不是一个孤立的现象，不是偶然提出来的一个问题。这个问题已经酝酿了很久，是和整个经济改革的总体设想密切联系在一起的，是城市改革不可分割的一部分。这样认识这个问题，我们就能够更深入地理解它的重要性。

　＊　1985 年 1 月 5 日在中央党校经济管理师资进修班作的报告。

为了说明这个问题，我想从两个方面进行一些分析。

（一）从城市改革已经取得的进展，看企业领导制度改革的重要性和紧迫性

党的十一届三中全会以后，我们在整个经济改革中，取得了非常大的进展。首先是从农村的改革开始突破，取得了极大的成功。城市的改革，相对来说，难度就更大一些。但是，近几年在进行农村改革的同时，城市改革方面的工作一点也没有放松。城市经济是很复杂的，怎样改革，须采取既积极又稳妥的方针，一步一个脚印地往前摸着走。摸索了几年，回过头来看，在几个问题上取得了比较大的进展。这几个问题同企业的领导制度都是密切相关的。

第一个问题是扩大企业自主权问题。党的十一届三中全会以来，企业自主权一步一步地扩大，看准了一件做一件，最后形成了一个成果，就是今年五月份中央发的一个文件，即扩权的十条。下一个阶段，我们还要进一步具体地贯彻这十条。这是近几年实际经验的总结，是改革中形成的一个大的方面的成果。随着企业自主权的扩大，企业的决策问题的重要性就更加突出了。过去企业是按照上面怎样规定就怎样去做，自己没有主动权；现在企业的权逐渐在扩大，怎样用好这个权，怎样才能把企业经营好，这就对企业内部决策提出了越来越高的要求。企业必须准确、有效地进行决策。要达到这个要求，企业的领导制度是否健全和完善，决策的方式是否科学和有效，就变成十分重要的问题了。这是企业领导制度改革的一个方面的背景。

第二个问题是利改税的问题。利改税已经全面铺开，1984年第四季度开始全面推行了利改税的第二步。这是几年来城市改革的又一个重大成果。这也是经过摸索一步一步形成的一个结

果。开始的时候是由原来的统收统支改为利润留成；后来又实行多种形式的经济责任制：逐步又提出第一步利改税，即以税代利、税利并存；最后进入利改税的第二步，即实行全面的以税代利。实行利改税，企业要能够承担这样的纳税义务，经营管理就必须更加灵活，这对企业的决策方式、决策效率也就提出了更高的要求。这也是企业领导制度改革的一个背景。

扩权和利改税，这两项重大措施，围绕的一个中心，就是要把企业搞活。城市改革的中心课题就是打破两个"大锅饭"，这样才能把企业搞活，增强企业的活力。这样，对企业的要求也就越来越高。要把企业搞活，使企业能够适应经济改革的需要、适应市场的需要，企业内部领导制度的作用也就越来越重要。从这里也就可以清楚地看出，企业领导制度的改革在以城市为重点的整个经济体制改革中是不可分割的一部分。如果企业和国家的关系调整好了，利改税的方向也明确了，权力该放的也放给企业了，但是，企业内部的决策方式很落后，决策效率很低，不能及时、准确地做出反应和判断，那么，这个企业在经营上就容易丧失时机，不能提高经济效益，同整个的改革也就会不相适应。

（二）从城市改革今后要解决的重要问题，看企业领导制度改革的重要性和紧迫性

近几年的城市改革，已经进行了许多试验和探索，采取了一些重大措施，取得了显著成效和重要经验，使经济生活开始出现了多年未有的活跃局面。但是，城市改革还只是初步的，今后需要努力解决的问题还很多。例如：

第一，下一步城市改革首先碰到的就是计划体制改革的问题。我们在公有制的基础上实行计划经济，即有计划的商品经济。实行计划经济不等于指令性计划为主，指令性计划和指导性

计划都是计划经济的具体形式。今后改革的方向是要有步骤地适当缩小指令性计划的范围，适当扩大指导性计划的范围。我们的国民经济计划就总体来说，只能是粗线条的和有弹性的，只能是通过计划的综合平衡和经济手段的调节，做到大的方面管住管好、小的方面放开放活，保证重大比例关系比较适当，国民经济大体按比例地协调发展。这样的计划体制，企业本身发挥主动性的余地就大了，不是国家给你规定这个生产多少、那个生产多少，而是要靠企业自己判断。这就要求企业能够按照市场的情况来做出自己的经营决策。显然，这对企业领导制度的科学性、有效性又提出了更高的要求。

　　第二，同计划体制改革相联系的，必然碰到改革价格体系的问题。我们说在计划上放开，扩大指导性计划的范围，这并不是撒手不管。要靠经济杠杆去指导，引导企业按照国家计划的要求去发展。这些经济杠杆当中，核心的问题是价格问题。必须用合理的价格来引导企业，使企业按照国家计划方面总的设想去进行它的生产经营活动。这是实行指导性计划必须解决的一个要害问题。如果价格不合理，就会造成很多错觉，就会使企业在判断上、在经营决策上失误，甚至走到邪路上去。比如说，要利用价格这个重要的经济杠杆，就应该掌握供求规律，使价格反映供求关系的要求。对短线的产品就应该刺激企业增产，促进用户节约，因此，价格就不应该过低。东西贵了就在使用上容易引起节约，否则就容易造成浪费。但是，如果价格体系不合理，价格既不能反映商品本身的价值，又不能反映供求关系的要求，这样的价格体系就是一种畸形的、不合理的价格体系，就容易把企业引到斜路上去。按指令性计划生产，价格不合理似乎还过得去，企业该生产什么、生产多少，都给你规定死了，价格虽低硬着头皮也得干，反正是个"大锅饭"，亏或赚同企业无关。企业扩权以后、指令性计划减少以后，企业就要自己去判断。企业根据什么判断呢？首先就是价格。如果产品价格该高的不高，该低的不低，企业就无法做出正确的判断。煤炭就是很明显的例子。我国能源紧张，是短线产品，供不应求，需要大量地增产和节约。可是煤炭价格偏低，重点煤矿产煤还要赔钱，这怎么能促进增产和节约呢？现在允许企业超产部分自销，价格可以向上浮动，结果增产节约的效果就很显著，我国南方各地缺煤告急的情况明显减少。这也就是通过价格来指导企业。实行指导性计划，有这样的措施相配套，指导性计划才不会是空的。这就说明，计划体制的改革和价格体系的改革是紧密相关的。就整个宏观经济来说，要进行价格体系的改革，用价格来调节、来引导企业的生产，这对企业来说要求也就更高了。企业必须提高判断能力，提高决策水平。今后价格要放活，国家统一定价的范围要逐步缩小，一定幅度的浮动价格和自由价格的范围要适当扩大，这样才能比较灵敏地反映社会劳动生产率和市场供求关系的变化。那么，企业怎样运用这样的机会，怎样去经营，怎样去掌握产品的价格，这又取决于企业内部的决策水平。决策水平能不能提高，这就和决策方式、领导制度直接相关。显然这又落到企业领导制度改革的问题上了。

　　第三，国家政权、政府机构怎样去管理企业的问题。在社会主义条件下，领导和组织经济建设成为国家机构的一项基本职能。过去我们这样做了，也取得了很大成就。但是，政府部门究竟怎样才能更好地领导和组织经济建设以适应国民经济和社会发展的要求，还是一个需要认真加以解决的问题。过去由于长期政企职责不分，企业实际上成了行政机构的附属物，政府包揽了许多本来不应由它管的事，加上条块分割，互相扯皮，使企业工作更加困难。这种状况不改变，就不可能发挥企业的积极性。因此，按照政企职责分开、简政放权的原则进行改革，是搞活企业和整个国民经济的迫切需要。今后各级政府部门原则上不再直接经营管理企业，主要是抓大政方针，不直接参与企业的经营。原由中央各部管的企业要逐步下放，从地方来说，省里主管部门也要简政放权，企业最后基本上落到中心城市。要以城市为中心建立工业网络来组织生产。如果是这样一种管理方式，我们的城市在管理方法上就不能再按照中央部门或省主管局的那套行政办法去管。如果还是用过去那套办法去管，那就会从原来的条块分割变成新的条块分割，这种下放和改革也就没有太大的意义了。同简政放权相联系的，就要求管理方式来一个大的改变，通过经济组织，通过真正企业性的公司，通过行业的协会进行指导。因此，过去那种由主管机关把着手干、捆着手干的局面就会打破，放开的部分就会扩大。这样，企业的生产经营的责任也就硬碰硬地逐渐地落到了企业身上。这种管理方式之下，企业的回旋余地也就大了，企业就要认真考虑怎样决策才更有效。因而也就对企业的决策方式、企业的领导制度提出了更高的要求。

总之，从过去改革形成的两个大的方面的成果，从下一步改革要解决的几个大的问题来看，整个城市改革问题都要涉及企业，所以，增强企业活力成为以城市为重点的整个经济体制改革的中心环节。搞活企业，目的是把企业的潜力发挥出来，把每一个人的积极性调动起来。这就要求必须有一个有效的、科学的、健全的领导制度和决策体制。这样来看，我们就可以更深刻地理解企业领导制度改革的重要性。中央领导同志这么重视这个问题，据我理解，很重要的一个原因正是在这里。这不是一个孤立的问题，是和整个经济改革相联系的一个重要问题。这个问题解决不好，企业就难搞活，其他许多方面的改革措施就不能很好地贯彻，不能有效地发挥作用。国家用经济杠杆对企业进行引导，如果企业决策缓慢，不能迅速、准确地判断方向，没有应有的敏锐性，对指导性计划、对各种经济杠杆的引导无动于衷，那么整个经济还是不能搞活，经济效益也难以提高。所以说，经济改革的全局，国家和企业关系的处理，同企业内部的问题特别是和企业内部的领导制度、决策方式是密切联系的。

二 健全和完善企业领导制度的客观标准

我们进行企业领导制度的改革，不是拍脑袋讲哪个制度不好，要破；哪个制度好，要立。好与不好总有一个客观标准，研究和探索这个客观标准是个很重要的问题。能找到这样的标准，就有了尺度，就能判断什么样的领导制度是健全的，什么样的领导制度是不健全的，就能够判断我们的企业领导制度该不该改和应当改成什么样子。这样，对于检验改革到底成不成功，也就有了客观的依据。

健全和完善的企业领导制度，我想至少应当符合以下四条标准：

第一，必须能够体现党的领导。领导我们事业的核心力量是中国共产党。四项基本原则最根本的一条就是坚持党的领导。这一点，在改革中必须放在应有的位置，无论采取什么样的领导制度，党的领导必须保证，必须通过领导制度体现出来。这是不可动摇的，但问题的关键是，什么是党的领导，怎样正确理解什么是加强、什么是削弱党的领导。关于这个问题我们将在后面进行分析。

第二，必须能够体现职工的民主权利。工人群众的主人翁地位，在社会主义企业领导制度中必须能够体现出来，否则就不能说是完善的领导制度。六届人大政府工作报告中特别强调这是社会主义企业的一个重要特征。

第三，必须能够贯彻执行严格的责任制度。现代化的企业，必须有统一指挥，必须服从统一的意志，否则就不可能运转好一个现代化企业。列宁曾经指出："任何大机器工业——即社会主义的物质的、生产的源泉和基础——都要求无条件的和最严格的统一意志，以指挥几百人、几千人以至几万人的共同工作。"①这就要求必须有严格的责任制度。过去我们管理工作的毛病就发生在这些地方，就是没有严格的责任制度。所以，企业领导制度的改革必须坚持达到这个标准。

第四，必须能够实现专家、内行管理。领导现代化企业，外行是不行的。过去我们总讲"外行领导内行"。实践证明，必须是专家、内行进行管理，才能搞好现代化企业。列宁讲过："要管理就要内行"，"要有专长，没有专长，没有充分的知识，没有管理的科学知识，你们又怎么能够管理呢？"② 所以，企业领导制度的改革还必须坚持达到这项标准。

上述四项内容，如果在企业领导制度中都能兼顾到了，这个领导制度就可以说是健全的、完善的。

那么，用这四项标准来衡量我们过去的企业领导制度，是怎么个状况呢？我认为，我们的企业领导制度没有全面达到上述四项标准，因此是不够健全、不够完善的。

过去我们企业的基本领导制度是什么呢？有三项：①党委领导下的厂长负责制；②党委领导下的职工代表大会制；③"两参"、"一改"、"三结合"制度。

这三项基本制度，在1961年的《工业七十条》里，就已经把它概括起来了，是我们企业的基本领导制度、基本管理制度。

---

① 《列宁全集》第27卷，人民出版社1959年版，第246页。
② 《列宁全集》第36卷，人民出版社1959年版，第544页。

从这套基本制度看，它中心解决的是什么问题？集中解决的是党的领导和群众路线问题。看看这三个制度的内容就可以看出来，这两条是抓得很紧的，想尽办法，怎样加强党的领导，怎么搞群众运动，在这个制度里体现得比较清楚。另外两个问题，在这个制度里就体现不出，责任制实际上是偏废了，专家内行管理问题也偏废了。所以，过去的领导制度用这四条来衡量，是不够完善的。

为什么要改革企业领导制度？改革总有个必要性、有个道理。用全面的衡量标准来衡量，它不符合这个标准，它有不完善的地方，所以我们要改革。过去的企业领导制度，顾了一头、丢了一头，甚至把这两头对立起来。强调了党的领导，强调了群众路线，把专家和群众对立起来，把责任制度和党的领导对立起来。片面性就在这个地方。

我们过去的领导制度有一个着眼点，就是强调党的领导。那么，党的领导问题解决了没有呢？也没有很理想地解决。虽说有一定的经验，积累了一定的成功的东西，但严格地说，并没解决得很好。党政不分，党委陷到日常行政事务中去了，要抓生产，还要抓行政事务，必然有很多精力牵扯到这个上边，党不管党的现象就必然产生，党的自身建设、群众的思想政治工作、党的方针政策的贯彻，这些方面，精力就不容易顾到。想要解决党的领导问题，结果并没解决得很好。党政不分反而削弱了党的领导。

原来那套制度，还有一个着眼点，是解决群众路线问题。那么，解决好了没有呢？也没完全解决好。过去在"左"的错误影响之下，有很多形式主义的东西。大搞群众运动，不也是这么搞起来的吗？形式主义的东西很多，真正的群众路线，群众当家做主问题，群众的根本利益问题，也没完全解决。

过去的企业领导制度确实存在上述缺陷。但是，更重要的还在后两方面，即责任制问题和专家管理问题。在党委领导下的厂长负责制这种制度之下，可以说这两个问题是注定解决不了的。不改变党委领导下的厂长负责制这个制度，要解决责任制问题，要解决专家管理问题，我觉得是不可能的。这就是制度本身的弊病。

为什么这样说呢？这是因为：

第一，责与权相脱节，难以形成严格的责任制度。这个制度本身就是决策权和经营责任相脱节的，党委集体决定重大问题，又要厂长个人去负责，这个责与权是脱节的，这在理论上、逻辑上是不通的。你要他负责，但又不给他相应的权力。集体决策，个人承担责任，这本身在逻辑上就有矛盾。这个制度不变，这个矛盾就解决不了，责任制要想严格加强，也是不可能的。这就是制度本身的弊病。

第二，内行、外行混杂，难以实现专家、内行管理。列宁在推行一长制时，曾经指出集体制的一个弊病，就是内行、外行混杂，不能适应管理大机器工业的要求。在我们这里也存在这个问题，在党委领导下的厂长负责制这个条件之下，这个问题也是不可能完全解决的。这也是制度本身决定的。

为什么说是制度本身的问题呢？这里涉及一个理论问题，就是党委的性质问题。基层党委，它是政党的基层组织，它有其自身的组织原则，不是随便组成的。它有它特定的政治原则、政治标准。不可能把党委组成一个专家、业务班子。如果把党委组成一个专家业务班子，那党委基层组织的性质就被模糊了。我们组成党委，必须有政治工作的专家，还必须有组织工作的专家，不然，你这个党委就不符合党的基层组织性质的要求。要求党委委员都必须是工程师，这怎么能行呢？党委的组织原则本身就带有政治性。党委还必须有搞群众工作的专家。工会的一些领导人，他可以是专家，因为群众工作也是一门学问，是专家。搞政治工作的，可以是政治工作的专家；搞组织工作的，可以是组织工作的专家；搞宣传工作的，可以是宣传工作的专家。但是，你组成这样的班子，用它去解决生产经营方面的问题，他们就变得不是专家了。所谓专家，他就得有他的一个专门的方面。从生产经营的角度来说，这个班子必然要出现一个问题，就是内行和外行混杂。这是制度本身注定的，你不可能对党委的组成提出一条原则，说党委的组成必须都是生产经营业务专家。那不行，必须有一个政治标准。那么就必然出现上述问题，决策班子必然就是内行、外行混杂一起。这个"内行"、"外行"是从生产经营的角度来说的。若从别的角度来说，如从组织工作的角度来说，他是内行，但从生产经营的角度，他就不是内行。党委的班子，必然是这么一种状况。这个问题，在列宁的理论里碰到过没有？碰到过。列宁在实行一长制的时候，他就指出，集体制有一个弊病就是内行和外行混杂，他说："如果我们把内行人和外行人集合在一个委员会里，那就会造成意见纷纭和完全不协调的现象"。这讲的是苏联的情况，内行和外行混杂，就不能适应管理现代工业的需要，不能适应大生产的需要。从生产经营的角度，必须有生产经营的专家。不能内行、外行混到一块，这样的话，讨论问题时也没有共同语言，决定问题也不能集思广益。所以，列宁说必须实行一长制。一长制就是这么来的。我们现在也碰到这个问题，制度本身决定了这个班子就不可能是生产经营的专家班子。要解决这个问题就必须改变党委领导下的厂长负责制。中央现在提出要"改变"，我理解这是因为存在这些问题，不改变解决不了，责任制加强不了，专家管理问题解决不了。这些问题又是健全和完善企业领导制度的一个重要标准，不解决这个问题，生产经营就搞不好。所以必须改变党委领导下的厂长负责制。

取消、改变党委领导下的厂长负责制，用什么来代替？这个问题也经过了反复的研究。在1979年和1980年，国家经委、中央组织部和全国总工会就在北京组织过很多次座谈会，进行过多次的讨论。在那个时候，比较多的人主张把党委领导下的厂长负责制改为职工代表大会领导下的厂长负责制。职工代表大会休会期间，变成它的常设机构领导下的厂长负责制，就是工厂管理委员会或者工会领导下的厂长负责制。当时持这种意见的比较多。那个时候也有人提出过，要"不戴帽的厂长负责制"，就是现在说的厂长负责制。不戴"党委领导下"的帽，也不戴"职代会领导下"的帽。

为什么讨论来讨论去最后决定实行"不戴帽"的厂长负责制了呢？这是反复比较得出的结论。因为实行工会或职代会领导下的厂长负责制，按上述四个标准来衡量，还是不能全面达到。前面说的那两个问题还是解决不了。很明显，如果职工代表大会集体决策，或者是它的常设机构集体决策，又让厂长个人负责，这仍然是矛盾的。跟党委领导下的厂长负责制一样，没有解决这个矛盾。所以不行。那么，职工代表大会领导下的厂长负责能不能解决"内行、专家"管理问题呢？也解决不了。因为职工代表大会也不能变成工程师班子，否则就不能代表广大群众，光代表工程师了。职工代表大会必须代表各个方面的群众，要有老工人，要有青工，还要有女工，等等。职工代表必须分布在各个岗位上，处在不同的角落里，这样的职工代表大会才能有广泛的代表性，这样才能成为联系群众的纽带，才能反映各方面群众的疾苦、听到各个方面的呼声。这是职代会本身的性质决定的。如果把职代会变成工程师、会计师、经济师的经营班子，那就不全面、不广泛了。这就像不能把党的委员会变成工程师委员会一样。职代会的性质决定了，它必然是"各界"的代表。既然是

"各界"的代表就不可能都是生产经营的专家。这样就必然是内行外行混杂，不能实行专家、内行管理。经过比较就可以知道，职代会领导下的厂长负责制同样解决不了责任制问题，解决不了专家管理问题。

　　按四项标准衡量，只有实行厂长负责制才能解决这个问题。这就清楚地看出了改革的必要性和为什么必须实行厂长负责制。

三　实行厂长负责制的理论根据

　　说实行厂长负责制能够实现上述四个标准，在理论上有没有根据？这要涉及一些理论问题，特别是要涉及"一长制"问题。这里可以作为学术问题，跟大家研究、讨论一下。

　　厂长负责制实际上也是一种个人负责制，虽然不叫"一长制"，但必然涉及一长制的理论。不把这个问题突破，改革起来就会有很多顾虑，总怕和一长制划不清界限。因此，这个问题不能回避，干脆就把它讨论清楚，弄清一长制到底是怎么回事？

　　我不想从我们50年代的一长制讲起，因为那时在执行中有很多问题。确实，过去批判过的一些问题并不是完全不存在。我也不想从苏联执行的情况来说，苏联在执行中也有很多问题。有的领导者对被领导者很粗暴，也有打人的现象。但是，列宁的一长制并没规定领导者可以打被领导者，这是执行中的问题。而且不是普遍现象，更不是制度本身注定要发生的问题。执行中的问题我们应当另外研究解决，这里首先要从理论上研究它的原理。执行当中，什么制度都可能出现粗暴、独断专行等等问题。我们应当回到列宁的基本理论上来研究。

　　列宁的一长制原理，可以说是比较健全和完善的。为什么说它是健全、完善的？因为它符合前述四项标准，上述四个方面的问题，在一长制的理论中基本上解决了。

（一）先说责任制问题

列宁实行一长制的着眼点，就是要加强责任制，克服无人负责现象，克服混乱。一长制是对集体制的否定，核心问题是建立个人专责制。所以，一长制的实行本身就意味着责任制问题的解决，这是不言而喻的。这一点是硬碰硬的，就是使企业从无人负责的集体制、从相互"扯皮"的状态下解脱出来，让一个人负总责，这样责任制就加强了。这是推行一长制所要解决的中心问题。

这里涉及一个管理理论问题。在理论上，管理现代化的企业，到底应该是"集体制"还是"个人制"？这是个理论问题。列宁的一长制实行的是"个人制"。这在理论上对不对？这涉及马克思主义的一些原理。根据马克思阐述的原理，我们去研究，到底现代化的一些工厂应该实行"集体制"还是"个人制"？我们查了许多书，得出一个看法。马克思和恩格斯讲管理时，他们侧重解决管理的必要性，他们讲，管理的必要性是由共同劳动决定。凡有许多人相互配合、共同劳动，就必须有管理。管理就像乐队必须有指挥一样。集体生产必须有统一的意志，没有统一的意志，大生产就不能进行。他们强调权威，强调统一的意志，阐明管理必要性的原理，等等。这在马克思的《资本论》里，在其他许多著作中讲很多。至于统一的意志应当怎么来体现呢？是用集体的委员会来体现，还是由个人负责制来体现呢？在马克思的理论里边，没有直接回答这个问题。恩格斯在《论权威》中讲了这个问题，指出，现代化大生产的组织管理必须有统一的意志和权威，那么这个统一的意志是由谁来体现呢？恩格斯说："不论体现这个意志的是一个代表，还是一个负责执行有关大多数人的决议的委员会，都是一样。"显然，在恩格斯看来，这个统一意志是由一个人来体现还是由一个委员会的集体来体现，都是可以的。也就是说，这两种体现的方式都可以。集体制也行，个人制也行。他认为，这是体现统一意志的形式，不是本质问题，本质问题是要有统一意志。大生产没有统一的意志就乱套了。这个统一意志可以由一个集体来体现，也可以由一个个人来体现。两者"都是一样"的。经过这样的分析，我们就可以有个大体的概念了，马克思和恩格斯并没有说，管理现代化企业必须是集体制。更没有说体现社会主义企业工人当家做主，在管理上就必须是集体制。

那么，这两种办法，最后怎么经过比较变成一长制的呢？这是列宁通过实践总结出来的。

列宁开始实行的，并不是一长制。研究一下苏联的历史，就可以看得出，列宁开始用的不是一长制，是集体制。这个集体制是怎么来的呢？并不是事先想好了的，是随着形势的发展形成的。我们知道，俄国十月革命以后，列宁有个设想，就是通过国家资本主义来进行社会主义的改造，不是马上全面实行国有化。资本家的企业保留，前提是接受苏维埃的全面监督。另外，在企业内部实行工人监督。当时成立了工厂委员会，进行监督，通过工人监督，通过国家资本主义，慢慢地实现社会主义。这是列宁的设想。这个设想实践了没多长时间，资本家反抗，不接受和平改造，消极怠工，破坏生产，在这种情况之下，列宁下决心加速了国有化进程，很快实现了国有化。国有化中必然碰到的一个问题就是工厂怎么管？原来资本家及其代理人经理在那里起作用时，工人委员会是起监督作用的，那么，把资本家的经理去掉，工厂要运转，工厂的监督机构——工厂委员会就变成了决策机构，成为企业的实际管理者。有过这样一个历史过程，列宁把监督机构变成了领导机构、决策机构，实行了工厂委员会的集体管理制。

这个集体管理制实行了一段时间以后，列宁就进行了总结，他发现这里问题很多，在《列宁全集》里有很多这方面的论述。他说："集体管理制在最好的场合下也要浪费大量人力，不能保证集中的大工业环境所要求的工作速度和工作的精确程度。你们研究一下主张集体管理制的人，就会在他们的决议中看到一种极其抽象的说法，什么每一个委员必须独自负责完成任务。这种道理我们当然是知道的。但是，你们当中每一个有实际经验的人都知道，一百回里只有一回才是真正这样做的。在绝大多数的场合下，这不过是一句空话。"① 所以，列宁讲集体制无论如何不行。必须实行个人负责制。在这样的情况下，他才提出实行一长制。就是这么一个历史背景。

这说明什么问题呢？说明一长制就是责任制，说明列宁用一长制加强责任制，是在社会主义建设实践中的创造，而且在理论上并没有违反马克思的原理。也就是说，一长制在理论上是站得住脚的，是马克思、列宁主义的。

（二）再说专家管理问题

一长制既然是责任制，责任制有一个前提，就是必须有足够的能挑得起这个担子的专家，这样才能实行这个责任制。不然，一长制就不可能推行。斯大林有一句话：只要在我们布尔什维克党内还没有足够的专家，没有足够的懂得技术、财务、经济的专家，我们就不可能有真正的一长制。斯大林讲的这话，也可以这样来领会，就是要有真正的一长制，就必须有大批的无产阶级的

---

① 《列宁全集》第3卷，人民出版社1959年版，第279页。

专家,这是个前提。所以,一长制和专家管理是联系在一起的。没有足够的专家,你想实行一长制,他挑不起这副担子来。反过来,实行了一长制,有了责任制,就可以造就大批的专家。所以,列宁的一长制是造就干部的制度。有效地解决了专家、内行管理问题。为什么说一长制是造就干部的制度?就是因为实践出真知,硬碰硬地把担子压在干部身上,常常这样压着,长年累月知识就积累起来了,每天碰到问题,他要做出决断,他就不能找张三商量商量,找李四商量商量,最后谁也不拿主意,对、错也不知道,最后谁也不负责任。如果这样就可以混日子,经验也没法总结。如果把硬碰硬的严格的责任制加在这个负责人身上,那么,在长期的实践当中,就能增长才干,就能造就干部。为什么苏联的管理干部问题解决得那么快,是和实行一长制有直接关系的。这是个成功的经验。旧俄国,管理也是落后的,文化水平也是不高的。俄国在资本主义国家中,相对来说是落后的。列宁就讲过:"同先进民族比较起来,俄国人是比较差的工作者。在沙皇制度统治下和农奴制残余存在的时候,情况不可能不是这样的"。① 那么,列宁怎么解决这个问题的呢?很重要的一条,就是靠这个制度。一种制度,是造就干部,还是耽误干部,这是个重要问题。无人负责的情况下不能成长人才,责任制严格的情况下就能锻炼人才,这是很清楚的。我们这几十年,如果沿着50年代的责任制度一直走下来,现在干部状况就大不一样了。苏联为什么干部问题解决得快呢?他原来也是撂下枪杆子就搞管理,很快就成长起来了。责任制度起了重要的作用。所以责任制和专家问题是连接在一块的。一长制基本上解决了这两个问题。

列宁研究企业领导制度的侧重点就是解决这两个问题。我们

---

① 《列宁选集》第3卷,人民出版社1972年版,第511页。

过去研究企业领导制度的侧重点是解决党的领导和群众路线问题，把责任制和专家问题扔在一边。列宁解决领导制度问题，抓责任制，抓专家管理。这两条是适应现代化大生产的需要，抓到点子上了，干部就成长起来了。他是这么抓的。

用四项标准来衡量，另外的两项怎样？一般容易引起一些疑问。我们过去在这个问题上也闹不清楚。另外两项到底是怎么解决的？如果列宁的一长制光解决了责任制问题，光解决了专家问题，把党的领导扔了，把群众路线扔了，那一长制也是不健全的，那么这两项扔了没扔？我们可以作些分析。

（三）是党的领导问题

1979—1980 年研究企业的领导制度改革问题时，我们接受了一项任务，研究列宁的一长制是怎么解决党的领导问题的。我们仔细研究了列宁的有关著作，觉得这里有个最根本的问题，这就是：过去总说一长制是和党的领导对立的，反对党的领导。不说 50 年代在执行当中有过的削弱党的领导的问题，就说这个原理。列宁是无产阶级政党的缔造者，苏联是第一个社会主义国家。列宁缔造了一个无产阶级政党。在搞社会主义建设时，他又创立了一长制。他用他的一长制来反对他所缔造的党的领导，这在逻辑上讲不通。为什么会这样呢？他自己是无产阶级政党的领袖，他为什么用一长制反对党的领导呢？这不可能。要是一般地推论说不可能，这比较容易。但是，为什么不可能？要从理论上进行透彻的说明，就不那么简单。对于列宁的一长制体现党的领导到底体现在哪儿？事实怎么样？需要进行一些研究。研究结果，我们形成了几个观点。

总的来说，列宁认为党的领导，并不是基层党组织包办一切。这个观点和我们过去的想法不一样，好像非得基层党组织什么都包办才叫党的领导，否则就不是党的领导了。这个观点过去影响非常大。列宁有很多话直接讲到这个问题。他十分强调要明确地划分党和行政机构的职权，认为只有这样才能提高苏维埃工作人员和苏维埃机关的责任心和主动性。他对于党组织对行政管理工作过于频繁的、对细节的干涉十分不满，他说："党的任务是对所有国家机关的工作进行总的领导，而不是像目前那样进行过分频繁的、不正常的、往往是对细节的干涉。"①"我们的共产党员直到现在还不很善于领会自己在管理方面的真正任务：不是要'亲手'、'包办'一切，这样会顾此失彼，一事无成，而是要去检查几十个几百个助手的工作，对他们的工作组织自下而上的检查，即真正群众性的检查。"② 也就是说，基层党组织不能直接干预企业的生产经营。列宁认为党的领导不是体现在这儿。那么体现在哪儿呢？据我理解，体现在以下几条：

第一，列宁认为，"党是有组织的整体"，因此，党的领导是一个总体的概念，必须从全局上来体现。斯大林在《列宁主义基础》中指出，关于党是有组织的整体这个思想，是列宁提出来的。他说：按照列宁指示的原则，党是"党的各级组织的总和"，是"这些组织的统一的体系。是这些组织正式结成的统一的整体。"这个统一的整体，是按照个人服从组织、全党服从中央的原则组织起来的。"如果不实行这些原则，那么作为一个整体的党的有计划的工作和对工人阶级斗争的领导就会是不可能的。"因此，不能说任何一个基层党组织或者党员个人就代表了党的领导。这种整体性，决定了党的领导是由党中央及其制定的统一的路线、方针、政策和组织纪律来体现的。实现党的领导，

---

① 《列宁全集》第33卷，人民出版社1959年版，第221页。
② 《列宁全集》第32卷，人民出版社1959年版，第355页。

最根本的是要切实地贯彻执行党的路线、方针、政策。任何一个基层党组织，都是在这个意义上构成党的领导的一个有机的组成部分。

这就涉及怎样看党的领导、什么是党的领导的问题了。从根本上说，党的路线、方针、政策的正确贯彻执行，这是党的领导的最根本的体现。靠什么去贯彻呢？靠党的组织系统。从中央政治局，中央委员会的正确决策，从上贯彻下来，到基层的党组织，到党委，这一个组织系统。党的领导是靠这一组织系统保证的。这是党的领导的完整的、总体上的体现。那么，一个基层组织能不能代表党的领导，要害就看它是否能够正确贯彻执行党的路线、方针、政策。只有在这个意义上，它才成为体现党的领导的一个重要环节。要是离开了党的路线、方针、政策，这个班子就不能说我代表党的领导。一个基层党委，十几个委员，就能代表党的领导？我怎么决定问题都代表党的领导？那就不一定。基层党组织决定问题必须从实际出发，符合党的路线、方针、政策的要求。所以，首先党的组织就要抓党的路线、方针、政策，抓调查研究。党委首先要集中精力去学习研究党的路线、方针、政策。如果把精力都放在生产行政事务工作里，就顾不上学习、研究党的路线、方针、政策，自己就掌握不了方向，党的领导组织保证的这条线就要削弱。为什么说党委包办行政事务是削弱党的领导呢？道理就在这儿。行政事务缠身以后，就顾不上政策精神。党的十一届三中全会以来，政策到底是怎么个精神？如果不认真花时间去研究，就很难抓住要害，那么，在把握企业方向时就不容易看得准。比如，开放、改革、知识、人才问题，中央的方针政策都很清楚，为什么有时候思想跟不上呢？没有认真研究或者来不及仔细研究是一个很重要的原因。中央文件下来了，中央的精神来了，真正把它吃透，要下工夫。不下工夫，念一遍文件就完了，那哪能吃得透？在基层里谁去研究这些问题呢？首先是党的基层组织。这样才能把党的方针政策从总体上体现下来。所以基层党组织能够代表党的领导就在于能够正确体现党的路线、方针、政策。离开了这个，就代表不了党的领导。谁也不能拍脑袋说我代表党的领导，没人能承认。群众不能承认，党也不会承认。

总之，要从总体上看党的领导，这是个核心问题。

第二，列宁认为，"党的全部工作都是通过苏维埃来进行的"，因此，无产阶级国家政权对经济工作的领导，也是体现党的领导的一个渠道。按照列宁的原则，党通过自己的组织系统进行工作，是实现党的领导的组织保证；同样，通过苏维埃国家政权来管理经济，也是实现党的领导的组织保证。这是另一种意义上的保证作用。因为"我们党是一个执政的党，党的代表大会所通过的决议，对于整个共和国都是必须遵守的。"① "我们共和国的任何国家机关未经中央指示，都不得解决任何重大政治问题和组织问题。"② 这就说明，苏维埃国家政权是无产阶级所掌握的强有力的工具。我们的政权来之不易，是经过无数先烈流血牺牲才夺到手的。政权是要害。列宁说："苏维埃不分职业而包括一切劳动群众。"③ 它可以通过颁布法律、法令、条例、规章制度，用政权手段去贯彻无产阶级的意志和维护无产阶级的阶级利益。这和党的领导是一致的，不是对立的。决不能忽视苏维埃政权在管理经济方面的作用。

党的路线、方针、政策通过政府系统贯彻实施，企业的厂长

---

① 《列宁全集》第 32 卷，人民出版社 1959 年版，第 207 页。
② 《列宁选集》第 4 卷，人民出版社 1972 年版，第 203 页。
③ 《列宁全集》第 31 卷，人民出版社 1959 年版，第 30 页。

由政府任命，厂长按政府的政策、法令和上级机关的部署进行工作，本身就应当说是党的领导作用的体现形式。所以，在列宁主持的俄共九大决议里说："一长制不会妨碍和限制阶级的权力。也不会妨碍和限制工会的'权力'，因为阶级可以通过任何形式来统治，这种形式是以技术上是否适宜为转移的，在任何情况下，领导人员和行政工作人员都是由整个统治阶级'任命'的。在这种条件下，即使由'专家'执行管理，一长制归根到底还是无产阶级专政的表现，因为无产阶级专政不仅能够强制工作按照一定的方向进行，而且还可以通过工人委员来实行监督。"因此，国家政权组织系统进行的经济方面的组织和管理活动，正是党的领导的贯彻和体现。政府系统的组织领导，也是党的领导的一小组织保证。过去，我们往往认为党的组织系统才是党的领导的组织保证，政府的组织系统就不是党的领导的组织保证。这种看法显然是不对的。我们决不能把党通过政府行政系统进行的领导同党的领导分隔开，更不能把两者对立起来，因而也就不能把一长制和党的领导对立起来。

第三，列宁认为，党的领导还体现在党的基层组织的战斗堡垒作用上。强调从总体上理解党的领导，并不是把基层党组织架空，光是路线、方针、政策，基层组织就可以削弱。不是这个意思。一长制是解决生产行政、经营管理问题，列宁说，这是"有关能力的事，有关技巧的事"。党的领导并不是要基层党组织直接去干涉这些事。在列宁看来，党的领导、党的基层组织的领导作用同一长制并不矛盾，而是完全一致的。联共中央关于一长制的决议中，这两方面的问题经常同时提起，是相提并论的。例如，"作为党的基础的党支部，特别是企业中的党支部，应做好自己的工作来实现对企业的社会政治生活和经济生活的领导，以保证工会和经济机关能执行党的主要指示，但不得干涉工厂委员会和厂长的具体工作，特别是不得干涉行政的业务命令，党支部应该积极促进实现整个生产管理系统中的一长制原则"。"党支部不能陷于企业的琐碎事务中，因为只有这样它才有更大的可能来实现对群众和群众组织的政治领导，培养他们的阶级警觉性和维护社会主义企业利益的自觉精神等重要任务，从而更便于和工业及运输业中的危害行为作斗争，并促进生产财务计划的完成"。

按照列宁主义的原理，基层党组织要发挥战斗堡垒作用，这样才能有效地实现政治领导。这种战斗堡垒作用表现在哪里呢？一是表现在党的自身建设上，而不是表现在包办行政事务上。如果整天忙于行政事务和日常业务，党不管党，党的建设就不能加强，基层党组织的战斗堡垒作用也就不能发挥。二是表现在保证监督党的方针政策的贯彻上，而不是表现在对生产经营的指挥上。保证监督作用听起来很轻，甚至有人觉得这无关紧要。其实不然。保证监督的中心问题是使党的路线、方针、政策不走样地得到认真的贯彻执行。这是根本，是要害问题。三是表现在群众思想政治工作的加强上，而不是表现在直接对生产经营发号施令上。只有真正实行党政分工，党委摆脱了行政事务，才能加强思想政治工作，发挥战斗堡垒作用。

总之，不能把党的战斗堡垒作用理解为直接指挥生产。如果那样就成了生产指挥系统了。过去我们往往搞不清这个道理，好像行政事务工作一放松，战斗堡垒作用就没有了。实际上，党的战斗堡垒作用并不表现在这里。把党的自身建设搞好，把群众的思想政治工作搞好，把党的路线、方针、政策吃透，把它贯彻好，这样，战斗堡垒作用就能发挥，政治领导就加强了。这是实现党的领导的第三条渠道。

第四，列宁认为，党的领导最终还要体现在党员的模范带头作用上。按照列宁的看法，党应该通过自己的党员积极参加各种行政管理机关的选举和工作，"使这些机构以俄国共产党的精神进行工作"，因此，党的领导又是通过党员的模范带头作用来实现的。

列宁和斯大林都十分强调，贯彻党的路线、方针、政策，必须有得力的干部，否则"一切命令和决议只不过是些肮脏的废纸而已。"他们把培养精通技术、经济和财务的高度熟练的经济工作干部，看做是建立和巩固一长制的条件，把党员为人民利益而献身的共产主义精神，把党员的模范带头作用看是实现党的领导的重要保证。列宁说："在人民群众中，我们到底是沧海一粟，只有当我们正确地表现人民所意识到的东西时，我们才能管理。否则共产党就不能引导无产阶级，而无产阶级就不能引导群众，整个机器就要毁坏。"①

在企业中，党员都分布在各个岗位。发展党员时也要研究党员的分布。例如，知识分子里少了，要增加；青年工人里少了，要发展；女工里少了，也要注意，等等。为什么要这样做？就是为了各个方面都要有党员在那里发挥作用，通过党员的模范带头作用来体现党对各个方面的领导。离开了党员的模范作用，光靠发文件是不行的。

那么，党员的模范作用从哪里来呢？从党的自身建设上来。通过党的教育和一系列的经常性的工作，党员的政治觉悟才能不断提高，才能更好地学习、领会党的路线、方针、政策，大家都用党的路线、方针、政策来统一思想，并在实际工作中认真贯彻执行，党员的模范作用才能发挥，党的领导才能加强。

总之，列宁的布尔什维克党对经济工作、对工业企业的领

---

① 《列宁全集》第33卷，人民出版社1959年版，第269—270页。

导，是通过多种途径来保证的。体现无产阶级和劳动人民根本利益的党的路线、方针、政策是体现党的领导的最基本的因素，它不仅要通过党员的模范作用和党的组织系统来贯彻执行，而且也要通过苏维埃政权的组织系统来贯彻执行。而企业的厂长是由苏维埃机关挑选和任命的，他要对国家负责，这同时也就是对党负责。所以说，一长制和党的领导不仅不是对立的，而且一长制本身就是党的领导的一种组织保证。

上述四条，我们把它完整地联系起来看，就可领会到列宁的理论是很严密的。前述四方面的问题真正解决好了，党的领导就应该说是体现了。虽然党的基层组织没有指挥生产，但是党的领导问题解决了。这和我们过去的理解不一样。问题在于对党的领导怎么理解，什么叫党的领导？是一个集体、一个班子十来个人代表党的领导还是党中央制定的路线、方针、政策代表党的领导？这个集体的班子要能代表党的领导，它的精力应该放在研究什么问题上？如果班子的精力都放在研究生产上了，那么党的方针、政策反而没精力去研究了，这样党的路线、方针、政策反而不容易贯彻，党的领导反而被削弱。这是第三点。

（四）是群众路线问题

群众问题，列宁讲得比较多。当时，在苏联实行一长制的时候，中央委员会里有很大争论。从文件里，从《列宁全集》里都看得出来。争论的焦点就在民主问题，不在党的领导问题。反对一长制的人，没人提出列宁的一长制是反对党的领导，好像没有发生这个问题。问题就在民主上。为什么呢？因为列宁否定的是集体制，这个集体制不是党委的集体制，而是工厂委员会的集体制。否定了工厂委员会的集体管理制，自然就有人提出民主问题来了。工厂委员会是群众代表啊，你把它否定，民主不是没有了吗？所以引起很多争论，很多人说一长制和民主是矛盾的。列宁就针对这些问题讲了很多话，说一长制和民主是不矛盾的，是一致的。讲了很多道理，这个问题理论上是解决了。

解决民主问题有一个前提，就是工人群众当家做主的民主权利不是表现在直接对企业的生产经营进行决策。就像党委似的，不是表现在包办生产行政工作。为什么？列宁说，管理是有关能力的事，有关技巧的事。这样的事情必须有人专门地去做。必须有个专家班子。不是要工人代表代替这个专家班子对生产经营进行决策。这是分工问题，不是民主权利问题。工人每人都有个生产岗位，不然他就不是个工人。车工、钳工或其他工人也好，每天八小时要干本职工作。他要研究这个、钻研这个，提高技术水平，生产才能上去。要求每个工人对企业生产经营的全局都要掌握，他没这个条件，是不可能的。所以，把各方面的工人代表集合起来去决策企业的生产经营工作，这本身就不可能。列宁不要求这个。而且列宁还明确提出过："工会对企业管理进行任何直接干预，都必须认为是绝对有害的。但是，把这无可争辩的原理了解成拒绝工会参加社会主义的工业组织和国营工业的管理，那就完全错了。"工人的当家做主不表现在这儿。表现在哪儿呢？也是四个方面。

第一，体现阶级意志，保证实现工人阶级的整体利益，是实现群众民主权利的根本。工人群众当家做主的民主权利，最根本的是表现在阶级意志的贯彻，体现阶级的统治。列宁认为，民主原则"意味着使每一个群众代表、每一个公民都能参加国家法律的讨论，都能选举自己的代表和执行国家的法律。"①"工人阶级的统治地位表现在宪法中，表现在所有制中，并且还表现在正

---

① 《列宁全集》第 27 卷，人民出版社 1959 年版，第 194 页。

是我们推动事物前进这一点上面……"① 这是阶级意志、阶级利益的体现，工人群众的民主权利，从根本上说是表现在这里。这是工人的民主权利的根本所在。那么，怎么贯彻阶级的意志？列宁也讲过很多。并不是让生产工人离开自己的岗位，去搞生产经营决策。如果那样做就能贯彻了吗？不一定。列宁深刻地分析了资产阶级的统治和管理，指出："资产阶级是怎样管理的？当它还是统治者的时候，它是作为一个阶级来管理的……他们善于作为一个阶级进行统治，善于通过随便什么人进行管理，由单独一个人完全对自己负责……但是全部政权掌握在他们手里，而谁懂得业务，谁就有职权。"② 这个做法丝毫不影响资产阶级的统治。所以，他说，资产阶级先生们的阶级意识是很强的，而我们往往就缺乏这个意识，往往不能理解到这一点。列宁尖锐地批评了一种观点，这种观点认为："好象集体管理制才是工人管理制，而一长制就不是工人管理制"。列宁指出这种意见是错误的。他说："单是这个问题的提法、这种论据就说明，我们还没有足够明确的阶级意识，而且不仅没有足够明确的阶级意识，甚至我们的阶级意识还没有资产阶级先生们的明确。"③ 因此，列宁强调：必须实行一长制，"必须承认由一个人从实现苏维埃思想的观点出发来全权负责工作。"④ 这同无产阶级的民主制，完全是一致的。这是第一点。群众的民主权利首先表现在阶级利益、阶级意志的体现上。

第二，群众有权为自己选择负责的领导者，有权撤换他们，这是群众能够实现自己的民主权利的重要保证。列宁认为，无论

---

① 《列宁全集》第36卷，人民出版社1959年版，第544页。

② 同上。

③ 《列宁全集》第30卷，人民出版社1959年版，第393页。

④ 同上书，第468页。

从技术上、经济上或历史上看来，任何大机器工业都要求无条件的和最严格的统一意志。而要想保证意志有最严格的统一，就只有使成百成千人的意志服从于一个人的意志。工人群众需要通过一长制的权力，把自己联结起来，组织起来。这样才能更好地实现自己的目标。这个一长、这个领导人，是由苏维埃委派的，他的权力由苏维埃赋予，也是由苏维埃撤销的。咱们现在也是这样，搞民意测验，选举厂长、最后由政府部门任命，也就是列宁讲的由苏维埃任命的，由苏维埃撤销的。群众的意见和要求都可以通过这个渠道反映进去，群众可以挑选领导者。但是，一旦承认了这个人的领导，赋予了他以权力，他就应当成为有权威的领导人，人们就必须服从由领导者来体现的这种统一意志。这和民主一点也不矛盾的。实行一长制，一长的产生，有群众选举的意见在里头，有上级的任命，苏维埃给他们权力，那他就要有权威，不然就软弱无力，就成为无政府状态了。官僚主义的集中制和民主集中制不同，民主集中制是在民主基础上的集中，就是通过民主，大家的意见可以反映进来，最后要集中，大家的意愿由他来体现。列宁说，在这种情况之下，如果我们有良好的纪律，有良好的习惯"这种服从就很象随着音乐指挥者的柔和指挥一样。"并不会感到是非常难受、非常受压抑的环境。弄得好，可以像乐队演奏随指挥，非常和谐、非常舒服，这么一种气氛。同时，列宁也讲过，如果没有很好的自觉性和纪律性，"这种服从可以通过严厉的独裁形式来实现"。① 这是大机器工业的客观要求，并不是民主原则的取消，实际上这也就是民主集中制。

　　第三，群众有权对领导者实行多种形式的监督，这也是群众实现民主权利的一种保证。企业领导者必须具有领导和指挥的权

---

① 《列宁全集》第 27 卷，人民出版社 1959 年版，第 247 页。

威，但这并不是不受任何制约的权威。企业的领导者必须接受群众的监督，"群众应当有权了解和检查他们活动的每一个细小的步骤。"列宁说："我们愈坚决主张有极为强硬的政权，愈坚决主张在某种工作过程中，在某种纯粹执行职能方面实行个人独裁制，我们就应该有更多种多样的和自下而上的监督形式和方法，来杜绝毒害苏维埃政权的一切可能性，反复不倦地铲除官僚主义的莠草。"① 在列宁的理论中，这两方面他是兼顾到了。在实践中他也采取了很多办法。按照列宁的一长制原则，①企业的厂长经过民意测验，上级任命，车间行政、技术人员的任命，要让车间独立自主去解决；厂长在任命下级领导人的时候，要征求车间意见，这就带有群众性；另外，厂长在决定工作人员时，要征求党委的意见和工会的意见。②一长制和批评与自我批评是分不开的，这在列宁的文章里反复强调过。一长制的贯彻和批评自我批评是联系在一起的，离开了批评和自我批评一长制就没法贯彻。这就是一种群众监督。③实行一长制，还必须严肃认真地对待群众的合理化建议。合理化建议就是群众的意见，这里边也体现着群众的监督。一长制要求企业领导要善于最大限度地关心工人的需要，注意他们所指出的技术与管理方面的缺点。所以说，多种渠道的群众监督，可以体现群众的民主权利。

第四，群众通过多种方式参加管理，也是实现民主权利的一种重要形式。一长制并不排斥吸收广大群众参加管理工作。俄共九大决议说："应当采取一系列措施来解决日益广泛地吸收工人阶级参加经济管理工作这个极重要的问题。"在一长制的条件下，职工群众通过工厂委员会、生产会议、车间会议和全厂代表会议等多种方式参加管理，而且还可以结合岗位工作直接参加生

---

① 《列宁全集》第27卷，人民出版社1959年版，第253页。

产管理。企业生产技术财务计划，要在各种会议上仔细进行讨论，发动群众尽量挖掘企业的潜力。计划制订后，工会还要领导和组织群众，发挥群众的创造热情，保证计划的完成。因此，一长制和群众参加管理并不矛盾，而且在一长制下吸引群众参加管理，正是群众实现民主权利的经常的、有效的方式。

所以，我认为，列宁的一长制从理论上说，按前述四个标准衡量，是基本符合的。当然执行当中有执行的问题，这里边有执行人的因素。我们50年代执行当中也有问题，说现在就是简单地恢复50年代的一长制，那当然不行。那里边有很多问题。但是，这并不妨碍我们研究一长制的理论。我们相信，上述四个标准通过厂长负责制能够实现。因为一长制理论是完善的，既然列宁的一长制能解决这些问题，我们实行厂长负责制当然也能解决这些问题。说明我们改革的方向是符合马列主义原理的，是有理论根据的。

四　怎样健全和完善我国社会主义企业领导制度

在企业领导制度改革中，怎样才能体现前述四项标准呢？在实际工作中我们应该注意哪些问题呢？

我国社会主义企业领导制度的改革，需要认真吸取过去的经验教训。既不能强调了党的领导和群众路线，放松了责任制度和专家管理；也不能反过来，注意了责任制度和专家管理，又放松了党的领导和群众路线。这两种倾向过去都发生过，这次改革不应再重复出现这些问题。为此，有两个方面的问题需要处理好。

一方面，要明确我们这次改革的侧重点，也就是要将企业领导制度改革要解决的中心问题把握住。

企业领导制度的改革，不是为改革而改革，它总有个目的，总是要解决主要矛盾，总有个核心问题。因此，要抓住侧重点。侧重点抓准了，横下一条心坚持到底，即使出现一些枝节问题，可以暂且不论。因为任何大的改革都会出现一些枝节问题，但只要抓住主要矛盾，就能下决心，就能解放思想，就不会被一些次要问题干扰视线。

侧重点是什么呢？我认为，企业领导制度的改革必须从加强责任制度和实现专家内行管理的要求出发。这个侧重点，是由长期以来我国企业领导制度存在的问题决定的。要改变无人负责的混乱局面，提高企业的管理水平，就必须解决责任制和专家管理问题。把握住这个侧重点，指导思想搞明确，才能顺利进行企业领导制度的改革，才能真正解放思想，怎样有利于加强责任制度、有利于实现专家管理，就怎样做，坚决采取措施，使厂长的责与权一致起来。在我们的企业里，既然要求厂长对经营成果负责，当然就必须给厂长以经营决策权。应当看到，无论是责或是权，对厂长来说都是一副很重的担子。厂长要更好地履行自己的职责，就必须谨慎行使自己的职权，就必须认真研究企业生产经营活动的规律性；如果厂长乱用职权去瞎指挥，就不可能有效地履行自己的职责。因此，这副担子实实在在地压到了厂长的肩上，就会改变那种大家都负责而又都不负责的局面，从而使厂长能够在实践中发挥才干、增长才干。这样就会出现责任制度促进干部成长，干部水平提高又促进责任制度不断完善的良性循环的局面，有效地解决加强责任制度和实行专家管理的问题。

这是一个方面。这方面的问题只要方针确定了、指导思想明确了、侧重点抓住了，上下一致去贯彻执行，问题就会比较容易解决。

另一方面，也是解决起来比较困难的方面在于：实行厂长负责制，加强了厂长的责与权之后，如何保障职工群众的民主权利，如何改善和加强党的领导，真正把加强责任制度、实现专家管理同加强党的领导、贯彻群众路线正确地结合起来。目前人们对实行厂长负责制存在的一些疑虑以及实际工作中难于处理的一些问题也往往发生在这些地方。如果不解决好这些问题，改革就不能顺利前进，或者从一个片面走到另一个片面，不能全面实现健全和完善企业领导制的标准。为了有效地解决这些问题，需要注意以下几点：

第一，切实实行党政分工。实行党政分工，才能改善和加强党的领导。目前一个很迫切需要解决的问题，就是要改变一个传统的观念：党政不分、党委包揽一切才能体现党的领导，否则就失去了党的领导。这种认识是不对的。应当看到，在党政不分的条件下，把党的领导地位变成了党代替一切、包办一切，这就必然使企业党委陷入日常生产技术和行政事务中去，既妨碍了厂长行使职权、发挥积极性和主动性，又削弱了党的工作，出现党不管党的怪现象，不利于党的自身建设，不利于实现党的政治领导，不利于加强思想政治工作。因此，实行党政分工决不意味着削弱党的领导作用，相反，正是为了使党委摆脱生产行政事务，集中力量抓大事，保证和监督党的路线、方针、政策的正确贯彻和执行。邓小平同志在谈到企业领导制度和改善党的领导问题指出："共产党实现领导应该通过什么手段？是用这种组织形式，还是用别的办法，比如共产党员的模范作用，包括努力学习专业知识，成为各种专业的内行，并且吃苦在前，享受在后，比一般人负担更多的工作。一个工厂的党委，总必须保证在产品的数量、质量和成本方面完成计划；保证技术先进、管理先进、管理民主；保证所有管理人员有职有权，能够有效率、有纪律地工作；保证全体职工享受民主权利和合理的劳动条件、生活条件、学习条件，保证能够培养、选拔和选举优秀人才，不管是党员非党员，凡是能干的人就要使他们能充分发挥作用。如果能够保证这些，就是党的领导有效，党的领导得力。这比东一件事情、西一件事情到处干预好得多，党的威信自然就会提高。"只有切实实行党政分工，党委摆脱日常生产行政事务，才能避免"东一件事情、西一件事情到处干预"，有效地进行保证监督，使党的领导更加有效、更加得力。

第二，建立专家业务班子，协助厂长进行生产经营决策。厂长负责制实际上是一种个人专责制。但一个人的知识、经验、能力毕竟是有限的。随着生产的发展、经济联系广泛性和技术复杂程度的提高，对现代企业的管理，只靠一个人往往难以胜任。目前各国大公司的管理，出现由专家个人向专家集体管理演变的趋势。但这种管理集体，既不是内行、外行混杂的委员会，也不是由不同利益、不同权利的代表组成的"类似议会"的组织，而是按照首长负责制原则建立起来的工作班子。这个集体对厂长起助手作用。因此，它和列宁所反对的那种集体管理制是不一样的，和个人专责制是不矛盾的。我国有些生产指挥系统比较健全的企业，一般设有厂务委员会或厂务会议。厂务会议并不是权力机关，而是在厂长领导之下的业务班子，一般由副厂长和总工程师、总经济师、总会计师以及各技术业务部门负责人参加，集思广益，协助厂长进行决策。实行厂长负责制后，应该更好地发挥厂务委员会的作用。有了这样的业务班子，就可以防止厂长一个人的片面性，弥补一个人在组织、经验、能力方面的不足，在使用干部、经营决策等方面更好地发挥集体智慧。

第三，加强多种形式的群众监督。在厂长负责制的条件下，需要有多种渠道、多种形式的群众监督，这样才能真正体现职工群众民主管理的原则。制度本身就应当保证职工有权按一定的程序选举和罢免企业的领导人，对他们的工作进行批评和监督。

职工代表大会是群众性的监督机构，它对厂长的决策以及厂长的作风起监督作用。特别是对那些同职工切身利益直接相关的问题，职工代表大会更应反映群众的呼声，维护他们的正当权益。应当从这些方面强化职代会的作用，而不应要求职代会直接干预和领导经营决策。这当然不是说职工群众对企业的经营管理就不闻不问了。厂长要定期向职代会报告工作，群众对厂长的工作报告要认真进行讨论和审查，这就要求职工群众通过自己的代表或者直接对厂长、对企业的经营管理充分发表意见，献计献策、开展自下而上的批评。

群众参加管理，是职工群众主人翁地位的体现，也是群众主人翁责任感的表现。群众参加管理的形式很多，通过职工代表大会进行全厂性的管理和监督是一种重要的形式，同样，组织群众参加班组管理也是一种重要的而且经常的形式。过去我们在这方面积累了许多好的经验，通过班组管理把全体职工都发动和组织起来，承担力所能及的管理工作，对改善和加强企业管理，调动职工群众的积极性，起了很好的作用。今后应当发扬优点，使群众参加管理的活动更经常、深入、持久地开展下去。

第四，建立厂长素质标准，纳入企业领导制度。制度是由人制定、由人执行的。再好的企业领导制度，也代替不了执行者的个人素质。因此，要健全和完善企业的领导制度，必须把干部素质问题纳入制度中来，在厂长负责制中不但要规定厂长的责与权，而且要围绕厂长怎样才能更好地履行职责，怎样才能正确行使职权来规定干部素质标准并把它制度化。对干部素质问题决不能看做是制度以外的事情。它是和企业领导制度密不可分的。不同的企业领导制度对干部的素质有不同的要求。实行厂长负责制对厂长素质的必不可少的要求、需要厂长必备的素质标准，正是制度本身应当包括的内容。我们在企业领导制度的改革中，为了避免重复出现过去推行一长制时发生过的缺点，需要更进一步研究厂长负责制中的厂长素质标准，把它搞得更加完整、更加全面。例如，在厂长负责制中不但要对厂长的年龄、学历、文化技术业务水平、思想政治水平等方面的素质有具体的规定，而且作为一个厂长，必须具有能够打开局面的开拓精神，事业心要强，要勇于创新，要有毅力，处理问题要果断，要能够团结同志一道工作，善于联系群众和关心群众，善于集思广益，等等，所有这些都应当纳入厂长素质标准，做出具体规定。这样做有什么好处呢？我觉得好处很多。上级任命厂长，可以按这个标准来衡量，不光看经营情况，要看全面标准。如果不具备应有的素质，比如有的人虽有一定的业务水平，但总是把个人放到不适当的位置，在工作中独断专行，不能团结和带领群众前进，这就可以说是没有达到厂长素质标准，对这样的同志就可以不任命他做厂长。群众在选举领导的时候，也按素质标准来衡量，谁符合这个全面标准，就选谁。在监督考核的时候，也按这个标准。厂长在职，你违反这个标准，就给你提意见，如果总也不改，群众就可以根据素质标准提出罢免。有了标准，让大家掌握，使它深入人心，大家都按它去衡量、去要求。这是一种很有效的监督形式。如果没有这个尺度，靠什么监督呢？最后只能看生产。生产搞好了，再粗暴，再压制群众，也拿他没办法。生产是个硬指标，一俊遮百丑，你说什么他也照旧不改。一个企业，生产上去了，但群众精神上受到压抑，这就说明潜力很大，如果能够更好地团结群众，如果能够把群众的情绪理顺了，心情搞舒畅了，就更能调动群众的积极性，生产就能搞得更好。因此，不能满足于生产上去了，不能一俊遮百丑，要有全面的素质标准，并且把它交给大家去掌握、去监督。

最近，我在北京接待了日本一个代表团，得到一些启发。有一个计算机软件公司经理说，他在选择计算机软件人才的时候，要考察那么几条，包括作风、为人，等等。其中有一条，他要求敏锐，思想反应要快。这看起来和软件没关系，其实关系很大，考核敏锐、反应快怎么考核呢？他说，我招一批人的时候，我组织他们下围棋，从下围棋中选拔。围棋和计算机有什么关系呢？他说，围棋可以看一个人的头脑是否灵活，搞软件需要这么一个素质。当然，不是说选厂长要下围棋。我们可以从各个角度规定，这么一个现代化企业，厂长负责制这么重的一小担子，要能体现党的领导，要能体现群众路线，他必须在作风上、在个人的素质上，在各方面应该有个要求。这就要求把它系统化，弄出制度化的一个标准，作为企业领导制度本身的内在的东西。这样的制度就比较完善。你经营搞得再好，再内行，但待人粗暴，独断专行，这和标准就不符合。素质标准要深入人心，群众心中都有这个标准，厂长的缺点如果不改的话，下次选举作为一条，大家就不让。没这个标准就不一样了，批评批评，提提意见，不改也就算了。这样一些制约的东西，如何制度化，这也是改革中需要研究的一个问题。

总之，厂长素质标准应当制度化，也能够做到制度化。群众选择厂长、上级任命厂长都应当用厂长素质标准来衡量。考核厂长既要用经营成果来考核，同时也要用厂长素质标准来考核。有了素质标准，群众对厂长的监督也就有了更加具体的依据。因此，建立厂长素质标准并把它制度化，是在厂长负责制的条件下，加强党的领导，坚持群众路线的重要保证。

（原载《理论动态》1985 年 4 月第 561 期）

厂长身份面面观[*]

　　厂长的身份问题，已经争论了很久，至今没有形成比较统一的认识。这个问题争执不下的一个很重要的原因在于，人们总想找一个适用于一切场合的笼统的答案，而这种笼统的答案实际上又是没有的。

　　主张一重性的同志往往认为，厂长在任何时候、任何情况下都只能是代表企业和职工而不能代表国家；主张二重性的同志又往往认为厂长在任何时候、任何情况下都必须既代表国家又代表企业，而不能只代表一方。然而，事物并不是那么绝对的。我认为，厂长的身份是多维的，从不同的侧面、不同的角度去分析，厂长的身份是不尽相同的。我们不能只抓住一个侧面就笼统地做结论，而必须从各个侧面去进行全面的分析，才能把握住厂长的身份，才能看清厂长到底应该代表谁。

　　我想，要弄清这个问题至少需要分别地从下述三个方面进行具体的分析。

---

　　* 1986 年 9 月提交厂长负责制理论讨论会的论文。

一 从法人代表的身份来看，国有企业的厂长应当代表企业，但在一定意义上也同时代表国家

在改革中，我国全民所有制企业已经从行政机构的附属物变成了相对独立的经济实体，已经具有法人地位。企业法人的法定代表人是厂长，也已经明确了。因此，有许多同志便以此为根据来论证厂长的身份，说厂长作为法人代表只能有一重身份，即代表企业。还有的同志更做了进一步的引申，认为不能抽象地说企业是法人，而应当分析企业的主体，企业的主体才是法人，企业法人代表不是代表抽象的企业，而是代表企业主体这个具体的法人，例如，他们认为，资本主义企业的主体是资本家，企业的法人是资本家。厂长是法人代表，他的身份也就是代表资本家；在我国的旧体制下，国家直接经营管理企业，企业的主体是国家，这时国家就是法人。厂长作为法人代表，他的身份就是代表国家；改革以后，企业有了经营自主权，企业的主体是职工，企业职工是法人，所以，现阶段我国国有企业的厂长作为法人代表，其身份就是代表企业职工。总之，这些同志根据我国国有企业具有法人地位这样一个基本事实，得出厂长的身份是代表企业或代表企业职工的一重性的结论。

这个结论能不能成立呢？我以为这里有许多值得商榷的问题。我们知道，所谓"法人"，是民法中有特定含义的概念，其含义至少有三点在讨论厂长身份时是不可忽视的。

第一，法人是组织的人格化，并不是指具体的自然人。因此，说"法人是职工"、"法人代表是代表企业职工"，等等，是不能成立的。自然人在民法中就是我们通常所说的公民。而法人则是指一定的组织。公民和法人是民法中并列的两种不同

的主体，两者不能混淆。我国《民法通则》第 36 条明确规定了法人的定义："法人是具有民事权利能力和民事行为能力，依法独立享有民事权利和承担民事义务的组织"。第 38 条还规定："依照法律或者法人组织章程规定，代表法人行使职权的负责人，是法人的法定代表人"。可见，法人是指组织，企业法人是指企业，而不是指资本家个人，也不是指企业职工，更不是指国家。把法人看成是一个或一群自然人，把企业法人看做是职工，把企业法人的代表即厂长的身份看做是代表职工等等的说法，显然是不正确的。

第二，法人是用来调整财产关系的民法概念，而财产关系只能反映企业的一个侧面，并不是企业的全貌。因此，仅仅根据厂长是法人代表这一角度，就断定厂长的身份只有代表企业的一重性，是不够全面的。法人是民法的概念，而民法的任务就是"调整平等主体的公民之间、法人之间、公民和法人之间的财产关系和人身关系"（《中华人民共和国民法通则》第 2 条）。公民和法人都可能发生相互之间的横向的财产关系，但法人不同于自然人，它不存在人身关系。因此，对企业来说，法人关系只是反映它在财产关系上的一个侧面。从这个侧面来说，厂长作为企业法人代表当然可以说是代表企业，但是，企业的活动是多方面的，厂长所要处理的关系也是多方面的，远不仅仅是财产关系，例如，厂长经常要碰到如何处理国家、企业和职工个人的利益关系；如何处理职工之间发生的各种关系；如何处理企业内外、上下、左右各种经营决策权限划分和其他各种各样的关系等问题。这些关系当然和财产关系相联系，但并非全部是财产关系，在处理这些关系的时候，决不能用法人关系去套，更不能因为厂长是法人代表就时时、处处、事事都只是代表企业。法人代表的身份只是厂长身份在法律方面的一种属性，并不是厂长身份的全部，如果因为厂长是法人代表就认为厂长在处理任何关系时都只有一重性，都只代表企业，那就以偏概全了。不仅在理论上说不通，而且在实践中也从来不是这样做的。

　　第三，法人是以其财产对法人代表的活动承担责任的主体，而全民企业的财产是属于国家的。因此，即使单纯从法人代表的角度来看，国有企业的厂长也不是只代表企业而是既代表企业，也代表国家。按照民法的规定，"企业法人对它的法定代表人和其他工作人员的经营活动，承担民事责任"（《民法通则》第43条）。那么，企业法人用什么来承担责任呢？既不是用工人的奖金，也不是用厂长的工资，而是用企业的财产来承担责任。"全民所有制企业法人以国家授予它经营管理的财产承担民事责任。集体所有制企业法人以企业所有的财产承担民事责任"（《民法通则》第48条）。从法律的角度来说，作为法人代表，全民企业的厂长和集体企业的厂长一样，他们同样都是代表着法人、同样都有一定的财产对他们的经营活动承担着责任，因此，从法律关系来说，他们的地位和身份是一样的，但是，从经济关系即财产的所有关系来说，全民企业的厂长和集体企业的厂长，地位和身份又是不一样的。这种差异，源于所有制的差别。他们都代表各自企业的所有者，一个是国家，一个是劳动者集体。作为全民企业的厂长，他代表的企业属于国家，实际上是由国家授予企业经营管理的那部分财产来为他的经营活动承担民事责任。所以，也可以这样理解：全民所有制企业的厂长，作为法人代表，他的身份是代表企业，而从其经济内容的实质来说，同时也是代表国家。在这里，厂长代表企业和代表国家是一致的，不能说他只有代表企业的一重身份。

二　从利益分配关系上看,国有企业的厂长应当体现国家、企业、职工个人三者利益的统一

我这里讲的利益分配关系指的是企业纯收入的分配关系。

企业纯收入是销售收入扣除成本的余额。在过去统收统支的体制下，国有企业的纯收入是由国家集中起来进行分配的，随着经济体制改革的深入，随着所有权和经营权的适当分离，国有企业已经成为相对独立的商品生产者和经营者，已经有了相对独立的经济利益。这样，国家、企业和职工个人之间的分配关系就不再像过去那样简单，厂长的身份也发生了变化，不再像过去那样只是单纯代表国家，而是更加复杂了。

主张厂长身份只有一重性的同志认为，在所有权和经营权分离以后，企业经营好坏同企业全体职工的利益挂上了钩，厂长经营管理企业代表着职工群众的利害关系。因此，厂长的身份由过去代表国家变为代表企业和职工向国家负责，而不再是代表国家了。

事实是否如此呢？我以为并不完全如此。厂长经营好坏确实关系着职工群众的切身利益，但同时也关系着国家的利益。企业经营成功，首先是国家增收；经营失利，遭受损失的也首先是国家。特别在经营失利甚至企业破产时，不仅职工收入要减少，而且国家财产要受损失。企业破产后，职工待业期间由社会保险承担一部分经济后果。而国家财产的损失，如前所述，并非由工人奖金或厂长工资来弥补，而是全部由国家来承担。也就是说，既不是由厂长和职工赔偿，也不能像集体企业那样，使财产损失落到劳动者集体头上。这种实际状况怎么能说在利益关系上厂长的身份只代表企业和职工而不代表国家呢？

在社会主义条件下，国家、企业、职工的利益在总体上是一

致的。企业经营得好，对国家、企业和个人都有利。在经营中，厂长关心职工群众的利益从而更好地调动群众的积极性，促进生产的发展，这对企业和国家同样是有利的；国家把企业一大部分纯收入集中起来进行分配，这是社会主义事业发展的需要，和企业职工的利益也是一致的。总之，在社会主义条件下实现三者利益的统一，是能够做到也是应当做到的。厂长的责任，正是要正确处理三者利益关系，实现三者利益的统一。

　　这当然不是说国家、企业、职工个人之间就没有矛盾了。现在争论的问题正是在于，当出现矛盾的时候厂长到底应该代表谁、应该站在哪一方？我觉得这是不能笼统而言的。体现三者利益的统一，这是厂长必须遵循的行为准则，也是对厂长素质的要求。国家的政策、法令、规章制度，原则上都是要体现三者利益统一的，厂长应当模范地遵守这些规定，但是，无论是制度本身还是执行过程中都会有许多不完善、不合理的环节，这就会出现矛盾。当三者利益发生矛盾的时候，必须因时、因事采取不同的对策。例如，厂长要顾全大局，把国家利益放在首位，善于从全局利益、长远利益出发来考虑问题，但当有关部门竭泽而渔，有关方面乱摊派，因而损害企业利益，阻碍生产发展的时候，厂长就应当站在企业一方与国家有关部门、有关方面打交道，这时厂长若不代表企业讲话，谁还能替企业讲话呢？同样的道理，对于职工群众的切身利益厂长要关心，群众提出的合理的利益要求，厂长也应当支持，但当群众提出不切实际的或不正当的利益要求时，厂长就应当站在全局的立场上、站在国家的角度进行引导，而不应当不加分析地站在企业和职工一方向国家争利。

　　总之，在处理国家、企业、职工三者利益关系的时候，认为厂长在任何情况下都是只有代表企业和职工的一重身份，或者相反，认为厂长在任何情况下都是双重身份而不能只代表一方，这些观点，看来都是不够全面的。厂长的身份是体现三者利益的统一，针对不同情况、不同问题，有时要代表企业和职工讲话，有时要代表国家讲话，因时、因事而宜。厂长在处理这些关系时，无论是代表国家讲话还是代表企业和职工讲话，应当遵循的原则和所要达到的目的，都是要更好地实现三者利益的统一，而不能够无原则地偏到一边去。

三　从决策权力体系上看，国有企业厂长的身份是代表企业，只能在企业的职权范围之内进行决策

在过去集中管理的体制下，企业基本没有经营决策权。现在企业作为相对独立的经济实体，已经成为决策的主体。但是，企业的决策权到底有多大，厂长在决策权力体系中的地位和作用如何呢？有的同志担心，企业的自主权扩大以后，厂长是否会权大无边了。于是有多种主张，提出了多种多样的制约措施。例如，有的同志主张由职工代表大会决策，由厂长贯彻执行；还有的同志主张管理委员会集体决策，由厂长指挥，等等。这些实际上是主张实行职工代表大会领导下的厂长负责制或企业管理委员会领导下的厂长负责制。我认为，这样的领导制度和党委领导下的厂长负责制存在着相同的、无法克服的弊端，主要是：第一，责与权脱节，决策者不承担责任，负责的又无权决策，不能形成严格的责任制度。第二，内行与外行混乱，不能形成专家、内行管理。关于这方面的问题，我在《关于企业领导制度改革问题的理论探讨》一文中已详细谈了自己的观点，这里不再重复。

当然，厂长在行使决策权时，是应当受到制约的。但这种制约不能通过无人负责的集体制来实现，而应当主要来自三个方面：第一，在企业内部，厂长是在企业党委和广大群众监督之下

行使决策权的。企业党委在企业中起保证监督作用，广大职工群众通过直接参加管理以及通过职工代表大会，对厂长的决策以及厂长的工作进行着群众监督。为了加强这种监督的有效性，除了需要健全职代会和各种形式的监督制度之外，建立厂长素质标准并把它纳入企业领导制度，成为厂长负责制本身不可缺少的一项内容，是十分重要的。有了素质标准，对厂长的考核和监督就有了具体的依据，群众监督的有效性就能提高。第二，从企业外部来说，厂长是在国家主管机关和业务职能部门的领导和监督之下行使决策权的。国家通过经济的、法律的、行政的手段对企业进行领导和监督。国家的政策法令、规章制度厂长是必须遵循的，这对厂长行使决策权也是极为重要的制约。第三，决策的层次性，对厂长行使决策权也是一种制约。企业的经营决策是有层次性的。所有权和经营权的分离，只是相对的而不是绝对的。有些重大的经营决策同企业的所有权是分不开的，例如，企业的关停并转，企业生产方向的重大改变，国家实行指令性计划的部分生产经营活动，等等，企业是不能自行决策的。

从上述几方面的制约关系来看，厂长应当接受群众的监督，但这并不应妨碍厂长的决策权，国家授予企业的决策权只能由厂长行使而不能由其他的集体机构来行使。但是，厂长行使决策权，又是在主管机关、政府职能部门的领导和监督下行使的，而且只能在授予企业的职权范围内进行决策。因此，从决策权力体系上看，厂长的身份是代表企业而不能代表国家进行决策。从这个角度来说，厂长的身份倒可以说是一重性的。但这种一重性只能是从决策权限一个角度来说，而不能概括厂长身份的全部。

（本文摘自《经济体制改革理论与实践研究会论文集》，

经济管理出版社 1987 年版）

企业应树立正确的营销观*

　　目前的经济活动中，不讲信誉成风，有客观原因也有主观原因。就企业的主观原因来说，就是很多企业还没有树立起明确的、正确的企业精神。《经济日报》开展讲信誉问题的讨论，是很有意义的。这不是一个单纯的理论问题，应当大造舆论，揭露丑恶现象，提倡正确的经营观念。

　　企业精神、企业家精神，包括的内容很多，核心问题在于企业经营思想。市场经济国家企业营销思想的发展，很值得我们研究借鉴。近二三十年来，一些西方学者和企业界人士提出以"社会市场营销观念"为指导的营销思想，即全面考虑企业自身利益、消费者的需要和社会利益三个方面的因素，把它们统一起来。而且把只考虑企业眼前利益，不顾消费者利益和社会利益的经营思想称之为"市场营销近视症"，等于自杀。西方企业的营销思想，从以我为中心的生产观念发展到满足市场的需要，再到考虑社会公众的利益，这个演变过程是很值得注意的。

　　在由计划经济向社会主义市场经济转轨过程中，我们的企业

---

　　* 在"市场经济与企业信誉座谈会"上的发言。

更应当把企业利益同消费者利益、社会利益统一起来，通盘考虑。这应该是对每一个企业家的最基本的要求。在不讲信誉、不遵守合同、损人利己、故意拖欠成为一种社会问题的今天，每个企业、每个企业家都应当有一种社会责任感，应当考虑如何从我做起，共同来解决这个社会难题。

（原载《经济日报》1994 年 7 月 30 日）

论行业自律[*]

在健全的市场经济条件下，有序的竞争可以实现优胜劣汰，使资源得到合理配置。

现在我们面临的是竞相杀价、恶性竞争的市场环境。这种无序的竞争，弄得优不胜劣不汰，使得优质名牌产品难以生存和发展。而有些偷工减料的、廉价的劣质产品却到处泛滥，冲击着市场。

本来我们的生产就已经是低水平重复了，在廉价倾销的浪潮中，优质的、高水平的产品优势显现不出来，处于非常不利的地位。这样下去，生产的水准会越来越低，就会在更低的水平上重复。这是很危险的。

面对这种市场形势，许多企业提出行业价格自律的倡议。国家经贸委也发出了实行价格自律的通知。

但是，要想把行业自律搞好，难度又是很大的。自律约束软了不起作用，硬了又会搞死，扼制竞争。确实，自律是一个极为复杂的问题。它不仅涉及经济学，而且涉及法学、哲学，特别是

---

* 在"价格自律研讨会"上的发言。

经营伦理学。因此，要搞好行业自律，必须处理好以下几个方面的关系：

一　自律和法律的关系

自律不能代替法律。法律是强制性的。在法律所及之处，一定要发挥法律的强制作用，要加强执法监督的力度。不要放着法律手段不充分使用，又把希望寄予自律。这样就本末倒置了。

自律不能违背法律。自律是一种规矩、约束。是参加者为了共同利益连接在一起的共同约定。法律是自律的依据，自律不能超越法律，要依法自律。企业不能为了自身的利益搞违法的自律。这样理解自律和法律的关系，就会有利于执法。

自律又是补充和完善法律的一种手段。在法制建设上自律并不是没有发挥作用的空间，法律总有一个不断完善的过程，也总有不够具体之处，自律形成的规范有些会上升为法律和法规，在执法中有些界限不清的问题也可以在自律中得到解决。因此，既要强调法制建设，又不可忽视自律的作用。

二　自律和道德的关系

自律是参加者群体为了协调利益关系而形成的一种共识。大家共同约定、共同遵守来维持一种秩序。这些约定在没有形成法律、法规的时候，是非强制性的。这时伦理道德的约束因素就很突出。

道德规范性的自律约定，相对于法律来说，是一种软约束，但是，不能因此而忽视它的作用。市场道德、商业道德、经营伦理等等方面的东西，要研究、宣传和提倡。随着我国经济体制改革的深入和社会主义市场经济的建立，企业已逐步成为市场竞争的主体，为此就必须解决好一个非常重要的问题，这就是企业在经营中如何提倡和贯彻经营伦理的问题。这对于实现市场的有序竞争，是十分重要的。

在国外，经营伦理问题早已为人们所重视，作为一门科学理论，也正在研究与建立。日本经营伦理学会会长水谷雅一教授在《经营伦理理论与实践》一书中指出："有人认为，企业一般都将赚钱作为主要目标，伦理则是追求道德规范，两者本来是水火不相容的，因此，经营伦理是一个自相矛盾的概念。这不过是表面现象。获取利润确实是企业的主要目标，但是在今后的时代，如果仅追求利润，企业的经营活动本身也将为社会所不容。必须指出，这种以追求利润为唯一目标的思维方式是落后于新时代的。也就是说，如果在经营活动中缺乏伦理观点，经营本身也是不能成立的。在理解经营伦理的概念上，这一认识是至关重要的。"因此，在提倡自律的时候，我们不能忽视伦理道德规范的作用。我想，我们应当加强经营伦理学的研究，认真进行经营伦理学的学科建设。

三　价格自律和其他自律的关系

行业自律，在搞好价格自律的同时，还有许多其他方面的自律工作需要做。

恶性竞争的根子在于重复建设，生产能力严重过剩。企业有了投资权，如何协调，避免低水平重复是个大问题。过去，我们是用计划来协调，在向市场经济体制转轨的过程中，过去的调控手段已经失灵，新的有效的调控手段还没有健全起来，这时行业的自律就显得非常重要。

　　其实，在发达的市场经济国家，对于发挥行业自律的作用，也是非常重视的。记得早在改革开放之初的 1978 年，我随我国第一个大型企业管理考察团去日本访问，日本经团联的专家就曾向我们介绍了如何对重大投入进行协调的经验，例如，在日本，任何一个大企业要想进行 5000 立方米的大高炉的建设，都不能自行决定，因为如此巨大的设备的投产，新增的生产能力，足以对供求全局造成重大的冲击，因此，必须经过行业协会的协调和认可。这样的举措，显然带有行业自律的性质。

　　此外，市场的管理和协调，也需要行业的自律。现在批发市场成风，以批发的名义搞零售，实际上是低价倾销，这样搞的结果，把批零差价搞没了，导致商业的全面萎缩。对此应该引起高度的重视。在这方面，行业的管理、行业的自律也是可以起到重要作用的。

（原载《中国经济导刊》1998 年第 23 期）

关于扭转工业企业亏损局面的建议[*]

　　最近几年，我国工业企业的亏损出现了连续大幅度增长的局面。1985年，全国独立核算工业企业的亏损额，由1984年的34.24亿元增长到40.52亿元，增长18.3%；1986年又猛增到72.42亿元，比上年增长78.7%；1987年又增长到84.68亿元，比上年增长16.9%。从企业的亏损面和盈亏率（指亏损企业亏损额占盈利企业盈利额的比率）看，1984年分别为10.7%和3.9%；1985年为10.8%和4.1%；1986年为13.1%和7.6%；1987年为14.4%和7.8%，也都有较大幅度增长。

　　粉碎"四人帮"以来，我国工业企业的亏损在1976年的高峰之后，又出现两次连年大幅度增长。一次是1981年，亏损额比上年增长37.9%，次年又继续增长4.2%；目前是第二次连续增长。关于这次亏损增长的特点、原因和应采取的扭亏对策，我们曾在1988年4月提出的《工业企业亏损调查研究综合报告》（此报告的要点已于1988年7月20日通过中国社会科学院《要报》上报中央）中，就截至1987年底的情况做了比较全面、系

---

　　* 与房维中合作。

统的分析和论述。[①] 现在看来，这个报告对这次亏损增长所做的分析是符合实际情况的，提出的对策是切实可行的，有许多问题同中央在 1988 年 9 月十三届三中全会上提出的要在今后几年整治经济环境中解决的问题是一致的。

但是，1988 年我国工业企业的亏损又出现了新的情况：一是工业生产持续高速增长，而企业的亏损却继续大幅度增加。据初步测算，1988 年工业增长速度高达 17.7%，而全国独立核算工业企业的亏损额不但没有减少，反而比上年增加 38.1%，达到 116 亿元。过去，工业高速增长可以在一定程度上掩盖亏损的增加，现在这样的办法已经不灵了。二是企业亏损面虽有所降低，但盈亏率却继续提高。据初步测算，1988 年企业亏损面由上年的 14.4% 降到 13%，而盈亏率却由上年的 7.8% 上升到 8.8%，说明整个的经济效益在下降，亏损结构在向不利的方向转化，亏损大户又有新的增加。三是重点亏损行业——煤炭继续增亏，石油出现全行业亏损，这些情况表明，治理亏损的难度越来越大。

当前正在贯彻执行的整顿、治理的方针，无疑是正确的，但对扭转企业亏损局面来说，它又会带来许多不利因素。从目前情况看，1989 年企业面临的局面将更加严峻，工业亏损额还有进一步扩大的势头。

第一，信贷紧缩将使部分企业的资金周转发生困难，加之能源严重紧缺，这些企业的生产和效益都将有所下降。据了解，当前因流动资金短缺，企业之间相互拖欠货款的现象已相当严重。

第二，财政紧缩将使消费基金的增长受到限制，在物价仍有较大幅度上涨的情况下，不仅会影响到低收入居民的购买力，从而影响到生活消费品市场，使部分轻纺企业开工不足，而且会影

---

① 《中国工业经济研究》1988 年第 4 期。

响到一些职工的生活，从而影响到他们的生产积极性，使劳动效率下降。

第三，压缩基本建设有利于缓和原材料等物资供应紧张的矛盾，但同时又会使某些为基本建设提供物资、设备的企业市场萎缩，导致这些企业的生产下降。

第四，1988年8月开始刮起的"抢购风"，使许多居民购买了一些质次价高或暂时不需要的消费品，这固然刺激了那些经济效益较差的企业的生产，使他们的盈利水平提高或由亏转盈，但同时又使居民的消费品有了较多的储备。随着市场的稳定和正常化，不仅那些因"抢购风"而由亏变盈的企业将重新陷入亏损，经济效益较好的企业的产品销售也将受到居民"超前购买"的影响。

上述诸因素，将从生产和市场两个方面影响到企业的生产经营活动，从而导致部分企业的经济效益下降。在这种情况下，要保证1989年工业企业能够大幅度扭亏，显然是十分困难的。但是，为了克服紧缩给企业生产经营活动带来的困难，尽可能减少工业亏损，我们认为，有必要从改善企业经营环境和提高职工生产积极性两个方面采取一些措施。

（一）加快流通领域的整顿，严格控制生产资料涨价

1988年，我国工业生产出现高速度高亏损的情况，主要是由于生产资料在流通领域中的层层大幅度涨价。这种涨价，使生产企业低价售出产品，高价购入原材料，两头遭受损失。因此，要减少企业亏损，就必须加快流通领域的整顿，严格控制生产资料涨价。

党的十三届三中全会以来，国家在整顿流通领域方面做了大量工作，包括打击"官倒"，清理和整顿流通领域里的公司，对

某些重要生产资料实行专营等，都取得了重大的进展。但是，与压缩基本建设相比，这方面的工作进展还比较缓慢，措施也还不够得力，特别是在"倒爷"等问题上，还不敢于碰硬。这是生产资料价格不能尽快稳定的重要原因。

整顿流通领域，除应尽快落实国家已经制定的有关政策、措施，特别是要减少流通环节，禁止加价倒卖外，还要处理好计划内和计划外产品的生产、流通，物资供应等问题。首先，应确保原材料生产的指令性计划任务的完成，防止计划内向计划外转移。其次，要保证国家计划产品所需物资的平价计划供应，消除企业用高价原材料生产平价产品的不合理现象。最后，还要严格实行生产资料最高市场限价，避免计划外产品价格的无限上涨。

现在，在物资资源的利用上存在着一种十分矛盾的现象：一方面指责乡镇企业盲目发展，同大型骨干企业争原料、争市场；另一方面又对大型骨干企业的物资供应留有严重缺口，使更多的原材料进入计划外销售，从而为乡镇企业的盲目发展和同大型骨干企业争夺原材料提供条件。这个问题应立即着手解决。在资源的利用上还有一个亟待解决的问题，即生产企业为防止原材料涨价造成损失而大量超储物资；流通企业在国家控制价格的形势下，储存物资不愿出手，待价而沽，使物质不能正常流转，加剧了物资供应的紧张。企业一方面超储，一方面又喊资金不足。对这种情况，更要坚持收紧银根、紧缩信贷的政策。这样会有助于加快物资流转，提高资金利用效益。

流通领域中的许多问题，几乎都与生产资料价格双轨制有密切联系。可以说，生产资料价格双轨制是产生"官倒"和种种腐败现象的根源，也是形形色色物资贸易公司丛生，从而导致物价上涨的土壤。因此，要从根本上消除流通领域中的混乱现象，还必须积极创造条件，尽快取消价格"双轨制"。

（二）采取必要的行政手段，下决心关停一批对国计民生影响不大而又长期亏损的企业

在商品经济条件下，由于竞争和企业之间生产条件的差异，一些企业亏损，甚至倒闭、破产，是不可避免的。然而，我国目前出现的这种亏损不断大幅度增长的情况则是不正常的。这与产业结构恶化，供求结构失衡和企业只能建立、不能破产有很大关系。当前，我国的《企业破产法》虽已颁布执行，但企业因长期亏损而破产的还很罕见。今后，除要认真贯彻落实《企业破产法》外，近期内还必须结合产业结构的调整，采取必要的行政手段，下决心关停一批对国计民生影响不大而又长期亏损的企业。

调整产业结构，保证供求结构的大体平衡，是使企业亏损保持在一定限度内的根本途径。而调整产业结构，除采取必要的行政手段外，还要采取各种经济手段。一方面，要深入研究和制定正确的产业政策，运用各种经济杠杆引导和调节企业的投资行为；另一方面，还要提倡企业之间的竞争，促进企业的相互兼并和产权转让，允许一些经营不善、长期亏损的企业倒闭、破产。

调整产业结构，是一个较长期的过程，短期内对扭转企业亏损很难收到明显的效果。因此，在调整产业结构的同时，还必须加快产品结构的调整。调整产品结构，要使企业在现有生产条件和对现有生产条件稍作技术改造的情况下，尽可能生产那些适销对路、人民生活急需和对外出口的产品。国家应在紧缩财政、信贷的总前提之下，对生产上述产品的企业，在资金、原材料供应和产品价格等方面给予优惠。

此外，在调整产业结构和产品结构的同时，还要进行企业规模结构的调整。近年来，由于投资主体的多元化，我国的企业规模结构有向小型化发展的趋势。这对工业经济效益的提高也产生了不利影响。为了减少企业的亏损，对那些因规模过小而造成亏损的企业，也应进行关停或合并。

（三）弱化地方财权，在保证企业财权的同时，把财权集中到中央

当前，企业亏损的增加，在很大程度上是由于过去投资膨胀、盲目建设造成的。经验表明，每次投资膨胀，都会造就一批亏损企业。因此，要防止今后亏损企业继续增加，就必须有效地制止投资膨胀。

最近几年的投资膨胀，与财权分散有很大关系。在实行各级财政包干、"分灶吃饭"的情况下，各级政府都具有扩大投资的强烈动机和条件。解决投资膨胀问题，必须从集中财权入手。在财政体制进行大的变革之前，可以考虑首先对大型骨干企业实行财政单列，以弱化地方财权，并在保证企业财权的同时，把财权集中到中央。

实行"分灶吃饭"的财政体制，对于落实财政上缴任务，实现财政收支平衡，具有一定的作用。但总的看来，弊多利少。它既不利于加强宏观控制，也不利于搞活企业。当前改革中出现的政企不分、企业自主权不落实等问题，也都与财政"分灶吃饭"有关。从长远看，要理顺国家、地方和企业的财务关系，就必须用利税分流和中央与地方分税制代替财政"分灶吃饭"。实行中央与地方分税制以后，地方的财政收入主要依靠地方税收。各级地方政府的一个重要任务，就是要搞好市政建设，创造良好的投资环境，以吸引更多的投资，取得更多的收入。对那些经济比较落后，依靠地方税收暂时不能维持正常财政开支的地区，可由中央财政给予一定的补贴。

（四）保持适当的工业发展速度，经济效益不好的速度要坚决压下来

工业经济效益与工业发展速度有着极为密切的关系。没有一定的发展速度，就不会产生一定的经济效益。但是，如果发展速度超过了现实的物质基础，到一定时候又会引起经济效益的下降。特别是当经济状况难以承受、速度不得不降下来的时候，企业的亏损就会增加。这一点已被我国经济发展的历史所证明。因此，要避免企业亏损大幅度上升，就必须使工业发展保持一个适当的速度，特别是要防止速度的大起大落。

近几年，我国的工业发展速度仍然偏高，经济过热的问题一直没有彻底解决。党的十三届三中全会关于把 1989 年工业增长速度降到 10% 甚至更低一些的决定，是完全正确的，必须认真贯彻落实。但在降低工业发展速度时，要注意有降有保，重点是把那些经济效益不好，推动供给增加少、推动需求增加多的速度坚决压下来。为了把降低工业发展速度同减少当年的工业亏损结合起来，国家应对那些亏损比较严重的地区下达限亏或减亏指标，并进行严格考核。凡是完不成减亏任务的，要从贷款和物资分配等方面给予严厉的惩罚。

（五）当前要特别强调把节约各种消耗、降低产品成本作为加强企业经营管理工作的重点来抓

企业经营管理落后，是造成企业亏损的重要原因之一。就绝大多数亏损企业来说，除受外部客观条件的影响外，都有内部经营管理不善的问题。因此，要减少企业亏损，最终还要靠亏损企业提高自己的经营管理水平。每个亏损企业，特别是近几年亏损额上升的企业和新的亏损企业，要认真分析造成亏损和亏损增加的原因，并针对这些原因，制定出改善经营管理、降低亏损和扭亏为盈的目标和措施。

改善企业经营管理，除进行正确的经营决策外，要把重点放在加强定额管理，节约各种消耗、降低产品成本上。目前，对绝大多数企业来说，这方面的潜力非常之大。最近几年，各地区、各部门、各企业的成本超支很多。这里虽然有原材料涨价问题，但实物消耗并没有真正降下来，也是一个重要原因。今后，各企业在实行内部承包时，应把降低各种主要物资的实际消耗，作为重要的考核指标。

为了促使企业节约物资消耗，国家和各地区、各部门，应按产品制定各种主要物资的平均先进消耗定额，作为经营承包的重要内容和物资分配的主要依据。

（六）采取多种措施，充分调动职工的生产积极性

职工缺乏生产积极性，是当前我国经济生活中存在的严重问题之一。在这种情况下，要提高企业的经济效益，降低企业的亏损，是十分困难的。影响职工积极性的因素是多方面的，有企业内部的，也有社会的。但当前最为突出的，还是社会的。社会因素主要集中在两个方面：一是流通领域混乱，社会分配不公；二是官僚主义膨胀，腐败现象严重。前者是由于经济体制改革不配套造成的；后者则与政治体制改革的滞后有密切关系。因此，要充分发挥广大职工的积极性，提高工业经济效益，扭转企业亏损局面，除了搞好企业内部的优化劳动组合和按劳分配外，还必须在治理经济环境的同时加快政治体制的改革。

政治体制改革与治理经济环境是相辅相成、互相一致的。一方面，治理经济环境必然促进政治体制改革的开展；另一方面，政治体制改革又对治理经济环境起保证作用。如果不进行政治体

制改革，官僚主义和种种腐败现象就无法消除，治理经济环境也就不能深入进行。从这个意义上讲，治理经济环境的时期，也正是进行政治体制改革的大好时机。我们应当抓住这个有利时机，把政治体制改革和治理经济环境的工作一起搞好，以便为下一步的深入改革从政治上、经济上创造条件。

进行政治体制改革，实现政治生活的民主化，与加强法制建设和严肃纪律也是一致的。在深入进行政治体制改革的同时，对那些违法乱纪和各种破坏纪律的行为，必须给予严厉的制裁。目前这种上有政策、下有对策，有令不行、有禁不止的状况，再也不能继续下去了。然而，要做到这一点，最终还需要以党、政、法机关和工作人员为政清廉、秉公执法为前提。

党的十三届三中全会制定的治理经济环境、整顿经济秩序与全面深化改革的方针和任务，人民是积极拥护的。上述建议也是根据这一总的方针和任务提出的。由于企业亏损的形成和增长有一个过程，企业亏损的减少同样也需要一个过程。对扭转企业亏损局面来说，这些措施有的可能在近期内产生效果；有的可能需要在较长的时间内，通过经济环境的改善才能产生效果。但是，这些措施都是改善经济环境，扭转企业亏损所必需的。目前，人民群众对三中全会提出的各项方针、政策能否贯彻到底还存有疑虑，担心一遇到困难和阻力，又会改弦更张，重走老路。其实，任何好的政策和决议，都需要有贯彻到底的决心和毅力。否则，一遇到困难就转弯，只能导致矛盾的积累和激化。

（摘自《工业企业亏损调查研究》，经济管理出版社 1989 年版）

二 关于企业改革

充分发挥企业的主动性[*]

社会主义企业,是社会主义经济的基本单位。企业的主动性
能否充分发挥,对社会主义经济的发展,关系极大。因此,研究
经济管理问题,就需要认真研究如何用符合客观规律要求的经济
方法和相应的行政方法,把我国几十万个企业的积极性、主动性
充分发挥出来。

一 解决经济管理体制问题,应当把充分发挥
企业的主动性作为基本的出发点

经济管理体制同上层建筑有关,如国家机关内部的"条
条"和"块块"分工,等等,主要是属于上层建筑方面的问
题。但是,经济管理体制,绝不仅仅是上层建筑,更重要的是
生产关系,归根到底,是国家、企业和个人的经济关系问题。
因此,解决经济管理体制的问题,不能只从上层建筑方面打主
意,而应当着重于生产关系,特别要把正确处理国家和企业的

---

* 与马洪合作,署名:马中骏。

经济关系，充分发挥企业的主动性（对农业方面来说，应当充分发挥国营农场和农村人民公社生产队的主动性），作为基本的出发点。这样才能把国家、企业和劳动者个人三者的利益统一起来，充分调动企业和职工群众的积极性，使企业巨大的生产力得到解放。

过去，我们研究经济管理体制问题，往往是从"条条"和"块块"的分工上考虑得比较多，从国家和企业的经济关系上考虑得比较少。当然，条、块分工也是管理体制需要研究解决的重要问题，但这还只是管理体制的一个局部，只是国家政权机关的集权和分权问题。作为上层建筑的国家机关，无论"条条"或"块块"，都应当为经济基础服务，为基层服务，为生产服务。如果不从经济关系上考虑体制的问题，光在条、块分工上变来变去，就容易出现"一统就死，一死就叫，一叫就放，一放就乱，一乱就统……"的团团转的现象，不可能从根本上解决好管理体制的问题。

多年来解决管理体制问题的经验告诉我们，无论企业归谁管，无论国家机关的条、块怎样分工，都需要按照客观规律的要求，处理好国家和企业的经济关系，尤其要承认企业在客观上所具有的独立性，赋予企业一定的自主权。如果企业没有必要的独立性和自主权，企业生产经营中的一切微枝末节都要由中央或地方国家机关直接来处理和解决，那就必然会束缚企业的手脚，不利于发挥企业的主动性。比如，如果企业毫无机动财力，甚至连固定资产折旧基金都很少留给企业，使企业不但不能进行扩大再生产，就连维持简单再生产范围以内的事情也无权解决，那么，企业发展生产、更新设备、改进技术的主动性怎么能够发挥呢？如果企业连建一点宿舍甚至盖个厕所的自主权都没有，那企业又有什么办法发挥关心职工生活的主动性呢？因此，我们在研究经济管理体制问题时，需要非常重视国家和企业的经济关系，把调动和发挥企业的积极性、主动性放在极为突出的位置。

强调发挥企业的主动性，是不是会削弱国家的统一计划和统一领导呢？当然不会。毛主席在《论十大关系》里说："从原则上说，统一性和独立性是对立的统一，要有统一性，也要有独立性。""各个生产单位都要有一个与统一性相联系的独立性，才会发展得更加活泼。"我们讲的企业的独立性，正是和统一性相联系的独立性，正是便于企业"发展得更加活泼"的独立性。

二　正确处理国家和企业的关系，是实现国家、企业和劳动者个人三者利益统一的关键

毛主席非常强调正确处理国家、企业和劳动者个人的关系，实现三者利益的统一，在《论十大关系》中指出："国家和工厂，国家和工人，工厂和工人，国家和合作社，国家和农民，合作社和农民，都必须兼顾，不能只顾一头。"

实现国家、企业和个人三者利益的统一，关键在于正确处理国家和企业的关系，充分发挥企业的主动性。这是因为，企业之间的关系、劳动者个人和国家的关系、劳动者个人和企业的关系，等等，都同国家和企业的关系密切相关。国家和企业的关系处理得是否妥善，不仅关系到国家和企业的利益，而且直接关系到劳动者个人的利益；国家和企业是否按照社会主义原则建立起经济核算关系，直接影响着社会主义企业之间能不能建立起严格的经济核算关系，也直接影响着劳动者个人的经济责任和经济利益是否能够得到重视。因此，不把国家和企业的关系处理好，企业之间的关系、企业和劳动者个人之间的关

系，也都不可能处理好。这是用经济办法管理经济的一个极为重要的环节。

在社会主义经济中，国家和企业之间，应当建立严格的经济核算关系。企业要有独立的资金，要对自己经营的成果负责，国家对企业经营的情况要进行监督和考核。毛主席早就反对工厂机关化，要求一切工厂实行企业化，建立经济核算制度，在《经济问题与财政问题》中明确指出："有了严格的核算制度之后，才能彻底考查一个企业的经营是否是有利的。"如果我们的企业，在名义上有独立的资金，是国家统一领导下独立经营的单位，但实际上国家对企业并不进行严格的考核，那么，国家和企业之间，就不是真正的经济核算关系。比如说，如果企业完成完不成计划一个样，办好办坏一个样，盈利亏损一个样，既不讲经济责任，也不讲经济利益；企业的产品不管质量好坏、市场需不需要，一律由国家包下来；企业亏本，国家如数补贴，企业领导人和职工毫无经济责任；企业盈利，全部上缴国家，企业领导人和职工毫无经济利益；国家拨给企业固定资产，既不收费，也不考核资金利润率；企业生产工人可以大量窝工，非生产人员可以无限膨胀，等等，那还谈得上什么经济核算呢？国家和企业之间如果是这样一种关系，企业之间的经济核算、经济责任、经济合同，等等，当然也就无从谈起了。谁都知道，在实际经济活动中，违反合同的最大经济责任莫过于罚款，既然企业经营好坏一个样，罚款也可以随便摊入成本，这对罚款的双方，又有什么实际意义呢？因此，只有把国家和企业的经济关系摆正了，国家对企业的考核严格了，赏罚分明了，才能把国家、企业和劳动者个人三者的利益统一起来，在此基础上，才能在企业之间真正建立起经济核算关系，实行严格的合同制，促进企业积极、主动地加强管理，努力提高经济效果。

三　明确国家和企业双方的经济责任，才能更好地发挥企业的主动性

社会主义经济是计划经济，企业的经济活动必须在国家统一计划下进行。国家规定的各项计划任务，企业必须保证完成。企业为完成计划任务所需要的条件，国家也应当给予保证。也就是说，在经济上必须明确国家和企业双方的责任。这种经济责任应当落实到人，真正把企业经营好坏，同每个人的经济利益挂起钩来。企业经营得好，不但对国家有利，而且对全体职工和企业领导人也有利；企业经营得不好，对企业职工特别是对企业领导人也不利。这样就可以使人人都能从集体利益和个人利益的结合上，关心国家计划的完成，关心企业经营的成果。列宁曾经说过："我们说，必须把国民经济的一切大部门建立在个人利益的关心上面。共同讨论，专人负责。由于不会实行这个原则，我们每一步都吃到苦头。"[1] 应当承认，这些年来，由于"四人帮"的破坏，我们吃到的苦头也够多了，经济遭受的破坏也够大了。而"四人帮"却把物质利益原则污蔑为修正主义，横加批判。他们这样做，根本不是批所谓的修正主义，而是批了马克思主义。

1961 年，经毛主席批准颁发的《工业七十条》曾经明确地规定，国家对企业要实行"五定"，这就是：定产品方案和生产规模；定人员和机构；定主要的原料、材料、燃料、动力、工具的消耗定额和供应来源；定固定资产和流动资金；定协作关系。

---

[1] 《列宁全集》第 33 卷，人民出版社 1959 年版，第 51 页。

企业对国家要实行"五保",这就是：保证产品的品种、质量、数量；保证不超过工资总额；保证完成成本计划，并且力求降低成本；保证完成上缴利润；保证主要设备的使用年限。现在党中央制定的《工业三十条》，又重申了"五定"和考核企业的八项经济技术指标。所有这些，都是为了正确处理国家和企业之间的相互关系，充分发挥企业的主动性。

"定"和"保"，体现了国家和企业双方的责任。一方面，企业进行正常生产所需要的条件，要定下来，给以保证。如果不实现保证条件，妨碍了企业的正常生产，国家的有关部门和协作单位应负经济责任。另一方面，对企业应完成的任务，也要有明确的规定，进行严格的考核。企业全面完成了任务，应当给予一定的奖励，例如，从企业的利润中留给企业一部分基金，用于奖励先进、改善职工福利和进行扩大再生产。完不成任务，企业和个人也要承担一定的经济责任。

列宁说："各个托拉斯和企业建立在经济核算制基础上，正是为了要他们自己负责，而且是完全负责，使自己的企业不亏本。如果他们做不到这一点，我认为他们就应当受到审判，全体理事都应当受到长期剥夺自由（也许在相当时期后实行假释）和没收全部财产等等的惩罚。"[1] 这里，问题不在于具体采取怎样的赏罚形式，而在于原则精神。我们应当遵循列宁提出的原则，建立严格的经济责任制度，对企业经营进行考核，实行有奖有罚，赏罚分明，把企业经营好坏同企业领导人和职工的经济利益直接联系起来。同时还要增强法制观念，加强经济立法和经济司法，企业领导人对企业经营好坏，不仅要负政治责任、经济责任，而且要负法律责任。这样做，我们就可以更加符合

---

[1] 《列宁全集》第35卷，人民出版社1959年版，第549页。

用经济方法管理经济的原则，更好地发挥企业的社会主义积极性和主动性，把我们的经济事业搞得更好，从而加快四个现代化的实现。

（原载《光明日报》1978 年 9 月 9 日）

论企业自负盈亏

经营决策的自主性，是企业必须具备的最基本的功能。在商品经济条件下，市场瞬息万变，技术突飞猛进，企业并非在静止和稳定状态下从事生产经营活动。它必须适应环境的变化，正确制定和实施经营战略决策，才能在竞争中生存和发展。因此，具有制定和实施经营战略的自主权，就成了企业成功的关键。然而，这里有一个前提，就是企业必须具有自负盈亏的机制。只有真正建立起这样的机制，尤其是对亏损真正承担责任，才能约束企业，使之谨慎从事，否则就难免草率、盲目决策，不能有效地运用企业经营决策的自主权。正因为如此，我国的企业改革从一开始就把自主经营、自负盈亏明确树立为改革的目标。

经过十几年的改革，企业在一定程度上改变了政府机关附属物的地位，有了一定的自主权，也有了一定的财力。但是，改革的最终目标并未实现，企业应有的自主权，很多还不落实，尤其是企业自负盈亏的机制，更是远远没有形成。这是企业改革的难点，也是当前深化改革必须解决的根本课题。笔者带着这个问题，在对我国企业的实际进行调研的基础上，又着重对日本的股份公司进行了实地考察研究，就如何实现企业自负盈亏做了若干思考。

一　自负盈亏不单纯是个人产权问题

对于全民所有制企业能否做到自负盈亏，人们的认识是不一致的。常听到一种说法：全民所有制企业不可能真正自负盈亏，原因是财产归国家所有，破产也是破国家之产，不存在企业负亏的问题。因此，许多人在个人产权上找出路，认为必须改变所有制关系，把产权"量化"到个人，否则自负盈亏只能是一句空话，等等。

其实，这是一种小业主式的自负盈亏观。现代企业，特别是大型企业，早已不是那种个人投入资金，如果赔光就跳楼自杀的机制。由于现代企业在财产关系上出现了许多不同于小业主式经营的、新的特点，其自负盈亏的机制也就呈现出了极为复杂的情况，而不再是单纯的个人产权问题（本文只讲个人产权，不涉及国家最终所有权与企业法人所有权界定问题）。

从日本股份制企业的实态，我们至少可以看出现代企业财产关系上的以下四个特点：

第一，股东承担有限责任。现代企业多为股份公司和有限公司，它们都是股东在出资范围内承担有限责任的公司。1989 年日本法人企业总数为 196.2 万个，其中股份公司 101 万个，有限公司 90.3 万个，两项共占法人企业总数的 97.5%，而承担无限责任的无限公司和两合公司所占比重甚低。这种有限责任的企业形态同过去的小业主式的经营，在盈亏责任的实现方式上显然已经有了很大的不同。

第二，法人股东持股率高。不仅股东责任有限，而且法人相互持股的比重高，个人股东持股率低，因而企业承担的有限责任真正"量化"到个人产权上的部分并不占主要地位。也就是说，现代企业的盈亏机制源于个人产权的因素，已经不像小业主经营条件下那样突出。

从东京证券交易所公布的 1989 年全国股票上市企业全部股票的分布状况看，个人股东持有的股票只占 22.6%，如果按股票时价金额计算则更低，只占 20.5%，而 70% 以上的股票是由各种法人即银行、保险公司和大企业持有的（详见表 1）。这些法人都不是归个人大股东所有的企业，它们本身也是股份公司（保险公司虽不是股份公司，但也不是个人企业，而是带有互助性的事业）。

表 1   日本上市公司股票分布状况

股东分类	股东数		股票数		股票金额	
	数量（人）	比重（%）	数量（千股）	比重（%）	金额（亿日元）	比重（%）
中央政府和地方政府	1361	0.0	2509405	0.7	12464	0.3
金融机关	133184	0.5	176861507	46.0	2163168	43.5
事业法人	814231	3.2	95461061	24.8	1466944	29.5
证券公司	81065	0.3	7697757	2.0	100644	2.0
个人	24087872	95.2	87046483	22.6	1018159	20.5
外国人	174136	0.7	14846161	3.9	208102	4.2
合计	25291849	100.0	384422377	100.0	4969484	100.0

说明：①本表为 1989 年数字，上市公司总数为 2031 家。②金融机关主要指银行和保险公司。③事业法人的核心是大企业。④外国人数中包括外国法人和自然人。⑤股票金额是按交易时价计算的。

资料来源：根据《东证要览》（1991）整理。

有人说，我国企业产权没有量化到个人，企业产权"模糊"，因而不能形成自负盈亏机制。如果按照这种思路去分析，从上述日本股票分布状况来看，70%以上是非个人持股，很难说日本企业的产权就不"模糊"。可是，日本企业都具有无可争议的自负盈亏的机制，那么这种机制又从何而来呢，这难道不发人思索吗？

第三，个人股权极为分散。股权分散的主要表现是个人股东人数众多，人均股票持有量相对较少。上述占股票总数20%左右的个人股票，是由占股东人数（包括自然人和法人）95%以上的个人股东持有的。表1中，个人股东2408万人，持有股票8704万交易单位（日本股票交易以千股为一个单位），平均每人3.61个单位，即3610股（日本股票一般每股面额为50日元，3610股的面额总共只有18万日元，约合7200元人民币，若按股票交易时价换算，每股为1141日元，3610股共计412万日元，约合人民币16.5万元，只相当于大企业职工一年的平均基本工资），从日本经济发展水平和总的经济规模来看，其数量是不多的。

当然，在日本存在着股票持有量大大超过平均持有量的个人大股东，但它们并非多数，而且随经济的发展和企业规模的扩大，其股票持有率呈下降趋势。最明显的是松下公司的创业人松下幸之助，他1950年持有的本公司股票占43.25%，到1955年就降到了20.43%，到1975年猛降为3.8%，以后又降到2.9%。与上述个人大股东相对应，在日本还大量存在着大大低于平均持有量的个人小股东。例如，在上市公司中，有相当多的企业，职工持股会（职工合作购买本企业股票的一种组织形式）持有股票数量的名次已跨入前10名，即已成为前10位大股东，有的甚至成为第一、二位大股东，但平均每人持股也不过一两个单位。从全部上市公司的情况看，有92.4%的企业建立了职工持股会，参加持股会的人数约占职工总数的一半，其广泛性相当可观，但平均每人持有量，据 1989 年统计只有 1.29 单位，大大低于前述 3.61 单位的平均持有量。这足以说明股权是相当分散的。这样一种资本分布状况，对盈亏责任机制来说，个人产权的作用绝不像在小业主经营条件下那样举足轻重。

第四，企业自有资本比重低。日本股份公司在十几年前自有资本比重只占总资本的 15%，现在有所提高，但也只占 20% 左右。总资本中绝大部分是借入的他人资本，其最终所有权并不归股东所有。

即使占 20% 左右的自有资本，也不完全属于个人产权，这里有两个因素需要扣除：①日本企业自有资本包括三个部分：资本金、法定准备金、剩余金。前一项是股东出资，其份额一般较少；后两项主要是经营利润的留存，一般企业后两项大大高于前一项的数额。虽然在理论上可以认为后两项也归股东所有，但实际上它只是对企业扩大经营有利，属于经营者可以活用的资金，事实上并未直接变成股东的股权，因此，从产权"量化"到个人的角度来分析，这两项应当扣除，明确属于股东个人产权的自有资本只集中体现在前一项"资本金"上。②如前所述，由于日本企业法人相互持股比重高，企业"资本金"中有相当大的一部分是银行、保险公司、大企业等法人的股份，这部分股份不能看成是个人产权，也应予扣除。总之，企业自有资本比重本来就低，再扣除上述两项资金之后，真正"量化"到个人产权的部分就更少了。

从上述财产关系的四个特点可以看出，现代企业自负盈亏的机制已不单纯是个人产权问题。企业并不是归少数个人大股东所有，并不是源于大股东所有制关系而形成自负盈亏机制。当然，这并不是说自负盈亏同所有权无关，企业如果倒闭，股东出资必然要遭受损失，这是无疑的；但如果认为这就是形成自负盈亏机制首要的因素甚至认为是全部因素，那也是不符合客观实际的。

二　自负盈亏机制产生于利益关系

那么，现代企业自负盈亏机制到底从何而来呢？笔者认为，来源于与所有制关系既相联系又有区别的利益关系。

股票的所有权，当然体现着利益关系，但对企业职工来说，特别是对在企业经营中起关键作用的经营者来说，企业的盈或亏给他们造成的股票上的利益得失并不居主导地位；相反，给他们带来的与个人股权无关的利益得失，却重要得多。笔者认为，企业自负盈亏的约束机制首先来源于此。

以企业的经营者为例，每个公司的董事，普遍都持有本公司的股票，除少数业主型的经营者之外，公司董事持股的数量并不大。董事持有本公司股票是不能出售的，他们不能像一般职工那样，可以随本公司股价的涨落买进卖出，从中取得"财产收益"，他们持股主要是表明自己的"爱社心"、责任感和对本公司经营前景的信心。在股票分红率很低的情况下，经营者持有股票的收益是不多的。他们更主要的利益来源于以下几个方面：

第一，工资。董事的工资是按年计算的。随着公司的规模不同、效益不同，董事的年工资水平也不相同。一般来说，董事的年工资相对于本企业职工的平均水平，要高出数倍。据统计，1984 年，大企业董事平均工资为 827 万日元，也有很多大企业董事的年工资高达数千万日元。

第二，奖金。董事和监事的奖金，是在公司净利润分配中单独列项，公开处理的，同一般职工的奖金分开计算。以某石油公司为例，先从职工奖金情况来看，1990 年，职工月平均工资为

36 万日元，职工奖金一般按 6 个月的工资额发放，约为 220 万日元。再从股东分红情况来看，1990 年股票分红总额为 36.75 亿日元，发行股票总数 122526 万股，平均每股 3 日元，股东总数 133440 名，平均每名股东不到 1 万股，而 1 万股的红利只不过 3 万日元。但董事和监事的奖金总额达 1.64 亿日元，人数为 19 人，平均每人 870 万日元，同职工的奖金以及股东的分红相差悬殊。而且董事的奖金并非平分，有的企业，总经理一人按规定可得 30%（按上例计算应为 5000 万日元），其余部分的分配总经理在很大程度上还有决定权。由此可见，经营者特别是高级经营者的奖金收入较其股票所有权的收益要高得多。

第三，交际费。交际费不是经营者的个人收入，但他们有权使用，凭单据即可报销。交际费数量非常之大，据国税厅《法人企业实态》公布的数字，1989 年支出的交际费总额为 5 兆日元，比股票分红总额还要多（同年分红总额约 4 兆日元）。这笔钱的使用对市场的刺激作用很大，特别是推动了服务行业价格的上涨，因为使用交际费时比个人消费更易于接受高价服务。

交际费的使用权不仅限于董事，范围要广得多。凡有业务上的需要，各级业务人员都可以开支一定数量的交际费。据一位经营者对笔者说，有的业务人员每年开支的交际费可达 400 万—500 万日元。在日本，对企业交际费的开支褒贬不一，但多数人是赞同的。

第四，退休金。企业一般职工到退休年龄后，按工龄计算，每年一个月的工资，而董事的退休金，按每年收入的 30% 计算，这比一般职工就高得多了。若按年收入 1000 万日元（这种收入水平的董事是很多的）计算，退休金每年 300 万日元，董事在任最长的可达 20 年，退休金一项就可达 6000 万日元。

第五，社会地位。大企业的经营者社会地位高，有很多一般职工没有的权力。前述交际费的使用，经理和高级职员比一般业务人员使用起来就随意得多。另外，他们的关系多，孩子们的就业比别人就有更大的优势。大企业的董事，也配有公司的专车和司机。特别是财界的权力，一般认为是由大企业经营者持有的。甚至有的学者认为，在日本占统治地位的是企业界，是大企业的二三万个经营者。

所有这些，都同企业经营状况紧紧地联系在一起，企业兴旺，这些就能保持和提高，如果经营不善就会减少，若是企业倒闭，一切都会失去。这实际上是一种自负盈亏的机制，这种机制在经营者身上表现得最为突出。同时，在每个职工身上也能不同程度地表现出来。企业经营不好，职工的奖金普遍减少甚至取消，如果企业倒闭，正常、稳定的生活就会被打破，每个人都要自己去重新寻找合适的工作，这也是一种威胁而不是一件轻而易举的事情。这就会形成一种紧迫感。他们不像中国企业职工那样，企业倒闭，自有政府来安排，个人不需付出任何代价。

总之，企业经营得好，人人都能受益；企业经营或者倒闭，人人都要付出代价。这种利益关系，就形成了自负盈亏的机制。

当然，如前所述，企业如果破产，股东首先要承担财产损失，因此不能说所有制和自负盈亏没有关系。而且在日本，业主型的经营者也是非常之多的，特别是那些股票不上市的中小企业，主要出资者既是业主又是经营者，在这种场合所有制和自负盈亏机制的关系就更为密切。但是，即使在这种场合，也有大量的职业经营者，他们和大企业的经营者一样，具有独立的经济利益。这种经济利益得失发生在前，而企业破产造成股东财产损失则发生在后。也就是说，如果企业经营不善，在没有达到倒闭的境地之前，企业职工尤其是经营者，首先会蒙受利益损失，这种利益关系就会形成一种机制，促使企业改善经营，扭转不利的局面。应当承认，这是股东财产蒙受损失之前的一道防线，实际上这才是自负盈亏机制的核心问题。

三 侧重点应转到利益关系的调整上来

在我国企业改革的过程中，要发展多种经济成分的企业，私营企业会有所发展，集体合作股份制企业也会出现。这种类型的企业，自负盈亏机制的形成同所有制的关系当然是密不可分的。但是，现有的国有企业按照这样的模式去改组和构造自负盈亏的机制，是根本不可能的。

构造企业自负盈亏的机制，首先要从理论上和指导思想上调整侧重点，即应当把侧重点从如何改变所有制关系问题的研究探索，转到利益关系的调整上来。不宜对产权"量化"，到个人的作用过于迷信，而应当着眼于构造这样一种机制：企业经营得好，广大职工（特别是经营者）；普遍受益、经营不好，他们的利益就会减少甚至会全部失去。即用直接、灵敏地影响职工（特别是经营者）利益得失的办法来形成自负盈亏的机制。

构造企业自负盈亏的机制，还要沿着调整利益关系的思路，从实际工作上采取一些措施。

第一，彻底打破国家"大锅饭"。我们通常所说的打破"大锅饭"，指的是国家和企业两个"大锅饭"。但是，这两个"大锅饭"之间是什么关系，往往分析不够。实际上，问题的关键在于打破国家的"大锅饭"。目前，由于国家的"大锅饭"没有打破，盛行着这样的原则：企业经营好了，人人都要多得好处；经营坏了，职工由国家养着，企业领导不但没有责任，在一处干不下去还可以易地做官，从企业领导到每个职工，待遇一点不能减少，职位一点不能降低。所以说，国家的"大锅饭"，是企业经营状况（特别是在经营不利时）不能和职工切身利益得失挂起钩来的根本原因。国家的"大锅饭"真的打破了，企业的"大锅饭"才有可能消除。

国家的"大锅饭"和"铁饭碗"实际是一回事，打破国家"大锅饭"，也就是打掉"铁饭碗"。现在，无论在观念上或在制度上，全民企业的职工，都是国家职工。有了全民身份，虽身在企业，但一切都由国家提供保障和负责安排。看上去似乎是社会主义的优越性，实际上包含着很大的不平等。能拿到全民身份的并非多数，广大农村人口拿不到，城市人口中也有越来越多的人拿不到。有了这个身份，就可以理直气壮地吃国家的"大锅饭"，企业生死存亡就会与己无关。这样当然就不可能形成企业自负盈亏的机制。

应当设法使企业的生死存亡同职工的命运直接联系在一起，特别是当企业经营不善时，职工的个人利益要相应地受到威胁，这样才能形成自负盈亏的机制。这就需要改变"国家职工"的观念和制度，解除国家通过补贴对全民企业职工提供经济生活保障的责任，把企业对职工的生活保障作用和责任突出起来。

进行企业劳动用工制度的改革和实施企业破产制度，对于打破国家"大锅饭"，形成企业自负盈亏的机制，具有极为重要的意义，应当加速这方面的改革。通过优化组合和用工制度改革，使企业富余职工能够精简下岗；使下岗职工在尽量由企业内部消化的同时，应该辞退的能够辞退；企业如果达到破产条件时，能够按破产法处置，不再靠补贴维持，该关的关，该转的转。深入进行这样一些改革，国家的"大锅饭"才能打破，企业自负盈亏的机制才能建立起来。

第二，加速形成企业命运共同体。构造企业自负盈亏的机制，另一个"大锅饭"——企业的"大锅饭"当然也要打破。

但这要服从于形成企业命运共同体。

打破国家"大锅饭"以后，国家不再用补贴来维持落后企业的生存，企业必须自力更生、自求发展。这就会形成优胜劣汰的竞争机制。在企业之间的这种竞争中，若想取胜，企业内部就不能过度竞争，而必须增强内部凝聚力，形成企业命运共同体。这样才能增强对外竞争的实力和自负盈亏的能力。

如何正确处理企业内部竞争与企业外部竞争之间的关系，是现代企业经营管理中极其微妙的问题，甚至可以说是个核心的问题。竞争的意识、竞争的动力，归根到底产生于个人的追求。只有团结一致的对外竞争而没有企业内部个人之间的竞争，是不可想象的。如果这样，对外竞争就成了无源之水，不可能持久长流。因此，企业要发展，不可没有企业内部竞争，也就是不可不打破企业的"大锅饭"。然而，对企业内部的竞争，又必须正确引导与协调，否则也会竞争过度，从而削弱对外竞争的实力。因此，作为一个经营者，必须想方设法使企业内部既有竞争，又能使之保持适度，以便团结一致，通过对外竞争来维护企业和企业成员的利益。这就是说，要善于使企业成为全体职工的命运共同体。

打破企业的"大锅饭"，关键在于坚持科学的、经常的考核。反对干好干坏一个样，无疑是正确的，但什么是好、什么是坏必须能分别清楚、判断准确。这就需要有明确的考核标准和公正的考核办法。这样才能正确解决干好干坏一个样的问题，否则甚至会把干好干坏搞颠倒，这比好坏不分的危害更大。因此，在企业内部，不应该离开公平考核去空谈拉开档次、拉开差距、打破"大锅饭"，而应该下工夫建立科学的考核标准和公平的考核办法，而且要持之以恒，抓抓停停是不行的。

第三，正确处理国家和企业的分配关系。要让企业自负盈亏，使企业自己解决自身的生存和发展问题，就必须使它有相应的财力，同时又不能增加国家财政的负担。这就需要更多地靠完善税制来保证财政收入的增加。目前，非全民企业和个人所得税的征收潜力比较大，减少这方面的流失，可以使财政更加充实，而且可以减轻全民所有制企业的负担，有助于搞活全民所有制企业。

对全民企业应抓紧试行税利分流，把体现政府社会经济职能的税收和体现国有资产经营收益的利润分开。前者按统一的税制规范化地征收，是各种所有制企业都应尽的义务；后者则属于国有企业经营管理体制问题，是经营利润在国家和企业之间如何分配的问题。只有把两者分开，才能健全税制，使所得税规范化，同时也便于更加集中地研究解决国有资产收益分配问题。

通过完善税制确保财政增收的基础上，国家就会有足够的财力放活企业，使全民企业在改善经营、照章纳税的前提下，增加留利，提高自我改造和自我发展能力。

第四，企业内的利益关系要摆在明处。摆在明处指的是个人收益的分配要有章法，要讲民主，要便于群众监督。

日本企业经营者的收入虽高，但都有章可循、有法可依，而且是公开处理的。例如，大企业董事奖金总额，在每年一次的股东大会上公布，和资产负债表、损益计算书一起编入营业报告书，几万甚至几十万股东人手一册。交际费的总额以及开支范围在税法上也有规定，在每年的《法人企业实态》上都公布支出总额、平均每家企业支出额以及每千日元营业额交际费支出平均额，等等。这样就可以使多数人理解和接受，减少消极作用。

我国企业经营者和职工的收入差别是比较小的。随着改革的深入、自负盈亏机制的形成，经营者的责任加重、作用突出，对经营者素质的要求也越来越高。因此，如何评价经营者的作用，如何给予相应的待遇，需要认真研究。现在的问题是，一方面从总体上来说，经营者的工资水平并未提上去；另一方面又有一些企业经营者的个人收入和公费开支透明度不够。例如，我国企业没有明确的交际费制度，而实际上却在大量支出这类的费用，无论总量或开支范围，都无法控制。这些都需要通过规章制度建设、民主和法制建设来加以解决。

第五，加速完善社会保障体系。一旦打掉"铁饭碗"，把全民企业职工的生活保障责任转到企业，就会迫使企业减少富余人员，以减轻自身的负担，而且会有经营不好的企业倒闭，职工生活没有着落。这就需要通过社会保障制度来解决。因此，必须完善社会保障体系，使企业多余职工以及倒闭企业职工的基本生活得到保障，从而保持群众生活的安定和社会的稳定。

既要保证企业效益提高，又要保持社会的稳定；既不能光讲优胜劣汰，把矛盾完全推向社会，也不能把企业办成福利事业，以牺牲效率来维持社会稳定。怎样才能做得适度，这是很难把握的问题，但又是无法回避、必须解决的问题。这就需要根据社会承受力和社会保障基金积累的程度，掌握时机、逐步推进。加速完善社会保障体系，无疑有助于上述问题的早日解决。

（原载《中国工业经济研究》1992 年第 5 期）

论企业法人相互持股

改革开放以来,采取了一系列扩大企业自主权的措施,政府职能也在逐步转变,这些都是从外部为企业创造自主经营条件的改革措施。实施这些改革措施,扭转了计划包罗万象、财政统收统支、产品统购包销,物资统一调拨、人员统一分配的高度集中统一的经济管理体制,企业有了空前的活力。但是,企业自主经营的改革目标至今并未实现,全民所有制企业特别是大中型企业,面临的困难仍然很多,政府干预过多、行政控制过死的问题并未完全解决。深化企业改革,需要继续从外部为企业创造自主经营的条件。同时,从企业自身来说,也需要从组织结构上探寻一些有助于实现自主经营的办法。实行法人企业相互持股的股份制,就是一种可供选择和实验的办法。

一 实行股份制的着眼点

在深化企业改革的探索中,股份制的呼声越来越高。加速试行股份制,已经成为相当多数人的共识。但是,在公有制基础上推行股份制,着眼点是什么,要侧重解决的问题是什么,这在认识上还并不完全一致。

目前，在主张推行股份制的讨论中，谈得比较多的，有以下几个方面的理由：

其一，筹集资金。认为目前企业资金缺乏，而个人储蓄和手持货币量很大，如果用股票的形式把其中一部分吸引过来变成直接投资，就可以成为长期、稳定的因素，既可以支持生产建设，又可以避免"猛虎出山"冲击市场，引起物价上涨。

其二，调动职工的积极性。认为职工持了本企业的股份，就可以把企业经营好坏同自己的切身利益更直接地联系起来，使职工更加关心企业的经营，增强企业的凝聚力。

其三，理顺产权关系。认为通过建立股份制企业，可以形成企业法人所有制，区分国有资产的最终所有权和企业法人所有权，从而理顺产权关系，调动企业有效运用国有资产的积极性。

其四，突出经营者集团的作用。认为企业法人相互持股以后，可以建立类似企业集团成员企业经理会议的机构，使法人股东相互参与，由股东企业的法人代表形成经营者集团，对企业进行控制，从而淡化行政主管部门的直接干预，强化企业之间的横向制约，突出经营者集团的作用。

我认为，上述四个方面的理由都是可以成立的，如果实行股份制，这些方面的积极作用都能够不同程度地显现出来。但是，从我国国有企业的实际状况来看，上述四点理由并非都可以成为把我国国有企业改组为股份公司的主要根据。

首先，关于集资。目前我国个人储蓄数额虽多，但都已作为间接融资经由银行投入使用，若用股票吸引其中的一部分，也只是资金运用方式由间接投资变为不经过银行中介的直接投资，并不能带来资金总量的增加。况且由于我国股票市场极不发达，它还不能有效地促使社会资金向高收益率企业和产业合理流动，企业外部个人投资者对企业经营又难以获得准确的信息，在这种情况下，到底应以间接融资为主还是应以个人直接投资为主，哪一种资金运用方式更好，还是一个需要进一步研究论证的问题。我认为，在资金的筹集和运用上，我国应当健全和完善以间接融资为重点的融资体制，即由银行等金融部门吸收存款、发行债券来集中社会资金，然后投放出去。由于银行等专业融资机构能较充分地掌握信息，有能力审查借款企业的经营状况，在我国市场发育的初期甚至发育过程中的相当长的一个时期里，只要认真改革和完善银行自身的经营机制，由它来运用社会资金定会比居民个人直接投资的方式取得更好的效益。至于前面提到的"猛虎出山"威胁的问题，若能把个人储蓄的一部分转化为直接投资固然可以形成稳定的因素，减少对市场冲击的压力。但这种转化不可能是全部而只能是较小的一个局部，冲击市场的威胁并不能根除。其实，保持市场的稳定，关键并不在于储蓄余额的高低而在于总供给和总需求的大体平衡，在于经济的稳定增长。如果经济发展失衡，即使通过股票吸收了一部分个人储蓄，但余下的大部分仍然可以"猛虎出山"，使物价上涨。所以，只能说便于筹集资金是实行股份制的不可否认的优点，但绝不能说这就是决定推行股份制的主要根据或基本着眼点。

其次，关于职工的积极性。调动职工群众的积极性，关键在于如何把企业经营好坏同职工的利益得失联系起来。在股份制已经成为既定前提的情况下，让本企业职工持股当然是激励职工献身企业的一种方法。但是，如果没有这个既定前提，就不一定非用持股的办法不可，例如，通过把职工的工资、奖金甚至就业同企业经营状况直接挂钩的办法来实现。也就是说，调动职工的积极性并不能成为必须把全民企业改组为股份公司的主要根据或基本着眼点。

我认为，我国全民所有制企业实行股份制的最主要的着眼点是前述的第四点。也就是说，推行股份制的目的在于构造一种能够强化企业之间的横向制约、淡化行政主管部门的直接干预、充分发挥经营者集团作用的企业组织结构。实现这样一种组织结构的转换，才能促进政企分开，企业经营机制转变，实现自主经营。应当说，这才是全民所有制企业实行股份制的主要目的和根本着眼点。

当然，推行股份制有一个重要的前提，即前述第三点所说的，确认企业法人产权。在公有制基础上实行法人相互持股的企业制度，本身就意味着承认在国家拥有最终所有权的同时，企业拥有法人所有权。这是企业法人持股的前提，而不是推行股份制的着眼点和根据。

二　企业法人相互持股的作用和机制

为什么说公有制企业实行股份制能够强化企业之间的横向制约，淡化主管部门的直接干预，突出经营者集团的作用呢？原因在于企业法人相互持股具有一种特殊的作用和机制。

我国国有企业的改革，并不是通过私有化来实行股份制，而是要在公有制基础上实行股份制。因此，今后的股份制企业，个人股东持股比例会很低，企业法人相互持股的比例会很高，在这一点上，同日本的企业会有明显的相似之处。因此，分析一下日本企业法人相互持股的实态，对我们思考股份制问题，是有一定参考价值的。

据统计，1989年全日本上市公司股票总额中，个人股东持股比例只占22.6%，法人股东持股比例高达72%。由于法人相互持股容易形成垄断，各国法律对此都有限制。不过，相对来说，日本法律对法人相互持股的限制不如欧美各国严格，所以法人相互持股在日本盛行，成为日本股份公司组织结构中引人注目的突出的特点。

（一）法人相互持股形成了稳定股东

一般来说，个人股东持有的股票属于"利润证券"的性质，即以取得红利和股票升值带来的"资本收益"为目的，因此是不稳定的，随股价变动经常被买进卖出；法人股东持有的股票属于"控制证券"的性质，不以红利和"资本收益"为目的，而是为了在一定程度上影响被持股企业的经营，因此比较稳定，不随股价变动而抛售，这样就形成了稳定股东。

稳定股东可以形成稳定的协作关系。日本的企业集团就是通过复杂的连锁型的相互持股形成的。独立系列的企业也是通过相互持股联合起来的。此外，还有既非企业集团内企业，又非独立系列内企业，为了稳定交易关系、加强企业间的密切协作，相互也有持股关系。

稳定股东，还可以防止企业被包买和吞并。如果一个公司的半数股票被包买，其经营权就被别人控制，随时都有被合并的可能。设法使股东稳定，是防止被吞并的重要对策。战后日本对外来直接投资有严格限制，大规模投资必须同对象企业达成协议方可实施，以自由包买股票的形式进行直接投资是做不到的。20世纪60年代初实行资本自由化后，原则上外资可以自由包买股票，企业存在着被吞并的可能性。然而，实际上被包买、吞并的情况并未发生，其原因就是通过法人相互持股使股东稳定。日本企业法人相互持股已超过70%，另外，本企业"职工持股会"还有一些股票，也是一种稳定因素。在这种情况下，能够在市场上流动的股票占的比重很少，而且又分散在众多股民手中，若想独家包买实际是不可能的。

（二）法人相互持股刺激股价上涨，使股票红利率极低

日本股票分红率极低，一般为面额的 7%—10%，而股票时价一般为面额的十几倍至几十倍，如果按 20 倍计算，实际利率仅为 0.35%—0.5%。个人购买股票追求的并不是分红而是股票的差价，即由于股价上涨带来的"资本收益"。

法人股东虽然不追求股价上涨带来的"资本收益"，但它仍然具有抬高股价、压低分红的倾向。这是因为：（1）法人股东相互持股，如果抬高分红是彼此支付、相互抵消的，而得利的却是个人股东，对法人企业来说，只是增加红利负担，得不到好处，因此具有压低分红的倾向。（2）抬高股价有利于企业筹集资金，使企业经营者得以运用廉价的资金，因此具有抬高股价的倾向。（3）法人相互持股需大量购买股票，使一些企业股票求大于供，这也刺激了股价上涨。

（三）法人相互持股使经营者主宰企业，最终所有者被架空

日本大企业的前几位大股东多为法人股东，这些法人大股东联合起来可以起控制作用。但法人股东由于相互持股的缘故，作为股东的影响力也是相互抵消的。它们形成默契，互不干涉，在股东大会上一般不反对公司的议案，实际上成了支持企业经营者的一种强大力量。而个人股东持有股票本来就极为分散，而且上市公司一年一度的股东大会又都放在同一天召开，使持有不同企业股票的个人股东根本无法分身出席股东大会，因此个人股东基本不起作用。这就使公司经营者的自由度很大，来自所有者方面的约束甚少，自主经营的权力极大。

法人股东之间相互支持当然不是无条件的，而是以经营业绩

为前提。一旦公司经营出了大的毛病，法人股东也会从维护股东利益出发来干预，干预的方式是法人股东联合起来罢免和更换经营者。这里有一个非常关键的问题：法人大股东的这种权力由谁来行使？并非最终所有者——个人股东，而是股东企业的法人代表——经营者。在日本，企业法人代表是"代表董事"，企业对外签约、出席持股对象企业股东大会行使议决权，都必须是"代表董事"。大企业的"代表董事"不只一人，经理、副经理、专务董事、常务董事可以同时都是"代表董事"，他们按照各自的分工，分别在不同场合代表公司开展业务活动。他们代表本企业出席持股对象企业的股东大会时，可以自主行动，并不需要征询本企业股东的意见。像这样的法人代表，对被持股的企业来说，他们虽然来自所有者，但却转化成为一个经营者集团。实际上是由各个法人股东企业的经营者形成的集团发挥着对企业的控制、监督和处置的作用。由于有这样一个来自法人大股东的经营者集团的存在，于是就隔断了被持股企业的经营者同最终所有者的直接联系。也就是说，在相互持股的条件下，在一定意义上可以说，作为最终所有者的股东被架空了，在企业经营上起关键作用的，归根到底并非股东而是经营者。

当然，日本企业的所有制同我国企业根本不同，但法人相互持股使法人股东的代表转化成经营者集团，最终所有者被架空，这种作用和机制是相通的；无论最终所有者是个人股东还是国家行政主管机关，被架空的可能性是同等的。在社会主义条件下，正确运用法人相互持股的"架空机制"，把一元的"行政婆婆"改组成为多元的"法人婆婆"，就可以转变经营机制，使企业之间能够相互影响、相互制约、相互促进，从而淡化行政主管部门的直接干预，突出经营者集团的作用，使全民所有制企业向自主经营的目标跨一大步。

三　从建立法人相互持股关系起步是可行的

在我国企业资金普遍缺乏的现实条件下，如果把推行股份制的着眼点放在筹集资金上，那就根本无法起步。相反，如果侧重于建立法人相互持股关系，就可以在资金合理流动的基础上，用较少的资金在较大程度上解决企业向股份公司过渡的问题。

企业按照生产经营活动的内在联系出资持其他企业的股，同时还可以吸收另外的企业出资持本企业的股。资金在一定程度上是可以相互抵消的。当然，这在一定程度上会出现资本的"空洞化"，造成资本虚增，在公司股票上市的情况下，会出现很多弊病，诸如操纵股价，虚增担保能力扩大融资，等等。但是，在中国企业改革过程中，在形成股份公司的初期并没有发达的股票市场，而且多数企业的股票是不能上市的，因此，我国股份制的实施带有企业改组的性质。在这种情况下，采用上述办法来推进法人相互持股，作为一种起步措施，其消极作用可能比在发达的股票市场上表现出来的弊病会小得多。我认为这至少在改组企业、形成股份公司之初，是一种可行的办法。说它可行，是因为前述法人相互持股的作用和机制，在我国试行股份制过程中也有可能表现出积极作用来。

第一，通过法人相互持股形成稳定协作关系，有助于用经济办法促进企业集团的形成。组建企业集团，可以用行政办法，通过行政性公司去推动；也可以用经济办法，按照经济活动的内在联系逐步形成。显然，按照经济联系自然形成较之用行政办法推动效果要好得多，也更加符合我国经济体制改革的客观要求。

借鉴日本企业法人相互持股的企业组织结构，按照企业间交易的需要形成固定的协作关系，有助于用经济办法形成企业集团。例如，企业为了保证原材料、半成品、零部件等生产物资的供应，可以选择合适的供货伙伴进行投资，掌握对象企业一定的股份从而影响其经营以确保稳定的供货关系；同样，供货企业为了保证产品有稳定的销路，也可以选择合适的购货伙伴进行投资、控制其一定的股份。经过一个时期的选择、组合，我国的企业组织结构就会发生变化。首先，被持股企业必须按照股份制企业的规范改组为股份公司，否则就不存在持股问题；然后，根据相互持股关系复杂程度，形成密切协作的企业系列或者紧密联合的企业集团。这个发展过程，既是资金合理流动的过程，又是企业改组的过程，同时也是计划和市场自然结合、通过相互持股确保生产和流通各环节相互衔接、按比例发展的过程。

第二，通过法人相互持股控制分红率，有助于股份公司起步。目前，在试行股份制的过程中碰到了一个实际问题。我国居民在进行投资时，缺乏风险意识而且有追求高分红率的倾向。企业如果试行股份制，一方面向国家缴纳的税、利不能减少；另一方面又要增加很高的红利负担，企业感觉不到有什么好处。这种状况如果不改变，股份制就难以起步。如前所述，日本股份公司的股东分红率大大低于存款利息率，甚至达到了可以略而不计的地步。就总量来看，企业的红利负担也是很轻的。这个经验对我国股份公司的起步是有意义的。

我认为，在我国推行股份制的起步阶段，不必急于搞股票交易，发展股票上市公司，更不宜侧重于鼓励个人购买股票和炒股票。应当着眼于企业改组，侧重于建立企业法人相互持股关系，控制分红多的股票不上市的股份公司。目前，日本的股份制企业已有 100 万家，占企业总数的一半以上，股份公司已经发展到相当广泛的程度，但股票上市的公司却只有 2071 家，只占股份公司总数的 2‰。

发展股票不上市的法人相互持股的股份公司，把分红率控制在较低水平，既可以改变企业组织结构，转换机制，又可以不增加企业负担，促进经济效益的提高，因此是可行的。

第三，通过法人相互持股突出经营者集团的作用，有助于淡化行政干预，促进政企分开。在坚持全民企业由国家拥有最终所有权的前提下，确认企业法人所有权，将国有资产交由企业全权运用和经营，形成企业独立的经济利益，有利于国有资产的有效利用和增值。企业可以运用自己的资产对外投资持有其他企业的股份，从而促进资金合理流动，形成企业法人相互持股的企业组织结构。这种设想同国有资产经营管理制度改革的方向是一致的，不但新建的大企业可以按这个办法组建，原有企业也可以按照生产经营活动的客观需要按这个办法改组。按照这种设想实施的结果，企业之间互为股东，每个企业就会由只有一个行政主管部门的婆婆变成同时还有许多企业"法人婆婆"。由一元的"行政婆婆"变成多元的"法人婆婆"，实际上是经营机制的转变。

虽然国有企业的所有制不变，最终所有权仍由国家掌握，但相互持股以后，股东企业的法人代表——经理、厂长，就可以形成一个经营者集团，这些企业的经营者就能带着各自的独立的经济利益，相互参与、相互制约、相互促进。这样就可以强化经营者集团的作用，淡化行政主管部门的作用，促进政企分开。这是实现企业自主经营的一种现实可行的选择。

（原载《经济研究》1992 年第 7 期）

论企业内部职工持股制度

企业内部职工持股，是一个我国理论界在改革过程中已经提出了很久的问题。综观各家之言，主张不同、方法各异，但宗旨是相通的，归结到一点，是为了更好地调动群众的积极性。

调动职工群众的积极性，方法甚多，关键在于如何把企业经营好坏同职工的利益得失联系起来。不同形态的企业，采用的方法是不一样的。例如，对于非股份制企业来说，当然不存在职工持股问题，调动群众的积极性可以考虑的办法是把职工的工资、奖金甚至就业同企业经营状况直接挂起钩来，从而形成激励机制；对于股份制企业来说，让本企业职工持股，无疑会把企业经营好坏同职工的切身利益更加直接地联系起来，使职工更加关心企业的经营，增强企业的凝聚力。

在深化企业改革的探索中，近几年来，股份制的呼声越来越高，职工持股制度研究的紧迫性也随之突出起来。带着这个问题，我对日本企业职工持股制进行了实地考察，发现那里的做法有许多是值得研究和借鉴的。最近我国已经公布了《股份制企业试点办法》，明确提出了股份制企业内部职工持股问题，并且做了原则规定。本文拟在分析日本企业职工持股制度施行实态的基础上，对我国企业如何具体实施谈一些意见。

一　日本股份制企业内部职工持股实态分析

（一）建立职工持股制度的目的和作用

职工持股制是日本股份制企业实行得比较普遍的一种制度，就是在股份公司内部设立本企业职工持股会，由职工个人出资、公司给予少量的补贴，帮助职工个人积累资金，陆续购买本企业股票的一种制度。

在股份经济中，上市公司的股票本来是可以自由购买的，企业职工既可以购买本企业的股票，也可以购买其他企业的股票。一般根据证券交易所公布的行情，自己判断，选择股价形势看好的股票，经由证券公司代理，自由购买。既然如此，为什么还要建立职工持股制度呢？

直接的原因在于股票发行、买卖制度。日本上市企业的股票，一般以 1000 股为买卖的基本单位，1000 股以下是不能购买的。每一股的票面额为 50 日元，每一单位股票的面额合计是 1000 股乘以 50 日元，为 5 万日元。但股票交易是按市价计算的，市价一般为票面额的十几倍甚至几十倍，这样，要购买一个单位的股票需要几十万、上百万日元的资金。一般来说，职工个人购买也不是那么轻而易举的。建立职工持股制度，就可以由持股会组织职工每月从工资里积累少量资金，集中起来以持股会的名义统一购买本企业的股票。股票由持股会持有，但按每个人出资数分别列账，这就使职工零星出资购买股票成为可能。

上述的股票买卖制度，还是实行职工持股制度的表层原因，实际上建立这种制度还有更深的背景。

第一，为了形成稳定股东。稳定股东是防止企业被吞并的重要的保护措施。战后日本在引进外资的过程中，对外国资本的直接投资是严格限制的，大规模的直接投资必须同对象企业达成协议方可进行，因此，以自由包买股票的形式进行直接投资是做不到的，企业被包买、吞并的危险性也就甚微。60 年代初，日本加入了国际经济合作与发展组织，从而必须实行资本自由化，放宽对外商直接投资的限制，于是就出现了股票被包买、企业被吞并的可能性。这时采取的一个保护措施就是设法形成稳定股东，使在股市上流动的股票比例减少，使自由包买股票、吞并企业变为不可能。

形成稳定股东的办法有两个：一个是企业法人相互持股；另一个就是本企业职工持股。法人持股同个人持股在性质上有所不同，个人股票属于"利润证券"的性质，目的是取得红利和股票增值带来的"资本收益"，因此经常随股价的变动被买进和卖出，具有流动性；而法人持有的股票则属于"控股证券"的性质，不是为了获得红利和"资本收益"，而是为了影响持股对象企业的经营，因此不会随股价的变动而抛售，具有稳定性。职工持股会的股票，也有类似于法人持股的特征，只有在个人名下积累满 1000 股时才能由持股会名义转到个人名下，有的企业还规定，即使满了 1000 股，也必须在有特殊理由的条件下才可以把个人份额取出卖掉。因此，这部分股票一般不会随股价波动而抛售，比较稳定，能够形成稳定股东。日本企业职工持股制度就是在这种背景下，于 60 年代后期建立起来的。

职工持股会持有的股份，人均拥有量虽小，但由于人数众多，其总量也是很可观的。日本企业的股权极为分散，很多企业职工持股会持股率虽然只有百分之二三，但已处于前 10 位大股东的行列之中，成为很重要的稳定因素。例如，有 8 万多名职工

的著名的大企业"日立制作所"，本企业职工持股会持股率为
2.1％，已成为第 8 位大股东；有 5 万名职工的大公司"三菱电
机"，职工持股会持股率为 2.2％，已成为第 7 位大股东。另外
还有些企业，职工持股会甚至成了第一、二位大股东，例如，有
2500 名职工的中等规模的公司"双叶电子工业"，本企业职工持
股会持股率为 7.3％，是第 1 位大股东；日本最大的企业"日本
电信电话公司"（原有职工 33 万人，民营化后已减少到 26 万
人），原为国营企业，1985 年开始民营化，1987 年 1 月股票上
市，先后投放 3 次，已售出全部股份的 1/3，目前政府持股率
66％，是第 1 位大股东，其次就是本企业职工持股会，持股率仅
为 0.5％，已经成为第 2 位大股东。

第二，为了增强职工的归属感，调动职工的积极性。职工
持有本公司股票，都希望股票升值，而升值又和企业经营状况
直接相关，因而可以促使每个持股职工都来关心企业经营的改
善。

第三，为了帮助职工形成个人财产。对参加了持股会的职工
来说，既是带有强制性的储蓄，同时公司又给予相应的补贴，日
积月累，达到退休年龄时可以形成一笔可观的财产。

在 60 年代后期开始建立职工持股制度时，直接背景和第一
位的目的是上述的第一项，为了形成稳定股东，但到了 70 年代
中期以后，形成个人财产变成了第一位目的。现在，实施职工持
股制度的企业，在持股会章程中，都把便于职工取得本公司股
票，帮助职工形成个人财产列为首要的宗旨。

实际情况正是这样。在企业经营好、股价上升的形势下，职
工个人财产会不断增加，尤其那些经营状况好，处于上升阶段的
企业，在由非上市公司向上市公司转化过程中职工持股更有明显
的收益。

非上市企业，由于没有股票升值带来的资本收益，故分红率比较高，一般是面值的 20% 左右。据我调查的一家企业介绍，非上市企业每年要尽力保住的分红率是 20%，该公司建立 35 年以来，有一年没分红，其他年份最低为 10%，最高为 30%，一般为 20%。调查的另一家企业，情况更好一些，该公司 30 年前就有职工持股制度，4 年前股票"店头公开"①，公开前股票分红率为 30%，三年即可收回本金，公开后股票时价每股已高达 3000 日元，为面额的 60 倍，职工持股比例相当高，持股会已成为第二大股东，持股职工从中得到很大一笔创业利润。还有一家企业的一位女职员写文章介绍说，她几年前大学毕业时，人们争相到大企业就职，但她选择了一家有发展前途的小企业，而且持了股，没过几年这个公司的股票"店头公开"，她得到一大笔收入，甚至在市区自己买了公寓。

（二）职工持股制度的实施情况

职工持股制度在上市公司和非上市公司实行得都很普遍。非上市公司的全面数字不易掌握，但从上市公司情况看，实施比例是很高的。1989 年在全部上市的 2031 家公司中，有 1877 家实施了职工持股制度，占 92.4%，职工持股会持股比例占实施企业全部股份的 0.88%，实施企业职工入会人数比例为 45.4%。职工具体持股情况见表 1。

---

① "店头公开"的企业就是其股票经批准在证券公司柜台交易，是股票上市前的预备阶段。日本共有股份公司 101 万家，全国只有 8 家证券交易所，被批准在这 8 家证券交易所上市的公司只有 2071 家，占股份公司总数的 2%。证券交易所规定有公司股票上市审查标准，经严格审查合格并报大藏大臣认可后才能上市。一般企业在达到上市标准之前可以申请店头公开。店头公开也有审查标准，但比上市标准低，审查标准由证券业协会制定和掌握，经审查批准后方可在证券公司柜台交易。店头公开的企业数量也不多。据统计，目前在东京店头公开的企业只有 300 余家。

表 1　　　　　　**职工持股制度实施状况（全国上市公司）**

年度		1985	1986	1987	1988	1989
实施状况	上市公司个数（A）	1834	1882	1925	1978	2031
	持股制度实施公司个数（B）	1630	1687	1738	1800	1877
	实施公司的比率 $\frac{(B)}{(A)}$（%）	88.9	89.6	90.3	91.0	92.4
股票所有状况	全部上市公司股票数（C）千单位	318182	330596	347772	367282	384422
	实施公司上市股票数（D）千单位	285492	298341	315478	335274	363335
	持股会所有股票数（E）千单位	3742	3346	3181	3128	3185
	持股会所有比例　对实施公司 $\frac{(E)}{(D)}$（%）	1.31	1.12	1.01	0.93	0.88
	对上市公司 $\frac{(E)}{(C)}$（%）	1.18	1.01	0.91	0.85	0.83
加入状况	实施公司职工总数（F）（千人）	4418	4724	4760	4818	5031
	加入者数（实施公司本身的职工）（G）	1765	2066	2124	2207	2285
	职工加入比率 $\frac{(G)}{(F)}$（%）	40.0	43.7	44.6	45.8	45.4
	总加入者人数（包括子公司的职工）（千人）	1896	2214	2273	2370	2477

资料来源:《东证要览》(1991)。

从入会职工平均每人持股数和按市换算的金额看（见表2），也是很可观的。

表 2　　　　　　**平均每人持股数和股票保有金额**

区分	年度	全部上市公司	市场第一部	其他
加入持股会	1987	1.40	1.42	1.14
职工人均持	1988	1.32	1.34	1.14
股数（单位）	1989	1.29	1.30	1.12

区分	年度	全部上市公司	市场第一部	其他
加入持股会	1987	1575023	1568714	1645885
职工人均股	1988	1747673	1757033	1646594
票保有额（日元）	1989	1657300	1589250	2362821

资料来源：《东证要览》（1991）。

（三）职工持股的实施办法

实行持股制度的企业，都要设立职工持股会，参加者只限本企业职工。职工离职或因其他原因失去本企业职工身份者，自动退出。本企业职工入会后中途要求退出者，可以申请退出，但不得重新加入。

1. 出资办法。参加者集资办法有两种：（1）按月积累，即按月从工资中扣缴。钱数以"份"为单位计算，一般每份为1000日元，并规定集资份数最高限（我调查了一些企业，最高限为30份），每人可以在最高限内选定份数。例如，选定30份，每月扣缴数即为30份×1000＝3万日元。积累份数可以变更，但每年只规定有两次固定时间办理更改手续。如果临时发生了特殊困难，可以申请暂停积累，事后也可以再申请恢复。（2）用奖金积累，即从年中和年末奖金中扣缴。钱数按每月扣缴数的一定倍数计算（我调查的企业是按每月钱数的3倍计算）。

2. 出资者的收益。参加持股会，可以得到以下利益：（1）奖励金。企业为鼓励职工持股，每份奖励50日元（即5%）合并到每个参加者积累的资金中去。（2）资金运用利息。上市企业每月集资随时委托证券公司购买本企业股票，不存在利息问题。非上市企业不能随时购买，只能在企业增发新股时才能购买，在此期间，积累的资金交由证券公司运用，据我调查的企业介绍，资金运用年息约为5%。（3）分红和资本收益。购得股票之后，可以按股分红。股票分红率随企业而异，上市企业一般每股5日元左右，即面额的10%（若按市价计算，实际分红率只有0.5%左右），另外随股票时价的变动，看涨的股票如果售出还可以得到资本增值的收益。

3. 股票的取得和管理。职工参加持股会后积累的资金，构成"股票购买基金"，用来购买本企业股票。购得的股票，列入参加者台账，记清每人应得股票数。

职工持股会的股票，以持股会理事长的名义购买，持股会在股东大会的议决权，由理事长行使。

上市公司职工个人持股数达到一个单位（1000股）后，可以换成本人的名义取出，成为个人股票，分红、出售与一般上市股票相同。也有的企业限制较严，达到1000股后，必须有特殊理由（如结婚、买房子）时才可申请取出。我调查的一个企业，持股最多者已达2000股，平均也在1000股以上。据该公司持股会负责人介绍该公司职工共有700人，参加持股会的有500人，因故申请取出个人股票的每年约有五六人。

非上市公司股票，只有在公司增资时才能取得。所谓增资，就是通过发行新股票来筹集资金。一般增资按新股发行对象来分，有三种：向原股东分摊增资、向第三者（既非原股东但又有一定借贷或交易关系的特定对象）分摊增资、公开招募增资。上市公司的股票，经常有买进和卖出，持股会随时可以购买，不必等待增资，而非上市公司则只能在增资时购买，即从向第三者分摊额中购买，或从公募增资发行的新股票中购买。

4. 退会时股票价格的计算。会员退会时，上市的公司，个人持股满1000股的部分，即可提取个人股票，不满1000股的部分则按市场公开买卖的时价计算，退出现金。非上市企业的股票，全部要折算成现金取出，折算的办法采用"红利还原法"，即按基准分红率（惯例为 10%）来折算。以我调查的某企业为例，该公司前两年的平均分红为面额的 30%，每股面额 50 日元，基准分红与实际分红率为 1：3，这时的股票折价即为 50 日元乘以 3，为 150 日元。

（四）职工持股会的组织体制

由参加职工持股会的人员组成全体会，每年开例会一次，讨论持股会章程的修改、会员入会和退会、理事的选举和听取工作报告等。

持股会设理事会，由理事长（1 名）、副理事长（1 名）、理事（若干人）、监事（若干人）组成。

理事由会员大会选举产生；理事长、副理事长由理事会选举产生；监事由理事长提名经理事会同意。理事任期为 3 年，期满前一个月由理事会推出下届候选人名单，由理事长用书面方式通知全体会员，对候选人名单有异议者，可用书面方式向理事长提出，在两周之内如果有异议的会员数不超过半数，该候选人即视为当选。

理事长代表持股会参加股东大会，行使议决权。

二　我国企业建立职工持股制度的若干思考

上述日本企业内部职工持股制度，是建立在民间股份制企业基础之上的，而且不是从股份制企业制度一诞生就有的。日本股份公司立法若从 1899 年公布的日本《新商法》算起，至今已有近百年的历史，而企业内部职工持股制度是在股份制企业发展了半个多世纪之后，于20世纪60年代后期才出现的。也就是说，不是为了职工持股而建立股份公司，相反，是在股份公司的发展过程中，适应客观形势的需要，职工持股制度才应运而生。它的出现同日本经济的发展、日本的国情密切相关。我们研究和借鉴日本企业内部职工持股制度的经验，当然也必须结合我国的实际，从我国的国情出发来运用。我国国有企业的改革，是在公有制基础上试行股份制，在试行和发展股份制企业的过程中，如何建立和完善职工持股制度，我觉得从指导思想到实际工作，有几个问题是很值得注意的。

（一）在指导思想上必须明确实行股份制的目的不是为了职工持股，只是职工持股的前提

在指导思想上应当明确，职工持股虽是调动职工积极性的一种可行的办法，但它必须是在股份制企业才能实施，这是前提，非股份制企业就不存在职工持股问题。那么，是不是可以为了调动群众积极性、给职工持股创造前提，就不加分析地把原有的国营企业一律改组为股份制企业呢？我认为，不可以。这里涉及实行股份制的主要目的和着眼点问题。

我们实行股份制，并不是为了解决职工持股问题。在股份制已经成为既定前提的情况下，让本企业职工持股当然是激励职工献身企业的好方法，但是，如果没有这个既定的前提，就不一定非要制造这个前提不可。也就是说，调动职工的积极性并不能成为必须把全民企业改组为股份公司的理由。

我认为，目前我国推行股份制主要是为了构造一种能够强化企业之间横向制约、淡化行政主管部门直接干预、充分发挥经营者集团作用的企业组织结构。实现这样一种组织结构的转换，才能促进政企分开，转变企业经营机制，实现企业自主经营。这才

是全民所有制企业实行股份制的主要目的和根本着眼点。

为了实现上述目的，必须强调不能为了要实施职工持股就盲目地对全民所有制企业一哄而起地改行股份制。我们应当着眼于企业改组、转换经营机制，侧重于建立企业法人相互持股关系，通过法人相互持股起步来建立和发展股份制企业。这样做至少有以下一些好处：

第一，通过法人相互持股可以使企业之间互为股东，股东企业的法人代表——厂长、经理就可以形成一个经营者集团，他们就会带着各自独立的经济利益相互参与、相互制约和相互促进，每个企业都会由原来只有一个行政主管部门的婆婆变成同时还有许多"法人婆婆"，从而强化经营者集团的作用，淡化行政主管部门的作用，有助于政企分开，实现企业自主经营。

第二，通过法人相互持股还可以形成稳定的协作关系，有助于根据生产经营活动的实际需要，用经济办法形成企业集团。例如，企业为了保证原材料、半成品、零部件等生产物资的供应，可以选择合适的供货伙伴进行投资，掌握对象企业一定的股份从而影响其经营以确保稳定的供货关系；同样，供货企业为了保证产品有稳定的销路，也可以选择合适的购货伙伴进行投资、控制其一定的股份。经过一个时期的选择、组合，我国的企业组织结构就会发生变化。这个发展过程，既是资金合理流动的过程，又是企业改组的过程，同时也是计划和市场自然结合、通过相互持股确保生产和流通各环节相互衔接、按比例发展的过程。

实行股份制尤其是原有的国有企业改组成股份公司，不是一阵风起的运动，而是一个逐步发展演变的过程，在此过程中就会逐步形成职工持股的前提，建立职工持股制度的问题才能迎刃而解。如果把职工持股作为推行股份制的主要目的，想从这里起步建立和发展股份公司，就会本末倒置，甚至造成企业相互攀比，一拥而上，不可能取得预期的效果。

（二）在预测职工持股发展前景时，既要看吸收个人投资的潜力很大，也要看到存在着许多制约因素

目前，我国个人储蓄余额和手持货币总额有 1 万亿人民币。这是很可观的一笔资金，而且有一定的不稳定性，如能设法把其中的一部分转化为直接投资，既可以增加建设资金，又可以形成长期稳定的因素，这不仅是必要的，而且是可能的。我们可以参照日本全国个人金融的结构做些分析（见表3）。

表 3 　　　　　　1989 年末日本全国个人金融资产构成

| 项目 | 现金 | 活期存款 | 定期存款 | 信托 | 保险 | 有价证券 | 其中 | | | 其他 | 总计 |
							债券	股票	信托投资		
金额（亿日元）	320069	551559	3744158	567185	1717185	2034265	384641	1241536	408088	91443	9025864
构成比（％）	3.5	6.1	41.5	6.3	19.0	22.5	4.3	13.8	4.5	1.0	100.0

日本个人金融资产的形式比较多，其中定期存款比重最高，如果再加上活期存款和现金，其比重为 51.5%。其次是有价证券，为 22.5%。我国目前个人金融形式单调，几乎全部都是现金和储蓄，其他形式占的比例甚微。随着我国证券市场的发育和居民投资意识的增强，手持货币和银行储蓄向直接投资转化的潜力是很大的。这种转化可以有两种方式：一是吸引居民购买向社会发行的股票和企业债券，一是上市或非上市股份公司吸收本企业职工持股。因此，随着改革的深化、股份制企业的增多，不仅股票市场会有较快的发展而且本企业职工持股也会有比较好的前景。但对此的期望值也不宜过高，因为还存在着一些制约因素，对此必须做客观冷静的分析。

第一，我国居民过去为买房、子女教育筹集资金的紧迫性较日本低，随着改革的发展，这方面的开支量会加大，为此而储蓄的紧迫性会增强。尤其是买房，费用是很高的，它将会吸引相当大的一笔个人资金，同时也会在极大程度上增强个人储蓄的稳定性，这些都会制约个人资金问题向股票转移的速度，对职工持股的规模也有制约作用。

第二，我国保险业刚刚起步不久，发展潜力是很大的。日本个人买保险用的资金占个人金融资产的19%，比股票占个人金融资产13.8%的份额还高出5个百分点，这个比例是很高的，随着我国社会保险制度的健全和完善，居民在这方面的投入也会大幅度地增加。

第三，我国证券市场的发育需要一个相当长的过程，而且今后组建的股份公司绝大多数应为不上市的公司（日本上市公司至今也只占股份公司总数的2%）。不上市公司的股票无法抛售转为现金；即使是上市公司的股票现在的实际状况也是由于没有足够的信息和完善的市场条件，难以便利地流通和转让，对于多数居民来说，不可能把其积蓄中的很大比重投放在股票上。这些都是制约银行储蓄向直接投资转移、制约本企业职工持股发展速度和规模的不可忽视的因素。

（三）在实施中，要坚持个人出资，建立风险机制，树立风险意识

在酝酿试行股份制的初期，由于当时经济发展水平低、居民的积蓄很少，个人持股难以起步。为了向股份制过渡，人们想了许多变通办法，如"模拟股份制"，即把国有资产的一部分量化到本企业职工个人，然后用这部分股份的红利逐步偿还，还清后即可以变成个人股份。这种办法和把国有资产的一部分直接分给职工实际是一样的。全民企业的财产若分给本企业职工，必然侵害企业以外全民的利益；若分给全民，不仅违背现代化大生产的规律性，而且根本无法操作，因此这些设想很难行得通。

推行职工持股制度，必须坚持个人出资，既可以由工资和奖金中逐步积累，也可以动用个人储蓄一次购买，这是唯一可行的办法。

在我国证券市场刚刚起步的时候，由于许多特殊原因而形成的一些特殊现象，在人们心理上产生了一种错误导向，似乎买了股票就会稳赚钱、赚大钱。其实不然。个人股票作为一种"利润证券"，其利益来源无非是两个方面：一是红利，一是股价涨落差价。影响股价涨落的因素很多，诸如企业经营状况、股票供求关系、各种影响力量的操纵，等等，这里有很大的投机性，在证券市场正常运行的条件下，并不是旱涝保收的，股民在买卖股票的过程中，必须有充分、准确的信息，并且善于分析判断，才能在买进卖出的活动中收到涨落差价的利益。显然，这里有很大的风险。至于红利，当然不像买卖股票那样具有投机性，但也有一定的风险。企业能不能分红、分红率的高低，必须以企业的效益为前提。效益高分红率也高，效益差分红率就低甚至没有分红，如果企业倒闭，股本赔光的可能性也是存在的。必须建立风险机制，树立起风险意识，职工持股制度才能健康发展。如果像过去有的企业那样，向职工发行债券和股票，不顾企业效益而实行高利率，在很大程度上使之成为变相奖金，就不可能把职工持股制度搞好，也不利于发挥股份经济在企业改革中的积极作用。

（四）在具体工作的引导上，要把职工持股变成职工参与企业经营决策和民主管理的一种新的形式

民主管理是社会主义企业管理的一个重要特征。在进行股份制改革的过程中，职工参与企业经营决策和民主管理不但不能削弱而且更应当加强。在股份制企业中，工会和职工代表大会的作用仍然要继续发挥，职工持股应该成为新的企业形态中加强民主管理的一种新的手段。

要想使职工持股在民主管理方面更有效地发挥作用，就特别需要注意按股份经济通行的惯例规范化、制度化地进行。不能旱涝保收，把职工持股搞成变相的福利和奖金。要真正同企业经营状况挂起钩来，经营状况好就能多分红，否则就少分或不分。这样就可以在工资、奖金之外，多了一个同企业经济效益挂钩的联结点，引导得好，定会在发扬民主、增强企业凝聚力方面取得明显的效果。为此，在职工持股的具体工作上，需要注意以下几个问题：

第一，在新建或新改组成立的股份制企业，应当在自愿原则基础上，尽量广泛地实行企业内部职工持股制度。

第二，要根据每人持股数量的多少，相对应地承担风险和受益。

第三，为了鼓励职工持股，必要时可以考虑按入股金额的一定的比例给予奖励，但不能脱离企业效益靠吃企业的老本或财政补贴来提高分红率。在分红率上，切忌企业之间的攀比。

第四，职工持股的数量应当有一定的限制，个人之间持有量不宜过于悬殊，否则会在调动了一部分人积极性的同时又伤害了另一部分人的积极性。

第五，要建立严密的职工持股会的组织，明确规定持股会章程，努力把持股会办成代表职工参加股东大会、参与企业经营决策和实施民主管理的得力的组织，使它成为工会活动的一种补充。

（原载《改革》1992 年第 5 期）

论企业内部竞争的适度性

　　竞争是企业活力的源泉。通过竞争，优胜劣汰，推动企业技术进步、生产发展，实现资源的合理配置，最终以优质、廉价的产品和服务供应市场，使市场繁荣、消费者得到实惠。

　　如何正确地认识和实施企业竞争，在我国经历了极为艰苦的历程。长期以来在理论上是根本否定竞争的，认为那是资本主义的东西，在社会主义条件下不能提倡。改革开放以后，人们的认识有了很大的突破，在理论上肯定了竞争在商品经济条件下对推动经济发展的不可忽视的作用，在实践中也采取了许多提倡和鼓励竞争的措施。但也应当承认，我国企业的竞争机制至今并未真正形成。

　　建立企业竞争机制，增强企业的竞争力，需要做的事情是很多的。通过对日本企业的实地考察，我觉得从企业的角度来说，有一个极为重要而又常常被人忽视的问题，这就是企业内部竞争的适度性及其与增强企业对外竞争力的关系的问题。本文从分析日本企业内部竞争的特点入手，就此问题简单地谈些看法。

一　日本企业内部竞争值得注意的特点

日本企业之间的竞争十分激烈。通过竞争，企业被筛选、优化，每个企业为了生存和发展，都必须紧跟瞬息万变的市场形势，努力改善经营，增强对外竞争力。这种竞争是每时每刻都能明显感觉得到的。

然而，日本企业内部的竞争却表现得并不明显，有时甚至觉得好像只有一致对外，没有内部竞争。为什么会形成这样的印象呢？这和企业的人事制度有关。

日本多数企业仍然在实行终身雇佣制，而且晋升制度中论资排辈的色彩也很浓，大学毕业同时进入同一企业的职工，15 年之内在职位和工资方面基本没有区别。同时，各岗位职务同工资结合也比较松散，对同等资历的人来说，不同岗位的工资没有什么差别，这样就便于实行大规模的轮换工作制。据统计，日本上市公司有 75% 以上的企业实行轮换工作制，职工进入企业后在 15 年之内要调换 3—5 次工作，以便熟悉各个方面的业务，这就需要冲淡各岗位职务工资的差别，使同等资历的人不致因为工作的轮换而造成工资待遇上的差别。所有这些都使人感到似乎企业内部没有竞争。这里就出现了一个很大的矛盾：如果日本企业内部真的没有竞争，那么它的对外竞争力又从何而来呢？

这就涉及日本企业实际存在着的一个既重要又微妙的问题，这就是企业内部竞争的适度性问题，或者说是如何使企业职工利益的一致性与企业内部的竞争性相协调的问题。

首先，企业间的竞争，是一种集体的竞争，是在企业内职工利益一致基础上的对外竞争。企业的职工必须拧成一股劲，才能提高对外竞争力，在竞争中取得优势。日本的企业，形成了职工的命运共同体，这是企业职工利益协调一致性的集中表现。企业竞争的胜负，对每个职工的现实利益和发展前途都有密切的关系。如果竞争失败、企业倒闭，不但所有者遭受损失，企业职工也不像在我国企业那样由国家包着而必须自谋生路，处于非常不利的地位；如果企业在竞争中得到发展，每个职工的地位都会稳固，收入也可以增加。这是增强企业对外竞争力的基础。

为了协调企业职工的利益关系，突出职工利益的一致性，日本企业内部有一整套促进增强企业凝聚力的行之有效的制度，如众所周知的稳定雇佣制度、公平分配制度、技术培训制度、科学考核制度、培养企业第一观念的企业文化制度，以及化解矛盾、增强团结的"思想健康管理"制度，等等。这样就形成了一种协调一致的、强而有力的对外竞争机制。

其次，企业间的竞争，又是同企业内部个人之间的竞争紧密联系在一起的。竞争的意识、竞争的动力，归根到底产生于个人物质的或精神的追求。只有团结一致的对外竞争而没有企业内部个人之间的竞争，是不可想象的。如果这样，对外竞争就变成了无源之水，不可能持久长流。因此，企业要发展，不可没有内部竞争的机制。然而，对企业内部的竞争，又必须正确引导与协调，否则也会竞争过度，削弱企业的对外竞争力。这也就是前面所说的企业内部竞争的适度性。这个问题被日本经营学家看做是企业经营学的核心问题，也有人说，这是经营管理的"技术诀窍"。每个企业经营者都需要花很大的力气来研究解决这方面的问题。处理得好可以把职工的潜力充分发挥出来，形成很强的对外竞争力；处理不好则会抵消力量，不利于对外竞争力的增强。

所谓竞争的适度性，并不是取消竞争、抑制竞争。前述日本企业人事制度方面实行的一些措施，好像是不提倡竞争。其实不然。这些措施是对内部竞争的引导，使之适度，实际上个人竞争的机制在人事管理中也是存在的。例如：

1. 跨入公司的第一步，就是一次全面的竞争。学校毕业后进入什么样的公司，是第一个竞争激烈的环节，这对一生的前途有决定性的影响。知名度高的优秀企业，工资高，福利待遇高，社会地位也高。企业的招牌对每个职工都是一种财富，但进入优秀企业取得这块牌子也是不易的。这是一次全面的竞争。

2. 经过较长时间的选拔，个人之间的差距就会显露出来。新职工进入企业后，15 年内虽然职务和工资没有区别，但时间越久，差距越明显。比较正规的大企业，同期进入的大学毕业生在第 15 年有 10％晋升为课长，第 16 年再晋升 20％，到退休年龄，基本上都可以达到课长级，其中还有一部分可以升为副部长或部长。在整个几十年中，谁先晋升、谁后晋升，哪些人到了一定职位就不能再晋升，都是在长期考核的基础上选拔的。这种长期选拔的制度是使职工经常保持和增强竞争意识的促进因素。

3. 轮换工作制本身，也体现着竞争。实行轮换工作制需要冲淡各岗位职务工资的差别，这是控制内部竞争的一种措施，同时，轮换工作制的实施过程中，又充分体现着竞争。因为轮换工作的去向，决定着今后的升迁前途。例如，在一个全国性的大企业，是从偏僻的分支机构向业务量大、地位重要的分支机构轮换，或者是往相反的方向轮换，这对以后被选拔、晋升的机会就会有很大差别。

总之，就业、晋升、工作轮换等都是在经常性考核的基础上进行的，是以每个人的工作实绩为依据的。虽然没有明显、激烈的竞争的外部表现，但实际上每个人都很明确，每时每刻都有考核、都在竞争。这种在职工利益一致基础上的竞争，就是我们所说的企业内部的适度竞争。它是日本企业竞争的一个非常值得我们研究和借鉴的重要特征，也是企业对外竞争力的重要源泉。

二　我国企业完善内部竞争机制的思考

我国企业内部的竞争，受整个竞争形势的影响，在近十多年来，时而竞争过度，时而又取消竞争，适度竞争的机制始终没有建立起来。过去长期在理论上是否定竞争的；改革开放以后，虽然在理论上肯定了竞争对推动经济发展的重要作用，在实践中也采取了许多提倡和鼓励竞争的措施，但由于市场机制没有形成，企业之间的经营环境处于不平等的状态之中，根本无法判定企业的优劣。同时，企业本身也还没有真正自主经营、自负盈亏，不可能做到优胜劣汰。因此，企业之间的竞争难以推进。于是在一个时期里，在工作的引导上就明显地往企业内部竞争上倾斜，采取了许多促进内部竞争的措施，例如，奖金的等级制度以及曾经多次采用过的分期分批局部调整工资的办法；在分配问题的宣传上也强调要拉开档次，等等。这些思路当然都是对的，但由于企业内部没有严格的考核制度，在实施中缺乏客观依据，往往带有主观随意性，结果反而容易引起摩擦，甚至在调动一部分人积极性的同时又伤害了另一部分人的积极性。很多企业为了避免矛盾，在实施过程中又采取了许多变通办法，尽量做到利益均沾：奖金平分或者轮流获奖；调整工资也按上级分配的指标拆开平分，等等。这样做的结果，实际上又取消了企业内部的竞争。

目前，随着社会主义市场经济体制的建立，企业要走向市场参与竞争，各个方面对于如何改变不平等的竞争环境、健全和完善市场体系给予了足够的重视，市场竞争环境也在逐步改变。与此同时，我认为，对于如何健全和完善企业内部竞争机制、提高企业对外竞争力，也迫切需要提到日程上来。为此我们需注意：

第一，打破国家"大锅饭"，形成企业命运共同体。我们通常所说的打破"大锅饭"，指的是企业吃国家的"大锅饭"、职工吃企业的"大锅饭"。把这两个"大锅饭"等量齐观，一起来打，我认为是不科学的。实际上，国家的"大锅饭"是形成企业竞争机制的根本障碍，关键在于打破国家的"大锅饭"。

国家的"大锅饭"和"铁饭碗"实际上是一回事，打破国家的"大锅饭"也就是打掉"铁饭碗"。国家的"大锅饭"真的打破了，企业的"大锅饭"才能消除，即使残留一点也无关大局，掌握得好甚至还会成为一种凝聚力，有助于增强企业对外的竞争力。特别是在技术复杂、生产自动化水平高的现代企业，集体协作和相互依赖程度越来越高，准确判定每个人的生产实绩也越来越困难，这种场合，就更加需要把企业职工拧成一股劲，把一致对外的竞争放在突出的位置。

企业的"大锅饭"当然也要打破，但这要服从于形成企业命运共同体。打破国家"大锅饭"以后，国家不再用补贴来维持落后企业的生存，这就解除了国家通过补贴对职工提供经济保障的责任，把企业对职工的生活保障的作用和责任突出起来，从而迫使企业必须自力更生、自求发展。这就会形成优胜劣汰的竞争机制，企业的生死存亡就会同职工的命运直接联系在一起，企业对外竞争若想取胜，就必须努力构造企业命运共同体。

正像前面讲的那样，日本企业为了增强企业内部凝聚力，采取了许多行之有效的办法。我们的企业也需要注意加强这方面的工作，认真协调利益关系，深入细致地做好思想工作，努力化解职工之间的冲突和矛盾，引导职工团结一致对外竞争，通过群体的共同努力，求得企业的生存和发展。

第二，在严格、公正考核的基础上，展开内部的竞争。适度竞争并不是取消竞争，而是在利益协调一致基础上的竞争、公正考核基础上的竞争。这样的竞争能够鼓励人们积极向上而不会抵消对外竞争力。

在企业内部竞争中，反对干好干坏一个样，分配要拉开档次的原则无疑是正确的，特别是针对过去长期通行的平均主义倾向，这样做更是十分必要的。但是，反对干好干坏一个样有一个重要前提，就是什么是好、什么是坏必须能够分别清楚、判断准确。这就需要健全和完善考核制度。如果没有明确、科学的考核标准和公正的考核办法，就无法解决干好干坏一个样的问题，甚至会把干好和干坏搞颠倒，形成盲目的过度竞争，把企业搞得四分五裂，这比好坏不分的危害还要大。因此，在企业内部需要在严格考核上下工夫，而不应该离开公平考核去开展竞争，空谈分开档次、拉开差距，等等。

日本企业人事的升迁、奖励，是在坚持经常考核、长期选拔的基础上进行的。这里特别值得注意的有两点：一要有明确的标准和切实可行的评价方法。一般采用的考核办法是评分制度，把考核要点分成任务完成情况、工作困难程度、责任感和积极性、协作精神和组织纪律，等等。按照这些内容，分项定出考核标准和评分尺度，并且公之于众，使全体职工都有明确的努力方向和争取的目标。然后，再定出具体的评分办法和复核与综合评价的办法。二要持之以恒。考核的办法、考核的标准不能变来变去，考核工作不能时而进行时而停顿，如果抓抓停停，就不可能体现考核的严肃性和权威性，难以起到预期的作用。

我国企业内部考核需要认真抓一抓，应当像过去抓全面质量管理那样形成声势。让企业去创造经验，然后推广好的经验，形成可以比较广泛实施的考核制度。过去，我们也曾抓过这方面的工作，但往往是一阵风地推进，风声过后依然如故。这当然和过去企业机制没有转换有关。今后企业要真的自主经营、自负盈亏了，严格的考核必将越来越显现出它的重要作用。

（原载《改革》1993 年第 4 期）

中国的企业管理体制改革[*]

　　企业管理体制的改革，是经济体制改革的一个重要的方面。主要是解决国家和企业的关系问题。

　　中国的工业以国营工业为主体。1982 年共有国营工业企业 8.61 万个，这些企业的产值占工业总产值的 78%。

　　过去，国家对国营工业企业实行集中统一的管理。这种管理方式对于统一规划和使用全国的人力、物力和资金，促进国民经济的发展，起了积极的作用。但是，由于管理权限过多地集中在国家行政部门手中，也产生了一些弊端。这些弊端主要表现在：①计划包罗万象，管得过多、过细，企业不能根据客观需要来安排自己的生产和考虑企业的发展。②物资统一分配、产品统购包销，企业不能根据生产需要购进原料、设备等生产物资，不能根据市场的需要组织产品的销售。③资金统收统支，企业的利润全

---

　　* 1983 年 9 月提交"第一次中日经济学术讨论会"论文。中国社会科学院工业经济研究所与日本综合研究开发机构从 1983 年开始共同举办"中日经济学术讨论会"，20 年来共开过 7 次，作者代表中方负责组织历次会议并且每次都提交了论文，随着时间的推移，作者提交的这些文章连续地反映了不同时段我国企业改革的历程。

部按主管单位的系统上缴国库，企业需要的固定资产投资和增加流动资金，全部由财政拨款。

这种管理方式使企业的责、权、利不清，既缺乏经济动力，又没有经济压力，企业和职工的积极性得不到发挥。这些正是企业管理体制改革所要解决的问题。

1978年党的十一届三中全会以来，在企业管理体制上进行了一系列的改革。四年多来，改革经过了三个阶段。

第一阶段：1979—1980年扩大大企业自主权试点阶段

1978年10月，四川重庆钢铁公司等少数企业开始进行扩大企业自主权的试点。1979年4月，在四川全省进一步扩大到100家企业进行试点。随后逐步扩大到许多省、市、区，到1980年全国试点企业达到6600多个，占全民所有制企业数的16%，它们的产值占全民所有制企业的60%，利润占70%。

扩权试点的内容，各个企业不完全相同，但大体上是从两个方面展开的。一方面，是从利润的分配上兼顾国家、地方、企业、个人的利益，主要是采取利润分成的办法，即把过去利润全部上缴改为在完成产量、品种、质量、利润指标并且履行供货合同后，允许企业按一定比例留用利润。另一方面，是在统购包销、计划分配上打开了一个缺口，逐步发挥市场的调节作用，允许企业在生产和经营管理上有更多的自主权。

具体地说，国家赋予试点企业以下权力：①在完成国家计划的前提下，允许企业根据燃料、动力、原料、材料的条件，按照生产建设和市场的需要，制订补充计划。企业按照补充计划生产的产品，首先由商业、外贸和物资部门选购，然后企业可以按照国家规定的价格政策自行销售。②改变过去按工资总额提取企业基金的办法，实行企业利润留成，企业可以用这部分留存的利润建立三种基金：生产发展基金、职工福利基金、职工奖励基金，把企业经营的好坏同企业生产的发展和职工的物质利益直接挂起钩来。③改变过去折旧基金全部上缴的办法，大部折旧基金留给企业与利润留成中的生产发展基金合并使用，进行企业的挖潜、革新、改造。④企业有权向主管部门申请出口自己的产品，按规定取得外汇分成，并有权用分成的外汇进口必要的技术、设备和材料。⑤企业有权按国家劳动计划指标择优录用职工，有权对职工进行奖惩。⑥企业在定员的限额内，有权决定自己的机构设置，任免中层和中层以下干部。⑦企业有权拒绝国家明文规定以外的社会负担。

试点企业的经验表明，要把经济搞活、把企业经营管理搞好，上述权限对企业来说是不可少的。因此，在 1981 年通过广泛推行各种形式的经济责任制，实际上把上述扩权内容在国营企业中比较普遍地付诸施行。

第二阶段：1981—1982 年试行各种经济责任制阶段

1981 年初，山东等地在扩大企业自主权的基础上，对部分企业实行了利润（或亏损）包干，随后全国各地也都相继实行了一些不同的包干办法。这些办法连同扩权试点中的有关办法一起，统称为工业经济责任制。这个时期实行经济责任制的企业比扩权试点的面扩大很多，到 1981 年 8 月底，全国县以上国营企业有 65% 实行了经济责任制。

经济责任制是使企业的责、权、利更好地结合起来的一种经营管理形式。它把企业和国家的关系，通过一系列的制度、法令固定下来，更加明确了企业对国家承担的经济责任，同时也使企业的自主权进一步得到落实。经济责任制的具体形式各企业有所不同，比较普遍的有以下几种：

1. 利润留成。分为全额留成、超额留成、基数留成加超额留成三种。所谓金额留成，即全部利润都按一定的比例留成。超额留成，即计划内的利润不留成，超过计划的利润按一定比例留成。基数留成加超额留成，即以固定利润（当年计划利润额或上年实际完成利润额）为基数，本年利润中的基数部分按核定的较低的比例留成，超过部分按另定的较高的比例留成。

2. 盈亏包干。盈利企业实行利润包干，即为企业规定上缴利润额，完成任务后，超额部分全留给企业，如果完不成任务，必须用企业自有资金补足；过去亏损的企业实行亏损包干，即为企业规定当年由国家财政补贴的亏损额作为包干基数，超亏不补，减亏留用。

3. 以税代利，自负盈亏。即把上缴利润改为缴纳各种税款，企业在按规定纳税后，盈亏均由企业承担。实行这种办法的，各地在税种的设置上也不完全相同。例如，上海实行的是五税二费。五税，即增值税（按销售收入减去成本中原料、材料、燃料等费用的余款课税）、级差收入调节税（国营企业的级差收入归国家所有）、车船牌照税、房地产税和所得税；二费，即固定资产占用费（按净值计费）和流动资金占用费。四川实行的是三税，即工商统一税、固定资产占用税（按原值课税）和所得税（一户一率，级差收入在此税中调节）。所得税税率各地一般都在50%以上，其他税（费）率根据不同情况分别核定。

4. 递增包干。即以上年上缴利润额为基数，规定每年上缴利润递增百分比，超过部分留归企业，不足则由企业承担经济责任。如首都钢铁公司从1982年实行递增包干，规定上缴利润每年递增6%，一定三年不变。

第三阶段：1983 年开始实行利改税

经过四年多的实践，在企业管理体制方面已经摸索出了各种可供选择的形式。经过试点，总结经验，已经得出明确结论，国营企业实行利改税，符合经济管理体制改革的方向。1982 年 11 月 30 日，国务院总理在《关于第六个五年计划的报告》中指出："把上缴利润改为上缴税金这个方向，应该肯定下来。"国务院决定从 1983 年开始实行利改税办法，过去在扩权试点和推行经济责任制中为企业规定的责任以及赋予企业的计划权、销售权、人事权等等基本肯定下来，但在此之前，在利润上缴的方式上已经实行各种包干办法、留成办法和承包制的；要分别情况在 1983 年或在规定的期限内改行利改税办法。

财政部于 1983 年 5 月 3 日公布的《国营企业利改税试行办法》对于利改税做了明确的规定：凡有盈利的国营大中型企业（包括金融保险组织），均根据实现的利润，按 55% 的税率缴纳所得税。企业的税后利润，一部分上缴国家，一部分按照国家核定的留利水平留给企业。税后利润中上缴国家的部分，可根据企业不同情况，分别采取下列办法处理：①递增包干上缴办法。②固定比例上缴办法。③缴纳调节税的办法。④定额包干上缴的办法（只限于矿山企业实行）。试行办法还规定：凡有盈利的国营小型企业，应当根据实现的利润，按八级超额累进税率缴纳所得税，对税后利润较多的企业，国家可以收取一定的承包费，或者按固定数额上缴一部分利润。

实行八级超额累进税制的国营小型企业的标准是：按照 1982 年底的数据，工业企业固定资金原值不超过 150 万元，年利润额不超过 20 万元。

企业实行利改税后，要用税后留用的利润建立新产品试制基金、生产发展基金、后备基金、职工福利基金、职工奖励基金。前三项基金的比例不得低于留利总额的 60%。

总之，四年多来，从扩大企业自主权开始，经过试行各种形式的经济责任制，最后明确了以利改税作为改革的方向。今后的任务是沿着利改税的方向，不断完善税制，改革价格体制，调节企业之间的苦乐不均，更好地处理国家和企业的关系问题。

（原载《"第一次中日经济学术讨论会"会议文件》，1983 年）

企业经营管理制度的变革[*]

　　1984 年 10 月召开的党的十二届三中全会，标志着我国将进入以城市为重点的整个经济体制全面改革的新阶段。

　　以城市为重点的整个经济体制改革的中心环节，是增强企业的活力。城市企业是工业生产、建设和商品流通的主要的直接承担者，是社会生产力发展和经济技术进步的主导力量。城市企业是否具有强大的活力，对我国经济的全局和国家财政经济状况的根本好转，对本世纪末翻两番目标的实现，是一个关键问题。

　　企业活力的源泉，在于脑力劳动者和体力劳动者的积极性、智慧和创造力。过去，由于我国的经济体制和经营管理制度上存在着许多弊病，国家和企业、企业和职工这两个方面的关系没有得到解决。这是以城市为重点的整个经济体制改革的本质内容和基本要求。实现这个要求，势必牵动整个经济体制的各个方面，需要进行全面的配套改革，就企业的经营管理制度来说，也必须相应地进行改革。近几年来，在以城市为重点的整个经济体制的改革中，我国企业经营管理制度发生了三个重要的转变：一是企

---

* 1985 年 5 月提交"第二次中日经济学术讨论会"论文。

业的经营方式由单一向多样化转变。这个转变是和多种经济形式的发展联系在一起的。二是企业管理由生产型向生产经营型转变。这个转变是和扩大企业自主权联系在一起的。三是企业领导制度由无人负责的集体制向个人专责制转变。这个转变是和建立严格的责任制度联系在一起的。由于实现了这三个转变，我国企业的活力得到了增强。

一　企业的经营方式由单一向多样化转变

过去，我国的工业企业不论大小，不分行业，一律采用单一的经营方式。计划包罗万象、物资统一分配、产品统购包销、财政统收统支，政府机构对企业管得死死的。这种单一的经营方式，同经济形式单一化有直接的联系，所以，需要从发展多种经济形式即所有制形式说起。

长期以来，由于"左"的错误影响，在所有制方面，限制集体、打击、取缔个体，集体企业急于向单一的全民所有制过渡，实际上使经济形式向单一化发展。1978 年党的十一届三中全会以前，城镇个体手工业已经不存在了，个体商业在社会商品零售总额中占的比重已降到 0.1%，也几乎没有了。1978 年集体商业在社会商品零售总额中的比重由 1965 年的 12.9%，降为7.4%。集体工业的比重虽然没有降低，仍占 20% 左右，但多数是自负盈亏的"大集体"，实际上同过去的地方国营企业极为相似。这种单一的经济形式是不能把企业搞活的一个重要的原因。

党的十一届三中全会以后，我们坚持发展多种经济形式，调动了各个方面的积极性，搞活了企业。必须积极发展多种经济形式，是由我国生产力发展的状况和人民群众多方面需要决定的。新中国成立 30 多年来，我国社会生产力有了很大的提高，但生产力发展水平总的说来还比较低，又很不平衡，因此，在很长的时期内需要积极发展多种经济形式；社会主义的生产目的是满足人民日益增长的物质文化生活的需要，而社会产品种类繁多、人民群众的需要又是多种多样而且是不断变化的，仅仅靠国营企业不可能完全满足，这也决定了必须积极发展多种经济形式。近几年来，在国营经济不断发展的同时，我国城市集体经济、个体经济和其他经济形式有了较大的发展。由于多种经济形式的发展，生产和流通活跃起来，促进了经济的发展和经济效益的提高。

坚持发展多种经济形式就必然要突破单一的经营方式，积极发展多种经营方式。各种不同经济形式的企业，应当有不同的经营方式，如果用对待国营企业的那一套经营管理办法来对待集体企业和其他经济形式的企业，就只能把企业搞死而不可能搞活。实践经验告诉我们，不仅不同经济形式的企业要采取不同的经营方式，就是全民所有制企业，也不能像过去那样采取"一刀切"的办法，而必须根据不同情况积极发展多种经营方式。否则必然会产生严重的主观主义和官僚主义，压抑企业的生机和活力。

过去形成那种"一刀切"的办法，有一个重要的原因就是把全民所有同国家机构直接经营企业混为一谈，认为全民所有制的各种企业都应当由国家机构直接经营和管理。这种认识是不正确的，应当看到，社会主义企业是相对独立的经济实体，是自主经营、自负盈亏的社会主义商品生产者和经营者；社会主义企业生产资料的所有权和经营管理权具有可分性；社会主义企业之间具有根本利益的一致性和局部利益的差别性。这就决定了企业在服从国家计划和管理的前提下，必须有权选择灵活多样的经营方式。这样做，既能在整体上保证整个国民经济的统一性，又能在局部上保证各个企业生产经营的多样性、灵活性和进取性。

目前，我国全民所有制企业的经营方式已经发生了根本变化，即已经转变为在国家计划指导下实行自主经营、以税代利、自负盈亏。在此前提之下，根据各个企业具体情况的不同、在社会生产和社会经济活动中的地位和作用的不同，又有各不相同的具体的经营方式。例如，大中型企业和小型企业实行的办法就有很大区别，大中型企业要按 55% 的固定比例缴纳所得税，然后再按照核定的税率缴纳调节税，用来调节企业的留利水平；小型企业则按八级超额累进税率缴纳所得税，税后一般由企业自负盈亏，对税后利润较多的企业可以收取一定数额的承包费；有些小型企业还可以租给或包给集体或劳动者个人经营。同时还可以打破所有制的界限，在自愿互利的基础上广泛发展全民、集体、个体经济相互之间灵活多样的合作经营和联合经营。按照政企分开、简政放权的精神，在政府和企业的关系上，今后各级政府部门原则上不再直接经营管理企业，只有少数经济部门由国家赋予直接经营管理企业的责任，这些部门也要简政放权，增强企业自主经营的活力。这样做是符合我国基本国情的，是符合社会主义原则的。

总之，坚持多种经济形式和经营方式的共同发展，是我们长期的方针，是搞活企业、促进国民经济全面发展的正确的方针。

二　企业管理由生产型向生产经营型转变

党的十一届三中全会以后，我国的企业面临着一个转轨变型的任务，即解决由生产型企业向生产经营型企业转变的问题。

过去由于长期政企职责不分，企业成了行政机构的附属物，中央和地方政府包揽了许多本来不应由它们管的事，企业只是完成一定生产任务的生产单位，因此，企业管理是单纯生产型的管理。其特点是：①企业以生产为中心，管理范围只限于生产领域，完成计划规定的生产指标是企业的主要任务。②企业管理是内向的，企业的生产条件由国家提供，企业的产品由国家统购包销，企业对解决外部条件问题既无需要也无能力。③企业经营决策权掌握在国家政府机构手中，产品的品种、数量由上级规定，管理工作是执行性的，企业没有自主权。④产销不见面，企业对市场和用户需求的变化既不关心，也不了解，基本不做产品销售服务工作。

这种生产型管理，首先是使生产与需要脱节。由于基本上实行指令性计划，企业只要按计划本本生产，不管市场是否需要，商业部门或物资部门就得按计划收购，而且由于这种包罗万象的统一计划又很难准确，因此有些产品虽然在商业和物资部门的仓库里大量积压，但企业资金却可以流回继续进行新的生产，这就造成了企业实际上不是为社会需要而是为增加库存积压而生产的怪现象。其次是使经营状况同职工利益脱节。因为经营决策权不在企业，资金无偿使用，利润全部上交，亏损由国家补贴，企业奖励基金按企业工资总额的一定比例提取，用人越多奖励基金也就越多，而且奖励基金直接摊入成本，企业亏损也可以照提。这种高度集中的决策方式和统收统支的财政体制，使企业既无责，又无权，也无利，企业经营好坏和职工的利益完全不挂钩，不能调动企业和职工改善经营管理、提高经济效益的积极性。

党的十一届三中全会以来，我们坚持实事求是的思想路线，对新中国成立 30 多年来的成功和失败、正确和错误进行了比较、思考和总结，使我们对社会主义革命和建设的认识程度，远远超过了新中国成立以来任何时期的水平，在社会主义建设和企业经营管理的理论和指导思想上明确了很多问题。例如，突破了把计划经济同商品经济对立起来的传统观念，明确了社会主义计划经济必须自觉依据和运用价值规律，是在公有制基础上的有计划的商品经济；充分认识到所有权与经营权可以适当分开，企业是具有一定权利和义务的法人，是相对独立的经济实体，是自主经营、自负盈亏的社会主义商品生产者和经营者，必须扩大企业的自主权；明确了政企职责分开、简政放权的方向，在政府和企业的关系上，确定了今后各级政府部门原则上不再直接经营管理企业；肯定了社会主义企业之间的关系首先是互相协作、互相支援的关系，但这种关系并不排斥竞争，让企业在市场上直接接受广大消费者的评判和检验，优胜劣汰，有利于促进企业改进生产技术和经营管理，推动整个国民经济发展，等等。这些理论和指导思想上的重大突破，推动了整个经济体制的改革，同时也要求企业经营管理制度有相应的变革。

回顾近几年走过的路，我们在上述理论和思想指导下，在企业和国家的关系上，从两个方面取得了比较大的进展。这是决定企业管理必须由生产型向生产经营型转变的重要因素。

（一）扩大企业自主权

1979—1980 年集中进行扩大企业自主权的试点工作。1981年以后，把试点的内容由点到面全面铺开了，而且在此基础上企业的自主权还在逐步扩大，看准一件做一件，使扩权工作不断完善，最后在 1984 年 5 月国务院发布了《关于进一步扩大国营工业企业自主权的暂行规定》。这是党的十一届三中全会以来，扩大企业自主权，改革企业经营管理制度的一个综合成果。这个《暂行规定》，从 10 个方面明确了企业应有的自主权：

在生产经营计划方面，企业在确保完成国家计划和国家供货合同的前提下，可以自行安排增产国家建设和市场需要的产品。

在执行国家计划中，如遇供需情况发生重大变化时，企业有权向主管部门提出调整计划。

在产品销售方面，除国家特殊规定不准自销者外，凡企业分成的产品、国家计划外超产的产品、试制的新产品、购销部门不收购的产品和库存积压的产品企业都可以自销。

在产品价格方面，工业生产资料属于企业自销的和完成国家计划后的超产部分，一般在不高于或低于20%幅度内，企业有权自定价格，属于生活资料和农业生产资料，要执行国家规定价格（包括国家规定的浮动价格），但企业可用计划外自销产品与外单位进行协作。

在物资选购方面，对于国家统一分配的物资，在订货时企业有权选择供货单位。

在资金使用方面，企业可将留成所得的资金，按主管部门规定的比例，分别建立生产发展基金、新产品试制基金、后备基金、职工福利基金和奖励基金，并有权自行支配使用。从1985年起，企业折旧基金的70%留给企业。企业暂时不用的生产发展基金，可以按自愿互利的原则，通过合营、联营、补偿贸易等形式，向企业外投资。

在资产处置方面，企业有权把多余、闲置的固定资产出租和有偿转让。

在机构设置方面，企业在主管部门核定的定员编制范围内，有权按照生产的特点和实际需要，自行确定机构设置和人员配备。

在人事劳动管理方面，厂长（经理）、党委书记分别由上级主管部门任命，副厂长由厂长提名报主管部门批准，厂内中层行政干部由厂长任免。厂长有权对职工进行奖惩，包括给予晋级、奖励和开除处分，有权择优录用职工。

在工资奖金方面，企业在执行国家统一规定的工资标准、工资地区类别和一些必须全国统一的津贴制度的前提下，可以根据自己的特点自选工资形式，厂长有权给予有特殊贡献的职工晋级，每年晋级面可达3%。

在联合经营方面，在不改变企业所有制形式，不改变隶属关系，不改变财政体制的情况下，企业有权参与或组织跨部门、跨地区的联合经营，有权择优选点，组织生产协作或扩散产品。

近几个月来，在贯彻上述十条规定的同时，扩权的内容还在不断发展和完善。例如，在分配上，企业职工奖金可以由企业根据经营状况自行决定，国家只对企业适当征收超限额奖金税，今后还要使企业职工的工资和奖金同企业经济效益更好地挂起钩来。随着企业自主权的扩大，企业经营决策问题的重要性就更加突出了，这就促使企业管理必须由生产型向生产经营型转变。

（二）实行利改税

1984年第四季度开始，我国全民所有制企业已经全面实行了第二步利改税。这也是党的十一届三中全会以来，在处理企业和国家关系方面逐步形成的一个综合的成果。

1. 企业和国家分配关系的发展阶段。在企业和国家的分配关系上，由统收统支到全面实行利改税经历了四个发展阶段：

（1）扩大企业自主权阶段（1979—1980）。如前所述，扩权试点的内容是比较广泛的，其中就企业和国家的分配关系来说，就是取消按工资总额提取奖励基金、利润全部上交的统收统支的办法，实行企业利润留成。企业的利润核定一定的比例留给企业，用来建立生产发展基金、职工福利基金和职工奖励基金。

（2）实行多种形式的经济责任制阶段（1981—1982）。由于工业品价格不合理和其他因素的影响，企业获利水平不能真正反映企业的经营管理水平，如果按照统一的比例留存利润，就会造成企业之间的苦乐不均，实行利润留成办法就必须逐个企业按照具体情况核定留利比例。这种办法事实上很难行得通。因此，从1981年开始，各地试行了多种形式的经济责任制，如利润包干、亏损包干、利润递增包干、以税代利的盈亏责任制等。

（3）第一步利改税阶段（1983—1984年9月）。实行多种形式经济责任制的结果证明，在国营企业实行利改税的制度较之其他办法具有更多的优越性。利改税是分两步进行的。第一步利改税是一种不完全的以税代利，实际上是税利并存的。企业按规定税率纳税，税后利润仍然需要根据各企业的不同情况（如价格、资源条件的差异等）核定一定的比例向国家上交利润。

（4）第二步利改税阶段（1984年第四季度开始）。第二步利改税就是要从税利并存改变为完全的以税代利。这就需要调整产品税税率，增设资源税、增值税和几种地方税；在征收所得税后，再区别不同情况征收调节税，税后利润留归企业支配。对国营小企业还可以实行集体承包或个人承包、租赁经营，也可以依照集体企业的办法向国家交纳税金。这样，全部国营企业就只向国家纳税，不再上缴利润。现已规定的有以下11种税：产品税、增值税、盐税、营业税、资源税、城市维护建设税、房产税、土地使用税、车船使用税、所得税、调节税。其中，城市维护建设税、房产税、土地使用税和车船使用税，暂缓开征，保留税种。

企业要承担纳税义务，经营管理就必须更加灵活，这对企业的经营决策方式和决策效率也就提出了更高的要求，这也促进了企业管理必须由生产型向生产经营型转变。

2. 企业管理由生产型向生产经营型转变出现的特点。实现上述转变后，我国企业管理已经显示出了一些生产经营型管理的特点：①企业以提高经济效益为中心，管理范围由生产领域扩大到整个生产经营活动，企业管理更加全面了。②企业管理的指导思想由单纯的生产观点转变为市场经营观点，不仅要重视生产而且要重视产品销售和市场研究，关心市场和用户需求的变化。③随着企业自主权的放大，经营决策权越来越多地掌握在企业手中，企业生产的外部条件越来越需要企业自己去创造，而且可以从企业实际出发，灵活地做出正确的决策，因此，必须高度重视对企业内外环境变化的研究。④企业必须在竞争中求生存、求发展，新技术、新产品的开发以及人才的开发，广泛受到重视。

我国企业在由生产型管理向生产经营型管理转变过程中，正在逐步解决生产与需要脱节、企业经营状况与职工经济利益脱节问题，这就使企业的活力不断增强，使企业生产经营活动的社会效益不断提高，使企业和职工的积极性、主动性不断得到发挥。

三　企业领导制度由无人负责的
集体制向严格的责任制转变

中国企业的领导制度，主要是指企业的决策和指挥体制。在过去比较长的一个时期里，实行的是党委领导下的厂长负责制。这个制度规定，企业党委会要对企业实行全面领导，企业生产行政工作中的重大问题，要由党委会按民主集中制原则集体讨论决定，然后由厂长负责或者由党委委员分工负责贯彻执行。

（一）党委领导下的厂长负责制的缺陷

实行这个制度的着眼点，主要是为了解决加强党的领导和实行群众路线的问题。实践证明，这个制度对于发动群众积极投入社会主义建设起了积极的作用，但是这个制度本身也存在不可克服的缺陷。

1. 党政不分，党委会包办生产行政事务工作，削弱了党对企业的领导。建立这个制度本来是为了加强党的领导，但由于党委会陷到日常生产行政事务当中，反而把党的路线、方针、政策的贯彻放松了，把党的自身建设和职工群众的思想政治工作放松了，结果出现了党不管党的现象，不利于加强党对企业的领导。

2. 权责脱节，难以建立起严格的责任制度。制度规定，企业生产行政工作中的重大问题由党委会集体决策，但又要由厂长个人负责，显然，这个责是负不起来的。这种决策权和经营责任相脱节的制度，实际上变成了无人负责。这是过去的领导制度本身无法解决的矛盾。

3. 内行、外行混杂，难以形成专家、内行管理。现代企业，必须由生产经营的专家、内行来管理才能把企业办好，但是，党委会不可能成为生产经营管理的专家班子。这是党委会的性质决定的政治标准、政治原则和组织原则，它必须有从事政治工作、群众工作、组织工作和生产经营管理工作等各个方面的负责人参加。他们在各自工作的领域里可能是内行，但是从生产经营管理工作的角度来说，就不可能都是内行，这就决定了这个决策班子必然是内行和外行混杂的集体，难以实现专家、内行管理。这个问题过去在苏联的企业管理中也出现过，列宁当年在反对集体管理制时就曾经指出："如果我们把内行人和外行人集合在一个委员会里，那就会造成意见纷纭和完全不协调的现象。"这种不协调现象，在我们的企业里也是处处可见的。

上述这些弱点是过去的企业领导制度本身的弊病，必须从企业领导制度上进行改革。特别在扩大企业自主权以后，在企业成为自主经营、自负盈亏的社会主义商品生产者和经营者的条件下，企业外部关系比过去明确了，因此，企业本身如何改善决策方式、提高决策效率，就变得越来越重要了。党的十一届三中全会以来，我们对企业领导制度进行研究、探索和试点，寻求改革的办法。改变党委领导下的厂长负责制，这个方向早已确定了，但用什么办法来代替，在学术界过去存在着不同的意见。

（二）实行厂长负责制

有些学者主张用职工代表大会领导下的厂长负责制来代替党委领导下的厂长负责制，即主张由职工代表大会行使决策权。理由是：企业领导制度改革的侧重点是解决民主管理问题，因为职工群众是国家的主人，也是企业的主人，企业领导制度必须能够充分体现职工群众的主人翁地位。

还有一些学者不赞成上述意见，主张用厂长负责制来代替党委领导下的厂长负责制，即主张由厂长对企业工作全权负责，我个人也持这种观点。我认为：

1. 企业领导制度改革的侧重点首先是解决责任制和专家内行管理问题。民主管理问题无疑是企业领导制度所要解决的重要问题，这是社会主义企业的一个重要特征。但是，没有理由认为，现行的党委领导下的厂长负责制注定不能解决民主管理问题，如果仅仅是为了解决这个问题，那就没有必要取消党委领导下的厂长负责制。这次改革所以要用更为健全和完善的制度来取代党委领导下的厂长负责制，就是为了解决现行领导制度无法解决的问题，这就是责任制和专家管理问题。

2. 职工代表大会领导下的厂长负责制解决不了责任制和专家管理问题。职工代表大会领导下的厂长负责制，同党委领导下的厂长负责制具有同样的弊病，首先，它同样存在着职代会集体决策同厂长个人负责，责与权相脱节的矛盾，同样是"名曰集体负责，实际上等于无人负责"。其次，职代会也和党委会一样，它的性质决定了它必定是内行、外行混杂的集体而不可能成为生产经营的专家班子。职工代表大会必须有各种各样工作岗位上的职工代表参加，这样才能广泛联系群众，反映广大职工群众的呼声。因此，他们不可能都是专职管理人员，更不可能都是生产经营管理工作的专家。

3. 只有实行厂长负责制才能全面解决原有制度中的种种矛盾，建立起健全和完善的企业领导制度，判断社会主义企业领导制度健全与否的标准，我认为有四项：一是要能够体现党对企业的领导；二是要能够保障职工参加企业的民主管理；三是要能够贯彻严格的责任制度；四是要能够实现专家、内行管理。

如前所述，党委领导下的厂长负责制和职代会领导下的厂长负责制都不能全面体现上述标准，只有实行厂长负责制，才能够全面实现这些要求。这是因为：

1. 厂长负责制要求实行党政分工，企业党委会就可以从日常事务中解脱出来，集中精力研究贯彻党的路线、方针、政策和政府的制度和法令，加强党的自身建设和群众的思想政治工作，更好地实行党对企业的政治领导。

2. 厂长负责制可以通过多种形式实现群众的民主权利，因此它和民主制是一致的。列宁在否定工人委员会的集体管理制实行一长制时曾经尖锐地批评过一种观点，这种观点认为："好像集体管理制是工人管理制，而一长制就不是工人管理制。"他指出："单是这个问题的提法、这种论据就说明，我们还没有足够明确的阶级意识。"① 因此，列宁主张，"必须实行一长制，必须承认由一个人从实现苏维埃的观点出发来全权负责工作。"② 这是大机器工业的客观要求，并不是民主原则的取消。我们实行厂长负责制，厂长要经过民主选举然后经上级主管部门任命，群众

---

① 《列宁全集》第30卷，人民出版社1959年版，第393页。
② 同上书，第468页。

对厂长的工作实行多种形式的、自下而上的监督，职工群众还可以通过多种形式参加企业的管理，因此，实行厂长负责制同样可以保障职工参加企业的民主管理。

3. 厂长负责制使企业的决策权和经营责任统一起来，这样就可以使企业从无人负责的集体制中解脱出来，实行严格的责任制度。

4. 厂长负责制还要求厂长必须熟悉企业的生产经营业务，正确地行使职权，真正承担起经营责任。这既是实行厂长负责制的前提，也是它的结果。只有在严格的责任制度中才能造就干部，因此，厂长负责制是造就干部的制度。我国企业管理水平低，长期无人负责的集体制环境的影响是一个很重要的原因。

总之，厂长负责制能够全面体现前述四项标准，因此，它是社会主义企业的健全、完善的领导制度，是改革的方向。党的十二届三中全会通过的经济体制改革的决定指出："现代企业分工细密，生产具有高度的连续性，技术要求严格，协作关系复杂，必须建立统一的、强有力的、高效率的生产指挥和经营管理系统。只有实行厂长（经理）负责制，才能适应这种要求。"实行厂长负责制在原则上已经明确，但要使这个制度顺利、有效地贯彻执行，还有许多问题需要解决，特别是如何正确处理企业党组织、职工代表大会和厂长的工作关系问题。因此，经济体制改革的决定指出："企业中的党组织要积极支持厂长行使统一指挥生产经营活动的职权，保证和监督党和国家各项方针政策的贯彻执行，加强企业党的思想建设和组织建设，加强对企业工会、共青团组织的领导，做好职工思想政治工作。"同时指出："在实行厂长负责制的同时，必须健全职工代表大会制度和各项民主管理制度，充分发挥工会组织和职工代表在审议企业重大决策、监督行政领导和维护职工合法权益等方面的权力和作用，体现工人阶级的主人翁地位。这是社会主义企业的性质所决定的，绝对不允许有任何的忽视和削弱。"

（摘自《经济理论与经济政策》，经济管理出版社 1986 年版）

企业经营方式的新发展[*]

一　从放权让利到企业经营机制改革

我国经济体制改革的基本任务，就是要建立具有中国特色的、充满生机和活力的社会主义经济体制，促进社会生产力的发展。建立这样的经济体制，主要是要抓好互相联系的三个方面：增强企业活力、完善市场体系、实现以间接控制为主的经济运行体制。

上述三个方面是紧密联系在一起的，同时，在实施过程中又是有所侧重的。几年来，我们一直把第一个方面即搞活企业作为重点和中心环节，努力增强企业特别是增强全民所有制大中型企业的活力，使它们真正成为相对独立的，自主经营、自负盈亏的社会主义商品生产者和经营者。

围绕增强企业活力这个中心，我们采取了许多措施。这些措施有一个突出的特点，就是在很长的一段时间里，把放权、让利放到了比较突出的位置。我认为，这样做是完全必要的。因为企

---

* 1987 年 11 月提交"第三次中日经济学术讨论会"论文。

业过去处于无权地位，在财政上实行统收统支的办法，企业没有机动的财力，所以要搞活企业就必须放权、让利。

几年来，我们正是这样做的。

1. 城市改革就是从扩大企业自主权入手的。集中进行扩权试点是在 1979—1980 年，以后又逐步扩大，到 1984 年 5 月，国务院发布了扩大企业自主权的 10 条规定，比较全面地系统地明确了企业的权限，以后又发布了技术改造 10 条、搞活大中型企业 14 条和横向经济联合 30 条，等等。据统计，几年来国务院先后发了 13 个文件，97 条扩权规定，使企业在生产计划、产品销售、资金使用、产品价格、物资采购、资产处置、劳动人事、工资奖励以及机构设置等方面，都有了一定的自主权。

2. 在扩权的同时，给企业让了利。扩权试点的一项重要内容就是扩大企业的财权，给企业让利，即由财政上的统收统支改为企业利润留成。在扩权 10 条中明确规定，企业可用留存的利润建立生产发展基金、新产品试制基金、后备基金、职工福利基金和职工奖励基金。过去，企业利润全部上交，实行利润留成以后，企业一般可以留存将近 8% 的利润，较前有了一些机动财力。以后企业留利比例又不断提高，特别是实行了利改税，企业实现利润在支付所得税、调节税和能源交通建设基金、文教经费附加等各项扣除之后，企业实际留利较前显著增多。到了 1986 年，企业留利水平达到了 17% 左右，使企业的财务状况有所改善。

但是，在实践中我们也越来越看到了以下几个突出的问题：

1. 放权、让利总有一个限度，不可能不断地放、不断地让，因此，在改革发展到一定程度之后，再沿此路走下去就没有多少文章好做了。

2. 实践告诉我们，只是放权、让利还不能使企业有充分的动力、压力和约束力，也就是说，还解决不了企业经营机制问题，不能使企业真正成为自主经营、自负盈亏、自我发展的经济实体。

3. 放权、让利并不能真正使所有权和经营权分离，以致各级政府主管机构对企业仍然干预过多，往往使扩权不落实、让利无保证。例如，国家指令性计划虽已大大减少，但各地层层加码，实际上又扩大了指令性计划的范围，使企业超产自销的部分变得很有限；指令性的生产任务加码，但指令性的平价原材料却得不到供应；规定放给企业的劳动人事权、工资奖励权，事实上并未真正落实；上级各种专业管理部门规定企业必须设立对口机构，使企业内部的管理机构臃肿、庞杂，企业机构设置权也变得名存实亡，等等。在企业财权方面也是一样，名义上给企业的留利，实际上并不能完全得到，四面八方向企业伸手，使企业的留利向多方转移，特别是调节税，伸缩性很大，常常是水涨船高，创收越多，上交也越多，形成"鞭打快牛"，新增加的收入企业不能多得，妨碍企业积极性的发挥。因此，我们越来越感觉到，深化企业改革，必须在放权、让利的基础上使所有权和经营权分离，进一步实现政企分开。也就是说，深化企业改革，需要从放权、让利转到完善企业经营机制上来。

完善企业经营机制，当前需要解决的核心问题是责、权、利统一的问题，真正找到能够实现三者统一的有效的经营方式。这种经营方式必须能使企业的自主权真正落到实处，不受外界的干扰；能使企业利益得到保障，使企业能够从改善经营中得到好处；能使企业有明确的责任，从而使约束硬化。只有这样，企业才有内在的动力和压力，企业的经营机制才能健全起来，才能真正成为具有自我改造、自我发展、自负盈亏能力的，相对独立的社会主义商品生产者和经营者。

二　承包经营是现阶段完善企业经营机制的有效方式

全民所有制企业不可能由全体人民经营，一般也不适宜由国家直接经营。过去，我们把全民所有同国家机构直接经营管理企业混为一谈，这样做的结果是国家对企业管得太多太死，只能窒息企业的生机和活力，不可能把企业搞活。在反复实践中我们越来越认识到，所有权同经营权是可以适当分开的，这并不影响社会主义企业的根本性质。

实行所有权与经营权的分离，把经营权真正交给企业，理顺企业所有者、经营者和生产者的关系，切实保护企业的合法权益，使企业真正做到自主经营、自负盈亏，是建立有计划商品经济体制的内在要求。1984 年 10 月召开的党的十二届三中全会，从理论上明确了这个问题，对于推进改革具有极其重大的理论意义和现实意义。但是，如何来体现所有权与经营权的分离，当时我们还没有找到比较合适的具体形式。

近几年来，各地在探索企业经营机制改革的过程中，试行了各种各样的办法，在实践中我们初步找到了实现两权分离的具体形式，归纳起来，主要有三类：租赁制、股份制和承包经营责任制。租赁制一般只适用于小型企业，大中型企业难以推行；股份制，包括国家控股和部门、地区、企业间参股以及个人入股，也是社会主义企业财产的一种组织形式，这种经营方式目前还只是在少数企业进行试点，一般来说，一些横向联合的企业和企业集团宜采取这种形式；只有承包经营责任制在目前具有更为普遍的意义，特别在全民所有制大中型企业中可以普遍推行。因此，下面主要是论述有关承包经营责任制的问题。

承包经营责任制，是我国现阶段完善企业经营机制的一项重要的突破，是适应我国生产力发展水平和经营管理水平的较好的经营方式。

承包经营责任制是在企业生产经营和收入分配方面，通过签订承包经营合同的方式，明确规定国家与企业各自的经济责任、经济权力和经济利益，实现所有权和经营权相对分离的有效形式。企业一经承包，它同主管部门的关系就变成了一种受法律保护的契约关系，而不再是过去那种纯粹上下级的行政领导关系了。因此，承包经营责任制是完全放开企业经营权的一种经营方式，它能够比较好地实现权、责、利的统一。实行这样的经营方式，就是要促进把权和利真正交给企业，这时企业才会真正有了责任；同时，只有责任明确了、落实了，权和利才能得到正确的运用。也就是说，通过承包经营责任制，把权、责、利配起套来，从而促使企业经营机制不断完善，促进企业更好地发展。如前所述，过去我们在改革中对企业的权和利曾经做过一系列的规定，但在实践中并未完全落实，这也就使企业的责任不可能明确和硬化，企业的自我约束力也就比较薄弱。这实际上是经营权没有放开的结果。实行承包经营责任制，所有权和经营权分离的程度比较高，企业由经营者承包，放开了企业的经营权，所有者不能再具体干预企业的经营了，企业的权和利才不会受到干扰和冲击，在此基础上责任才能硬化。因此，在放开经营权的前提下实行这种责、权、利紧密结合的经营方式，就会同简单的放权、让利产生完全不同的结果，这样做企业就会增强自我发展、自我约束的经营机制。

目前，我国全民所有制大中型工业企业，实行各种承包经营责任制的已占80%左右。1988年经济体制改革的重点还是要深化企业经营机制改革，要继续推行和完善承包经营责任制，因此，这种经营方式将会有很大的发展。

（一）承包经营责任制的具体形式

承包经营责任制在实践中采取的具体形式是很多的。从目前各地的实践看，在全民所有制大中型工业企业中实行的承包经营责任制，有以下几种主要形式：

1. "双保一挂"承包经营责任制。"双保"是指保证完成核定的上交税利任务，完不成包干任务的要用自有资金补足，保证完成"七五"计划期间国家已经批准的技术改造项目。一挂是指工资总额和实现税利挂钩。以北京市第一批实行"两保一挂"的北京第一机床厂等8个企业为例，"七五"期间，这8户企业要保上交利税3.97亿元，比"六五"期间增长74.8%；在保上交利税的同时，这8户企业要在完成上交任务的超收部分中积累2.85亿元，进行技术改造；这8户企业实现利税每增长1%，工资总额增长0.77%，工资分配形式和办法由企业自主决定。

2. 上交利润递增包干。也就是过去的普遍实行利改税时期，一部分大型企业经国家批准实行的办法，即企业上交产品税后，在核定的上交利润基数的基础上，逐年按规定的递增率向财政上交利润。以首都钢铁公司为例：上交利润逐年递增7.2%，企业留利中的生产发展基金、集体福利基金、工资奖励基金按6∶2∶2的比例分配使用，职工工资总额与实现利润增长比例按0.8∶1挂钩浮动。

3. 上交利润基数包干，超收分成。即确定企业上交利润基数，超收部分按规定比例提成。

4. 微利、亏损企业的利润包干或亏损包干。根据不同企业的情况确定包干基数，超收部分全部留给企业或按比例分成。

5. 行业投入产出包干。现在已有石油、煤炭、石化、冶金、有色、铁道、邮电和民航8个行业实行了这种承包办法。

（二）利改税存在的一些问题

承包经营责任制是用承包合同的形式来明确国家和企业关系的一种经营方式，它是和利改税相衔接的，是在利改税的基础上进行的。

利改税的办法是 1983 年在当时各地试行的各种不同形式的经济责任制的基础上形成的一种经营方式。当时选定这种办法，有一个比较重要的考虑，就是要解决规范化的问题。改革初期，在进行扩大企业自主权试点的阶段，实行了企业利润留成的制度，当时考虑到实行这种办法需要逐个企业核定留利比例，难以规范化，所以，在 1981—1982 年改行多种形式的工业经济责任制，想通过广泛的试验从各地实行的各种不同办法中找出一种规范化的经营方式。利改税就是在当时从各种各样的经济责任制中选择出来的被认为是能够解决规范化问题的一种办法，从 1983—1986 年，除经国家批准实行利润递增包干的一部分大型企业外，各地普遍地实行了这种制度。实行利改税对确保财政上交起了重要的作用，但也明显地存在一些问题：

1. 它不能为企业创造一个相对稳定的自主经营环境，解决不了企业经营机制问题。

2. 它使税收这个本来应是硬性的手段变得软化。这是因为，考虑到企业外部条件差异很大，需要用调节税来解决外部环境造成的企业之间苦乐不均的问题，这就决定了调节税必然具有很大的弹性，以致税收的约束变软。

3. 它与预想的情况不同，并不能实现规范化。由于各企业情况不同，调节税还是要一户一率，事实上难以做到规范化。甚至可以说，只要企业外部条件不理顺特别是价格不理顺，完成规范化是做不到的，利改税的办法当然也不例外。因此，我们觉得，现阶段选择企业经营方式，不宜过分拘于规范化的要求。

（三）实行承包经营责任制的好处

实行承包经营责任制，虽然也是不够规范化的，但它有利于实现"两权分离"，改善企业经营机制，现在看来，这样做的好处很多：

1. 承包经营责任制能够确保国家财政收入稳定提高。目前实行的承包经营责任制，有以下几个方面是在第二步利改税的基础上进行的：一是产品税等流转税不计入承包基数，照章纳税不变；二是企业上交利润的承包基数一般要根据实行利改税时企业上交所得税、调节税的实际数确定；三是这种承包经营关系，不触及原有的中央和地方财政分配体制。

现在中央和地方的财政体制大体有两种情况：一部分地方实行财政包干或定额补贴，对这些地方来说，承包经营责任制只是企业和地方财政的分配关系，并不影响中央财政收支的增减；另一部分地方实行财政与中央比例分成，对这些地方来说，承包经营责任制一般也是"自费改革"，即地方对中央财政仍按第二步利改税办法进行核算，企业超收应多得的部分，从地方多得部分中补给企业。以北京市为例：实行承包的企业仍按利改税办法按月纳税，北京市与中央财政分成的比例是49.55%，该上交中央财政的部分如数上交，年终结算时按承包基数企业超额上交部分，由北京市在49.55%的财政分成中返给企业，如果完不成上交任务的，要用企业的自有资金补齐。

总之，承包经营责任制不论采取哪种具体形式，它们所要遵循的基本原则是共同的，这就是：包死基数，确保上交，超收多留，歉收自补。这种办法和利改税一样，能够确保国家财政收入稳定提高，一是保了上交国家的基数；二是保了上交递增比例。

此外，国家财政还可以随着企业的发展从产品税、能源交通基金等方面多收。显然，承包经营责任制可以发挥利改税确保财政上交的优点，并且能在此基础上使企业经营机制进一步完善。

2. 实行承包经营责任制，政策透明度高，承包合同一定几年不变，企业目标明确，动力大、压力也大，有利于调动企业的积极性。承包合同明确规定了企业上交的任务，国家的一头包死了，而且合同期与五年计划相对应，现在一般定到1990年。在承包期内企业充分利用经营自主权和财产使用权，努力创造更多的利润，按合同规定交够国家的，剩下都是自己的。这种做法，使企业有了长远打算，便于对当前和长远、生产和生活进行统筹安排，有利于克服短期行为，从厂长到职工目标都很明确，责、权、利结合得紧密。过去的办法是"水涨船高"，企业多创利润，国家通过所得税和调节税把大头拿走了，对企业的激励作用小，实行承包以后，超过承包基数的收入分档提成，而且明确规定把超收部分的大头留给企业，这就使企业超收创利的积极性得到了鼓舞。

3. 实行承包经营责任制，资金靠企业自我积累，投资主体逐步由国家转到了企业，可以增强企业自我发展的能力，促进企业的技术进步。过去投资主体是国家，虽然财政拨款已改为银行贷款，但普遍实行的是"税前还贷"，实际上是国家承担了还贷款的大头，投资主体基本上还是国家而不是企业。实行承包经营责任制后，原则上要由"税前还贷"改为"税后还贷"，也就是要企业用自有资金来归还，投资主体由国家变为企业。特别是"双保一挂"承包经营责任制，把国家已经批准的技术改造项目纳入承包合同，企业必须用自有资金保证完成这些技术改造项目，这就可以促进加速企业的技术改造。同时，实行承包经营责任制后，企业超收部分的大头留给了企业，企业技术改造资金的来源也有了保证，企业为了增强发展的后劲，就必须努力增收，扩大积累，企业自我发展能力能够得到增强，企业的技术进步也能得到有力的推进。例如，北京第二机床厂是我国生产精密机床的重要基地，建厂以来已累计上交利润 2 亿多元，为该厂固定资产的 12.7 倍，但由于留利水平低，这个厂的设备已严重老化，承包以后，这个厂在"七五"期间可以筹集技术改造资金 1050 万元，上交利润也可以比"六五"期间增长 98%。

4. 实行承包经营责任制能够加速企业经营者队伍的形成，有利于提高企业的管理水平，挖掘企业内部的潜力。实行承包经营责任制，要引进竞争机制，对经营者的确定，要实行招标、选聘制，通过竞争产生合格的经营者，以企业经营成果包括资产增值作为奖罚经营者的主要根据。承包经营者完成承包任务的，要按合同规定取得其应得的收入，最高的可大体相当于企业职工平均收入的 3 倍，成绩显著的还可以另行给予奖励；完不成承包任务的，要按合同规定承担主要经济责任，对严重失职给企业造成重大损失的，要给以必要的惩处。承包经营责任制以契约的形式确定了国家和企业之间的关系，承包经营者打消了对上依赖的心理，只能眼睛向内，把企业对国家的承包任务层层分解，落实到车间、班组和个人，逐步形成企业内部的目标管理体系和经济责任制网络体系，用落实企业内部的责任制度、加强企业内部管理来保证承包任务的完成，这就必然促进了企业管理水平的提高和企业内部潜力的发挥。

三　完善承包制需要研究的几个问题

承包经营责任制的普遍推行，使企业在完善经营机制方面迈出了新的一步，极大地调动了企业和职工的积极性，增强了企业的活力，促进了经济效益的提高。同时，承包经营责任制也促进了企业内部领导体制、分配制度、用工制度、干部管理制度、组织机构设置等方面的改革，推动了横向经济联合的发展。但它毕竟是一件新的事物，实践的时间还不久，经验还不足，制度也还不健全，在推行中必然会出现许多新的问题需要我们继续进行深入的研究。

（一）　如何合理地确定承包基数和比例

搞好承包经营责任制的一个最基本的问题，就是要合理地确定基数和比例。

基数是企业必保的上交数额，如果完不成任务，企业必须用自有资金补足，保证按承包基数如数上交。因此，合理确定承包基数可以确保国家从企业利润中取得稳定的财政收入。现在确定承包基数一般是以 1986 年实际上交数为准，也有些地方是以前三年平均数为基数。

比例是指企业完成承包基数以后超收部分的分成比例（对实行利润递增包干的企业来说，每年的递增率也是一种比例，但这种增长比例是必保的，因此，它属于承包基数的性质，和这里讲的分成比例不是一回事）。合理确定超收分成比例，可以确保企业在超收部分中稳定地得到好处，从而调动企业挖掘潜力、多创收入的积极性。现在确定分成比例是本着让企业在超收部分中得大头的原则掌握的，一般是按三七分成，即超收部分上交30％，企业留 70％。

合理地确定承包基数和分成比例，才能确保财政收入和企业收入都能够稳定增长。由于基数是以前一年或前三年的实绩为基础的，因此，原来管理先进、经济效益较好的企业，基数就相对比较高，超收的潜力就比较小；相反，原来经营不好的企业，潜力就比较大，超收就比较容易，从而可以得到比较多的好处。这还是容易出现"鞭打快牛"的毛病。为了避免这种苦乐不均的现象，确定基数时就需要组织同一地区的同行业企业进行实事求是的、科学的评估。

承包基数要有稳定性，一定几年不变（现在的做法是同五年计划衔接，一般是"七五"计划的后四年一次承包）。既然是承包经营，承包基数就要包死，不能随意变动，否则就失去了承包制的意义。但是，由于企业外部环境的改革尚不配套，许多关系没有理顺，而且确定承包基数也还缺乏科学、准确的评估方法，因此，既要坚持承包的严肃性，又要考虑企业非经营性的特殊因素的影响，允许在执行一段时间以后，个别地进行一些小的调整。调整只能是个别的而不能是普遍的；只能考虑指令性计划产品价格、税种和税率等政策变化和发现原定承包基数极不合理等特殊情况，而不能考虑经营管理水平的变化因素；只能在较小的幅度内进行调整，而不能大幅度调整。总之，只有坚持严肃性，又有一定的灵活性，实事求是地对待承包制，才能使这项经营制度坚持下去并且得到不断的完善。

（二）　如何将竞争机制引入承包

实行承包经营责任制，在确定承包经营者时，要引入竞争机制，进行基数招标、厂长招聘。这样做有许多好处：一是可以改变主管部门同企业一对一谈判的方式，避免讨价还价的扯皮现象，有利于形成最佳的承包方案；二是可以不拘一格地发现人才，选择最佳承包经营者，使真正的企业家、能人脱颖而出，促进经营者、企业家队伍的形成；三是可以通过行业评估、专家审议，发现企业的潜力，有利于企业经营管理水平的提高。

现在已经有一些企业实行了招标和招聘制度。招聘厂长一般应在本企业范围内或同行业中进行，有些条件具备的地方，也可以面向社会招标。在进行基数招标时，标底要采取行业评估和专家审议的办法确定，力求做到科学、合理。承包经营者的选择，要由招标委员会或招标小组来组织，通过招标竞争，择优确认。招标委员会一般由经委、企业主管部门、同级财政部门、职工代表和有关专家组成。对承包经营者的选择，要坚持既考核业务知识水平和经营管理能力，又考核思想政治素质的原则，认真进行资格评审。承包经营者一经确认，就应赋予其完全的经营权。要突出经营者对企业全面负责的中心地位，并使其责、权、利相一致。

把竞争机制引入承包，既要积极，又要稳妥。要先在中小企业和大型企业的分厂、车间试行，取得经验后再推广，切忌"一刀切"、一拥而上的做法。特别是从企业外部招聘承包经营者时更要特别谨慎，注意避免挫伤本企业职工的积极性。

（三）如何对固定资产投资和消费基金进行控制

实行承包经营责任制后，会不会形成固定资产投资失控，会不会使消费基金过于膨胀？许多人对此存在疑虑。

1. 关于固定资产投资。一般地说，承包以后，企业自有资金增加，有了再投入的条件，而且企业变成投资主体，投资决策权扩大了，在这种情况之下，如何进行固定资产投资的控制，确实是需要重视的问题。过去由于行为短期化的影响，企业有钱也不愿意进行扩大再生产的投资。实行承包制后，为了增强企业发展的后劲，投资的积极性提高了，这种积极性如果不进行正确的引导，也会产生盲目性，造成固定资产投资失控。

在承包经营责任制的实施中考虑到了这个问题：在选择承包形式的时候，对那些比较老的、技术改造任务比较重的企业，一般采用"两保一挂"承包经营责任制，承包合同里明确规定要保证完成"七五"期间国家已经批准的技术改造项目。这样做，既是为了保证有足够的再投入资金的数量，同时也是为了保证资金的投向符合"七五"计划的要求。这是一种制度保证。在执行中还要注意引导，从企业方面来说，自有资金应当主要用于国家已经批准的技术改造项目；从主管部门来说，应当搞好行业发展规划，引导企业把更多的资金投向国家需要重点发展的方向。从企业和政府两个方面都注意采取措施，固定资产投资的数量和投资方向，是能够得到引导和控制的。

2. 关于消费基金。改革以来，确实也出现了消费超前、消费基金膨胀的问题，能否控制住，是关系到改革成败的大事。消费超前和消费基金膨胀是多种因素造成的，并不是实行承包以后新出现的问题。但是，承包以后企业自有资金增多，如果不注意引导和控制，也有可能推动消费基金继续膨胀。因此，推行承包经营责任制时，也必须高度重视和认真研究消费基金控制的问题。

实行承包经营责任制，需要找出既能使职工收入合理增加，又能使消费基金得到有效控制的办法。这样的办法是能够找到的。

（1）工资总额的增长要同经济效益挂钩。要鼓励企业通过承包挖掘潜力，增加生产，提高效益，改进服务，在此基础上增加个人收入。

（2）企业留利中，用于消费基金的部分，要根据不同企业的留利水平，分别规定不同的比例，企业不得超过，留利多的企业，要考虑到以丰补歉，建立后备基金。在有些情况下，宁可转化为职工的股份，也不要都用于近期消费。

（3）坚持按过去的规定，照章纳税。实行承包以后，过去有关奖金税、工资调节税的规定不变，必须严格执行并加强检查和监督。

（4）奖金的发放要瞻前顾后，使职工收入稳定增长。企业要特别注意掌握人均收入的增长不超过劳动生产率的增长，在此前提下，坚持贯彻多劳多得的原则，处理好企业内部的分配关系，调动各方面的积极性。

（四）如何处理承包以后的新增资产

承包以后，投资贷款由税前还贷改为税后还贷，实际上是用企业自有资金归还。这部分贷款以及企业用自有资金再投入而形成的资产，同过去国家投资形成的资产，情况已经有所不同。这部分资产的归属问题，一直存在着争议。一些人主张，这部分资产既然是用企业自有资金形成的，就应明确归企业集体所有，否则企业不会积极进行资金的再投入，不利于企业的长远发展；另一些人则认为，这部分资产是由企业原有资产派生出来的，原有资产属于全民所有，这部分新增的资产也应属于全民所有，否则企业自有资金投入越来越多，比重越来越大，企业全民所有制的性质就会发生变化。

我认为，在过去统收统支的财政体制下，职工为社会做贡献的各项扣除是国家统一支配的，企业扩大再生产的投资也是由国家统筹安排的，无论这些资金投向何处，都是属于全民所有的。在财政体制改变后，企业自有资金中的生产发展基金部分，仍然属于为社会做贡献的扣除中的一部分，只是在投向上不是由国家统筹而是由企业支配。这种变化只是投资体制的改变，并不意味着所有者的改变。

当然，在处理这个问题的时候，要考虑如何调动企业扩大投资的积极性问题。我认为，这个问题在实际工作中可以从管理体制和管理方法上去解决。首先，在自有资金的分配比例上要进行控制，其中用于生产发展基金部分要有明确的规定，不能挪作消费基金使用。其次，在自有资金管理上，要把它同原有国家资金分开，实行分账管理。实行承包制的企业，在承包前占用的固定资产和流动资金，列为国家资金；承包后企业用留利进行生产性投资所形成的固定资产和流动资金，列为企业资金。企业资金应单独列账，作为企业自负盈亏的基金，国家对此拥有最终所有权，但在承包期内，企业可以用来抵补亏损。这样做，有利于鼓励企业用自有资金进行再投入，促进技术进步；有利于企业抑制短期行为，控制消费基金增长过快；有利于企业积累财力，最终为企业自我发展、自负盈亏找到一条路子。

（五）如何认识完善企业经营机制的主客观因素

如前所述，在企业改革方面，经过探索有几个基本问题已经明确了，例如，企业改革要从简单的放权、让利转入经营机制的改革；健全和完善企业经营机制要从两权分离和实现企业责、权、利统一入手，实现两权分离和责、权、利统一的形式；对大中型企业来说，现阶段主要是实行承包经营责任制，等等。明确了这些基本问题，对深化改革无疑是十分重要的。但也应当看到，这些只是解决了企业和国家的关系问题，不能简单地认为"一包就灵"，要使企业真正活起来、使承包任务真正落实，还有很多问题需要解决，特别是企业内部管理和运行机制问题，以及企业外部的配套改革问题，需要着重去研究。

就企业内部来说，实行承包制以后，要防止"以包代管"，不要把注意力完全集中到层层包指标、为承包基数扯皮而忽视了改善和加强管理的艰苦工作。应当强化企业内部的各种经济责任制，实行目标管理，充实考核内容，完善考核体系，严格制度，做到奖惩分明。要把承包经营责任制的落实同推进企业技术进步结合起来，同管理现代化、企业"上等级"结合起来，从实际出发，进一步搞好机构设置、干部管理、劳动工资等项制度的改革。特别是要加快步伐，全面推行厂长负责制，树立厂长在企业中的中心地位，由厂长对企业全面负责、统一指挥。企业党组织要转变职能，企业党委是政治组织，不是生产和行政组织，它应当执行政治组织的职能，而不应当代替企业领导人行使生产和业务领导权。今后企业党委不再对企业实行"一元化"领导，要以主要精力搞好保证监督，加强党的思想建设和组织建设，做好职工的思想政治工作。

就企业外部来说，要搞好配套改革，企业主管部门和经济管理部门要切实负起责任。一方面，要为企业创造相对稳定的经营环境，保证企业生产经营的物质条件，保护企业的合法权益，制止乱摊派；另一方面，要加强对承包企业的检查、指导、监督和审计，注意克服企业短期行为，防止工资、奖金过快增长，防止企业用乱涨价或变相涨价的方式牟取不正当的收入。经济综合部门和企业主管部门要树立为企业服务的思想，帮助企业解决承包中出现的各种困难，提供信息和咨询服务，调解、仲裁合同执行中的纠纷。

上述几个问题只是完善承包经营责任制必须解决的一些主要问题，远远不是目前在实践中所碰到的全部问题。但是，这些问题能否解决得好，将关系到承包经营责任制的成败。如果把上述这些问题比较好地解决了，对完善企业经营机制无疑地会起到重要的推动作用。

敬愛的 吳家駿先生

本夕日中主催学術
交流会を供が同忌会
を催し感謝意誌を
新たにしています

一九八八年五月一四日

石川滉 道子

館龍一郎

菅家敦

今村賞一

植草益 舒子

小宮隆太郎 翠

香西泰

正村公宏

堀内昭義

第三次中日经济学术讨论会后，日方与会人员
为作者签署的纪念卡

（摘自《中国的宏观经济管理》，经济管理出版社 1988 年版）

企业承包经营责任制的完善和发展[*]

工业企业承包经营责任制，是 1987 年开始在全国大多数工业企业推行的经营制度。当时规定的承包期与第七个五年计划期相对应，承包合同定到 1990 年。现在，第一轮承包期已满，正陆续转入第二轮承包。1990 年年底，全民所有制承包企业，已有 88.6% 签订了新的承包合同，今年第一季度末将全部转入第二轮承包。

承包经营责任制实行三年，结果怎么样，今后应当如何完善，在企业改革中承包经营责任制处于什么地位，发展的前景如何，等等，是人们普遍关心的问题，也是争论比较多的问题。下面就围绕这些问题，谈一些看法。

一　承包经营责任制的成效和存在的问题

承包经营责任制遵循的原则是："包死基数，确保上缴，超收多留，歉收自补"。具体的承包形式主要有五种：一是"双保

---

* 1991 年 4 月提交"第四次中日经济学术讨论会"论文。

一挂"承包经营责任制;二是上交利润递增包干;三是上交利润基数包干,超收分成;四是微利、亏损企业的利润包干或亏损包干;五是行业投入产出包干。

以多数企业实行的"双保一挂"承包经营责任制为例,其具体做法是:企业要保证完成合同规定的上交利润和税金任务;企业要保证有一定数量的技术改造资金的投入(即用企业留利保证完成"七五"计划中国家已经批准的技术改造项目)。与此同时,企业工资总额的增长要和实现利润的增长挂钩,实现利润每增长 1%,企业工资总额增长 0.77%。

再以首钢实行的上缴利润递增包干为例,其具体做法是:企业保证上交利润逐年递增 7.2%,超过的部分全部留给企业,按 6:2:2 的比例建立生产发展基金、集体福利基金、工资奖励基金;职工工资总额与实现利润增长比例按 0:8:1 挂钩浮动。

实践证明,实行承包经营责任制,既保证了国家财政收入的稳定提高,又有利于调动企业和职工的积极性。具体表现在:

1. 上交给国家的利、税增长幅度提高。1979—1986 年,全民所有制预算内工业企业上交利税年递增率只有 0.13%,而承包以后的 1987 年和 1988 年递增率为 11.33%,1989 年企业虽然遇到了严重困难,实现利税增长缓慢,但上交利税仍然增长6.6%。

2. 企业财力增加,技术改造的步伐加快。企业留利逐渐成为企业固定资产投资的主要资金来源之一,国有工业企业基本建设自筹资金已占 1/5,更新改造自筹资金已占 1/3 以上。如鞍山钢铁公司过去技术改造全部靠国家投资,承包后"七五"期间技术改造投资达 67 亿元,其中只有 4.4 亿元是国家贷款,其余全部是自筹资金。又如吉林省工业企业留利 60% 用于发展生产,企业改建扩建项目中自筹资金占的比例达到80%左右，企业的后劲明显增强。

3. 企业职工收入增加，集体福利有所改善。工业企业职工人均收入，1986年为1388元，1989年增长到2177元，三年增长56%。企业集体福利设施，特别是住房条件，也有不同程度的改善。

但是，在实践中也发现，承包经营责任制本身也有许多缺陷，例如，承包基数的确定，很难找到科学的依据，因此，一对一的谈判、讨价还价的现象很难避免；企业外部环境不稳定，非企业本身能够控制的影响因素太多，使承包基数包不死，企业完不成承包指标，可以找到很多客观原因，无法进行严格考核；发包方——政府主管部门的责任不明确；企业内部约束机制不健全，短期行为难以解决；企业只能负盈，不能负亏。

面对承包经营责任制的利和弊，存在着许多不同的认识。有人认为，承包经营责任制为企业改革指出了必须遵循的轨道，是改革的理想模式。也有人持完全相反的观点，认为承包经营责任制表现出来的缺点，是制度本身的缺陷，要想避免这些缺点就必须从根本上改变或取消承包制。但更多的人则认为，承包经营责任制既不是企业改革的最终的理想模式，但也不能全盘否定，必须承认它是适合中国当前情况的现实选择，充分肯定它的历史功绩。特别应当注意接受过去城市改革中措施多变的教训，在没有找到更好的新办法之前，不要轻易变来变去。因此，应当努力设法克服承包制的缺点，坚持和完善承包经营责任制，努力保持政策的稳定性。

二　完善承包经营责任制的探索——税利分流试点

1978 年改革以前的国有企业实行财政统收统支的制度，企业不纳所得税，利润全部上缴国家财政，实际上是"以利代税"。改革以后，先实行企业利润留成制度，后又实行"利改税"。实行"利改税"后，企业不再向国家财政上交利润，改为缴纳所得税和调节税，税后利润留给企业。这实际上是"以税代利"。1987 年以后实行的承包经营责任制，是税和利一起承包，所得税纳入承包指标之内，所以可以说承包经营责任制又返回到了"以利代税"。总之，长期以来企业向国家纳税和交利的关系一直没有调整好。

（一）税利分流的主要内容

1987 年在大多数企业实行承包经营责任制之后不久，就有一些地区对一部分企业试行了一种叫做"税利分流，税后承包，税后还贷"（简称"税利分流"）的经营制度。这是不同于一般承包经营责任制的另一种承包制度。现在看来，它很有可能成为使承包经营责任制得到完善和发展的新的经营制度。"税利分流"改革的主要内容是：

1. 在"利改税"办法的基础上，降低所得税率，取消调节税。一般实行五级超额累进所得税制，最高税率由 55％降到 35％。有的地区，如厦门市，适应特区的环境，实行和"三资"企业相同的 15％的固定所得税率。

2. 税后承包。所得税后的利润，扣除企业合理留利之后，上交一部分给国家，即按照一户一率的办法确定企业税后利润上交基数和递增比例，实行税后利润递增包干。在确定上交利润基数时，一般按前几年企业实际留利水平倒算，而上海在试点中又采用了另一种办法：根据企业占用国家资金的情况来确定上交基数，然后再定递增比例，实行税后利润递增包干。

3. 税后还贷。把企业用于技术改造的银行贷款，由过去的税前还贷改为税后还贷。由于试行税利分流以前的老贷款的余额比较多，企业还款能力不足，老贷款全部由税前还贷改为税后还贷，企业难以承受，所以，各地区试行过程中分别采取了不同的办法，有些地区采取了变通的办法。如上海，只有5户经济效益比较好的企业参加试点，规定新、老贷款一律改为税后还贷；厦门市所得税率定得低，企业技术改造贷款也一律改为税后还贷；而重庆市由于试行面广、涉及企业多，特别是技术改造任务重的企业多，老贷款的包袱比较重，所以把试行税利分流前1986年底的贷款余额作为老贷款，这部分老贷款一半改为税后还贷，另一半仍维持税前还贷不变；试行税利分流以后的新贷款，一律改为税后还贷。

（二）　税利分流同承包经营责任制的区别

从上述内容可以看出，税利分流和承包经营责任制同属承包制，但存在着重大区别。

1. 承包经营责任制是税利不分，一起承包，而税利分流则是把体现国家政权社会经济职能的税收和体现国有资产收益的利润分开。前者按统一的税制规范化地征收，是各种所有制的企业都应尽的义务；后者则属于国有企业经营体制问题，是经营利润在所有者和经营者之间如何分配的问题。只有把两者分开之后，才能健全税制，使所得税规范化，同时也便于更加集中地研究解决国有资产的收益分配问题。

2. 承包经营责任制和税利分流的还贷方式不同，一是税前还贷，一是税后还贷，因此两者纳税基数不同。税前还贷免征55%的所得税，实际上近似于国家投资；税后还贷没有免税的优惠，属于企业自己投资。这样的改革会使投资主体由国家转变到企业，产生对企业投资的约束机制，有助于减少企业的盲目投资。

显然，从改革的思路和原理来说，税利分流是顺理成章的，我认为，企业改革应当朝这个方向发展。但是，在实际操作上现在确实又存在着许多问题，涉及利益关系的调整，各地试行的办法不一、效果不同，因此争议比较大，尚需进一步试点。在具体做法上，应当对税率、利润上缴比例进行统筹安排，既是保证国家财政增收，又要照顾到企业既得的利益，使其不受损害。只有这样，才能更好地调动各个方面的积极性，使企业改革更加有效地、健康地发展。

（三）税利分流存在的主要问题

从税利分流试行的情况来看，目前存在的问题主要集中在两个方面：

1. 企业承受能力不足。由于企业经济效益差，许多企业在纳税之后再按规定归还银行贷款，所余利润仅相当于企业最低合理留利，税后无上交利润可包，即所谓"零值承包"。还有些企业在纳税和还贷之后，所余利润还达不到合理留利水平，需要退税保住企业合理留利。据中国工业经济协会调查部调查，重庆市实行税利分流试点的 687 户企业中，税后有上缴利润可包的有452 户，占 65.7%；税后零值承包的有 195 户，占 28.4%；需退税保护的有 40 户，占 5.8%。其他试点城市也有类似情况。

2. 企业投资的积极性下降。改为税后还贷以后，增强了对企业投资行为的约束，但由于企业经济效益差，留利水平低，不敢使用银行贷款搞技术改造，怕背还贷的包袱，致使投资积极性降低，靠拼命使用现有生产设备维持简单再生产的短期行为加剧。例如，湖南省益阳市税利分流试点企业专项贷款 1991 年比 1987 年下降 33％，1989 年比 1987 年下降 70％；河南省南阳市税利分流试点企业要求增加新项目，申请专项贷款的几乎没有了。据反映，其他试点企业也有类似情况。

上述两方面的问题，并非全部是消极因素，实际上是利和弊并存的。对税利分流的利和弊必须具体分析。我认为，有以下几点是需要注意的：

（1）对税利分流的利和弊不应有意夸大或者缩小，要做出实事求是的评价。在目前的争论中，它的缺陷有被夸大的倾向。例如，有许多文章在论证税利分流的可行性时，把零值承包的比例和退税保护的比例混在一起，增大比重，说有的地区达到 60％—70％，证明税利分流不可行。其实，零值承包和退税保护这两种类型的企业是不相同的。税利分流改革的目的在于转换经济机制，使国家政权的社会行政管理职能同国有资产管理职能分开，从而有助于实现政企分开，健全税制，正确处理国家和国有企业的分配关系。为了转换经济机制，即使有一部分企业暂时维持零值承包，也并不妨碍税利分流的推行。如果把零值承包的企业单列出来，真正需要退税保护的只是少数，以重庆市为例，只有 5.8％，并不足以说明税利分流不可行。

（2）在具体实施中，要切实把搞活企业作为根本前提，现在企业的机动财力并不多，不宜再使企业既有的利益受到侵害。从试点情况看，税利分流对财政增收是有利的，但对企业来说更加不利了。反对的呼声比较大，原因也正在这里。因此，需要认真测算，合理确定所得税率，切实减少企业税外的各项缴款，减轻企业负担，扶持企业发展。从长远来说，这才是扩大财源，增加财政收入的根本途径。

（3）企业投资积极性下降，也不完全是坏事，在很大程度上可以说这是企业慎重决策的表现，确实不敢像过去花国家投资那样轻易上马了。在一定意义上也可以说这是转变投资主体，增加了约束机制的一种表现。

总之，税利分流既是完善和发展承包经营责任制的一项措施，又是企业制度根本改革必须首先迈出的一步。

企业制度的根本改革，需要解决好相互联系的四个层次的问题。一是规范税制，使税收真正成为能够调节企业行为的手段；二是明确产权，健全国有资产管理制度，试行股份制，通过法人相互持股突出经营者集团的作用，冲淡政府部门的直接行政干预，增强企业自主经营的机制；三是理顺分配关系，主要指国有资产经营利润的分配关系，切实形成企业独立的经济利益，逐步把国家对职工的直接经济生活保障转移到企业，增加企业的凝聚力，形成职工集体的命运共同体，从而建立起企业自负盈亏的机制；四是改善经营管理，提高企业竞争力，在市场竞争中使企业素质不断提高，促进经济不断发展。在解决上述四个层次的问题的时候，首当其冲的就是必须把税利分开，否则不但规范税制无从下手，解决产权问题、根本问题、管理问题，也缺乏必要的前提。因此，对于税利分流，应当积极试点、总结经验，在条件成熟时抓紧推行。

（摘自《第四次中日经济学术讨论会的论文集》，

经济管理出版社 1991 年版）

论企业制度的改革[*]

我国国有企业改革的最基本的目标，是实现企业自主经营、自负盈亏，使企业成为有竞争力的经济实体。

一 国有企业改革的新动向

十几年来，我国国有企业的改革经历了由放权让利到转换企业经营机制两个阶段。1987 年，全国大多数企业推行承包经营责任制，是划分两个阶段的标志。当时签的第一轮承包合同，到 1990 年年底期满；1991 年又续签了第二轮承包合同。近两年来，为了加速企业经营机制的转换，又采取了许多新的改革措施。

（一）发布了转换企业经营机制条例

1992 年 7 月，国务院发布了《全民所有制工业企业转换经营机制条例》。这个《条例》重申并且明确了赋予企业以下 14 项经营权：生产经营决策权；产品、劳务定价权；产品销售权；

———————
　＊　1994 年 3 月提交"中日经济学术讨论会"论文。

物资采购权；进出口权；投资决策权；留用资金支配权；资产处置权；联营、兼并权；劳动用工权；人事管理权；工资奖金分配权；内部机构设置权，拒绝摊派权。上述经营权由于种种原因并没有全面落实。例如，计划部门下达的指令性计划已经减少，但有些地方和部门却又在国家计划之外向企业下达指令性计划；企业有了用工权，可以辞退多余人员，但由于改革不配套，社会保障体系不健全，多余人员无法辞退，人浮于事现象难以改变，如此等等。所有这些，都阻碍着企业经营权的落实。1992 年发布《全民所有制工业企业转换经营机制条例》的目的，就是为了使改革以来赋予企业的经营权得到全面落实。

（二）提出了建立现代企业制度的任务

1993 年 11 月，中共十四届三中全会做出了《关于建立社会主义市场经济体制若干问题的决定》。《决定》中提出了"转换国有企业经营机制，建立现代企业制度"的任务。这是深化企业改革的一个新的动向。前述的转换经营机制条例侧重于所有权和经营权分离，通过落实企业经营权来解决企业经营机制问题，没有涉及企业法人财产权的问题；而《决定》则触及了产权问题，把建立产权明晰的现代企业制度明确为国有企业改革的方向。

这里所说的现代企业制度，有以下五个基本特征：①产权关系明晰，企业中的国有资产所有权属于国家，企业拥有包括国家在内的出资者投资形成的全部法人财产权，成为享有民事权利、承担民事责任的法人实体。②企业以其全部法人财产，依法自主经营，自负盈亏，照章纳税，对出资者承担资产保值增值的责任。③出资者按投入企业的资本额享有所有者的权益，即资产受益、重大决策和选择管理者等权利。企业破产时，出资者只以投入企业的资本额对企业债务负有限责任。④企业按照市场需求组织生产经营，以提高劳动生产率和经济效益为目的，政府不直接干预企业的生产经营活动。企业在市场竞争中优胜劣汰，长期亏损、资不抵债的应依法破产。⑤建立科学的企业领导体制和组织管理制度，调节所有者、经营者和职工之间的关系，形成激励和约束相结合的经营机制。

上述五项，核心是产权问题，即承认企业拥有独立的法人财产权，通过明确产权来解决企业经营机制问题。

（三）通过了公司法

1993 年 12 月 29 日，全国八届人大通过了《中华人民共和国公司法》，为建立现代企业制度确立了法律依据。《公司法》规制了两种形态的公司：有限责任公司和股份有限公司。

有限责任公司又分为两种类型：一是由 2 个以上 50 个以下股东共同出资设立的有限责任公司；二是国家授权投资的机构或者国家授权的部门单独投资设立的国有独资的有限责任公司。经国务院确定为生产特殊产品的公司或者属于特殊行业的公司，应采取国有独资公司的形式。

国有独资公司不设股东会，由董事会行使股东会的部分职权。国家授权投资的机构或者国家授权的部门依照法律、行政法规的规定，对国有独资公司的国有资产实施监督管理。国有独资公司董事会的成员由国家授权投资的机构或者国家授权的部门按照董事会的任期委派或者更换。

有限责任公司注册资本最低限额一般为：以生产经营为主的公司和以商品批发为主的公司，人民币 50 万元；以商业零售为主的公司，人民币 30 万元；科技开发、咨询、服务性公司，人民币 10 万元。

　　股份有限公司的设立，可以采取发起设立或者募集设立的方式。设立股份有限公司，应当有 5 人以上的发起人，其中须有过半数的发起人在中国境内有住所。国有企业改建为股份有限公司的，发起人可以少于 5 人，但应当采取募集设立方式。

　　股份有限公司注册资本最低限额一般为人民币 1000 万元。

（四）提出了向现代企业制度过渡的步骤

　　所有的企业都要朝着建立现代企业制度的方向努力，但要积累经验，创造条件，逐步推进。对原有的国有企业，要区别情况采取不同的办法。

　　1. 一般小型国有企业，有的可以实行承包经营、租赁经营，有的可以改组为股份合作制，也可以出售给集体或个人。出售企业和股权的收入，由国家转投于急需发展的产业。

　　2. 现有全国性行业总公司要逐步改组为控股公司。企业集团的核心企业——集团公司，有条件的也可以改组为控股公司。

　　3. 一般的国有企业特别是大中型企业，逐步实行公司制。单一投资主体的可依法改组为独资的有限责任公司，多个投资主体的可依法改组为有限责任公司或股份有限公司。通过公司化改造，使企业摆脱对行政机关的依赖，国家也可以解除对企业承担的无限责任。国有企业改建为公司的实施步骤和具体办法，国务院正在拟定规划，不是齐头并进、全面推进，而是分期分批有步骤地进行。现在，全国已经建立的股份制企业已有4000 多家，证券交易所继深圳之后，又在上海开设 1 家，全国在这两家证券交易所上市的公司，已有近 150 家，在已建立的股份公司中，有些尚不够规范，今后要按照公司法的要求加速规范化。

（五）实行了统一税制，取代税利一起承包的承包经营责任制

承包经营责任制是税利不分，一起承包。1994 年 1 月 1 日起全面进行税制改革，实行以增值税为主体的流转税制，增值税成了第一大税种，它由国家税务局统一征收；所得税也改变了按所有制性质设置税种的做法，统一了内资企业的所得税，这就从根本上改变了承包制赖以存在的基础。因此，国有企业近几年普遍实行的承包经营责任制将告结束，不再分企业的所有制形式，一律实行统一税制。

二　通过法人相互持股大幅度降低国家直接持股比例是实现企业自主经营的有效途径

如前所述，今后一个时期，国有企业的改革将朝着建立现代企业制度的方向发展。建立现代企业制度，也就是要对国有企业逐步进行公司化改造。但是，绝不能认为，把企业冠以公司的名称就可以成为现代企业制度。

（一）需要解决好的三个问题

有三个相互联系的问题必须解决好，才能通过公司化改造实现企业自主经营。

1. 必须界定企业法人产权。现代企业制度的最本质的特征并不在于公司的名称，也不在于法人的地位，而在于公司以其拥有的法人财产承担有限责任。无限责任公司和两合公司都以承担无限责任为特征，它们虽是公司，又具有法人地位，但历史事实已充分表明，它们不能适应现代经济发展的要求，不能算是现代企业制度。因此，对国有企业进行公司化改造，首先必须界定产权，承认企业法人财产权，并且把企业法人的财产同出资人（国家）的其他财产划分开，只有这样才能以企业拥有的法人财产承担有限责任。如果徒有公司的名称而没有法人财产权或者产权的界限不清，所谓的有限责任当然也就无从谈起，现代企业制度也就无法建立。

2. 国家授权的投资机构首先必须完成公司化改造。在国有企业进行公司化改造的过程中，如果仍然由行政主管机构行使国有资产的所有权，企业就仍然难以改变行政机构附属物的地位，不可能真正实现自主经营。如果国有资产的所有权由国家授权的投资机构来行使，就有可能在一定程度上割断基层企业和行政机关的直接联系，从而减弱或消除政府行政机构的干预。但是这里有一个前提，就是国家授权的投资机构必须转变职能，不能办成行政机关而必须切实进行公司化改造，实行企业化经营，这样，国有企业和投资机构之间才能形成子公司和母公司的关系，使企业摆脱行政机构附属物的地位。

3. 必须大力推进法人相互持股，使股权多元化、分散化，大幅度降低国家直接持股比例。对国有企业进行公司化改造，如果只是改造成为国家独资或者占绝大多数股权的公司，就仍然难以完全摆脱行政机关的控制，难以实现自主经营，尤其是在国家授权投资的机构自身的公司化改造不彻底的情况下，更是如此。少数行业的特定的企业可以搞国有独资公司，多数竞争性行业的企业不应这样做，而应当大力发展法人相互持股，使股权多元化、分散化，而且要大幅度降低国家直接持股的比例。这样才能转换机制，实现自主经营。

上述三个问题，有的已经在理论上、指导思想上搞清楚了。例如，第一项企业产权问题，在党的十四届三中全会决定中已经确认了企业拥有法人财产权，以企业法人财产承担有限责任，可以说这个问题基本解决了；有的已经明确了方针而且提出了改革措施，例如，第二项国家授权的投资机构实行企业化经营的问题，在国有资产管理体制改革中将重点加以解决。唯有第三个问题，即通过法人相互持股使股权多元化、分散化从而大幅度降低国家直接持股比例的问题，还没有引起人们足够的注意。

（二）大幅度降低国家直接持股的比例

对我国国有企业的改革来说，使股权多元化、分散化，把国家直接持股的比例大幅度地降低，对实现企业自主经营，具有不可忽视的作用。当然，也有人会担心，大幅度降低国家直接持股的比例，公有制的性质岂不就动摇了吗？其实不然。我们发展股份制企业，势必要吸收个人资本，这和公有制为主并不矛盾，而且从我国的实际情况来看，光用发展个人股的办法来使国家直接持股比例大幅度降低是根本不可能的；我们主张的是用大力发展企业法人相互持股的办法来降低国家直接持股的比例，这就不但是可能的而且还不会从根本上改变原来的所有制关系。例如，企业一方面吸收其他企业的投资来增加资本金；另一方面又以自有资金去持其他企业的股，这样交叉进行，就可以在资金总量不变的条件下，使相互持股的每一个国有企业的资本金同时都会增加，从而使国家直接投入企业的原有资金在资本金中所占份额相对下降。尽管这会使企业资本金虚增，但只要不是用行政办法而是按照企业间的生产联系和经济需要，本着自愿的原则来形成法人相互持股关系，伴随的就会是资金的合理流动和产权组织结构的合理调整。采用这种办法，由于企业间的资金是可以相互抵消的，所以并不会过多增加企业的负担。当然这不可能一蹴而就，需要有一个逐渐磨合的过程。

（三）　法人相互持股的"架空机制"

按照上述设想，通过法人相互持股使股权多元化、分散化之后，就可以削弱最终所有者的控制，形成经营者集团控制企业的格局，真正实现企业自主经营。为什么会这样呢？原因就在于股权分散了的法人相互持股，具有一种"架空机制"。以日本的大企业为例，大股东多为法人，股东数量多但单个股东的持股率低，因此需要几十家大股东联合起来才能控制企业（如松下电器公司。根据《四季报》1991年第2集公布的数字，有17万股东，最大股东是住友银行，持股率只占4.3%，前10位大股东持股合计也只占26.5%）。这些法人大股东由于相互持股的缘故，他们互相参与，作为股东的干预力是相互抵消的，在股东大会上实际成为支持企业经营者的一种强大力量，而个人股东人数众多、人均股权极少，基本不起作用。这就决定了公司经营者的自由度很大，来自所有者方面的约束甚少，自主经营的权利极大。当然，如果企业经营出了大毛病，法人大股东也会从维护自身利益出发进行干预，干预的方式是联合起来更换经营者。这里有一个非常关键的问题：法人大股东的这种权利由谁来行使？并非最终所有者——个人大股东，而是股东企业的法人代表——经营者。因此，实际上是由各个法人股东企业的代表——经营者形成的集团，发挥着对企业的控制、监督和处置作用。也就是说，在相互持股的条件下，在一定意义上可以说，作为最终所有者的股东被架空了，在企业经营上起决定作用的，归根到底是经营者而非个人股东。

当然，日本企业的所有制同我国不同，但法人相互持股使法人股东的代表转化成经营者集团，最终所有者被架空，这种作用和机制是相通的；无论最终所有者是个人股东还是政府主管部门，被架空的可能性是同等的。我们在公司化改造过程中，正确运用法人相互持股的"架空机制"，把一元的"行政婆婆"改组成为多元的"法人婆婆"，就可以转换企业经营机制，使企业之间能够相互影响、相互制约、相互促进，从而淡化行政主管部门的直接干预，突出经营者集团的作用，使企业经营机制得到转换，向自主经营的目标跨进一步。

三　通过调整利益关系建立起"利益防线"　是构造企业自负盈亏机制的根本

国有企业怎样才能真正做到自负盈亏，这是经过多年探索至今没有完全解决的问题。过去常常听到一种说法：国有企业的财产归国家所有，企业破产也是破国家之产，不可能真正自负盈亏。因此有人从个人产权上找出路，认为必须把产权"量化"到个人，否则自负盈亏只能是一句空话。我不赞成这种看法。我觉得这是一种小业主式的自负盈亏观。现代企业在财产关系上已经出现了许多不同于小业主式经营的新的特点，其自负盈亏的机制也就呈现了极为复杂的情况，而不再是单纯的个人产权问题。

（一）现代企业财产关系的特点

从我所接触到的日本的股份制企业的情况来看，其财产关系至少出现了以下四个特点：

1. 股东在出资范围内承担有限责任。这种有限责任的企业形态同过去的小业主式的经营，在盈亏责任的实现方式上显然已经有了很大的不同。

2. 法人股东持股率高。日本上市公司股票总额中，法人持股占 73％，个人持股只占 22％。由于个人股东持股率低，因而企业承担的有限责任真正"量化"到个人产权上的部分也就不占主要地位，所以说，现代企业的盈亏责任机制源于个人产权的因素，已经不像小业主经营条件下那样突出。

3. 个人股权分散。日本上市公司共有个人股东 2408 万人，持有股票 8704 万交易单位，人均 3.61 个单位，按市价折算，其金额只相当于大企业职工一年的平均基本工资。至于少数个人大股东持有股票虽大大超过平均值，但其股票持有率也呈下降趋势。最明显的是松下公司的创业人松下幸之助，1950 年他持有的本公司股票占 43.5％，到 1975 年已降到 3.8％，以后又降到 2.9％。这样一种资本分布状况，对盈亏责任机制来说，个人产权的作用当然也就不像在小业主经营条件下那样举足轻重。

4. 企业自有资本比重低，其中股东个人出资部分更低。以东芝公司为例，自有资本 10205 亿日元，占全部资本的 30.31％，其中资本金 2718 亿日元，只占自有资本的 26.63％。自有资本中的其他两项：准备金和剩余金共计 7487 亿日元，占自有资本的 73.37％。虽然准备金和剩余金在理论上可以认为也归股东所有，但实际上它只是对企业扩大经营有利，属于经营者可以活用的资金，事实上并未直接变成股东的股权，明确属于股东产权的自有资本，只集中体现在"资本金"一项上。况且，资本金中有相当大的一部分又是银行、保险公司、大企业等法人持有的股份，并非个人资本。因此，真正"量化"到个人产权的比重是很低的。

从上述特点可以看出，现代企业自负盈亏的机制已不单纯是个人产权问题。这种机制的形成也并非源于个人大股东所有制关系，而是源于与所有制关系既相联系又相区别的利益关系。

（二）经营者和职工的利益来源

股票的所有权，当然体现着利益关系，但对企业职工来说，特别是对在企业经营中起关键作用的经营者来说，企业的盈或亏给他们造成的股票上的利益得失并不居主导地位，相反，给他们带来的与个人股权无关的利益得失，却重要得多。企业自负盈亏的约束机制首先来源于此。

以企业的经营者为例，每个公司的董事，普遍都持有本公司股票，除少数业主型的经营者之外，公司董事持股的量并不大。在股票分红率很低的情况下，经营者持有股票的收益是不多的。他们的利益主要来源于以下几个方面：

1. 高工资。随公司的规模不同、效率不同，董事的年工资水平也不相同，一般来说，董事的年工资相对于本企业职工的平均水平，要高出数倍。据 1984 年统计，大企业董事平均工资为 872 万日元，也有很多大企业董事的年工资高达数千万日元。

2. 高奖金。董事和监事的奖金，是在公司净利润分配中单独列项公开处理的。以日本石油公司为例，先从职工奖金情况来看，1990 年月平均工资为 36 万日元，职工奖金一般按 6 个月的工资额发放，约为 220 万日元。再从股东分红情况来看，1990 年股票分红总额 36.75 亿日元，发行股票总数 122526 万股，平均每股 3 日元；股东总数 133440 名，平均每名股东不到 1 万股，而 1 万股的红利只不过 3 万日元。但董事和监事的奖金总额达 1.64 亿日元，人数为 19 人，平均每人 870 万日元，同职工的奖金以及股东的分红相差悬殊。

3. 交际费。交际费不是经营者的个人收入，但他们有权使用。交际费数量非常之大，据国税厅《法人企业实态》公布的数字，1989 年支出的交际费为 5 万亿日元，比股票分红总额还要多（同年分红总额约4万亿日元）。交际费的使用权不仅限于董事，凡有业务上的需要，各级业务人员都可以开支一定数量的交际费。

4. 退休金。一般职工到退休年龄后，按工龄计算，每年发一个月的工资，而董事的退休金，按每年收入的30%计算，比一般职工高得多。若按年收入1000万日元计算，退休金每年300万日元，再乘以担任董事的年限，这笔收入是很可观的。

5. 社会地位。大企业的经营者社会地位高，有很多一般职工没有的权利。

所有这些，都同企业经营状况紧紧地联系在一起：企业兴旺，这些就能保持和提高；经营不善，就会减少；若是企业倒闭，一切都会失去。这实际是一种自负盈亏的机制。这种机制在经营者身上表现得最为突出，同时，在每个职工身上也能不同程度地表现出来。企业经营不好，职工的奖金普遍减少甚至取消；如果企业倒闭，正常、稳定的生活就会被打破，每个人都要自己去寻找合适的工作，这也是一种威胁，并由此形成一种紧迫感。

当然，企业如果破产，股东要承担财产损失，因此不能说所有制和自负盈亏没有关系。在日本，业主型的经营者非常多，特别是那些股票不上市的中小企业，主要出资者既是业主又是经营者，在这种场合，所有制和自负盈亏机制的关系就更为密切。但是，即使在这种场合，也有大量的职业经营者，他们和大企业的经营者一样，具有独立的经济利益。这种经济利益得失发生在前，而企业破产造成股东财产损失则发生在后。也就是说，如果企业经营不善，在没有达到倒闭的境地之前，企业职工尤其是经营者，首先蒙受利益损失，这种关系就会形成一种机制，促使企业改善经营，扭转不利的局面。应当承认，这是股东财产蒙受损失之前的一道防线，实际上这才是自负盈亏机制的核心问题。

（三）调整利益关系，构筑“利益防线”

在我国企业改革的过程中，要发展多种经济成分的企业，私营企业会有所发展，集体合作股份制企业也会出现，这种类型的企业，自负盈亏机制的形成同个人产权的关系当然是密不可分的。但是，现有的国有企业按照这样的模式去改组和构造自负盈亏的机制，是根本不可能的。

构造企业自负盈亏的机制，首先要从理论上和指导思想上调整侧重点，即应当把侧重点由个人产权的调整，转移到“利益防线”的构筑上来。不宜对产权“量化”到个人的作用过于迷信，而应当在确认企业法人财产权的前提下调整利益关系，形成一道经营者和职工的“利益防线”，这是构造企业自负盈亏机制的根本。需要指出的是，构造企业自负盈亏的机制，还要沿着调整利益关系的思路，从实际工作上采取一些措施。

1. 彻底打破国家大锅饭。我们通常所说的大锅饭，指的是国家和企业两个大锅饭。这两个大锅饭之间是什么关系，往往分析不够。实际上，问题的关键在于国家的大锅饭。由于国家的大锅饭没有打破，盛行着这样的原则：企业经营好了，人人都要多得好处；经营坏了，职工由国家养着，企业领导还可以易地做官。所以说，国家的大锅饭，是企业经营状况不能和职工利益得失挂起钩来的根本原因。应当设法使企业的生死存亡同职工的命运直接联系在一起，特别是当企业经营不善时，职工的个人利益特别是经营者的利益要相应地受到威胁，这样才能形成自负盈亏的机制。

2. 打破企业的大锅饭，要服从于形成企业命运共同体。打破国家的大锅饭以后，国家不再用补贴来维持落后企业的生存，企业必须自力更生、自求发展。这就会形成优胜劣汰的竞争机制。在这种企业之间的竞争中，若想取胜，企业内部就不能过度竞争，而必须增强内部凝聚力。作为一个经营者，必须想方设法使企业内部既有竞争，又能保持适度，以便团结一致，通过对外竞争来维护企业和企业成员的利益。

打破企业的大锅饭，关键在于坚持科学的、经常的考核。在企业内部，不应该离开公平考核去空谈拉开档次、拉开差距、打破大锅饭，而应该下工夫建立科学的考核标准和公平的考核办法，在此基础上解决企业内部平均主义问题。

3. 正确处理国家和企业的分配关系。要让企业自负盈亏，使企业自己解决自身的生存和发展问题，就必须减轻企业负担，使它有相应的财力，同时又不能增加国家财政的负担。这就需要更多地靠完善税制来保证财政收入的增加。通过完善税制确保财政增收的基础上，国家就会有足够的财力放活企业，使全民企业在改善经营、照章纳税的前提下，增加留利，提高自我改造和自我发展能力。目前，非全民企业和个人所得税的征收潜力比较大，减少这方面的流失，可以使财政更加充实，而且可以减轻全民所有制企业的负担，有助于搞活全民所有制企业。

4. 企业内的利益关系要摆在明处。摆在明处指的是个人收益的分配要有章法，要讲民主，要便于群众监督。

我国企业经营者和职工的收入差别是比较小的。随着改革的深入，自负盈亏机制的形成，经营者的责任加重、作用突出，对经营者素质的要求也越来越高。因此，如何评价经营者的作用，如何给予相应的待遇，需要认真研究。现在的问题是：一方面从总体上来说，经营者的工资水平并未提上去；另一方面又有一些企业经营者的个人收入和公费开支透明度不够。这些都需要通过规章制度建设、民主和法制建设来加以解决。

5. 加速完善社会保障体系。一旦打掉铁饭碗把全民企业职工的生活保障责任转到企业，就会迫使企业减少多余人员以减轻自身的负担，而且会有经营不好的企业倒闭，职工生活没有着落。这就需要通过社会保障制度来解决。因此，必须完善社会保障体系，使企业多余职工以及倒闭企业职工的基本生活得到保障，从而保持群众生活的安定和社会的稳定。

既要保证企业效益提高，又要保持社会的稳定；既不能光讲优胜劣汰，把矛盾完全推向社会，也不能把企业办成福利事业，以牺牲效率来维持社会稳定。怎样才能做得适度，这是很难把握的问题，但又是无法回避、必须解决的问题。这就需要根据社会承受力和社会保障基金积累的程度，掌握时机、逐步推进。

（原载《经济与管理研究》1994 年第 2 期）

国有企业改革的进展[*]

　　1994 年 4 月，我在提交第五次中日经济学术讨论会的论文中，曾经把十四届三中全会提出的"转换国有企业经营机制，建立现代企业制度"的任务，称做是深化企业改革的一个新的动向。在同一篇文章中，我也谈到了向现代企业制度过渡的步骤，提出了对原有的国有企业，要区别情况采取不同的办法。

　　第一，一般小型国有企业，有的可以实行承包经营、租赁经营，有的可以改组为股份合作制，也可以出售给集体或个人。出售企业和股权的收入，由国家转投于急需发展的产业。

　　第二，现有全国性行业总公司要逐步改组为控股公司。企业集团的核心企业——集团公司，有条件的也可以改组为控股公司。

　　第三，一般的国有企业特别是大中型企业，逐步实行公司制。单一投资主体的可依法改组为独资的有限责任公司，多个投资主体的可依法改组为有限责任公司或股份有限公司。通过公司化改造，使企业摆脱对行政机关的依赖，国家也可以解除对企业

＊ 1997 年 4 月提交"第六次中日经济学术讨论会"的论文。

承担的无限责任。

三年过去了，上述三个方面的工作进展情况如何呢？本文拟做一些具体介绍。

一　关于组建控股公司的试点

1994 年底，国务院确定中国有色金属工业总公司、中国石油化工总公司和中国航空工业总公司进行国家控股公司试点。上述三家行业性总公司原本是由政府行政部门转成的行政性公司，进行试点，就是要探索是否可以通过控股公司的模式，使行政性公司向经济实体转变。试点工作主要包括以下内容：

第一，授权上述三家公司对其下属企业行使资产所有权和资产收益权。三家公司提出的设想是，在改组为国家控股公司后，公司应一个头对国务院承担授权范围内国有资产保值增值和产业发展的责任，即由总公司统一行使资产经营和收益权。总公司有权决定授权范围内资产的产权变动事项（如全资、控股子公司的分立、合并、转让、重组等），自主进行结构调整；存量资产转让取得的变现收入以及总公司所持股份的股利全部留给总公司，用于增量资产投入和增加企业生产经营资金。

第二，在资产授权的基础上，对总公司所属企业进行公司化改造和结构调整。由于这三家公司的具体情况不同，需要分别拟订各公司对其下属企业进行公司化改造与实现股权多元化的方案和实施规划，在此基础上，明确总公司与下属企业的事权划分和议事规则等。

第三，解决总公司的领导体制、总公司与其他公司以及与国家各有关部门的关系问题。这是涉及公司外部关系的更为复杂的问题，例如，如何组建行业协会、如何跨行业交叉换股、如何落实总公司投融资权限，等等，都需要通过试点逐项解决。

试点工作的步骤，首先要求三家公司分别拟订试点方案，通过论证、批准后实施；按照试点方案进行国有资产授权经营；然后各公司对下属企业进行公司化改造和结构调整；最后，在三家公司试点工作的基础上总结经验，对行业性总公司和行业主管部门如何过渡为国家控股公司问题提出规范性的意见。

关于这项试点，不但三家总公司积极性很高，政府主管企业的各个行政部门的积极性也很高，他们希望扩大试点范围，纷纷要求进入试点的行列。但是，经济理论界以及企业界至今意见不一，人们存在着许多疑虑。

一怕行业垄断。三家公司在本行业都占有绝对多数的市场份额，石化总公司原油加工量占全国的89%；有色总公司主要有色金属产量占全国的57%；航空总公司承担着几乎全部飞行器的生产任务。如何引入竞争机制，打破垄断市场的格局，成为人们普遍关注的重大问题。

二怕收权。经过十几年的改革，基层企业的自主权已逐步有所扩大，人们担心在企业改组过程中总公司凭借行政权力上收企业法人的权力，总公司变成"婆婆"加"老板"，把企业卡得更死。特别是这三家公司下属的企业中有许多大型、特大型企业甚至企业集团，如何发挥这些企业的积极性，处理好集权与分权的关系，也是人们普遍关注的问题。

三怕翻牌。人们担心政府行政主管部门纷纷仿效，变成翻牌公司，改名不改实。目前在各地方的改革中，也在积极组建控股公司，试点国有资产授权经营，已经发现有一些地方把行业主管部门改为控股公司，但仍然保留着行业管理职能，因此，如何进行职能分解，真正把政府行政管理职能和行业管理职能分离出去，也是人们极为关注的问题。

　　针对上述情况，对于试点工作许多人已经提出了以下主张：

　　第一，行业主管部门和全国性总公司向控股公司的过渡，应坚持先试点、后推开的方针，在三家公司试点取得经验之前，其他部门不宜仿效。

　　第二，国家控股公司应采取纯控股公司的形式，不应直接从事具体的生产经营活动，以免与下属企业在经营职责上出现交叉，防止任意上收企业。

　　第三，应在三家公司所在行业中分别组建两家以上的控股公司，除以三家公司为基础组建控股公司外，可以将一部分优势企业直接改造为控股公司，由国务院直接授予资产经营权。

　　第四，国家控股公司不应承担政府的行政管理职能和行业管理职能，这就需要进行职能分解，把总公司现有的政府行政管理职能交政府的有关经济部门，同时组建行业协会，承担行业管理和服务职能。

　　第五，国家控股公司下属企业，要进行公司化改造，实现股权多元化，防止简单翻牌，对外要进行跨行业的交叉换股，建立合理的产业资本结构。

　　目前，三家控股公司的试点，已经考虑和吸收了方方面面的意见，思路已经明确，方案已经确定，正在进入实施阶段①。

　　上述国家控股公司的组建，在国有资产管理体制改革中，是属于中间层次即第二层次的问题。国有资产的管理体制，今后要分为三个层次，这已经取得了共识。第一层是国有资产管理部门，第二层是资产的经营机构，第三层是基层企业。但是，上述

――――――

　　①　1997年1月4日《经济日报》刊登消息，说："最近，国务院批准中国有色金属工业总公司、中国石化总公司和中国航空工业总公司进行国家控股试点，试点工作即将正式开始进行。"

三层中的每一层如何构造，至今意见仍不统一。

关于第一层，有人主张设立国有资产管理委员会，放在全国人民代表大会常务委员会或放在国务院；还有人主张设立国有资产管理总局直属国务院；也有人主张维持现状，即在财政部下设国有资产管理局。我认为，第一层次的机构如何设置并不重要，无论设在何处，它只是一个行政性的管理机构，这个性质是不会改变的。重点和难点在于第二和第三层次如何构建。

关于第二层，要害问题是如何构建成经营国有资产的真正的企业，而不应是行政性公司，它应当以国有资产所有者身份，控制和经营第三层的基层企业。目前第二层次除三家控股公司在试点外，其他行业实际上仍由国务院各个主管企业的行政部门充当国有企业产权代表的角色（各省、市、自治区对属于本地方管辖的国有资产，也在按三层构造进行改革，但各地进展不平衡，有的地方组建了投资公司或控股公司，有些地方仍由当地政府主管企业的部门作为国有资产产权代表进行工作），这种状况迫切需要改变，也是今后深化改革需要解决的重要课题。

在上述第二层次的构建中，除了三家行业总公司改组成的国家控股公司之外，还在进行把企业集团的核心企业——集团公司改组成国家控股公司的试点。自1991年以来，国务院已经陆续确定东风汽车集团公司、中国东方电气集团公司、中国重型汽车集团公司、中国第一汽车集团公司、中国五金矿产进出口总公司、中国天津渤海化工集团公司、中国贵州航空工业总公司、中国纺织机械集团公司等八家集团公司进行国有资产授权经营的试点，即国家把企业集团中紧密层企业的国有资产统一授权给核心企业经营管理。实际上就是把企业集团的核心企业——集团公司作为国有资产的产权代表机构，对下属的紧密层企业的国有资产进行控制和运营。这八家集团公司已经分别拟定试点方案，并且正在按照批准的方案进行试点。

二 关于建立现代企业制度的试点

现代企业制度试点，实际是属于国有资产管理的第三层次基层企业如何改造的问题。国有企业从总体上看，机制不活、经营不善是普遍的问题，但不同规模的企业情况差别很大，不能采取同一个模式进行改革，必须区别情况采取不同的对策。截至1995 年底，我国国有独立核算工业企业的总体情况如表 1 所示。

表 1   1995 年国有独立核算工业企业个数和产值

分 类	企业单位数		工业总产值	
	数量（个）	比重（%）	数量（亿元）	比重（%）
总计	87905	100.00	25889.93	100.00
大型企业	4685	5.33	15907.27	61.44
中型企业	10983	12.49	5302.35	20.48
小型企业	72237	82.18	4680.31	18.08

国有大中型企业个数只占 17.82%，但产值比重高达81.92%。这些企业改革的方向，是建立现代企业制度，具体的途径是逐步实行公司制，把它们改组为有限责任公司或股份有限公司。这方面的工作，从 1994 年就开始试点，由国务院直接组织的现代企业制度试点企业共有 100 家，此外，各省、市、自治区也分别确定了自己的试点企业，全国总共有 2598 家，试点工作已经全面展开。

1994 年开始试点时提出的要求是用两年的时间，到 1996 年年底结束，但由于各试点企业的试点方案制定和审批的进度差别很大，截至 1996 年上半年，有的企业试点方案刚刚批复不久，甚至还有 10% 的试点企业试点方案没有批复，因此决定百家现代企业制度试点工作，推迟到 1997 年底结束，通过试点，要总结经验，提出分步实施的指导性意见，进而实现到 2000 年大多数国有大中型骨干企业要初步建立起现代企业制度的目标。

（一）对现代企业制度最本质的特征的理解

什么是现代企业制度，目前存在着许许多多的说法，有的人理解得非常宽泛，甚至把改革十几年来一直在做的事情通通归结为现代企业制度的内容和特征，这就使人难以搞清 1993 年提出建立现代企业制度的任务，到底有什么新的含义、新的要求。还有一种比较流行的说法，就是把现代企业制度等同于公司制度或法人企业制度，这就难免使人产生疑问：我国的国有企业，经工商行政管理局注册登记，均已成为法人企业，而且很多企业已经变成了公司，岂不已经成为现代企业制度了？对那些尚未改为公司的企业来说，是否差距仅在于名称？似乎搞个翻牌公司也就可以变成现代企业制度了。显然，这种把现代企业制度等同于公司法人制度的观点是不确切的。

相对于自然人的个人或合伙经济而言，公司法人制度当然更具先进性，但是，我个人认为，并非一切公司法人制度都可以称为现代企业制度。这是因为，公司是多种多样的，法人也是依据各国法律确立的，随着国法律的不同，企业的法律形态分类也必然是各式各样的。因此，我们研究现代企业制度，只抽象地讲公司法人制度就远远不够了，必须明确我们要建立的是一种什么样的公司法人制度。

从根本上说，我们要建立的现代企业制度，是能够适应现代市场经济发展要求的公司法人制度。在市场经济条件下，企业必须在瞬息万变的竞争环境中生存和发展；只有能够集中社会资金、分散经营风险的企业制度，才能适应市场经济环境的要求。这是衡量现代企业制度的基本标准。自然人的个人或合伙经济，由于业主对企业经营要承担无限连带责任，这就决定了它的经营风险大，难以广泛吸收他人资本，这样的企业当然不是现代企业制度。至于公司法人企业，事实上，也分为承担无限责任和承担有限责任的两大类公司法人。目前在一些国家就存在着无限责任公司和两合公司，它们都是公司而且具有法人地位；但这样的公司法人以承担无限连带责任为特征，历史已经证明，由于风险大、集资困难，这样的企业无论在发展规模上或者在市场竞争力上都有明显的局限性，不能适应现代市场经济发展的客观要求，所以说这种承担无限责任的公司法人，也不能视为现代企业制度。

基于以上的分析，现代企业制度的最本质的特征应当是有限责任，只有承担有限责任的公司法人才能够分散风险、广泛集资，适应现代市场经济发展的要求。所谓有限责任，实际上就是指出资人（无论是国家、个人或是企业法人）以其实出资本金、企业以其全部法人财产承担有限责任；这也就是说，企业经营责任以企业的法人财产为限，不累及出资人实出资本金以外的其他财产。因此，要实现有限责任，就必须把企业法人财产的边界搞清楚，从而把企业的法人财产同出资人的其他财产界定清楚，我们所说的明晰产权的实质正是在这里。

我国的国有企业，实际上是由政府承担无限责任的企业法人，它们同现代企业制度在本质上的差别并不在于公司的名义和法人的地位，而在于有限责任。国有企业的财产归国家所有，从这个意义上讲，产权是明晰的；国有企业的财产同出资人——国家的其他财产没有划分开，从有限责任的意义上讲，产权又是不明晰的。我们建立现代企业制度的目的和要解决的根本问题，就是要把由国家承担无限责任的国有企业转变为以公司法人财产承担有限责任的法人企业。这就要求企业法人财产明晰化并且把企业法人财产同出资人——国家的其他财产界定清楚，只有这样，才能建立起有限责任的现代企业制度。

（二）通过建立现代企业制度要解决的主要问题

按照上述对现代企业制度本质特征的理解，现代企业制度的试点工作就应该集中力量解决清产核资、资产评估、清理债权债务等界定产权方面的问题，并以此为重点，带动其他方面的工作。到目前为止，上述界定产权方面的工作在试点企业已基本完成，在此基础上仍需进一步解决以下几个方面的问题：

第一，改变债务责任关系。企业依据《公司法》成为独立的法人实体，以其法人财产对自己的债务负责，自负盈亏，包括国家在内的出资人只以投入企业的资本额为限，对企业债务承担有限责任，从根本上改变企业吃国家"大锅饭"的体制。

第二，拓宽企业融资渠道。改变国有企业同财政紧紧捆在一起，企业只能依赖财政注入资本的体制，使企业有可能进入资本市场，实行多渠道、广泛融资。

第三，形成资产的流动机制。企业独立支配自己的资产，使对外投资、资本注入、出资人的更换得以顺利进行。

第四，形成新的企业与职工的关系。作为独立的公司法人，企业依据《劳动法》同职工形成契约关系，不再对职工及其家属的生老病死直接包揽。

第五，形成企业约束机制。通过规范公司治理结构，所有者代表组成董事会，从根本上改变所有者代表缺位的状况，形成所有者、经营者、劳动者相互激励、相互制衡的机制。

总之，通过建立现代企业制度，使企业成为产权清晰、权责明确、政企分开、管理科学的自主经营、自负盈亏的有竞争力的经济实体。

（三）试点工作的阶段性目标

按照国家经贸委的工作部署，到 1997 年年底试点结束时，对试点工作有以下一些阶段性的目标要求：

1. 产权清晰，责权明确，治理结构规范。①企业中国有资产产权代表机构要明确①，国有资产及其他各类出资者产权代表要到位并行使职权；通过非银行债权转股权、"拨改贷"转增国家资本金、法人持股、企业内部职工持股、招商引资等多种途径，逐步实现企业投资主体多元化。②确立董事会作为公司经营管理决策机构的法律地位，国有独资公司的董事会依据《公司法》享有部分股东会职权。③董事会的资产经营权和经济责任，要通过公司章程加以明确。④确立经理对董事会负责的体制，经理由董事会聘任或解聘，政府行政机构不考核、任免经理，经理依法拥有足够的指挥公司的日常生产经营管理活动的权力。⑤依法成立监事会，其成员由股东代表和适当比例的公司职工代表组成，职工代表由公司职工民主选举产生。

2. 转变政府职能，促进政企职责分开。①政府通过确定国有资产产权代表机构和对试点企业委派产权代表，行使国有资产所有者职能，主要是考核、任免、奖惩派出的董事，制定和考核企业中国有资产保值增值责任指标，除产权代表机构外，政府其他行政管理部门对企业不再行使国有资产所有者职能。②强化政

---

① 这涉及国有资产管理体制的改革，目前除进行试点的控股公司之外，国有资产产权代表机构仍为政府的行业主管部门。

府社会管理职能，各级政府接收试点企业所承担的政府职能的措施要明确，要建立和完善社会保障体系，培育劳动力市场，推行再就业工程。③加强政府协调、指导、服务和监督，通过政策引导、典型引路、科学评价、发布市场信息来引导企业调整产品结构，加强企业管理。④取消改制后的企业与政府间的行政隶属关系，公司不再对应行政级别，考核任免企业高级管理人员不再套用行政级别。

3. 采取有效措施，减轻企业负担。①企业对富余人员要有切实可行的分流方案和程序，要发挥政府、企业和职工个人三方面的积极性，实行个人自谋职业和社会帮助就业相结合的多渠道的安置办法。②企业对自办中小学校要有移交当地政府的具体目标和实施办法。③企业自办的卫生机构及其他后勤服务单位，具备条件的，要实行成建制移交，独立工矿区的企业和暂不具备分离条件的企业，对其实行独立核算、自主管理、面向社会等办法，并提出分离的时间和措施。

4. 加强管理，提高效益。①要全面实施《"九五"企业管理纲要》（试行），学习邯郸钢铁公司经验，加强各项基础管理和专业管理。②全面实行《企业财务通则》和《企业会计准则》。③改革企业劳动人事工资制度，取消企业管理人员的干部身份，打破不同所有制职工之间的身份界限。④建立企业高级管理人员的资格认证制度和企业法律顾问制度。⑤各试点企业的投入产出能力、营运能力、盈利能力、偿债能力、管理能力和发展能力比试点前要有所提高，经济效益要有所改善。

（四）试点工作进展的情况

经过两年多的试点，已经取得了一些进展。

1. 试点企业公司制改造的基本框架已经初步形成。截至

1996 年年底，已经批复试点方案进入具体实施阶段的试点企业共有 98 家，改制的形式分为以下四种：①有 17 家改制为多元股东持股的股份公司或有限责任公司，占 17.3%。②有 79 家改制为国有独资公司，占 81%。③有 1 家解体。④有 1 家被兼并。

各试点企业（包括改制为国有独资公司的试点企业）正在按照母子公司体制，将一部分二级单位改建为多元股东出资设立的有限责任公司或股份有限公司，例如，"瓦房店轴承厂"整体改制为国有独资的"瓦轴集团有限责任公司"，然后把生产经营主体改制为由瓦轴集团公司控股、职工参股的"瓦轴有限责任公司"，同时将从生产经营主体分离出来的辅助单位、服务单位以及厂办集体企业改制为瓦轴集团公司的全资、控股或参股的公司。据统计，目前百户试点企业共组建了全资子公司 584 个，控股子公司 437 个，分公司 310 个，参股公司 619 个。通过这样的改制，促进了跨地区、跨行业、跨行政隶属关系的投融资活动；借助于投资主体多元化，形成了有利于政企职能分开的机制；同时在改制过程中，还把一些非银行债权转为股权，使企业的资产负债率有所降低。

2. 通过试点，在一些难点问题上有所突破。

（1）企业的资产负债结构得到了调整。目前国有企业债务负担过重，资产负债率普遍比较高。经过试点，1995 年底百家试点企业平均资产负债率较上一年降低 2.11 个百分点。有的企业下降幅度在 10 个百分点以上。

降低负债率的措施主要有：①根据各个地方的财力状况，按一定比例将企业实际上交的所得税、增值税、城建税等返还企业，作为国家资本金投入。②把中央或地方给企业的财政性借款和"拨款改贷款"本息余额等转为国家资本金。③把企业国有资产经营收益或税后利润，在一定时限内或企业资产负债率降至一定比例之前，留给试点企业，增加国家资本金。④允许企业提高折旧率，增加企业自有生产经营资金。以唐山碱厂为例。这个厂是第七个五年计划期间由化工部和河北省共同建设的大型化工企业，经过近些年投资体制的变动，结果使这个厂欠国家和地方的贷款和借款共20笔，每年利息近9000万元。到1994年年底，企业资产总额为19.52亿元，净资产只有1.94亿元，总负债为17.58亿元，资产负债率高达90%。因此，唐山碱厂在制订现代企业制度试点方案时，把优化资本结构、减轻债务负担作为突破口，带动整个试点工作的展开。他们对债务做了具体分析，银行的贷款和借款必须继续作为债务来承担，此外，国家"拨改贷"按政策可以转为资本金，财政的贷款和借款，也有一部分可以债权变股权。按照这种思路运作的结果，国家和河北省"拨改贷"本息金额2.25亿元转为国家资本金；河北省的2.53亿元各种借款转为法人股本金；唐山市的1.17亿元借款转为法人股本金。这样，国家开发投资公司、河北省建设投资公司、河北省经济开发公司、唐山投资有限责任公司就变成了唐山碱厂的四大股东，唐山碱厂也随之改制为"唐山三友碱业（集团）有限责任公司"，企业资产负债率降为59.52%。经改制后一年的运作，1995年实现利税近亿元，一举扭亏为盈。

（2）在解决企业冗员多、办社会负担重方面迈开了步子。企业富余人员多，办社会负担重，是深化企业改革必须解决的难点问题。这个问题如果不解决，不但使企业在经济上不堪重负，更重要的是阻碍着企业机制的转换。

首先是干扰了企业的目标。企业本应是追求效益，而政府追求的则是增加就业、提供福利等社会目标，然而，目前国有企业承担着大量的社会职能，结果在生活福利、就业、上学的压力下，使企业向社会目标倾斜，不可能全神贯注地追求效益目标。

其次是增加了管理的难度，在岗人员和富余人员混杂，三个人的事五个人做，必然纪律松弛、效率低下，而且由于人员长期不能流动，企业变成了部落式的小社会，亲缘关系盘根错节，无法正常实施管理。

再次是强化了职工对企业的依赖。企业人员不能流动，企业难以随生产经营和市场竞争的需要在数量和结构上对人员进行调整。在试点中这也是一个要解决的重要问题。几年来，这方面的工作已经起步，据统计，截至1996年第一季度，百户试点企业已分流富余人员9.3万人，其中分流到社会6006人，下岗培训9413人，发展第三产业安置5.52万人，离岗退休2.33万人；在办社会方面，已分离医院4所，分离学校26所。

三　关于小企业的产权制度改革

小型国有企业，有的可以实行承包经营、租赁经营，几年以前就已经这样做了，很多企业至今还在实行这些经营方式。至于出售给集体或个人、改组为股份合作制企业，则是最近一个时期才比较多地实行的改革办法。

在党的十四届三中全会以后，各地普遍加快了国有小企业产权制度的改革，企业改制的形式普遍放开，各地采用比较多的有以下三种：①国有资产部分作价参股，部分有偿转让给本企业职工，同时吸收社会上的法人或个人入股，组建为有限责任公司。②把国有资产有偿转让给企业全体员工，改组为股份合作制企业。③把企业出售给个人，改组为私营企业或合伙企业。

有些企业和职工担心国有资产作价入股难以摆脱行政干预，所以不易接受上述第一种办法，而比较容易接受第二种办法，即全部买断，改组为股份合作制企业。

　　山东省的诸城市①是小企业产权改革起步较早的城市，1994
年7月全市已有274家工商企业进行了产权改革和重组，占企业
总数的95％。其中9家改造为股份公司或有限责任公司，204家
改造为股份合作制企业，1家转让给省外的企业集团，另外拍卖
18家，租赁5家，兼并4家，破产3家。

　　关于出售国有企业产权问题，长期以来一直存在争议。1989
年国家体改委、财政部、国有资产管理局颁发了《关于出售国
有小型企业产权的暂行办法》。在此之后各种争议也没有休止。
主要的反对意见，一是说出售国有企业给集体或个人，会降低国
有经济比重，不符合社会主义原则；二是说出售国有企业会造成
国有资产流失。这些意见虽然并没有充分的理由，但往往给一些
人造成疑虑，不利于产权制度改革的推进。诸城市的领导集体在
这些问题上有比较清醒的认识，他们采取只做不说的办法，避免
过多的争论，使小企业的产权改革有了比较大的突破。

　　诸城市从1992年开始，在全市推行以股份制和股份合作制
为主要形式的企业制度改革，当时设想采用三种方式进行试点：

　　①选择2家企业进行企业内部职工持股的股份制试点，即把
新增投资或部分存量资产折股出售，向企业内部职工发行股权
证，组建为股份制企业。②选择1家企业进行向社会发行股票的
试点，即把企业改组为向社会公开发行股票的股份公司。③选择
2家企业进行股份合作制试点。

　　按照原定的方针，拟以第二种方式为主，即采取股份公司的
形式。但试点和全面推行的结果，走上股份合作道路的达204
家，占全部改制企业的75％。于是股份合作制便成了诸城市产
权制度改革的主要形式。以诸城市电机厂的试点为例，最初曾设

---

　　①　诸城市是位于山东省潍坊地区的一个县级市。

计了两个改革方案：①国家控股，吸收个人股不超过 20%。②企业存量资产售给职工，国家以土地作价入股。经过讨论，职工对这两种方案都不接受，他们要求把企业资产全部买下，土地有偿使用。结果实现了第三方案，全体 277 名职工买断了企业 270 万元生产经营性资产，变成了股份合作制企业。

所谓股份合作制，就是把合作制同股份制结合起来，也就是把劳动联合同资金联合统一起来，它是在合作经济的基础上引进股份制的因素而形成的一种新的企业组织形式。它在所有制关系上属于合作制，在财产组合上表现为股份制。其制度特点是：①企业内部全员入股，职工既是所有者又是劳动者。②企业领导体制是董事会领导下的经理负责制，董事会由股东直接选举产生。③实行按劳分配与按股分红相结合的分配制度。但由于股份合作制企业没有明确的法律依据，除 1990 年农业部发布的《农民股份合作企业暂行条例》外，没有其他法律文件，因此，上述制度特点并不具有普遍意义，各地做法不一，随意性很大，尚待进一步规范化。就诸城市来说，其具体做法如下：

（1）市国资局委托有评估资格的会计师事务所和审计事务所进行企业资产评估，并对它们的评估结果审核确认。

（2）企业资产连同债务全部转移给改制后的企业。净资产按评估价由职工出资购买。银行债权由企业同银行重新签订抵押贷款合同。

（3）企业正式职工全员入股，每人至少 5000 元，超过这个低限的部分，自愿认购。股款一次缴足有困难者，可分两年缴足，但购股时初次缴款不得少于 60%。股权证一年后可在企业内部转让。

（4）企业坏账从资产评估值中剔除，办法是，从评估基准日向前推 10 年，以每年年末应收账款之和的 5‰作为坏账准备金，从资产总值中扣除。

（5）职工宿舍的产权分两种办法处理。有净资产的企业，职工宿舍从净资产中剥离出来，依照房改政策另行处理。资不抵债的企业，职工宿舍不剥离，经评估后作价出售给职工。

（6）离退休职工医药费按人均 1500 元标准从净资产中一次性扣除，留给企业，由企业开支。原企业负担的抚恤费和工伤、病退职工的医药费等也分别按不同标准扣除。

（7）国有企业出售收入，由市国资局收缴。收缴办法按不同企业分档：企业净资产 10 万元以内的，出售时一次缴清；10 万—100 万元的，一年内缴清本息；100 万元以上的，两年缴清，第一年不少于 50%。凡不能一次缴清的企业，与国资局签订借款合同，按季缴纳有偿使用费，逾期欠缴的资产价款，按同期银行贷款利率加罚 50%。

（8）国资局收缴的企业出售收入，1/5 投入重点项目建设，4/5 以财政贷款形式投放企业周转使用。

（9）企业占用的土地使用权不出售，由企业定期缴付土地使用费。

为了更加具体地说明国有企业改组为股份合作制企业的实际情况，下面引用中国社会科学院唐宗焜研究员主持的一项研究课题《国有企业产权交易行为分析》中的一个诸城绝缘材料厂的具体案例：

山东省诸城绝缘材料厂是建于 1966 年的国有小企业。1993 年 6 月 1 日起改制为企业内部全体职工持股的山东省诸城四达绝缘材料股份有限公司。改制前，全厂职工 182 人出资 180 万元买断企业产权。该厂全部资产和债务转移给改制后的股份公司。

（1）经诸城市审计事务所评估和市国有资产管理局审核确

认，诸城绝缘材料厂除土地使用权和职工宿舍以外的全部资产总值 1251.81 万元，负债总额为 1089.93 万元，净资产 161.88 万元，资产负债率 37.07%，评估后净资产增值率 51%。资产总额 1251.81 万元中，固定资产 318.49 万元，流动资产 894.92 万元，专项资产 34.12 万元，无形资产 4.28 万元。评估方法，对房屋建筑物、专项工程支出、在产品的评估采用重置成本法。

（2）股份公司注册资本、股份发行 180 万元，每股 1000 元，共 1800 股。股份全部由企业内部职工个人以现金认购，全员入股，20% 的股份自愿认购，80% 配售即每名职工至少认购 8 股。182 名职工，人均股本 1 万元。公司章程规定，"股权证不得向公司以外任何人发行和转让"，不过，公司成立一年后，经董事会批准，股权证可在公司内部转让、赠予、继承或抵押，但"公司董事和经理在职期间不准转让"。

（3）公司接纳原厂全部在册职工，并继续执行当地的社会基本养老保险和失业保险统筹办法。

（4）原厂产权出售前，从净资产评估值中做如下扣除：退休职工和职工遗属所需医疗费、抚恤费等 11.48 万（其中，34 名退休职工需医疗费、抚恤费 54207 元，人均 1594 元；3 名未投保的退休家属工所需今后退休工资 30845 元，人均 1 万元；1 名生活已不能自理的病退职工需 9100 元，1 名落实政策人员生活补助费 2092 元）；42 名患职业病的职工（经市防疫站确诊）所需诊疗费 18.12 万元，人均 4314 元。这些费用从净资产中一次性扣除，留给改制后的公司，由公司支付。

（5）净资产评估值 161.88 万元，减去上述一次性扣除 29.6 万元以后，剩下 132.28 万元，即定为出售价。产权转让价款分两次付清，1993 年 7 月底公司向市国资局支付 80 万元，其余

1994 年年底前缴清。

（6）公司治理结构，设股东会、董事会和监事会，实行一股一票制。

（7）出售改制操作程序：市委、市政府决定企业出售改制，并派工作组进厂，帮助成立组建股份制企业筹备小组；召开职代会，通过厂内职工全员购买企业产权的决议；然后以企业名义向市体改委、市国资局、市工业委员会递交企业改建为股份有限公司的申请书，并提交可行性研究报告、公司章程、购股说明书；市国资局委托市审计事务所对企业资产进行评估后，对评估结果审核确认；完成以上程序后，市体改委、市工委、市国资局经请示市政府推行股份制工作领导小组同意，向企业联合发文正式批准出售改制方案；接着，职工购股，公司创立大会选举董事会、监事会，市工商局颁发公司营业执照，公司正式成立。企业出售改制全部过程历时 1 个多月。

从上述诸城绝缘材料厂的改制过程和改制后的实践情况看，这种办法是成功的、可行的。改制后的诸城四达绝缘材料股份有限公司，从 1993 年的 6 月 1 日成立，到 1994 年底，在一年半的时间里，新投入的技术改造资金就达 450 万元，相当于改制前 27 年技改投入总和的 1.4 倍；实现利润 643 万元，相当于改制前 20 年的总和；上缴税金 344 万元，比改制前 15 年总和还高 7.2%；公司员工收入人均 2.8 万元（工资 1.1 万元，红利 1.7 万元），相当于改制前 15 年收入的总和。1993 年年终分红时，员工自愿以红利再投入公司扩股增资的金额占年终分红总额 54.4%。截至 1995 年初，股本总额已从公司创立时的 180 万元增加到 380 万元。这个厂 1993 年和 1994 年连续两年经济效益居全国同行业同类产品生产企业的第一名。

四　小结

从上面介绍的情况可以看出，1993 年 11 月中共十四届三中全会以后，企业改革结束了统一实行税利不分、一起承包的承包经营责任制的阶段，国有企业同其他企业一样实行了统一的增值税和所得税。1994 年以后，围绕着企业制度创新的主题，广泛进行了各式各样的试点，除前边说的组建国家控股公司试点和现代企业制度试点之外，还有 57 家企业集团试点、18 个城市优化资本结构试点、"抓大放小"试点（即集中力量抓好一批国家重点联系的优势企业，共确定 1000 家重点企业进行分类指导），等等。通过试点，总结经验，推进国有企业改革不断深化。

在试点中，有些问题已经解决，但还有些问题没有解决。我们要发展社会主义市场经济，就必须把企业建设成为真正能够自主经营、自负盈亏的独立的企业法人，并且要求全国能够形成统一市场，企业成为在统一市场中能够自主联合、平等竞争的市场主体。但目前的企业改革，在这方面碰到的难点问题很多，其中最大和最难解决的问题就是政企不分和条块分割。以现代企业制度百家试点企业为例，有 80% 以上的企业走上了国有独资公司的道路，这是很不理想的一种局面。这既是政企不分的一种现实表现，又是进一步解决政企不分的一种障碍。由于政企不分、条块分割问题没有解决，致使企业不能成为独立法人实体，跨行业、跨地区的企业联合难以实现，特别是以产权为纽带的企业改组更难实现。要解决这个问题，一方面是从如何转变政府职能的角度进行研究探索和采取措施；另一方面是从企业自身的组织结构的角度进行研究探索和采取措施。从后一个方面来说，今后企业改革的任务，应该是加速企业组织结构的调整，提倡企业法人相互持股，使企业的股权多元化，形成跨部门、跨地区的企业横向制约的机制，从而冲淡政府部门对企业直接干预的能力。这实际上是迫使政府转换职能，解决政企不分、条块分割的"釜底抽薪"的办法。

（摘自《增强企业活力与完善社会保障制度》，

经济管理出版社 1998 年版）

国有企业脱困的进展和今后的课题[*]

一 国有企业面临的困境和三年扭亏解困任务的提出

我国经济在"九五"计划的前期通货膨胀率过高，后期又突出了结构性矛盾，出现了通货紧缩的迹象。企业在这种环境下，生产经营遇到了极大的困难。主要表现在以下几个方面：

（一）产品销售不畅，工业品大量积压，企业开工不足，设备大量闲置

由于产品滞销，工业企业库压商品和流通领域商品库存量过高，致使企业开工不足，大量人员下岗，收入减少，这就直接影响到居民购买力，使市场销售不畅，反过来又加剧了企业开工不足，增加了企业的困难。

（二）负债率过高，债务负担重

1996 年企业资产负债率比前两年虽有所下降，但全国独立

---

* 2001 年 1 月提交"第七次中日经济学术讨论会"论文。

核算工业企业资产负债率仍高达 65.25%，其中国有工业企业更高达 65.6%。在全国近 1.5 万家国有大中型工业企业中，有 40% 的企业资产负债率在 80% 以上。如此高的资产负债率，已严重地影响了我国国有企业的效益。国有企业的盈利能力本来就不强，企业效益本来就不好，负债率又过高，企业负担也就越发沉重。

（三）冗员过多，社会负担重

改革开放以来相继采取了许多措施使企业办社会的现象有所改变，企业的福利设施逐步推向市场，离开母体独立经营，但企业主体部分人浮于事问题仍然远远没有解决，为了维持社会稳定，企业不得不背起本应由政府承担的社会负担。

以上问题综合作用的结果，企业经济效益很差，集中表现在企业亏损增加。1996 年第一季度国有企业亏损面接近 50%，国有工业企业净亏 34 亿元，这种状况是前所未有的。第二季度虽有所好转，但全年国有独立核算工业企业亏损面还高达 37.7%。面对这种形势，1997 年江泽民总书记在中共十五次全国代表大会上的报告中说："要坚定信心，勇于探索，大胆实践，力争到本世纪末大多数国有大中型骨干企业初步建立企现代企业制度，经营状况明显改善，开创国有企业改革和发展的新局面。"1998 年 3 月 19 日李鹏总理代表国务院在九届人大一次会议上做的《政府工作报告》中进一步明确指出："要用三年左右的时间，通过改革、改组、改造和加强管理，使大多数国有大中型亏损企业摆脱困境，力争到本世纪末使大多数国有大中型骨干企业初步建立起现代企业制度。"现在，三年时间过去了，在国有企业脱困方面我国政府采取了哪些措施，取得了哪些进展，还存在哪些问题，本文就此做些说明。

二　三年来采取的主要措施

（一）加强总量控制，调整结构，压缩过剩、落后的生产能力

按市场需求搞好总量控制、结构优化，淘汰落后的生产能力，实现供需大体平衡，是企业脱困的一大措施。

前几年，多数行业效益不佳，最严重的是纺织行业。纺织行业由于多年来的低水平重复建设，1993年起就连年陷入整体亏损，由最初的19亿元增加到1996年的106亿元，1997年略有下降，仍高达72亿元，居全国各行业之首。因此，决定以纺织行业为突破口，促进扭亏解困，取得成效后再推进到其他困难行业。

1998年1月纺织行业压锭第一锤在上海砸响。

实际上我国早在1992年就制定了压锭改造规划，计划当年压缩500万棉纺锭；1994年又制定了到1998年末全部淘汰陈旧落后棉纺锭1000万锭的规划；1995年还制订了"东锭西移"计划。但在实施过程中，由于地方保护主义的干扰，当时砸锭遇到很大的阻力，一边砸一边建，结果总量没有得到控制，1992—1996年五年只净减21万锭，远远没有达到预定的目标。1998年实行统筹规划，把压锭同结构调整、资产重组结合起来，制定和实施了严格控制棉纺织行业增长源头的政策，对棉纺细纱机实行"生产许可证"和"销售准购证"制度，对压缩淘汰的落后棉纺锭实行严格的监督销毁的制度。这样就使长期徘徊不前的压锭工作取得了突破性进展，1998年共淘汰512万棉纺锭，到1999年年底两年共压906万锭，分流116万人，一举扭转了长达6年的亏损，全行业1999年盈利9.5亿元，提前一年率先实现了三年脱困目标。

1999年在纺织行业取得突破性进展后，又将重点转入抓关停"五小"，即对落后的小炼油厂、小火电机组、小玻璃厂、小水泥厂、小造纸厂进行清理整顿；2000 年又以煤炭、冶金、制糖业为重点继续推进总量控制、结构优化。到 2000 年年底，全国拟关闭小钢厂 103 家；计划关闭小糖厂 152 家，上半年已有108 家停产，2000 年榨季糖产量比上年同期压缩了 23%；70%的省区基本取缔了非法开采的小煤矿，到 2000 年上半年全国已关闭小煤矿 3.4 万处，压产 3 亿吨。总量控制和"关小"力度的加大，促进了钢铁、煤炭、制糖三大行业经济运行质量逐步提高，使煤炭价格稳中略升，糖价趋于正常，企业效益正在好转。

（二）减员增效、下岗分流、实施再就业工程

早在 1986 年我国就公布了《企业破产法》，但在实践中一直没有很大进展。1994 年国务院批准 18 个城市进行优化资本结构试点，以后逐步扩大试点面，到 1997 年试点城市扩大到 111个，并且出台了许多优惠政策和具体措施，最主要的是"兼并破产、下岗分流、减员增效、实施再就业工程"。

中国企业破产遇到的最困难的问题有债务偿还问题和人员安置问题两个。按破产法的规定，企业破产清算后的剩余财产，必须首先按比例偿还债务，但由于破产企业的职工无法安置，为了保持社会的稳定，该破产的企业也不能破产。在提出"兼并破产、下岗分流、减员增效、实施再就业工程"的对策后，允许破产企业的剩余财产首先用做破产企业职工的安置费用，多余的部分再按比例偿还债务。这样就使企业实施破产成为可能。

我国企业的债权人主要是银行，破产企业的剩余财产首先用于安置职工，银行的债权就得不到偿还。为了解决银行的不良债权问题，国务院决定建立呆坏账准备金。1996—1998 年，三年共核销呆坏账 900 亿元，1999 年又核销 700 亿元，2000 年安排

核销额为 800 亿—850 亿元，五年共计 2400 多亿元，有力地支持了企业兼并破产和职工下岗分流。

职工下岗后进入再就业服务中心。再就业服务中心负责支付下岗职工的基本生活费，负责组织职业培训，负责介绍新的工作。再就业服务中心的经费来源，主要是破产企业转让土地使用权的收入和剩余财产处分收入，不足部分由财政补贴。

建立再就业服务中心后，首先是加强了各种形式的职业培训，拓宽就业门路，引导职工转变择业观念，争取尽可能多的下岗职工实现再就业。下岗职工实现再就业以后，要与原企业解除劳动关系；三年以后还没有再就业的下岗职工，也要与原企业解除劳动关系，由再就业服务中心转到社会保险机构领取失业保险金；享受失业保险两年后仍未就业的，转到民政部门领取城镇居民最低生活费。下岗职工的基本生活费、失业保险金和城镇居民最低生活费，是下岗职工的"三条生活保障线"，是建立和健全社会保障制度过程中的过渡办法。随着社会保障制度的逐步完善，从明年开始，三条保障线要变为两条，即新下岗的职工不再进入再就业服务中心，直接享受失业保障。前几年在全国率先建立再就业服务中心的上海市，最近提出到 2001 年基本向劳动力市场化过渡。目前上海市下岗职工比较多的纺织、仪表等行业，再就业服务中心已由保障下岗职工基本生活转向以培训为重点。从全国情况来看，将在五年内停办再就业服务中心。

（三）实行"债权转股权"，减轻企业债务负担

前几年，为了解决企业资本金不足，一些试点城市实行了"贷改投"，即把过去"拨改贷"形成的企业债务负担转为国有资本金，几年来共转了 600 亿元。1999 年又出台了"债权转股权"的措施，具体做法是建立金融资产管理公司，购进国有商

业银行的部分不良资产，把银行对企业的债权，转为金融资产管理公司的股权，这样既可以使企业减轻债务负担，又可以化解银行的不良资产。债转股后，金融资产管理公司成为企业的股东，其任务是运用各种市场化的手段对企业进行重组，优化企业资本结构，建立现代企业制度，转换企业经营机制。金融资产管理公司以最大限度保全资产，最大限度回收资金，最大限度减少损失为主要经营目标。它是企业"阶段性"的股东。它不以扩张和持续经营为目的，而是以出售资产、收回资金为宗旨。因此，要在企业经营状况好转后，通过各种方式转让股权，收回资产。

按照 1999 年出台的"债转股"办法，建立了中国信达、华融、长城、东方四家金融资产管理公司，分别收购中国建设银行、工商银行、农业银行和中国银行四大国有商业银行的部分不良资产，把银行的债权转为金融资产管理公司的股权。

实行债权转股权的企业，由国家经贸委向金融管理公司推荐。金融管理公司对被推荐的企业进行独立评审，制定债权转股权的方案并与企业签订债权转股权协议。债权转股权的方案和协议，由国家经贸委会同财政部、中国人民银行审核，报国务院批准后实施。1999 年 3 月组建四大金融资产管理公司后，到年底国家经贸委共向金融资产管理公司推荐 601 户企业，建议转股额为 4565 亿元，到今年 7 月，其中经国务院批准实施"债转股"的企业已达 62 户。被批准实施"债转股"的企业，从今年 4 月 1 日起已陆续停息。据估计，仅此一项今年就可以减少企业利息负担 400 多亿元。

（四）加大资金投入，刺激消费，增加有效需求

近两年来，实行了以增发国债扩大投资为主要内容的积极财政政策，对扩大投资、刺激消费、促进企业经济效益好转，起了

重要的作用。1998 年和 1999 年共发行 2100 亿元长期国债，2000年又增发 1500 亿元，带动了地方、企业配套资金和银行贷款，有效地扩大了全社会的投资规模。

同时，又调整了分配政策，向低收入者倾斜，加大了资金投入。从 1999 年 7 月起将国有企业下岗职工基本生活费水平、失业保险金水平、城镇居民最低生活保障水平提高 30%，并增加机关、事业单位在职职工工资和离退休人员离退休费，提高企业离退休人员养老金标准，一次性补发 1999 年 6 月以前拖欠的企业离退休人员统筹项目内的养老金，提高部分优抚对象抚恤标准。上述几项，1999 年下半年总共增加投入 540 亿元，2000 年及以后，每年超过 1000 亿元。这样就改善了低收入者的生活，有效地促进了消费，也带动了企业的生产，缓解了企业经营的困难。

（五）加大企业技术改造力度，促进企业适应市场需求调整产业结构

为了加速科技成果的转化，改变企业技术落后的面貌，结合科技体制的改革，推动科技院所进入企业，建立企业技术中心，加强了企业科技力量，加大了企业技术改造力度。在资金方面，近两年来，国务院从发行的财政债券中拿出了 195 亿元用于技改贴息，超过了过去十年技改贴息的总和。去年分三批安排了 647 个技改项目，总投资额 1724 亿元。这些项目投产达到预期目标后，对重点行业的结构调整和产业升级将起到重要作用。

三　扭亏解困取得的进展和存在的问题

通过这些措施，国有企业的经营状况有了好转。2000 年上半年，全国完成工业增加值 10996 亿元，同比增加 11.2%，这

是近三年来同期的最高增幅。工业的快速增长推动了整个国民经济的增长。上半年国有和国有控股工业实现利润 903 亿元，同比增长 2.06 倍，亏损企业亏损额 463 亿元，同比下降 6.1%。

　　2000 年 7 月 30 日在北京召开的全国经贸委主任座谈会上，国家经贸委主任盛华仁说：国有企业改革与脱困取得了重大进展，主要体现在大多数地区经济效益明显提高。全国 31 个省、自治区、直辖市中有 25 个地区国有和国有控股工业企业整体盈利。10 个地区同比转亏为盈，仍然亏损的 6 个地区中，5 个地区同比净亏损减少。特别是作为三年脱困重点地区的东三省实现了大幅度增盈。预计到今年年底，除个别地区外，绝大多数地区都有望继续增盈或扭亏为盈。重点行业经济效益继续好转。十四个重点行业中，冶金、石化、机械、电子、轻工、纺织、医药、烟草、黄金行业实现利润都有不同程度的增加，电力行业继续保持较高盈利水平。国有大中型亏损企业扭亏脱困取得新进展。1997 年的 6599 户国有大中型亏损企业，经过两年多的努力，到 2000 年 6 月底已减少 3626 户，占总数的 54%。

　　下半年头几个月的情况又进一步好转。从国家统计局获悉，2000 年前三个季度，我国工业企业经济效益总体水平明显提高，企业产销衔接良好，实现利润大幅度增加，亏损企业减亏幅度加大。前三个季度工业企业经济效益综合指数 113.7（此指数系以第七个五年计划的实际水平为 100），比上年同期提高 17.1 个百分点，比上半年提高 4.3 个百分点。产品销售收入保持稳定快速增长，企业产成品存货首次下降。前三季度，工业企业实现产品销售收入 5.83 万亿元，比上年同期增长 21.7%。企业实现利润大幅度增加，工业企业盈亏相抵后，利润总额为 2841 亿元，比上年同期增长 1 倍。其中国有和国有控股企业利润总额 1609 亿元，增长 1.7 倍。

　　国有企业脱困虽然取得了重大进展，但属于客观经营环境变化的影响因素比较多，企业自身素质的提高并不明显，扭亏的成果并不是很巩固，而需要重视和需要进一步解决的问题还很多。

（一）许多客观因素、政策因素带来了企业利润的增长

　　据有关方面分析，1999 年国有企业利润的 80% 得益于国家政策措施，靠企业自身努力的只占 20%。从 2000 年上半年的情况来看，也是少数行业和个别产品价格上涨成为利润增长的主力。例如，2000 年上半年国有企业的利润 44% 来自石油化工行业，而石油化工行业盈利部分的 60% 又来自原油价格上涨。

　　另外，发行国债、扩大投资、控制总量。关停五小，也拉动了原材料价格上涨，使一些行业的企业效益回升。

　　前面说的债转股、技改贴息、兼并破产，等等，也都是一些促进企业经营状况好转的政策因素。这些都说明，扭亏虽然取得了进展，许多企业从困境中解脱出来，争取到了主动，但这只是为今后的发展打下了较好的基础，企业自身需要解决的问题仍然很多，改善经营的潜力仍然很大。

（二）有些行业经营环境有了好转，但并不巩固，反弹的迹象已经显示出来，必须引起高度的重视

　　2000 年 6 月国家经贸委和国家纺织局在联合召开的新闻通气会上，明确指出了棉纺生产能力重复建设的苗头再次出现。为此，国家经贸委、外经贸部、海关总署、国家工商局、国家技术监督局五部委共同制定了《关于严格控制新增棉纺生产能力的规定》，指出："十五"期间，国家将继续控制新增棉纺生产能力，所有企业不得以任何理由新增棉纺锭，同时还要继续对棉纺细纱机的生产实行生产许可证制度，对棉纺细纱机以及关键配件

的购置实行准购证制度。任何企业和个体经营者不得以定购配件形式，转手销售成台棉纺细纱机配件，或将配件组装成台销售，对未取得准购证的企业违规购置的棉纺细纱机必须销毁。与此同时，国家经贸委要求各地立即对 1997 年 10 月以后擅自新增棉纺生产能力的情况进行认真清查，以巩固来之不易的压锭成果，促进棉纺行业的健康发展。

另外，关停"五小"也存在很多难题，必须认真解决，否则也难以巩固已经取得的进展。

四　今后的任务是要落实有限责任制度

扭亏解困只是阶段性的任务，近几年出台的对策，很多是为了解决企业面临的困难而采取的应急措施，从长远来说，要使企业摆脱困境还是要在企业制度创新、转换企业经营机制上下工夫。也就是说，要从根本上解决企业的困难，还必须进一步加强企业自身的改革，转变企业经营机制，加速建立现代企业制度。

目前，我国企业在现代企业制度建设方面取得了很大的进展，但许多深层次的、积累多年的矛盾并没有解决。例如，在大规模进行兼并破产、下岗分流之后，企业在岗的人浮于事现象仍很严重，这是一个必须解决的、带有普遍性的重要问题。我认为这里涉及现代企业制度的本质——有限责任问题。

（一）我国国有企业的双重无限责任

我国的国有企业，在旧体制下实际上是无限责任制的企业。一般所说的无限责任，集中地表现在企业的债权、债务关系上，但我国国有企业的无限责任却有所不同，它不仅仅表现在债权、债务关系上，同时还表现在无限的社会责任上。这种状况在提出建立现代企业制度的任务以后已有所改变，企业有了法人财产权，明确了以企业的法人财产承担有限责任，这就在债权、债务关系上，向有限责任的方向前进了一大步。但是，企业无限的社会责任远远没有解脱，企业冗员问题仍然没有解决，最明显的例子是 2000 年石油化工集团的重组改制，仅富余人员就有 150 多万人，人员的安置成为很困难的问题。在未改制的国有企业，几乎都存在着同样的问题，"三个人的事五个人做"成为普遍的现象。为了社会的稳定，企业不得不背着应由政府承担的社会责任，这种意义上的无限责任是我国国有企业特有的，但却往往被人们所忽视。我们都知道，人浮于事是科学管理的大忌，它阻碍着管理水平的提高，不利于正常生产经营秩序的建立，不仅如此，更重要的是它还反过来又影响着企业债权、债务关系的明确性，使企业不能真正成为承担有限责任的经济组织。

国有企业承担的本应由政府承担的社会责任不解除，它的债权、债务关系也就必然是一种软约束。这是因为，它的债权人多为以政府为背景的银行和企业，而企业背的债务又同承担应由政府承担的社会责任有关，这就变成了一笔糊涂账，责任难以扯清。在这种情况下，企业成了"养人单位"而不是用人单位；经营者成了"父母官"而不是企业家；企业体制成了"凑合体制"而不是规范的公司体制。这样，企业经营好坏就难以分清，激励与约束机制就建立不起来，经营者的作用也就难以发挥。正因为责任扯不清，就便事情走向了反面，企业的无限责任反倒变成了无责任，企业家反而变成了可以不负责任。为了使企业经营者能够认真负责地搞好企业，就不能不把希望寄予政治觉悟高、责任心强的，好的领导班子特别是一把手，政府就不得不把注意力放在领导班子的选拔和监管上。这又进一步固化了政企不分。因此，必须尽快地解决企业人浮于事的问题，把国有企业由养人单位变成用人单位。这是真正实现有限责任的关键。解决了这个问题，才能使企业按照规范的有限责任的体制来运转。在此前提下，才能建立起现代企业制度，转换企业经营机制。

（二）有限责任和治理结构的关系

很多学者特别强调公司治理结构，认为外国公司搞得好，是因为有健全、完善的公司治理结构，而我们没有。因此，建立现代企业制度首要的任务就是要设法建立起健全、完善的公司治理结构。他们不是把公司治理结构同有限责任的企业制度联系起来，而是孤立地研究和强调公司治理结构。公司治理结构确实重要，但我们需要思考一下，国有企业公司化改造搞了好多年，而大家都觉得最最重要的公司治理结构却总也建立不起来，原因何在？根源何在？

我认为，公司治理结构像是长在地表上的树，而有限责任却是埋藏在地下的根，不处理好有限责任这个根，要想使治理结构这棵树枝繁叶茂，是根本不可能的。这是因为，有限责任是两权分离的前提，而两权分离又是建立规范的公司治理结构的前提。

关于建立规范的公司治理结构必须以所有权与经营权相分离为前提，没有两权分离也就不存在我们所说的现代公司"治理结构"的问题。这是人们的共识，没有争议。但是两权分离又是从何而来的，却很少有人去深究，似乎这是天经地义的。其实不然，它也是有前提的。这个前提就是有限责任。无限责任制的企业，企业财产没有边界，是和出资者的其他财产连在一起的，出资者对企业的经营要承担无限连带责任，这就决定了它的经营风险大。对于无限责任公司的出资者来说，企业如何经营就成了涉及身家性命、生死攸关的大事，他必须亲掌企业经营大权，不可能大权旁落。因此，在无限责任公司体制下，所有权和经营权是不可能分开的，出资者一定要自己掌握自己的命运，这就决定了现代公司的所谓"治理结构"，也是不可能在这里产生的。

有限责任公司制度的出现，使企业的经营发生了质的变化，在有限责任的企业形态下，出资者以实出资本金承担有限责任，出资额以外的个人其他财产不受企业经营的牵连，风险被限定了。对出资者来说，它不再是无底洞，而是有限度的。只有在这时，所有者才有可能把企业委托给专门的经营者去经营，经营者集团以至经营者阶层也正是在这种背景下逐步形成的。可以说，有限责任是现代企业制度的最本质的特征，是现代公司一系列制度特征的总根子，不言而喻，它当然也是两权分离、现代公司治理结构产生的根源。因此，我们深化企业改革、健全和完善现代企业制度，一定要在有限责任上下工夫。

在历史上，无限责任的企业制度，早于有限责任的企业制度。有限责任公司出现以后，无限责任公司依然存在。有限责任公司与无限责任公司，都是企业法律形态范畴的问题，它们从成立、运营直到终结、清算，都分别有不同的法律进行规制，例如日本，1999 年的《商法》规制着无限责任公司、股份公司和两合公司这三种形态的公司法人；1938 年又专门制定了《有限责任公司法》，用来规制有限责任公司法人。至今日本还是用上述两个法律规制着四种不同的公司法人。我国的《公司法》只规定了股份公司、有限责任公司和国有独资公司三种公司法人，并没有无限责任公司的立法，但是，如前所述，我国的国有企业在向有限责任公司转制的过程中，至今还拖着沉重的无限责任的尾巴，我们不能不正视它，不能不认真地去解决它。只有把这个问题解决了，才能够建立起规范的公司治理结构。

（三）当务之急是创造有助于实现有限责任的"小气候"

根据过去的经验，国有企业在对外合资时进行的改组，容易解决人浮于事的问题，因为外商是不肯替政府承担无限社会责任的；国有企业在股份制改造上市的时候，也相对比较容易解决人浮于事的问题。因此，要大力支持和鼓励合资和改造上市。当然，这只能是相对较小的一个局部，不可能全部合资，也不可能全部上市。我想，即使不合资、不上市，也可以按照合资企业的模式，更加广泛地支持和鼓励国有企业把优良资产和精干队伍单独组织起来，在企业内部搞活一块、凑合一块，这样总比全部搞成"凑合体制"要好。

按照上述的办法，在企业内部搞活一块、凑合一块，搞活的一块可以轻装前进了，凑合的一块必然要增加企业或政府的负担。为了解决企业人浮于事的问题，各级财政多拿出一些力量来给予支援，也是必要的。但财政力量毕竟也有限，如果大面积地、广泛地推行，显然力不从心。我觉得这里有一个不可忽视的力量，就是经济效益好的企业集团。充分发挥和利用这些企业集团的潜力，支持它们进行内部改组，把下属企业的富余人员收上来，由集团公司统一安置，使基层企业轻装前进，就可以在不过分加重政府财政负担的条件下，创造出有利于实现有限责任的小气候。我和一些企业家交换过意见，例如，有一位企业集团的老总告诉我，为了使基层企业能够轻装前进，集团公司把所有的离退休人员全部收上来统一由集团公司负担，取得了很好的效果；但是，基层企业仍然有很多在岗的富余人员，对于这些富余人员却不敢采取彻底解决问题的措施。据了解，原因并不在于经济实力而在于怕引起动荡。如果我们对这样的企业加强政策支持，给这样的企业家撑腰，就可以更好地动员企业内部的潜力，不增加政府的财政负担，形成一个一个的小气候，有效地解决人浮于事的问题，从而促进有限责任制度的实现。

总之，要尽快地、最大限度地解决企业人浮于事的问题，从各地和各大企业的经济实力出发，因地制宜，解决一个是一个、解决一批是一批。这样做，付出同样的代价，却可以换来企业机制的转换和经济效益的提高。只有这样，才能够使企业按照规范的有限责任公司的体制来运行，从而为企业分散风险、广泛集资、实现两权分离、形成经营者阶层和法人治理结构等现代企业的一系列制度特征创造根本前提。

（原载《中国工业经济》2001 年第 2 期）

三 关于现代企业制度与公司治理结构

建立现代企业制度的若干理论问题

党的十四届三中全会的决定，向我们提出了"转换国有企业经营机制，建立现代企业制度"的任务。为了更好地实现这项任务，对一些理论问题仍需要进一步研究和思考，诸如：什么是现代企业制度，怎样建立现代企业制度，以及建立现代企业制度同企业制度的全面改革、转换企业经营机制是什么样的关系，等等。下面就这些问题谈些看法。

一　现代企业制度最本质的特征,在于企业以其拥有的法人财产承担有限责任

相对于自然人的个人或合伙经济而言，公司法人制度是现代企业制度，从这个意义上来说，建立现代企业制度就是要实行公司制。但是，绝不能认为，把企业冠以公司的名称就可以成为现代企业制度。

公司是多种多样的。以日本为例，目前就有股份公司、有限责任公司、无限责任公司和两合公司等四种类型。它们都是公司，又都是企业法人，但不能说它们都属于现代企业制度。这是

因为，现代企业制度的最本质的特征并不在于公司名称，也不在于法人地位，而在于公司以其拥有的法人财产承担有限责任。无限公司和两合公司都以承担无限责任为特征，具有法人地位，但它们不能适应现代经济发展的要求，因此不能说它们是现代企业制度。这一点，从日本公司制度的实态分析中可以看得清楚。日本法人企业共有196万个，其分类如下表所示。

股份公司		有限公司		无限公司		两合公司		其他		总计	
数量(万个)	比重(%)	数量(万个)	比重(%)	数量(万个)	比重(%)	数量(万个)	比重(%)	数量(万个)	比重(%)	数量(万个)	比重(%)
101	51.5	90	46	0.7	0.3	3	1.5	1.3	0.6	196	100

资料来源：日本国税厅编：《法人企业的实态》，1990年12月。

上述196万家企业所依据的法律有两个：一是《商法》，二是《有限公司法》。日本《商法》是1899年制定的，是公司的基本法，它确立了无限公司、两合公司和股份公司三种形态的企业法人。《有限公司法》是相隔近40年之后于1938年制定的，是专门确立有限公司的法人的特别法。为什么有了公司的基本法还要专门立一个《有限公司法》呢？就是因为实践证明无限公司和两合公司的风险太大，不适应现代经济发展的要求，而有限公司就不像无限公司和两合公司那样对债权人要负无限责任，因此它和股份公司一样，对现代经济的发展有很强的适应力，特别是因为它的建立手续和营运规制又不像股份公司那样复杂、严格，所以这种企业形态对中小企业的发展更具有促进作用。在日本，有限公司起步虽晚但发展很快，已占到企业法人总数的46%，而起步较早的无限公司和两合公司却数量甚微，只占法人总数的1.8%。究其原因，就是它们不具备现代企业制度应当具备的基本特征。

从上述对比分析中可以看出，具有现代企业制度本质特征的是股份公司和有限公司，其共同特点是以其拥有的法人财产承担有限责任。因此，要建立现代企业制度就必须界定企业产权，承认企业法人财产权，并且把企业法人的财产同出资人的其他财产划分开。只有这样，才能以企业拥有的法人财产承担有限责任。如果徒有公司名称而无法人财产权或者产权界限不清，所谓的有限责任当然也就无从谈起，现代企业制度也就无法建立。

二　我们所进行的企业制度改革相对于建立现代企业制度的任务来说，内容要广泛得多

企业制度的内涵极为广泛。制度包含两层含义：一是指在一定历史条件下形成的社会政治、经济、文化等方面的基本制度；二是指要求人们共同遵守的办事规程或行动准则。企业是营利性的经济组织，因而企业制度属于经济方面的制度。从第一层含义理解，它是基本经济制度的一个重要方面，是在一定历史条件下形成的企业经济关系；从第二层含义理解，它还包括企业经济运行和发展中的一些重要规定、规程或行动准则，这些都属于经济方面的一般制度，它们所反映的也是经济关系。概括起来，所有这些内容无非是两类：一是企业形态；二是企业管理制度。

企业形态是世界各国用得比较广泛的概念。从广义上理解的企业形态，就是从各种不同角度，如行业、规模、技术特征、经济性质、组织形式等角度对企业所进行的类别划分；从狭义上理解的企业形态，则随研究问题的特定要求不同而不同。我们研究企业制度时所涉及的企业形态，是指企业的所有制关系和反映这

种经济内容的法律表现，前者属于经济基础，后者属于上层建筑。具体地说，它包括：①企业的经济形态，是以出资的主体来划分的，其核心是产权问题，实际上也就是我们通常所说的所有制形式；②企业的经营形态，也就是通常所说的经营方式；③企业的法律形态，是指依法确立的企业形态，如股份公司、有限公司等，由于各国法律体系不同，各国企业的法律形态分类也是不一样的。企业制度的内容，除上述企业形态之外，还包括企业管理制度，主要是指企业内部的组织结构、领导体制和经营管理制度。从以上的分析中可以看出，建立现代企业制度只是整个企业制度改革的一个重要组成部分而不是它的全部内容。

我国原有的企业制度是在旧体制下形成的，其主要特点是：所有制形式单一、经营方式单一、法律形态不健全、内部管理混乱。企业制度改革的基本任务，就是要解决上述两个单一、一个不健全、一个混乱的问题。也就是说，企业制度改革的任务，远不只是解决如何实行公司制的问题，而是全面着眼于转换企业的经营机制。

经济体制改革以来，我国的企业制度发生了很大变化。如发展了多种经济成分，实行了多种经营方式，加强了法制建设，改善了企业管理等，都是企业制度改革的成果。当前个体、集体、"三资"企业的发展方兴未艾，并且它们都实行了比较灵活的经营方式，其管理也是按照市场经济的要求进行的。总的来看，这些企业都具有比较新的经营机制，较有生气和活力。与其相对照，国有企业就不那么具有生气和活力，控制严、负担重、效益差的问题仍相当突出。这足以说明，国有企业的经营机制还没有真正转换，在制度上还不适应市场经济的客观要求。因此，进行企业制度的改革，问题的焦点仍然集中在对国有企业的改造上。

三　在国有企业的公司化改造中,必须大力推进
法人相互持股,使股权多元化、分散化

对国有企业进行公司化改造,如果只是改造为国家独资或者占绝大多数股权的公司,就仍然难以摆脱行政机关的控制,难以实现自主经营。少数行业的企业可以这样做,多数竞争性行业的企业不应这样做,而应当使股权多元化而且要大幅度降低国家直接持股的比例。这样才能转换机制、实现自主经营。

大幅度降低国家直接持股的比例,公有制的性质岂不就动摇了吗? 其实不然。我们发展股份制企业,当然要吸收个人资金,但从我国的实际情况来看,光用发展个人股的办法来使国家直接持股比例大幅度降低,是根本不可能的;如果我们主要用大力发展企业法人相互持股的办法来降低国家直接持股的比例,不但是可能的,而且还不会从根本上改变原来的所有制关系。例如,企业一方面吸收其他企业的投资来增加资本金;另一方面又以自有资金去持其他企业的股,这样交叉进行,就可以在资金总量不变的条件下,使相互持股的每一个国有企业的资本金同时都会增加,从而使国家直接投入企业的原有资金在资本金中所占份额相对下降。尽管这会使企业资本金虚增,但只要不是用行政办法而是按照企业间的生产联系和经济需要,本着自愿的原则来形成法人相互持股关系,伴随的就会是资金的合理流动和产权组织结构的合理调整。采用这种办法,由于企业间的资金是可以相互抵消的,所以并不会过多地增加企业负担。当然,这不可能一蹴而就,需要有一个逐渐磨合的过程。

通过法人相互持股使股权多元化、分散化之后,就可以削弱最终所有者的控制,形成经营者集团控制企业的格局,真正

实现企业自主经营。这是因为，在股权分散化前提下，法人相互持股具有一种"架空机制"。以日本的大企业为例，大股东多为法人，股东数量多但单个股东的持股率低，因此需要几十家大股东联合起来才能控制企业，比如，松下电器公司有 17 万股东，最大股东是住友银行，持股率只占 4.3%，前 10 位大股东持股合计也只占 26.5%。这些法人大股东由于相互持股的缘故，它们互相参与，作为股东的干预力是相互抵消的，在股东大会上实际成为支持企业经营者的一种强大力量；而个人股东人数众多，人均股权极少，各大公司的股东大会又都在同一天召开，谁也无法分身去参加股东大会，所以它们也基本不起作用。这就决定了公司经营者的自由度很大，来自所有者方面的约束甚少，自主经营的权力极大。当然，如果企业经营出了大毛病，法人大股东也会进行干预，干预的方式是联合起来更换经营者。这里的关键问题是：法人大股东的这种干预权利由谁来行使？并非最终所有者——个人大股东，而是股东企业的法人代表——经营者。因此，实际上是由各个法人股东企业的代表——经营者形成的集团，发挥着对企业的控制、监督和处置作用。在一定意义上说，在相互持股的条件下，作为最终所有者的股东被架空了，在企业经营上起决定作用的，归根到底是经营者而非个人股东。

当然，日本企业的所有制同我国企业不同，但法人相互持股使法人股东的代表转化成经营者集团，最终所有者被架空，这种作用和机制是相通的；无论最终所有者是个人股东还是政府主管部门，被架空的可能性是同等的。我们在公司化改造过程中，正确运用法人相互持股的"架空机制"，把一元的"行政婆婆"改组成为多元的"法人婆婆"，就可以转换企业经营机制，使企业之间能够相互影响、相互制约、相互促进，从而淡化行政主管部门的直接干预，突出经营者集团的作用，使企业经营机制得到转换，向自主经营的目标跨进一步。

四 企业法人财产权应该理解为在出资者拥有最终所有权的同时,企业拥有法人所有权

党的十四届三中全会决定中提出了"出资者所有权与企业法人财产权的分离"问题，这比所有权与经营权分离的提法更为准确。然而，财产权也是一个比较笼统的概念，必须赋予相应的具体内容，才能确切地理解到底指的是财产的什么权。

一个时期以来，主张确立企业法人产权的议论甚多，但如何界定出资者的最终所有权和企业法人产权，则说法各异。有的说出资者拥有最终所有权，企业拥有法人产权；有的说企业拥有的法人产权也就是法人所有权，不过出资者的最终所有权是完整的所有权，企业的法人所有权是不完整的所有权；还有的说企业法人所有权实际上就是完整的经营权，如此等等。其实，这些说法都没有把出资者和企业的产权关系界定清楚。由于现代企业的产权关系已经发生了巨大的变化，若想确立企业法人产权制度，必须把本来意义上的完整的所有权，分解为出资者的最终所有权和企业法人所有权。出资者对已经投入企业的财产拥有最终所有权，但既不能任意抽回，也不能占用和进行其他处分。出资者的财产一旦投入企业，就成为企业的法人财产，企业也就对它拥有了法人所有权。这种法人所有权不仅享有占用和不改变最终所有权的处分权，而且还有受益权并可以用来偿还债务和承担盈亏责任。然而企业法人的所有权必须随法人组织的立废而存在和消失，一旦企业法人组织终止，清算后的剩余财产全部要归出资人所有，因此企业法人的所有权并不是最终所有权。至于所有权和

经营权的关系，我认为也不宜于一般地讲两权分离，而应该是企业经营权同出资者的最终所有权相分离，同企业法人所有权相统一。

企业法人所有权，是有实际内容的。企业的全部财产是由两部分资金形成的：一是他人资本，一是自有资本。自有资本包括三个部分：（1）资本金；（2）准备金；（3）剩余金。

首先，关于他人资本。对企业来说，这是债权、债务的关系，出资人拥有债权，这部分资金及用它形成的资产当然不能再归债权人所有，理应归企业法人所有。

其次，关于自有资本中的资本金。它是股东出资部分，其数额和已售出的股票面额相对应，是量化到每个股东的股权。这部分资金和用它形成的资产，在公司运营过程中也归企业法人所有，只是在企业法人结束时才还原为股东的最终所有。

再次，关于资本金中的准备金和剩余金。它们是经营收入中的各种提存，其中大部分是股票溢价发行时得到的资本收益，还有相当大的一部分是未分配利润。在自有资本总额中，资本金量化到每个股东的资本金，只占30％左右，而准备金和剩余金占的比重高达70％，虽然在理论上可以认为后两项也和资本金一样归股东所有，但这也只是最终所有权，实际上它是经营者可以活用的资金，只是对企业扩大经营有利，事实上并未直接变成股东的股权，企业自有资本中明确属于股东个人所有的集中体现在上述资本金一项上。由此可见，自有资本中有一大部分资产既没有量化到股东，也没有量化到每个职工，而是属于企业法人所有，直到企业法人组织结束时才还原为出资人的最终所有。

上述三点是企业法人所有权的具体内容，实际上这是企业的全部财产，特别其中的第三点更为直观，它既未量化为债权也未量化为股权。因此，把企业法人财产权理解为在出资者拥有最终所有权的同时，企业拥有法人所有权，这无论在理论上或在实践上，都是有根据的。

（原载《中国社会科学院研究生院学报》1994 年第 1 期）

论现代企业制度的特征

一 现代企业制度的衡量标准

什么是现代企业制度？目前最为流行的观点是把它等同于公司制度或法人企业制度，我认为，这是不准确的。相对于自然人的个人或合伙经济而言，公司法人制度更具先进性，但是，并非一切公司法人制度都可以称为现代企业制度。公司是多种多样的，法人也是依据各国法律确立的，由于各国的法律不同，企业的法律形态也必然是多种多样的。因此，我们研究现代企业制度，只抽象地讲公司法人制度就远远不够了，必须明确我们要建立的是一种什么样的公司法人制度。

从根本上说，我们要建立的现代企业制度，是能够适应现代市场经济发展要求的公司法人制度。在市场经济条件下，企业必须在瞬息万变的竞争环境中生存和发展，只有能够集中社会资金、分散经营风险的企业制度，才能适应市场经济的要求，这是衡量企业制度是否现代化的基本标准。

自然人的个人或合伙经济由于业主对企业经营要承担无限连带责任，这就决定了它的经营风险大，难以广泛吸收他人资本，这样的企业无论在发展规模上还是在市场竞争力上都有明显的局限性，所以我们说它不符合上述标准，不是现代企业制度。至于公司法人企业，也不一定都符合上述标准，例如，目前在一些国家事实上存在着的无限责任公司和两合公司，它们都是公司而且具有法人地位，但这样的法人企业以承担无限连带责任为特征，历史事实已充分证明，它们的风险太大，筹资困难，不能适应现代市场经济发展的客观要求，所以说这种承担无限责任的公司法人，也不能视为现代企业制度。

二　现代企业制度的本质特征

现代企业制度的最本质的特征应当是有限责任，即公司以其拥有的法人财产承担有限责任，只有这样的公司法人，才能够广泛集资、分散风险，适应现代市场经济发展的要求。这样来认识现代企业制度，对我国国有企业的改革是有现实意义的。

我们的国有企业实际上是由政府承担无限责任的企业法人，它们同现代企业制度在本质上的差别并不在公司的名义和法人的地位，而在有限责任。我们建立现代企业制度的目的和要解决的根本问题，就是要把由国家承担无限责任的国有企业转变为以公司法人财产承担有限责任的法人企业。这就要求企业法人财产明晰化，并且把企业法人财产同出资人（包括国家）的其他财产界定清楚，建立起有限责任的企业制度。在此基础上，公司制度的一系列的运行机制才能形成，例如，公司制度的一个显著特征——专家治理结构就是以有限责任为前提的。一个无限责任公司或者个人企业，业主需承担无限责任，对他来说，这是生死攸关的大事，必然要亲自控制企业，很难想象在无限责任的企业制度下会产生专家治理结构。我国的国有企业改革也是一样，如果不从根本上解决有限责任问题，包括企业自主经营、专家治理结构在内的一系列的公司运行机制都很难形成。

三　现代企业制度的组织形式

各国企业的组织形式是不尽相同的。就法人企业来说，日本的分类较为详细，全日本共有法人企业196万个，共分为股份公司、有限公司、无限公司、两合公司四类。这四类公司所依据的法律有两个：一是《商法》，一是《有限公司法》。日本《商法》是1899年制定的，是公司的基本法，它确立了无限公司、两合公司和股份公司三种形态的企业法人。《有限公司法》是相隔近40年之后于1938年制定的，是专门确立有限公司法人的特别法。为什么有了公司的基本法还要专门制定《有限公司法》呢？就是因为在实践中发现，无限公司和两合公司不适应现代市场经济发展的要求，需要确立新的企业形态，而有限公司就不像无限公司和两合公司那样对债权人要负无限责任，因此它和股份公司一样，对现代市场经济的发展有很强的适应力，特别是因为它的建立手续和营运规划又不像股份公司那样复杂、严格，所以，这种企业形态对中小企业的发展更具有促进作用。在日本，有限公司起步虽晚但发展很快，起步较早的无限公司和两合公司数量却很少，只占法人总数的1.8%，究其原因，就是它们不适合现代市场经济的要求。由此可见，具有现代企业制度本质特征的企业组织形式，是股份公司和有限公司，其共同特点就是有限责任。

我国的公司法较发达国家公司法的立法时间晚了100多年，别国经验已经证明不具备现代企业制度本质特征的企业形态——无限责任公司和两合公司，在我们的公司法中理应不予确认。我国公司法确立的公司形态只有股份公司和有限公司两种，这正说明它反映了时代精神，是符合现代企业制度的标准和特征的。

四　现代企业制度的实施

我国的公司法体现了现代企业制度的本质特征。因此，我们应该以贯彻公司法为主线进行现代企业制度的建设。首先要使在公司法实施以前已经依法建立的公司达到公司法规定的各项条件，同时要对国有企业有步骤地按公司法规定的条件进行公司化改造。

国有企业的公司化改造，需要经过试点逐步铺开。当前在具体实施中需要处理好两个关系：

第一，试点企业和非试点企业的关系。对试点企业来说，试点的内容应当重点突出，紧紧抓住建立现代企业制度要解决的变无限责任为有限责任的根本问题，不要把它同企业改革的一般任务相混淆。试点同非试点企业的任务理应有所区别，如果把企业改革的一般任务也变成了试点企业特有的任务，就会使非试点企业产生等待思想，甚至误认为非试点企业的改革任务不复存在了。其实，我们所进行的企业改革，相对于建立现代企业制度的任务来说，其内容要广泛得多，非试点企业不应因为现代企业制度的试点就产生等待和观望的态度，而应当沿着十几年来企业改革走过来的路和《全民所有制工业企业转换经营机制条例》指出的方向，继续深化改革。至于试点企业怎样才能抓住变无限责任为有限责任这个根本环节呢？我想主要是应把试点的内容集中在产权问题上，不要搞包罗万象的试点，要重点搞好清产核资、界定产权、清理债权债务和评估资产，只有把企业法人财产界定清楚，并且把它同出资人的其他财产划分开，才能以企业法人财产承担有限责任，这正是建立现代企业制度的关键所在。

第二，企业股份制改造和股票上市的关系。股份公司的建立同股票上市，是既相联系又根本不同的两回事。上市公司在股份公司中通常只是很少的一部分，据 1990 年统计，日本有 101 万家股份公司，其中上市公司 2071 家，只占 2‰。因此，国有企业的公司化改造同股票上市并没有必然的联系，国有企业体制改革的着眼点，应当是转换经营机制而不应当是股票上市。要提倡多搞一些定向募集的、法人相互持股的股份公司，通过法人相互持股使企业的股权多元化、分散化，从而把国家直接持股的比例大幅度地降低，这对企业实现自主经营具有不可忽视的作用。然而目前在我国企业股份制改造的实践中却常把股份制改造和股票上市混为一谈，争取股票上市往往成为企业股份制改造的着眼点和基本目标。这种认识是片面的。

任何国家，对于股票上市的规模和上市公司的比重都不能没有控制。我国也不能例外。今后仍然应该坚持对公司股票上市进行严格控制，但是对于股份公司的组建，则应当更加大胆放手，步子可以迈得更大一些。正确地把两者区分开来，有助于采取不同的对策，从而防止在加强证券市场控制的同时把股份公司的组建也卡住了，避免公司化改造受证券市场波动的影响，使国有企业改革深入进行。

（原载《求是》1994 年第 20 期）

有限责任

——现代企业制度的本质特征

建立现代企业制度，已经确立为我国国有企业改革的方向。近一个时期以来，学术界和企业界对于什么是现代企业制度和怎样建立现代企业制度，积极认真地进行了研究和探索，但至今人们在理解上感到困惑的问题仍然很多。第一，企业改革搞了十几年，现在又提出建立现代企业制度，新意何在？特别当人们讲起现代企业制度的基本特征时，总是涉及许多改革十几年来一直在做的事情，诸如自主经营、自负盈亏；提高劳动生产率和提高经济效益；建立科学的领导体制和组织管理制度，等等。这就更使人感到费解，搞不清楚建立现代企业制度的新的含义、新的任务是什么。第二，现有的国有企业，同我们要建立的现代企业制度，差距何在？找不到差距也就失去了努力的方向。特别是目前有一种流行的观点，认为现代企业制度就是公司制度或者说是法人企业制度。这就难免使人提出疑问：我国的国有企业，哪家不是法人企业，而且很多企业已经变成了公司，岂不已经成为现代企业制度了？对那些尚未改为公司的企业来说，是否差距仅在于名称？似乎搞个翻牌公司也就可以变成现代企业制度了。第三，现在从中央到地方都在酝酿搞现代企业制度试点，试点企业和非试点企业，区别何在？全国要确定百家企业进行试点，各地也可能会确定自己的试点企业，既然是试点，必然是个局部，就会有点和面的关系问题。面上的企业又该怎么办呢？非试点企业的改革任务是否不复存在了呢？

为什么上述这些问题会使人感到困惑？据我看，原因在于，在理论上、宣传上有两个必须搞清楚的重要问题，我们还没有真正探讨清楚。

一　现代企业制度最本质的特征是什么？

建立现代企业制度，目的是什么、要解决的根本问题是什么，这是首先必须搞清楚的基本问题。如果按照前述比较流行的那些观点来理解，即现代企业制度就是公司制度、法人企业制度，那么就会出现前边所说的那些疑问，有些企业就会认为建立现代企业制度的任务已经完成或者认为很容易就可以完成。实际上，这里涉及现代企业制度最本质的特征到底是什么的问题。

我认为，现代企业制度最本质的特征并不在于公司的名义，也不在于法人的地位，而在于有限责任，即公司以其拥有的法人财产承担有限责任。建立现代企业制度的目的和要解决的根本问题，就是要把由国家承担无限责任的国有企业制度转变为以公司法人财产承担有限责任的法人企业。

公司法人是多种多样的。研究现代企业制度问题，只抽象地讲公司法人制度是远远不够的，必须明确我们要建立的是一种什么样的公司法人制度。

法人是依法确立的民事主体，由于各国的法律不同，企业的法律形态分类也就不同，美国有美国的分法，日本有日本的分法。以日本为例，目前主要有四种类型的公司法人（见表1）：

表1

股份公司		无限公司		两合公司		有限公司		其他		总计	
数量 （万个）	比重 （%）	数量 （万个）	比重 （%）	数量 （万个）	比重 （%）	数量 （万个）	比重 （%）	数量 （万个）	比重 （%）	数量 （万个）	比重 （%）
101	51	0.7	0.3	3	1.5	90	46	1.3	0.6	196	100

资料来源：日本国税厅编：《国人企业的实态》，1990年12月。

上表中前三类公司法人是依据1899年颁布的《新商法》确立的；第四类公司法人（有限公司）是依据1938年颁布的《有限责任公司法》确立的。上述四类公司都具有法人地位，如果一般地讲公司法人，它们当然都应包括在内，但是在我们研究现代企业制度时，绝不能认为它们都具有现代企业制度应当具备的特征。例如，无限公司和两合公司都以承担无限责任为特征，实践已经证明它们的风险太大，集资困难，不能适应现代市场经济发展的要求，正因为如此，在《新商法》实施40年后又颁布了《有限责任公司法》，确立了有限公司这种新的企业形态。在日本，有限公司起步虽晚但发展很快，目前已占企业总数的46%，同股份公司的数量已经接近，而无限公司和两合公司所占比重却很小。这也足以说明股份公司和有限公司对现代市场经济发展有很强的适应力，而它们的共同特征正是有限责任。

也许有人会说，无限公司、两合公司虽是法人企业，但数量不多，不具有典型性，可以略而不计。如果我们仅仅是研究美国的企业制度，确实可以认为不存在这个问题，因为在美国企业法律形态分类中不存在这类企业法人；如果我们仅仅是研究日本的企业制度，也可以认为这个问题不十分重要，因为在日本企业法人总数中，无限公司和两合公司总共只占 1.8%。但是，在研究我国企业制度改革问题时，这个问题却是绝对不可忽视的，因为我国的国有企业尽管都具有法人地位，有的还有公司的名义，但实际上是由政府承担无限责任的企业法人，它们同现代企业制度在本质上的差别并不在公司的名称和法人的地位，而在有限责任。我们建立现代企业制度要解决的根本问题，恰恰是在这里。

既然现代企业制度最本质的特征是有限责任，因此，要建立现代企业制度就必须在理论上承认企业法人产权，并在实践中正确界定法人产权，把企业的法人财产同出资人（国家）的其他财产划分开。只有这样，才能使企业以其拥有的法人财产承担有限责任。如果徒有公司的名称而无法人财产权或者产权界限不清，所谓的有限责任也就无从谈起，现代企业制度也就无法建立。

首先，在理论上，一个时期以来，主张确立法人财产权的议论甚多，但企业法人财产权的确切含义是什么，以及应当如何界定出资者的最终所有权和企业法人财产权，则说法各异。我认为，由于现代企业的产权关系已经发生了巨大的变化，若想确立企业法人产权制度，必须把未来意义上的完整的所有权，分解为出资者的最终所有权和企业法人所有权。所谓企业法人财产权，应该理解为在出资者拥有最终所有权的同时，企业拥有法人所有权。出资者对已经投入企业的财产拥有最终所有权，但既不能任意抽回，又不能占用和进行其他处分。出资者的财产一旦投入企业，就成为企业的法人财产，企业也就对它拥有了法人所有权。然而这种法人所有权必须随法人组织的立废而存在和消灭，一旦企业法人组织终止，清算后的剩余财产全部要归出资人所有，因此，企业法人的所有权并不是最终所有权。至于所有权和经营权的关系，我认为也不宜于一般地讲两权分离，而应该是：企业经营权同出资者的最终所有权相分离，同企业法人所有权相统一。

说企业拥有法人所有权，是有实际内容的。企业的全部财产是由两部分资金形成的，一是他人资本，二是自有资本。首先关于他人资本。对企业来说，这是债权、债务的关系，出资人拥有债权，这部分资金及用它形成的资产当然不能再归债权人所有，理应归企业法人所有。其次关于自有资本。它包括三个部分：（1）资本金；（2）准备金；（3）剩余金。资本金是股东出资部分，它和已售出的股票相对应，是量化到每个股东的股权。这部分资金和用它形成的资产，在公司运营过程中也归企业法人所有，只是在企业法人结束时才还原为股东的最终所有。准备金和剩余金是经营收入中的各种提存，其中有相当大的一部分是股票溢价发行时得到的资本收益，还有相当大一部分是未分配利润。虽然在理论上可以认为后两项也归股东所有，但这也只是最终所有权，事实上并未直接变成股东的股权，实际上它属于经营者可以活用的资金，归企业法人所有和支配，直到企业法人组织结束时才还原为出资人的最终所有。

其次，在实践上，近一个时期以来，对于如何行使国有资金的最终所有权，以及如何落实企业法人财产权，也推行了很多试点，在这方面需要探讨的问题也很多。例如，在国有企业进行公司化改造的实践过程中，越来越使人感觉到如果仍然由行政主管机关行使国有资金的最终所有权，企业就仍然难以改变行政机构附属物的地位，不可能真正实现自主经营。如果国有资金的最终所有权由国家授权的投资机构来行使，就有可能在一定的程度上割断基层企业和行政机关的直接联系，从而减弱或消除政府行政机构的干预。但是，这里有一个前提，就是国家授权的投资机构必须转变职能，不能办成行政机关，而必须实行企业化经营。这样，国有企业和投资机构之间才能形成子公司和母公司的关系，使企业摆脱行政机构附属物的地位。至于企业法人财产权的落实，应当看到，这是一项极为复杂的工作，例如，企业的有形资产如何正确地评估，企业的债权、债务如何有效地清理，企业利用多级政府给的各种特殊政策创收而形成的资产归属问题如何正确地界定，以及企业负债经营增加资产归属问题如何正确地界定，等等，都不宜于简单行事，而应当经过试点，在调查研究的基础上形成统一政策、统一制度，逐步推开。

二　建立现代企业制度同企业制度改革的关系

我们所进行的企业制度改革，相对于建立现代企业制度的任务来说，其内容要广泛得多。

企业制度的内涵极为广泛。所谓制度，包含两层含义：一是指在一定历史条件下形成的社会政治、经济等方面的基本制度；二是指要求人们共同遵守的办事规程或行动准则。企业是营利性的经济组织，因而企业制度属于经济方面的制度。从上述第一层含义理解，它是基本经济制度的一个重要方面，是在一定历史条件下形成的企业经济关系；从上述第二层含义理解，它还包括企业经济运行和发展中的一些重要规定、规程或行动准则，这些都属于经济方面的一般制度，它们所反映的也是经济关系。所有这些内容，概括起来无非属于两类：一是企业形态；二是企业管理制度。

我们研究企业制度时所涉及的企业形态，是指企业的所有制关系和反映这种经济内容的法律表现，前者属于经济基础，后者属于上层建筑。具体地说，它包括：①企业的经济形态，是以出资的主体来划分的，其核心是产权问题，实际上也就是通常我们所说的所有制形式；②企业的经营形态，也就是通常所说的经营方式；③企业的法律形态，是指依法确立的企业形态，如股份公司、有限公司等，由于各国法律体系不同，各国企业的法律形态分类也是不一样的。企业制度的内容，除上述企业形态之外，还包括企业管理制度，主要指企业内部的组织结构、领导体制和经营管理制度。从以上的分析中可以看出，建立现代企业制度只是整个企业制度改革的一个重要组成部分而不是它的全部内容。

我国原有的企业制度是在旧体制下形成的，其主要特点是所有制形式单一、经营方式单一、法律形态不健全、内部管理混乱。企业制度改革的基本任务，就是要解决上述两个单一、一个不健全，一个混乱的问题。也就是说，企业制度改革的任务，远不止是解决如何实行公司制的问题，而是全面着眼于转换企业的经营机制。

经济体制改革以来，我国的企业制度已经发生了很大变化，如发展了多种经济成分，实行了多种经营方式，加强了法制建设，改善了企业管理等，这些都是企业制度改革的成果。从当前的情况看，个体、集体、"三资"企业的发展方兴未艾，并且这些企业都实行了比较灵活的经营方式，其管理也是按照市场经济的要求进行的，总的来看，这些企业都具有比较新的经营机制，较有生气和活力。与其相对照，国有企业就不那么具有生气和活力，控制严、负担重、效益差的问题仍相当突出。这足以说明，国有企业的经营机制还没有真正转换，在制度上还不适应市场经济的客观要求。因此，进行企业制度的改革，问题的焦点仍然集中在对国有企业的改造上。

对国有企业进行公司化改造，如果只是改造成为国家独资或者占绝大多数股权的公司，就仍然难以完全摆脱行政机关的控制，难以实现自主经营。少数行业的特定的企业可以搞国有独资公司，多数竞争性行业的企业不应这样做，而应当大力发展法人相互持股，使股权多元化、分散化，而且要大幅度降低国家直接持股的比例。这样才能转换机制、实现自主经营。这样进行股份制改造，带有企业改组的性质，可以更加大胆放手地加速试点。

对我国国有企业的改革来说，使股权多元化、分散化，把国家直接持股的比例大幅度地降低，对实现企业的自主经营，具有不可忽视的作用。例如，企业一方面吸收其他企业的投资来增加资本金；另一方面又以自有资金去持其他企业的股，这样交叉进行，就可以在资金总量不变的条件下，使相互持股的每个国有企业的资本金同时都会增加，从而使国家直接投入企业的原有资金在资本金中所占份额相对下降。尽管这会使企业资本金虚增，但只要不是用行政办法而是按照企业间的生产联系和经济需要，本着自愿的原则来形成法人相互持股关系，伴随的就会是资金的合理流动和产权组织结构的合理调整。采用这种办法，由于企业间的资金是可以相互抵消的，所以并不会过多地增加企业负担。当然，这不可能一蹴而就，需要有一个逐渐磨合的过程。按照上述设想，通过法人相互持股使股权多元化、分散化之后，就可以削弱最终所有者的控制，形成经营者集团控制企业的格局，真正实现企业自主经营。

对于现代企业制度的试点来说，可以按照上述办法进行公司化改造；对于非试点企业来说，改革的任务依然存在，应当按照企业制度全面改革的要求，认真贯彻实施转机条例，努力转换企业经营机制，提高企业管理水平。

（原载《新视野》1994 年第 5 期）

深化企业改革要在有限责任上下工夫

近几年来，中央采取了很多实际步骤，推进国有企业的改革和发展。诸如：调整收入分配政策，刺激消费，增加有效需求，解决企业产品销售不畅问题；科研单位进入企业，建立企业技术中心，加速成果转化；增加技术改造贴息贷款，加大企业技术改造力度，促进企业适应市场需求调整产品结构；债权转股权，解决企业负债率过高问题；减员增效，下岗分流，实施再就业工程；加大资金投入，完善社会保障体系，减轻企业的社会负担，等等。这些措施对于解决企业面临的种种困难，对困难企业的脱困起到了促进作用。但这主要还是解决迫在眉睫的问题，从长远来说，要解决企业改革和发展的深层问题，必须建立现代企业制度，从根本上解决制度创新的问题。

一　有限责任是现代企业制度的本质

建立现代企业制度，需要进一步解决的问题很多，我觉得最重要的是有限责任问题，这是因为，有限责任是现代企业制度最本质的特征。

建立现代企业制度的工作已经进行了好几年，但什么是现代企业制度，至今人们在认识上还不一致。有一种最为流行的观点，就是认为现代企业制度就是公司法人制度。我认为这是值得商榷的。因为公司是多种多样的，法人也是依据各国法律确立的，随各国法律的不同，企业的法律形态分类也必然是各式各样的。我们在研究现代企业制度时，只抽象地讲公司法人制度是远远不够的，必须明确我们要建立的是一种什么样的公司法人制度。

从根本上说，我们要建立的现代企业制度，是能够适应现代市场经济发展要求的公司法人制度。在市场经济条件下，企业必须在瞬息万变的竞争环境中生存和发展；只有能够分散经营风险、集中社会资金的企业制度，才能适应市场经济环境的需求。这是衡量现代企业制度的基本标准。自然人的个人或合伙经济，由于业主对企业经营要承担无限连带责任，这就决定了它经营风险大，难以广泛吸收他人资本参与，这样的企业当然不是现代企业制度。至于公司法人，也存在有限责任和无限责任两大类。在美国，个人企业、合伙企业不是法人，美国的法人企业，都是有限责任的公司法人，因此，在美国只有有限责任的公司法人，不存在无限责任的公司法人。在美国是这样，但是，其他国家就不都是如此。例如，日本就存在着有限责任和无限责任两大类公司法人。日本公司的基本法是1899年制定的，名为《商法》，在这个法中分别确立了股份责任公司、无限责任公司、两合公司三种类型的公司法人；到了1938年，又制定了《有限责任公司法》，专门确立了有限责任的公司法人。到目前为止，日本仍然存在着上述四种不同类型的公司法人，其中的两合公司和无限责任公司都是公司而且具有法人地位，但这样的公司法人以承担无限的连带责任为特征，历史已充分证明，由于风险大、集资困难，这样的企业无论在发展规模上还是在市场竞争力上都有明显的局限性，不能适应市场经济发展的客观要求，所以说这种承担无限责任的公司法人，也不能算是现代企业制度。

基于以上分析，现代企业制度的最本质的特征是有限责任，即公司以其拥有的法人财产承担有限责任，只有这样的公司法人才能够分散风险、广泛集资，适应现代市场经济发展的要求。

二　有限责任是现代企业一系列制度特征的总根子

企业形态由无限责任到有限责任，是企业发展史上的一次质的飞跃。在历史上，无限责任公司制度的出现早于有限责任公司。人们一般把 1602 年创立的荷兰东印度公司视为早期股份有限责任公司形成的标志，而在此之前，难以吸收他人出资，不能适应市场竞争的需要，企业的发展受到很大的局限，可以说是没有生命力的。有限责任公司制度的出现，使企业的机制发生了根本的变化。无限责任的企业形态，风险和利益都集中于所有者身上，利益关系结构的焦点非常集中。对一个无限责任公司的所有者来说，由于他必须承担无限连带责任，企业如何经营就成了涉及身家性命、生死攸关的大事，必然要亲掌企业经营大权。因此，在无限责任公司体制下，经营大权不可能旁落，所有权和经营权是不可能分离的，这就决定了现代公司的所谓"治理结构"也是不可能在这里产生的。

而有限责任企业形态的出现，就使企业同过去小业主式的经营以及无限责任公司，在产权关系和债权、债务关系上，发生了本质的变化。在有限责任的企业形态下，股东以实出资本额为限承担有限责任，出资额以外的个人其他财产，不受企业经营的牵连，风险被限定了、分散了，对出资者来说，它不再是无底洞，而是有限度的。这时，才有可能吸引他人出资，广泛集中社会资本，实现资本的社会化；也只有在这时，现代企业的一系列制度特征才能够产生。因此可以说，有限责任是现代企业一系列制度特征的总根子。

分析一下党的十四届三中全会提出的现代企业制度的标准的四句话，就可以看出有限责任的根本。

首先，我们说产权明晰。为什么有人容易把产权明晰误解为私有化呢？原因就在于把产权明晰理解为个人产权，而没有从有限责任这个现代企业制度的本质特征出发来理解。常常听到有人说，国有企业归国家所有，产权怎么不清楚，难道必须量化到个人才算清晰吗？实际上这是误解，企业产权清晰是有限责任的要求，同私有化无关，在无限责任的公司制度下，企业的最终归属也是很清楚的，但是，企业的财产没有边界，同出资人的其他财产是分不开的，从这个意义上说是不清楚的。我国的国有企业正是如此，国有企业归国家所有，从这个意义上说产权当然是清楚的，但从有限责任的角度来说，又是不清楚的。有限责任要求企业以其拥有的法人财产承担有限责任，如果企业的法人财产没有边界，和国家的其他财产分不开，那又怎样承担有限责任呢？我们讲现代企业制度要产权清晰，主要含义就在于此，并不是把国有企业的财产量化到每一个人才叫产权清晰。因此，只有从有限责任这个根本要求出发，才能够正确地理解产权清晰，才能和私有化区别开来。

其次，我们说政企分开、责权明确、管理科学。有限责任把出资者的责任限定了，企业的经营不会累及出资者的其他资产，更不会累及其身家性命，这时所有者才有可能超脱出来，把经营大权交给他人去掌握，所有权和经营权才有可能真正分离；出现了这种局面之后，专门的经营者阶层才有可能形成、发展和壮大，专家管理、不断提高企业管理水平，才有现实可能。我们常讲两权分离、政企分开重要，但怎样才能分离呢？回顾一下历史我们就可以看到，有限责任是关键，它才是两权分离的根本前提。没有有限责任的公司制度出现，就不可能有两权分离；不彻底解决有限责任问题，就做不到政企分开。试想，如果国有企业的一切经营后果都由政府承担，没有明确的有限边界，成了无底洞，政府怎能不去直接管呢，政企怎能分得开呢？这样，企业的权责就不可能明确，经营者阶层就不可能出现，专家管理也不可能形成，总之，我们通常讲的"公司治理结构"等现代企业的一系列制度特征，也就不可能产生。所有这些，都是在有限责任这个前提下形成的。因此我们说，有限责任是总根子。

三　我国的国有企业实际上是无限责任制的企业

从世界范围来看，有限责任的公司法人制度早已确立了主体地位，无限责任的公司法人制度虽然存在，但并非主流。因此有人认为，强调现代企业制度有限责任的本质特征，并没有太大意义。我觉得，这也不尽然。对我国来说，在建立现代企业制度过程中，强调有限责任的本质特征，较比其他国家更有特殊意义。

我国的国有企业，在旧体制下实际上是无限责任制的企业。企业的出资者是政府，企业没有明确的法人财产权，企业的财产同出资者的其他财产连一起，没有边界，可以随意调拨，企业经营的一切后果，实际上由出资者——政府承担着无限的责任。

一般所说的企业的无限责任，集中地表现在企业的债权、债务关系上，但我国国有企业的无限责任，却有所不同，它不仅仅表现在债权、债务关系上，同时还表现在无限的社会责任上。我国的国有企业，并非单纯的经济组织，它全面地承担着基层政权组织的社会责任，不是按照企业的需要来招募职工，而是按照社会的需要来安排就业，职工的生老病死、子孙后代，全部由企业包下来，责任是无限的。这是中国国有企业特有的无限责任。这种状况在提出建立现代企业制度的任务以后虽然有所改变，但至今还没有从根本上解决问题。在这样的基础上进行企业改革、建立现代企业制度，如何从原来的无限责任的企业制度，真正地而不是名义上地转变为有限责任的企业制度，它的意义和难度都是非同寻常的。这就要求我们重视有限责任问题，认真地研究和解决有限责任的问题。

四 深化企业改革要在有限责任上下工夫

改革开放后，特别是近几年来，这种状况有所改变，企业有了法人财产权，明确了以企业的法人财产承担有限责任，企业的法人财产在名义上同出资人——国家的其他财产分开了，这就在债权、债务关系上，向有限责任的方向前进了一大步；但是，企业的社会责任远远没有解脱，企业冗员问题仍然没有解决，企业还不得不背着应由政府承担的社会责任，这反过来又影响着企业债权、债务关系的明确性，使企业不能真正成为承担有限责任的经济组织。

国有企业承担的本应由政府承担的社会责任不解除，它的债权、债务关系也就必然是一种软约束。这是因为，它的债权人多为以政府为背景的银行和企业，而企业背的债务又是为承担同政府有关的社会责任而背上的，这就变成了一笔糊涂账，责任难以分清。正因为责任分不清，企业的无限责任反倒变成了无责任，企业家反而变成了可以不负责任。企业的无限责任，实际上还是由政府承担着。

为了使企业经营者能够认真负责地搞好企业，就不能不把希望寄予好的领导班子特别是一把手上，政府就不得不把注意力放在领导班子的选拔上。这又进一步固化了政企不分。

要解决这个问题，根本出路还在于有限责任。因此，要建立现代企业制度，就必须进一步解决有限责任问题。

首先，要切实保障企业法人财产权不受侵犯。要进行规范的清产核资、资产评估，一方面，政府不能任意干预、调拨和支配；另一方面，企业经营者要有严格、明确的资产保值增值任务，确保企业法人财产充实。

其次，要推进股权多元化、分散化、法人化。近百年来，在企业产权方面发生的一个明显变化，就是股权多元化、分散化、法人化。这种变化虽然在不同国家表现出来的程度不同，但已经可以看出，这是一种发展的趋势。许多国家的大公司，都有几十万甚至上百万股东，而且大股东也不是独家。以著名的松下电器公司为例，它的第一大股东是住友银行，股权为 4.6%，其他大股东也多为法人，松下幸之助在 80 多年前创业时是 100% 独资，经过几十年的发展变化，现在松下家族在松下公司只占有 2.9% 的股权，也就是说，法人企业相互持股发展到一定程度，个人股权比重会大幅度下降，这就使企业的归属变得越来越"模糊"。我国国有企业通过法人相互持股，使股权多元化、分散化、法人化，就会比国有独资企业更容易把企业法人财产同出资人——政府的其他财产切开，有助于真正实现有限责任。

最后，在加速社会保障体系建设的同时，加大力度进一步抓好减员增效。目前国有企业内在的优势不能很好地发挥，一个最大的障碍就是人浮于事。现在，我们面临着一个非常实际的问题，就是企业为了解决已离退、下岗人员的生活问题，就已感到难以应付，对于在岗的人浮于事问题，就更难提到议事日程上来考虑，于是只好勉强凑合。其实这样凑合也是要付出代价的，不仅效率低、成本高，而且无法改进技术、加强管理，难以把企业搞好。这反倒不利于我们所面临的实际问题的解决。

作为政府当然要保持社会的稳定，而这种保持社会稳定的责任，又不得不压给国有企业。初看起来，这样做可以分散一些负担，实际上这样做的成本可能更高。企业在人浮于事的状态下运转，勉强凑合，必然效益下降、亏损增加，于是不得不靠银行贷款过日子，结果造成了呆账，最终还是要由政府承担。分散负担的结果，担子最终还是落到政府身上。也就是说，社会负担对政府来说是"背着抱着一般沉"，这就需要比较一下，到底是背着好还是抱着好。

如果政府财政多拿出一些钱，有步骤彻底解决一些企业的人浮于事的问题，这些企业就可以轻装前进。这样就可以使这些企业由吃财政变为创造更多的效益，更好地支援财政。这比大家都勉强凑合要好得多。另外，还有一些效益比较好、经济实力比较强的大企业集团，政府可以鼓励和支持它们加大力度解决下属企业人浮于事的问题，比如，可以把一部分或大部分下属企业的富余人员收上来，由集团公司统一安置，使基层企业轻装前进，创造更大的经济效益以增强整个集团的经济实力。总之，要尽快地、最大限度地解决企业人浮于事问题，从各地和各大企业的经济实力出发，因地制宜，解决一个是一个、解决一批是一批。这样做，付出同样的代价却可换来企业机制的转换和效益的提高。只有这样，才能使企业按照规范的有限责任的体制来运营，从而为企业分散风险、广泛集资、实现两权分离、形成经营者阶层和法人治理结构等现代企业的一系列制度特征创造根本前提。

（原载《当代财经》2000 年第 3 期）

改制的根本是落实有限责任制度

　　国有企业三年脱困任务已基本完成，但这只是阶段性任务。要从根本上使企业摆脱困境，必须在企业制度上下工夫，当务之急是创造有利于实现有限责任的"小气候"。近几年出台的政策，很多是为了解决企业面临的困难而采取的应急措施。从长远来说要使企业摆脱困境，更重要的还是要在企业制度创新、转换企业经营机制上下工夫。也就是说，要从根本上解决企业的困难，还必须进一步加强企业自身的改革，转变企业经营机制，加速建立现代企业制度。

　　目前，我国企业在现代企业制度建设方面取得了很大的进展，但许多深层次的、积累多年的矛盾并没有解决。例如，在大规模进行兼并破产、下岗分流之后，企业在岗的人浮于事现象仍很严重，这是一个必须解决的、带有普遍性的重要问题。我认为，这里涉及现代企业制度的本质——有限责任问题。

一　我国国有企业的双重无限责任

　　我国的国有企业，在旧体制下实际上是无限责任制的企业。

一般所说的无限责任，集中地表现在企业的债权、债务关系上，但我国国有企业的无限责任却有所不同。它不仅表现在债权、债务关系上，同时还表现在无限的社会责任上。这种状况在提出建立现代企业制度的任务以后已有所改变，企业有了法人财产权，明确了以企业的法人财产承担有限责任。这就在债权、债务关系上，向有限责任的方向前进了一大步。但是，企业无限的社会责任远远没有解脱，企业冗员问题仍然没有解决，最明显的例子是2000年石油化工集团的重组改制，仅富余人员就有150多万人，人员的安置成为很困难的问题。在未改制的国有企业，几乎都存在着同样的问题，"三个人的事五个人做"成为普遍的现象。为了社会的稳定，企业不得不背着应由政府承担的社会责任，这种意义上的无限责任是我国国有企业特有的，但却往往被人们所忽视。我们都知道，人浮于事是科学管理的大忌，它阻碍着管理水平的提高，不利于正常生产经营秩序的建立，不仅如此，更重要的是，它还反过来又影响着企业债权、债务关系的明确性，使企业不能真正成为承担有限责任的经济组织。

国有企业承担的本应由政府承担的社会责任不解除，它的债权、债务关系也就必然是一种软约束。这是因为，它的债权人多为以政府为背景的银行和企业，而企业背的债务又同承担应由政府承担的社会责任有关，这就变成了一笔糊涂账，责任难以分清。在这种情况下，企业成了"养人单位"而不是用人单位；经营者成了"父母官"而不是企业家；企业体制成了"凑合体制"而不是规范的公司体制。这样，企业经营好坏就难以分清，激励与约束机制就建立不起来，经营者的作用也就难以发挥。正因为责任分不清，就使事情走向了反面，企业的无限责任反倒变成了无责任，企业家反而变成了可以不负责任。为了使企业经营者能够认真负责地搞好企业，就不能不把希望寄予政治觉悟高、责任心强的、好的领导班子特别是一把手，政府就不得不把注意力放在领导班子的选拔和监管上。这又进一步固化了政企不分。因此，必须尽快地解决企业人浮于事的问题，把国有企业由养人单位变成用人单位，这是真正实现有限责任的关键。解决了这个问题，才能使企业按照规范的有限责任的体制来运转。在此前提下，才能建立起现代企业制度，转换企业经营机制

二　有限责任和治理结构的关系

很多学者特别强调公司治理结构。认为外国公司搞得好，是因为有健全、完善的公司治理结构，而我们没有。因此，建立现代企业制度首要的任务就是要设法建立起健全、完善的公司治理结构。他们不是把公司治理结构同有限责任的企业制度联系起来，而是孤立地研究和强调公司治理结构。公司治理结构确实重要，但我们需要思考一下，国有企业公司化改造搞了好多年，而大家都觉得最最重要的公司治理结构却总也建立不起来，原因何在？根源何在？

我认为，公司治理结构像是长在地表上的树，而有限责任却是埋藏在地下的根，不处理好有限责任这个根，要想使治理结构这棵树枝繁叶茂，是根本不可能的。这是因为，有限责任是两权分离的前提，而两权分离又是建立规范的公司治理结构的前提。

关于建立规范的公司治理结构必须以所有权与经营权相分离为前提，没有两权分离也就不存在我们现在所说的现代公司"治理结构"的问题。这是人们的共识，没有争议。但是，两权分离又是从何而来的，却很少有人去深究，似乎这是天经地义的。其实不然，它也是有前提的，这个前提就是有限责任。无限责任制的企业，企业财产没有边界，是和出资者的其他财产连在一起的，

出资者对企业的经营要承担无限连带责任，这就决定了它的经营风险大。对于无限责任公司的出资者来说，企业如何经营就成了涉及身家性命、生死攸关的大事，他必须亲掌企业经营大权，不可能大权旁落。因此，在无限责任公司体制下，所有权和经营权是不可能分开的，出资者一定要自己掌握自己的命运，这就决定了现代公司的所谓"治理结构"，也是不可能在这里产生的。

有限责任公司制度的出现，使企业的经营发生了质的变化。在有限责任的企业形态下，出资者以实出资本金承担有限责任，出资额以外的个人其他财产不受企业经营的牵连，风险被限定了。对出资者来说，它不再是无底洞，而是有限度的。只有在这时，所有者才有可能把企业委托给专门的经营者去经营，经营者集团以至经营者阶层也正是在这种背景下逐步形成的。可以说，有限责任是现代企业制度的最本质的特征，是现代公司一系列制度特征的总根子，不言而喻，它当然也是两权分离、现代公司治理结构产生的根源。因此，我们深化企业改革、健全和完善现代企业制度，一定要在有限责任上下工夫。

在历史上，无限责任的企业制度，早于有限责任的企业制度。有限责任公司出现以后，无限责任公司依然存在。有限责任公司与无限责任公司，都是企业法律形态范畴的问题，它们从成立、运营直到终结、清算，都分别有不同的法律进行规制。我国的《公司法》只规定了股份公司、有限责任公司和国有独资公司三种公司法人，并没有无限责任公司的立法，但是，我国的国有企业在向有限责任公司转制的过程中，至今还拖着沉重的无限责任的尾巴，我们不能不正视它，不能不认真地去解决它。只有把这个问题解决了，才能够建立起规范的公司治理结构。

三　当务之急是创造有助于实现
有限责任的"小气候"

根据过去的经验，国有企业在对外合资时进行的改组，容易解决人浮于事的问题，因为外商是不肯替政府承担无限社会责任的；国有企业在股份制改造上市的时候，也相对比较容易解决人浮于事的问题。因此，要大力支持和鼓励合资和改造上市。当然，这只能是相对较小的一个局部，不可能全部合资，也不可能全部上市。我想，即使不合资、不上市，也可以按照合资企业的模式，更加广泛地支持和鼓励国有企业把优良资产和精干队伍单独组织起来，在企业内部搞活一块、凑合一块，这样总比全部搞成"凑合体制"要好。

按照上述的办法，在企业内部搞活一块、凑合一块，搞活的一块可以轻装前进了，凑合的一块必然要增加企业或政府的负担。为了解决企业人浮于事的问题，各级财政多拿出一些力量来给予支援，也是必要的。但财政力量毕竟也有限，如果大面积地、广泛地推行，显然力不从心。我觉得这里有一个不可忽视的力量，就是经济效益好的企业集团。充分发挥和利用这些企业集团的潜力，支持它们进行内部改组，把下属企业的富余人员收上来，由集团公司统一安置，使基层企业轻装前进，就可以在不过分加重政府财政负担的条件下，创造出有利于实现有限责任的"小气候"。我曾和一些企业家交换过意见，例如，有一位企业集团的老总告诉我，为了使基层企业能够轻装前进，集团公司把所有的离退休人员全部收上来统一由集团公司负担，取得了很好的效果；但是，基层企业仍然有很多在岗的富余人员，对于这些富余人员却不敢采取彻底解决问题的措施。据了解，原因并不在于经济实力而在于怕引起动荡。如果我们对这样的企业加强政策支持，给这样的企业家撑腰，就可以更好地动员企业内部的潜力，不增加政府的财政负担，形成一个一个的"小气候"，有效地解决人浮于事的问题，从而促进有限责任制度的实现。

总之，要尽快地、最大限度地解决企业人浮于事的问题，从各地和各大企业的经济实力出发，因地制宜，解决一个是一个，解决一批是一批。这样做，付出同样的代价，却可以换来企业机制的转换和经济效益的提高。只有这样，才能够使企业按照规范的有限责任公司的体制来运行，从而为企业分散风险、广泛集资、实现两权分离、形成经营者阶层和法人治理结构等现代企业的一系列制度特征创造根本前提。

（原载《中国经贸导刊》2001 年第 5 期）

现代企业制度与企业法人财产权 [*]

一 关于现代企业制度最本质的特征

对什么是现代企业制度，目前存在着许许多多的说法。比如，有的把我国对企业改革十几年来一直在做的事情通通归结为现代企业制度的内容和特征。这就使人难以搞清，建立现代企业制度的新的含义、新的任务到底是什么。还有一种比较流行的说法，就是把现代企业制度等同于公司制度或法人企业制度。这就难免使人产生疑问：我国的国有企业，哪家不是法人企业，而且很多企业已经变成了公司，岂不已经成为现代企业制度了？对那些尚未改为公司的企业来说，是否差距仅在于名称？似乎搞个翻牌公司也就可以变成现代企业制度了。显然，这种把现代企业制度等同于公司法人制度的观点是不确切的。

相对于自然人的个人或合伙经济而言，公司法人制度当然更具先进性，但是，并非一切公司法人制度都可以称为现代企业制度。这是因为公司是多种多样的，法人也是依据各国法律确立

---

[*] 在"现代企业制度的理论与实践"研讨会上的发言。

的，各国的法律不同，企业的法律形态分类也必然是各式各样的。因此我们研究现代企业制度，只抽象地讲公司法人制度就远远不够了，必须明确我们要建立的是一种什么样的公司法人制度。

从根本上说，我们要建立的现代企业制度，是能够适应现代市场经济发展要求的公司法人制度。在市场经济条件下，企业必须在瞬息万变的竞争环境中生存和发展，只有能够集中社会资金、分散经营风险的企业制度，才能适应市场经济环境的要求。这是衡量现代企业制度的基本标准。自然人的个人或合伙经济，由于业主对企业经营要承担无限连带责任，这就决定了它的经营风险大，难以广泛吸收他人资本，这样的企业当然不是现代企业制度。至于公司法人企业，事实上也分为承担无限责任和承担有限责任的两大类公司法人。目前在一些国家，例如日本，就存在着无限责任公司和两合公司，它们都是公司而且受日本公司的基本法——商法的规制，具有法人地位；但这样的公司法人以承担无限连带责任为特征，历史已充分证明，由于风险大、集资困难，这样的企业无论在发展规模上或者在市场竞争力上都有明显的局限性，不能适应现代市场经济发展的客观要求，所以说这种承担无限责任的公司法人，也不能视为现代企业制度。

由此可见，现代企业制度最本质的特征应当是有限责任，即公司以其拥有的法人财产承担有限责任。只有这样的公司法人才能分散风险、广泛集资，适应现代市场经济发展的要求。

二　关于两种不同的产权观

在产权问题上，历来就存在着不同的观点。

　　确实有一些观点我们是不能同意的。例如，常常听到这样一种说法：国有企业的财产归国家所有，破产也是破国家之产，因此，国有企业不可能真正做到自负盈亏；要想真正自负盈亏，就必须改变所有制关系，把产权"量化"到个人，否则自负盈亏只能是一句空话。这种观点是从个人产权的角度理解明晰企业产权和解决企业自负盈亏问题的产权观。我认为，这是一种"小业主式的自负盈亏观"，按照这样的路子走下去，就会造成国有资产的流失，甚至会走到私有化的路子上去。

　　我们坚持在社会主义公有制基础上深化国有企业的改革，但这并不等于不需要解决产权问题。不能认为一讲产权就必然导致私有化。问题在于如何树立正确的产权观。我认为，正确的产权观，不是从"量化"个人产权出发，而是从现代企业制度的本质特征的要求出发来考虑问题的产权观。如前所述，现代企业制度的本质特征是有限责任，而要实现有限责任，就必须界定产权。这是正确产权观的立足点。

　　所谓有限责任，实际上就是指出资人（无论是国家、个人或是企业法人）以其实出资本金、企业以其全部法人财产承担有限责任；这也就是说，企业经营责任以企业的法人财产为限，不累及出资人实出资本金以外的其他财产。因此，要实现有限责任，就必须把企业法人财产的边界搞清楚，从而把企业的法人财产同出资人的其他财产界定清楚，我们所说的明晰产权的实质正是在这里。决不能认为，一讲产权明晰就要"量化"到个人，就会走向私有化。

　　我们的国有企业，实际上是政府承担无限责任的企业法人，它们同现代企业制度在本质上的差别并不在公司的名义和法人的地位，而在有限责任。国有企业的财产归国家所有，从这个意义上讲，产权是明晰的；国有企业的财产同出资人——国家的其他财产没有划分开，从有限责任的意义上讲，产权又是不明晰的。我们建立现代企业制度的目的和要解决的根本问题，就是要把由国家承担无限责任的国有企业转变为以公司法人财产承担有限责任的法人企业。这就要求把企业法人财产同出资人——国家的其他财产界定清楚，只有这样，才能建立起有限责任的现代企业制度。为此目的，现代企业制度的试点工作就不宜于泛泛地进行，而应该集中主要力量解决清产核资、资产评估、清理债权债务等界定产权方面的问题，通过试点总结经验逐步推广。

三　关于企业法人财产权

中央提出"出资者所有权与法人财产权分离"以来，关于如何确立法人财产权的议论甚多，但企业法人财产权的确切含义是什么，以及应如何界定出资者最终所有权和企业法人财产权，则说法各异。由于现代企业的产权关系已经发生了巨大变化，我以为，确立企业法人产权制度，必须把本来意义上的所有权，分解为出资者的最终所有权和企业法人所有权。所谓企业法人财产权，应该理解为在出资者拥有最终所有权的同时，企业拥有法人所有权。出资者对于已经投入企业的财产拥有最终所有权，但既不能任意抽回，又不能占用或进行其他处分。出资者的财产一旦投入企业，就成为企业的法人财产，企业也就对它拥有了法人所有权。这是确立有限责任制度和实现企业自主经营、自负盈亏的物质基础。然而这种法人所有权必须随法人组织的成立和终止而存在和消失，一旦企业法人组织终止，法人财产权即消失，清算后的剩余财产全部要归出资人所有，因此企业法人的所有权并不是最终所有权。至于所有权和经营权的关系，我以为也不宜于一般来讲两权分离，而应该是企业经营权同出资者的最终所有权相分离，同企业法人所有权相统一。

说企业拥有法人所有权，并非虚构而是有实际内容的。企业的全部财产是由两部分资金形成的，一是他人资本，二是自有资本。自有资本又包括三个部分：（1）资本金；（2）准备金；（3）剩余金。

首先，关于他人资本。对企业来说，这是债权、债务关系。出资人拥有债权，这部分资金及用它形成的资产当然不能再归债权人所有，理应归企业法人所有。

其次，关于自有资本中的资本金。它是股东出资部分，其数额和已售出的股票面额相对应。这部分资金和用它形成的资产，在公司运营过程中也归企业法人所有，只是在企业法人结束时才还原为股东最终所有。

再次，关于自有资本中的后两项：准备金和剩余金。它们是经营收入中的各种提存，其中有相当大的一部分是股票溢价发行时得到的资本利益，还有相当大的一部分是未分配利润。根据对日本规范化的股份公司的调查，在自有资本总额中，资本金量化到每个股东的资本金，只占 30% 左右，而准备金和剩余金占的比重高达 70%。虽然在理论上可以认为后两项也和资本金一样，归股东所有，但这也只是最终所有权，实际上它是经营者可以活用的资金，只是对企业扩大经营有利，事实上并未直接变成股东的股权，企业自有资本中明确属于股东个人所有的集中体现在上述资本金一项上。从以上分析中可以看出，自有资本中确确实实有一大部分资产既没有量化到股东，又没有量化到每个职工，而是属于企业法人所有，直到企业法人组织结束时才还原为出资人的最终所有。

上述三点是企业法人所有权的具体内容，实际上这是企业的全部财产，特别是其中的第三点更为直观，它既未量化为债权也未量化为股权。因此，把企业法人财产权理解为在出资者拥有最终所有权的同时，企业拥有法人所有权，这无论在理论上或在实践上，都是有根据的，而且这样理解的法人所有权，同出资者拥有最终所有权是不矛盾的，不会成为目前造成国有资产流失的理论上的原因。

四 关于建立现代企业制度同整个企业制度改革的关系

我们所进行的企业制度改革，相对于建立现代企业制度的任务来说，其内容要广泛得多。

企业制度的内涵极为广泛。它既是基本经济制度的一个重要方面，即在一定历史条件下形成的企业经济关系；它还包括企业经济运行和发展中的一些重要规定、规程和行动准则这些属于经济方面的一般制度（它们所反映的也是经济关系）。所有这些内容概括起来属于两类：一是企业形态；二是企业管理制度。

企业形态是世界各国用得比较广泛的概念。我们研究的是企业制度，这里所讲的企业形态，是指企业所有制关系和反映这种经济内容的法律表现。前者属于经济基础，后者属于上层建筑。具体地说，它包括：①企业的经济形态。它是以出资的主体来划分的，其核心是产权问题，实际上也就是通常我们所说的所有制形式。②企业的经营形态，也就是通常所说的经营方式。③企业的法律形态，即依法确立的企业形态，如股份公司、有限公司，等等。企业制度的内容，除上述企业形态之外，还包括企业管理制度，主要是指企业内部的组织结构、领导体制和经营管理制度。从以上的分析中可以看出，建立现代企业制度只是整个企业制度改革的一个重要组成部分而不是它的全部内容。

我国原有的企业制度是在旧体制下形成的，其主要特点是所有制形式单一、经营方式单一、法律形态不健全和内部管理混乱。企业制度改革的基本任务，就是要解决上述两个单一、一个不健全和一个混乱的问题。也就是说，企业制度的改革，在没有提出建立现代企业制度的任务之前，我们就一直在做，它的任务远不只是解决如何实行公司制的问题，而是全面着眼于转换企业的经营机制。

经济体制改革以来，我国的企业制度已经发生了很大变化，如发展了多种经济成分，实行了多种经营方式，加强了法制建设，改善了企业管理等，这些都是企业制度改革的成果。从当前的情况看，个体、集体、"三资"企业的发展方兴未艾，并且这些企业都实行了比较灵活的经营方式，其管理也是按照市场经济的要求进行的，总的来看，都具有比较新的经营机制，较有生气和活力。与其相对照，国有企业就不那么具有生气和活力，控制严、负担重、效益差的问题仍然相当突出。这就足以说明，国有企业的经营机制还没有真正转换，在制度上还不适应市场经济的客观要求。因此，进行企业制度的改革，问题的焦点仍然集中在对国有企业的改造上。

对国有企业进行公司化改造，如果只是改造成为国家独资或者占绝大多数股权的公司，就仍然难以完全摆脱行政机关的控制，难以实现自主经营。尤其是国家授权投资的机构自身的公司化改造不彻底的情况下，更是如此。少数行业特定的企业可以搞国有独资公司，多数竞争性行业的企业不应这样做，而应当大力发展法人相互交叉持股，使股权多元化、分散化，而且要大幅度降低国家直接持股的比例。这样才能转换机制、实现自主经营。这样进行股份制改造，带有企业改组的性质，可以更加大胆放手地加速试点。也许有人会担心，对国有企业实行这种股份制改造，大幅度降低国家直接持股的比例，公有制的性质岂不就动摇了吗？其实不然。我们发展股份制企业，势必要吸收个人资本，这和公有制为主并不矛盾，而且从我国的实际情况来看，由于国有资产存量规模巨大，光用发展个人股的办法来使国家直接持股比例大幅度降低是根本不可能的；我们主张的是用大力发展企业法人相互持股的办法来降低国家直接持股的比例，这就不但是可能的而且还不会从根本上改变原来的所有制关系。例如，企业一方面吸收其他企业的投资者来增加资本金；另一方面又以自有资金去持其他企业的股，这样交叉进行，就可以在资金总量不变的条件下，使相互持股的每一个国有企业的资本金同时都会增加，从而使国家直接投入该企业的原有资金在资本金中所占份额相对下降。尽管这会使企业资本金虚增，但只要不是用行政办法而是按照企业间的生产联系和经济需要，本着自愿的原则来形成法人相互持股关系，伴随的就会是资金的合理流动和产业组织结构的合理调整。采用这种办法，由于企业间的资金是可以相互抵消的，所以并不会过多增加企业的负担。当然这不可能一蹴而就，需要有一个逐渐磨合的过程。

由于股权高度分散的法人相互交叉持股，具有一种"架空机制"，按照前述设想，通过法人相互持股使股权多元化、分散化之后，股东企业的法人代表——经营者的作用就会突出起来，从而可以削弱最终所有者的控制，形成经营者集团控制企业的格局，真正实现企业自主经营。现代企业制度的试点企业，可以按照上述办法进行公司化改造；对于非试点企业来说，改革的任务也依然存在，应当按照企业制度全面改革的要求，认真贯彻实施转机条例，努力转换企业经营机制，提高企业管理水平。

（原载《经济研究》1996 年第 2 期）

完善公司治理结构与企业制度创新

　　完善公司治理结构，是世界各国企业普遍面临的重要课题，在我国，这个问题则更具有特殊的重要性，因此备受我国理论界、经济界的关注。很多学者认为，外国企业搞得好，是因为有健全完善的公司治理结构，而我们没有。因此，他们认为建立现代企业制度首要的任务，就是要设法建立起健全完善的公司治理结构。

　　公司治理结构重要，这是没有疑义的，但是，我们需要冷静地思考一下，我国国有企业，按照建立现代企业制度的要求，多数已经完成了公司制改造，有的已经成为上市公司，虽然大家都觉得最最重要的公司治理结构，但迟迟建立不起来，原因何在？根源何在？我认为，关键在于企业制度本身还有些问题没有解决。

一　公司治理结构的特征,是由企业制度的特征决定的

　　公司治理与公司治理结构，是既相联系又有区别的两个不同的概念。所谓公司治理，是指对公司的支配、控制、管理和运

营，即有效地掌握和运用公司的资源，以实现公司的目标；其有效性，是靠一系列的组织机构和制度安排来保证的。而公司治理结构，则是进行公司治理的各种组织的构造，对现代公司来说，它主要由股东会、董事会、监事会和经理部门组成，通过这些组织和相关的制度安排，实现对公司的治理。

各国的企业，都在进行着公司治理，都有公司治理结构，但各国企业的公司治理和治理结构，却存在着很大差异。例如，美国公司治理的基本目标，是维护和实现股东的利益，而日本企业的治理，则更多地考虑命运共同体全员的利益；美国公司的董事，由股东委派，是股东的代表，而日本公司的董事则是由企业内部逐级选拔出来的，实际上是命运共同体的代表；美国公司的股东大会，相对比较认真，每次股东大会一般要开半天到一天，对企业的运营过问较细，而日本公司的股东大会，则基本流于形式，一般都是半小时解决问题，实际上是经营者报告工作，与会者举手捧场；美国公司的经营者，受所有者的制约很严，自主性较小，而日本公司的经营者很少受到所有者的约束，自主性很强。所有这些，都体现着美日公司治理结构的巨大差异，其他一些国家的公司治理结构，有的接近于美国，有的接近于日本，但总的来说，都存在着各自的特点、都存在着差异。

为什么各国公司的治理结构存在着这么大的差异？这是由企业制度的差异，特别是企业产权制度的差异决定的。

美国的企业以垄断性的大企业为主导，这些大企业虽然也存在着股权多元化、分散化的趋势，但家族资本"一股独大"的企业，在大企业中也还占有比较大的比重；另外，近些年来，美国大企业在多元的股东中，机构投资者的持股量不断上升，地位越来越突出，这些机构投资者是代表个人所有者运作资金的，重视资本所得，所以所持股份属于"利润证券"的性质，它的运行机制类似私人所有者。这就决定了个人或家族所有者对企业的控制比较严，对经营者的约束和干预比较多，前述美国公司治理结构的一些特点，都是由此而产生的。

日本的企业就有所不同。日本的大企业，基本上不存在"一股独大"的问题，而是股权高度分散化的。以松下电器公司为例，一般容易把它理解为松下家族的私人企业，其实不然。松下电器在创业之初，主要是家族资本，随着经济的发展和企业规模的扩大，其股权比重直线下降，1950 年松下家族持有本公司股票的比重已降到一半以下，为 43.25%，到 1955 年更降到了 20% 左右，到 1975 年又猛降为 3.5%，进入 90 年代后，降到了 3% 以下。其第一大股东是三井住友银行，但也只占 4.6%，第二大股东是日本信托，占 4.0%，第三大股东是日本生命保险，占 3.9%，其股东总数为 145697 名[1]，股权高度分散化了。不仅松下电器是这样，其他一些大企业也同样如此（详见下页表）。

从上面列举的资料还可以看出，大企业的前几位大股东多为银行和企业法人，这里值得注意的是，日本的银行持股和美国的银行信托部持股性质是不同的。美国银行信托部是受个人或机构之托运营资金的，其所持股票属于"利润证券"的性质；而日本的银行，是运用自身掌握的资金、从银行自身的需要（如为了控制信贷关系）出发持股的，其所持股票属于"控制证券"的性质，同一般企业法人持股的性质是相同的。因此，日本企业的股权又有了一个法人化的特征。

---

[1]　引自日本东洋经济新闻社出版《会社四季报》2002 年第 1 集。

日本8家知名大企业前10位大股东持股比例

企业名称	股东总数(万)	第一大股东占股权(%)	第二大股东占股权(%)	第三大股东占股权(%)	第四大股东占股权(%)	第五大股东占股权(%)	第六大股东占股权(%)	第七大股东占股权(%)	第八大股东占股权(%)	第九大股东占股权(%)	第十大股东占股权(%)	十位合计占股权(%)
松下	14.56	三井住友银行4.6	日本信托银行4.0	日本生命保险3.9	住友生命保险3.6	莫库斯利2.9	松下产2.6	三菱信托银行2.2	朝日银行2.0	住友海上火灾险1.7	东洋信托银行1.6	29.1
日立	29.53	切斯(伦敦)5.8	切斯(伦敦)3.9	日本生命保险3.6	思台脱·斯托利银行3.4	那茨库厄兑3.4	中央三井信托银行2.9	三井住友银行1.8	三菱信托银行2.7	东洋信托银行2.5	职工持股会2.4	33.8
东芝	40.83	三井住友银行3.8	第一生命保险3.7	日本生命保险3.3	日本信托银行2.9	思台脱·斯托利银行2.5	中央三井信托银行2.9	第一生命保险2.9	三菱信托银行2.7	东洋信托银行2.5	职工持股会2.4	33.8
索尼	68.74	莫库斯利6.6	日本信托银行4.1	思台脱·斯托利银行3.2	切斯(伦敦)2.8	三菱信托银行2.2	职工持股会1.6	三菱信托银行1.6	切斯(伦敦)1.6	日本兴业亚损害保险1.5	新生银行1.5	24.0
三洋	14.53	日本信托银行5.8	三井住友银行4.6	朝日银行3.6	住友生命保险3.2	日本生命保险3.1	切斯(伦敦)SI2.0	三井住友银行1.8	东洋信托银行1.7	莱凯公司1.5	东京三菱银行1.3	27.2
丰田	21.38	丰田自动织机5.3	三井住友银行5.0	东洋信托银行4.2	日本生命保险4.2	中央三井信托银行4.0	第一生命保险2.5	职工持股会2.5	三洋信托银行1.7	住友信托银行2.1	东洋信托银行1.9	31.7
NEC	10.79	日本信托银行4.7	住友生命保险4.0	切斯(伦敦)3.7	住友生命保险3.3	三井住友银行2.5	三和银行3.9	日本信托银行3.9	东海银行3.1	东京三菱银行3.0	瑞穗信托银行2.7	39.3
新日铁	45.86	中央三井信托银行5.6	日本信托银行4.7	三菱信托银行3.9	日本生命保险3.3	思台脱·斯托利银行3.1	三菱信托银行2.5	切斯(伦敦)SI2.5	住友海上火灾险2.4	东洋信托银行2.1	思台脱·斯托利银行2.1	29.8

注：本表是作者根据日本东洋经济新闻社出版的《会社四季报》2002年第1集整理。

日本大企业产权制度方面的股权多元化、分散化、法人化的特征，决定了日本企业法人治理结构的突出特点，这就是：最终所有者的控制被削弱，形成经营者集团控制企业的局面，从而实现了企业自主经营。

为什么在日本会形成经营者集团控制企业的局面呢？原因就在于，股权多元化、分散化条件下的法人相互持股具有一种"架空机制"，在企业的经营上，个人所有者被架空。以前表为例，日本大企业的大股东多为法人，股东数量多但单个股东的持股率低，因此没有哪一家能够独家说了算，而需要十几家乃至几十家大股东联合起来才能控制企业。这些法人大股东由于相互持股的缘故，他们互相参与，作为股东的干预力是相互抵消的，在股东大会上实际成为支持企业经营者的一股强大的力量；而个人股东人数众多、人均股权极少，他们只顾炒股票，谁也不去出席股东大会，所以它们也是自动架空的，对企业经营基本不起作用。这就决定了企业经营者的自由度很大，来自所有者方面的约束甚少，自主经营的权力极大。当然，如果企业经营出了大毛病，法人大股东也会从维护自身利益出发进行干预，干预的方式是联合起来更换经营者。这里有一个非常关键的问题：法人大股东的这种干预权力由谁来行使？并非最终所有者——个人大股东，而是大股东企业的法人代表——经营者（这和美国的大企业截然不同）。因此，实际上是由各个法人股东企业的代表——经营者形成的集团，发挥着对企业的控制、监督和处置作用。也就是说，在相互持股的条件下，在一定意义上可以说，作为最终所有者的股东被架空了，在企业经营上起决定作用的，归根到底是经营者而非个人股东。

从以上分析中可以看出，日本公司的治理结构同美国的公司大不相同；这种差异不是凭空产生的，而是由企业制度、特别是企业产权制度决定的。产权结构是基础，治理结构是其上层建筑。因此，脱离企业产权制度而空谈治理结构，是不可取的。

二　完善公司治理结构，需要从企业制度创新上下工夫

诚然，对日本大企业的产权制度和治理结构，无论日本国内或其他国家的学术界，都有各式各样的议论。如，有人认为，现代股份公司确立的股东主权、资本多数议决原则是天经地义的、不可改变的，而日本股份公司变成了企业人的企业，按照传统的观念去看日本的股份公司，就会觉得它是对股份公司本身的否定，是与传统的做法大相径庭、背道而驰的，甚至有人认为，能否将其叫做股份公司也是值得商榷的，如此等等。这里且不说美、日的公司治理结构孰优孰劣，这可以另做研究，但至少应当承认，各国有各国的情况，股权结构不同，必然产生不同的治理结构，日本的股份公司是客观存在，其治理结构同产权结构是相对应的，其经营效果也是人所共知的，因此对日本的企业制度、治理机制不宜按固定的尺度和模式去衡量，而应从实际出发对其做出科学的说明。我认为，股份制是现代企业的一种资本组织形式，是依法发行股票广泛筹集社会资本、有效运用社会资本的一种企业形态，至于资本的所有权属于谁，是家族、个人、法人或是政府，股权是集中的或是分散的，并不存在一成不变的固定模式；在这个问题上，重要的是如何按照法律更多地筹集资金、如何依法运用好这些资金。我认为，这才是评价企业制度、产权结构、治理结构的主要标准。

至于我国的企业，正处在制度转换的过程之中，情况更为复杂，更需要从实际出发进行制度创新。决不能离开企业制度特别

是企业产权制度，孤立地考虑公司治理和治理结构问题。我觉得，目前在我国公司治理结构的研究中，按照传统的观念照搬美国模式的倾向比较严重。这样做是否合适，需要在分析我国企业产权制度改革方向的基础上，才能做出判断。

按照传统模式的要求，完善公司治理结构的基本目标，应当是保护所有者利益。因此，所有者必须到位，否则就不能产生实现上述目标的机制。我国的公司制企业包括上市公司，存在的主要问题恰恰是国有股控制权的归属不明确，谁是国有资产所有者的代表、谁来作为上市公司国有股的代表行使权力也不明确，造成了国有股权虚设，所有者不到位。为了解决这个问题，就需要设法使国有控股集团公司或授权投资机构行使出资人的权力。然而，控股公司也好、授权投资机构也好，它们可以成为出资人的代表来行使权力，但它们本身并不是真正的所有者，并不能像真正的家族或个人股东那样从切身利益上去关心公司的治理，于是国有股权虚设的状况依然如故。这个问题已经成为我国国有股"一股独大"的公司制企业难以解决的问题。

这里，国际的经验是值得借鉴的。从前述各国大企业的股权结构来看，美国的企业制度，家族资本、个人资本的股权是明确的，维护所有者利益的动力机制是存在的；而日本的企业制度，企业法人财产权是明确的，但从个人产权的角度来看，是相对比较模糊的，法人相互持股的结果，使得企业到底是属于谁的，一时难以说清。显然，这两种不同类型产权结构的企业，其治理机制是截然不同的。我们要健全和完善公司治理结构，就不能不首先考虑我们的企业在产权制度的改革上应当走什么样的路子。

现在人们普遍认为，我国的企业国有股"一股独大"的状况必须改变，否则难以解决政府干预过多、政企不分的问题。怎样改？能改成美国大企业那样家族或个人资本"一股独大"吗？能通过私有化的办法把国有股量化到个人，使个人产权明晰化吗？显然不能。既然如此，我们在所有者难以到位的情况下，孤立地强调维护所有者的利益，是否带有一些盲目性呢？我这样说，并不是反对维护所有者的利益，而是要研究怎样才能真正维护所有者的利益。我认为，在现代企业，所有者的利益不是孤立的，而是寓于合理的利益结构之中。因此，就所有者利益谈所有者利益，是不可取的。我们应当根据企业产权结构的状况和发展趋势，研究各利益主体的关系，处理好所有者、经营者、企业职工的利益关系，通过建立与产权结构相适应的合理的利益结构，来维护所有者的利益。

从近百年企业发展的历史可以看出，企业中各个利益主体之间一直在进行着较量，利益关系结构处于不断变化之中，所有权的地位和作用，事实上在不断降低。这种变化同风险的变化直接相关。现代企业多为股份公司和有限责任公司，它们都是股东在出资范围内承担有限责任的企业制度。这种企业同过去的小业主式的经营以及同无限责任公司，在风险和利益机制上有很大区别。无限责任的企业形态，风险和利益都集中在所有者身上，利益焦点比较集中，由于所有者要承担无限连带责任，企业如何经营就成为涉及身家性命、生死攸关的大事，因此，他必须亲掌企业经营大权，不可能大权旁落。这时不存在真正意义上的两权分离，因此也就没有经营者集团成长壮大，没有分享企业经营利益的势力，收益基本上归所有者独享。只有在有限责任的企业形态发展起来之后，风险被分散了、限定了，股东出资额以外的个人其他财产不再受企业经营的牵连，所有者才有可能把企业的经营权交给专门的经营者去掌管，所有权才有可能和经营权真正分离；也只有在这时，才会形成能与所有者相抗衡、具有独立利益的经营者集团。这种局面出现之后，必然引起利益结构的变化，原来由所有者独享的企业经营利益，不得不切一块给经营者，而且随着经营者的地位和作用的提高，这一部分逐步扩大。近几十年来，许多国家的企业实行职工分享制，职工也分享了一部分企业经营利益，利益结构关系又发生了新的变化。日本的大企业在这方面表现得最为明显。他们实行的年功序列工资制，实际上由职工对企业的经营与发展承担了一部分风险，年轻人进入企业，工资的起点比较低，随工龄的增加而逐步提高，起初工资低于贡献，逐步达到平衡，最后工资超过贡献，在这种情况下，只有企业不断生存和发展，职工的年功"储备"才能兑现。这不能不说是一种风险。这就使日本企业的职工凝聚力很强，在企业中的地位和作用比较突出，使企业变成了职工的命运共同体，企业成了职工的企业。显然，在这里利益结构又会有新的变化。因此，不能孤立地讲所有者的利益，必须把它放在合理的利益结构中来考察。企业利益结构合理，就能够把企业经营者和全体职工的积极性、创造性充分地调动起来，从而使企业充满生机和活力，所有者的利益也就寓于其中了。如果利益结构不合理，比如，所有者"竭泽而渔"，留给企业经营者和职工的利益过少；或者利益结构向经营者过于倾斜，出资者和职工群众利益遭忽视；或者过于看重职工眼前的、局部的利益，"分光吃净"，挫伤企业的后劲，等等，都不能把企业的活力调动起来，无论是所有者、经营者或者是职工，各方利益都会受损。

在如何调整利益结构关系方面，我们的经验教训是很多的。我们的企业在分配制度上，给企业经营者的待遇同国际标准相比，是比较低的，这样做好像是对所有者有利。其实不然。这对于政治觉悟高的企业家，不会有很大的负面影响，他们依然奋力搞好企业，这样的典型事例很多；但也有些经营者，他们内心感到不平衡，不努力搞好企业，其结果还是使所有者利益受损；更有甚者，有些经营者利用职权损公肥私，不但企业搞不好，而且造成国有资产大量流失，所谓"五九现象"也与此不无关系。因此，我认为应该调整思路，在考虑企业制度创新和完善公司治理结构的时候，不要就所有者利益谈所有者利益，而应该全面研究利益关系结构，建立科学有效的激励约束机制，例如，经营者认股权计划、职工持股制度等，都应尽快地完善起来，从而促进企业经营效益不断提高，使所有者的利益真正得到维护和保障。

三　我国企业制度创新，亟待解决的两个问题

改革开放以来，在企业制度创新方面，我们做了大量的工作，企业制度特别是企业产权制度，发生了巨大的变化。企业已经拥有了法人财产权，这是质的飞跃。但是，企业制度创新方面的任务并未完成，如果不进一步深化企业制度改革，公司治理结构也很难健全和完善起来。我以为，在企业制度创新方面，目前亟待解决的，有两个问题。

第一，落实有限责任。有限责任是现代企业制度最本质的特征，是现代企业一系列制度特征的总根子，分析一下党的十四届三中全会提出的现代企业制度标准的四句话，就可以看出有限责任是根本。

关于产权清晰。只有在有限责任的前提下，才能对产权清晰做出正确的理解。为什么在一段时间里曾有人把产权清晰同私有化混同起来呢？原因就是把产权明晰理解为个人产权，而没有从有限责任这个现代企业制度的本质特征出发来理解。过去常听到有人说，国有企业归国家所有，产权怎么不清晰，难道必须量化

到个人才算清晰吗？其实这是误解，企业产权清晰是有限责任的要求，同私有化无关。在无限责任的公司制度下，企业的最终归属是很清楚的，但企业的财产没有边界，同出资者个人的其他财产切不开，在这个意义上又是不清楚的。我国的国有企业正是如此。国有企业归国家所有，从这个意义上说，产权当然是清楚的，但从有限责任的角度来说，又是不清楚的。有限责任要求企业以其拥有的法人财产承担有限责任，但企业的法人财产没有边界，同财政部连在一起切不开，那又怎样承担有限责任呢？我们讲现代企业制度要产权清晰，主要含义就在于此，并不是把国有企业的财产量化到每一个人才叫产权清晰。因此，只有从有限责任的要求出发，才能够正确理解产权清晰。

关于政企分开、责权明确、管理科学。如前所述，有限责任把所有者的责任限定了，企业经营不再累及出资者的其他财产，更不会累及其身家性命，这时所有者才有可能超脱出来，把经营大权交由他人掌管，所有权和经营权才能真正分离；出现了这种局面之后，专门的经营者阶层才有可能形成、发展、壮大，专家管理、提高企业管理水平才有可能实现。显然，有限责任是关键。试想，如果国有企业的一切经营后果都由政府承担，没有明确的有限边界，成了无底洞，政府怎能不去直接经营？政企怎能分得开呢？总之，没有有限责任，我们通常讲的公司治理结构等现代企业的一系列制度特征，也就无从产生。所以我们说，有限责任是总根子。

按照有限责任的要求，我们的企业现在是什么状况呢？

在旧体制下，我国国有企业是无限责任制的企业。国际上所说的无限责任，集中表现在债权债务关系上，但我国国有企业的无限责任却是双重的，既表现在债权债务关系上，同时还表现在无限的社会责任上。这种状况在提出建立现代企业制度的任务后，已有所改变，企业有了法人财产权，明确了以企业的法人财产承担有限责任，这就在债权债务关系上确立了有限责任制度。但是，企业无限的社会责任还远远没有解脱，"三个人的事五个人做"仍然是很普遍的现象。为了社会的稳定，企业不得不背着本应由政府承担的社会责任，这种无限责任是我国企业特有的，至今尚未解决但却往往被人们所忽视。

企业无限的社会责任不解除，反过来又会影响到债权债务关系的明确性，使已经解决了的债权债务关系又变成了一种软约束。这是因为，企业的债权人多为以政府为背景的银行和企业，而企业背的债又同承担应由政府承担的社会责任有关，这就变成了一笔糊涂账责任难以分清。在这种情况下，企业成了"养人单位"而不是用人单位；经营者成了"父母官"而不是企业家；企业体制成了"凑合体制"而不是规范的公司体制。这样，企业经营好坏就难以分清，激励与约束机制就无法建立。不仅如此，其结果还会走向反面：企业的无限责任反倒变成了无责任，经营者反而变成了可以不负责任。政府为了搞好企业，就不能不把希望寄予政治觉悟高、责任心强的、好的领导班子特别是一把手，于是政府就不得不把注意力放在领导班子的选拔和监管上。这又进一步固化了政企不分。因此，必须尽快解决企业人浮于事的问题，把企业由养人单位变成用人单位，真正落实有限责任，在此基础上才能建立起现代企业制度和健全、完善的公司治理结构。

第二，进一步推进股权多元化、分散化、法人化。在前几年现代企业制度百家试点中，80％以上搞成了国有独资公司，对此各方面的议论颇多，在此后的企业改制过程中，大家对这个问题的认识越来越清楚，比较快地推进了股权多元化的进程。但至今股权多元化尚未完成，分散化更是进展甚微，国有股"一股独大"依然普遍存在。为了健全、完善公司治理结构，今后必须在分散化上取得重大突破。

怎样使股权分散化？我认为，国有资产规模过于庞大，靠扩大个人股权实现分散化是不现实的，可行的办法是通过企业法人相互持股，推进股权分散化。

在我国推行企业法人相互持股，和前面介绍的日本的企业有所不同。我国是在原有的国有和国有控股企业的基础上推行法人相互持股的，这个背景日本是没有的。但是企业法人相互持股的作用和机制却又是相通的。

国有或国有控股企业之间相互持股，也和日本的企业一样，可以形成稳定的协作关系。例如，企业为了保证原材料等生产物资的供应，可以选择合适的供货伙伴进行投资，掌握对象企业一定的股份，从而影响其经营以确保稳定的供货关系；同样，供货企业为了保证产品的稳定销路，也可以选择合适的购货伙伴进行投资，控制其一定的股权。经过一个时期的选择、组合，我国的企业就会向股权多元化、分散化发展。

国有或国有控股企业之间相互持股，还可以强化企业之间的横向制约、淡化行政主管部门的直接干预、充分发挥经营者的作用。虽然相互持股的企业最终所有权仍由国家掌握，但相互持股以后，企业就会由只有一个"行政婆婆"变成多元的"法人婆婆"，股东企业的法人代表——经营者就可以形成一个经营者集团，这些企业的经营者就会带着各自的、独立的经济利益相互参与、相互制约、相互促进。这样就可以强化经营者集团的作用，淡化行政主管部门的作用，促进政企分开。

总之，在研究解决公司治理结构问题时，不能脱离开企业产权制度。因此就需要研究分析企业制度的状况、问题和前景，在此基础上才能建立起与其相适应的公司治理结构。我国的企业，在落实了有限责任、改变了国有股一股独大和实现了股权多元化、分散化、法人化之后，就会形成既不同于美国企业又不同于日本企业的利益关系结构和公司治理结构。

（原载《中国工业经济》2002 年第 2 期）

公司治理结构研究中三种
值得注意的倾向

　　如何健全和完善公司治理结构，是我国企业普遍面临的重要问题，因此受到理论界、经济界的普遍关注。

　　公司治理与公司治理结构是相互联系又相互区别的两个不同的概念。所谓公司治理，是指对公司的支配、控制、管理、运营的活动，其实质是如何有效地掌握和运用企业的资源，实现企业的目标；而公司治理的有效性，是靠一系列的组织机构和制度安排来保证的，这些组织与制度安排，就是我们所说的公司治理结构。它的具体内容，主要包括股东会、董事会、经营者集团的组织与制度安排。由于公司的支配、控制、管理、运营的各项活动主要集中在董事会，公司治理的核心在董事会，因此，狭义的公司治理结构也主要是指董事会及其与股东、与高层经营管理部门的关系；在实践中，一般也是把建立和完善公司治理结构的工作重点，集中在董事会的建设上。

　　对于我国公司治理结构的建设，近几年来，人们在理论上进行了广泛、深入的研究，取得了很大的进展；在实践中，也形成了许多规范性的意见。例如，对于如何保护股东的利益、如何健全股东大会的议事规则和决策程序、如何完善董事会的构成和建立独立董事制度、如何建立健全董事会议事规则和决策程序、如何强化董事的诚信勤勉义务与责任、如何发挥监事会的监督职能，以及如何建立市场化的高级管理人员选聘机制和激励与约束机制，等等，有关领导机关都提出了指导意见。但是，无论在理论上还是在实践上，至今都还有许多问题没有解决。我认为，目前在公司治理结构的研究上，有三种倾向很值得注意。

一　脱离开企业产权制度,空谈治理结构的倾向

我国的企业改革发展到现在，着力点已经集中到两个关键问题上，一是产权制度，二是治理结构。这两个问题都很重要，而且它们又是相互联系、密不可分的，产权制度是经济关系，是基础，而治理结构是上层建筑，它必须与产权制度相适应。但是，在我们的研究工作中，对两者的内在联系注意不够，往往把它们割裂开来，分别进行研究。我觉得这是十分有害的。

各国的企业，都在进行着治理，都有公司治理结构，但各国企业的治理和治理结构，却存在着很大差异。分析一下这些差异，我们就可以看出，治理结构的差异并不是凭空产生的，而是由产权制度的差异决定的，因此，必须把两者联系起来考察。

以美国和日本为例，我们先来看一看各国公司治理结构的差异：①美国公司治理的基本目标，是维护和实现股东的利益，而日本企业的治理，则更多地考虑命运共同体全员的利益。②美国公司的董事，由股东委派，是股东的代表，而日本公司的董事并不是由股东委派，而是由企业内部逐级选拔出来的，实际上是命运共同体的代表。③美国的公司设有外部的独立董事，而日本的企业多数没有外部独立董事，都是内部董事，而且是企业内各个

部门的负责人。④美国公司的股东大会，相对比较认真，对企业的运营过问较细，而日本公司的股东大会，则基本流于形式，一般都是半小时解决问题，实际上是经营者报告工作，与会者举手捧场。⑤美国公司的经营者，受所有者的制约很严，自主性较小，而日本公司的经营者很少受到所有者的约束，自主性很强。所有这些都体现着美日两国公司治理结构的巨大差异，其他一些国家的公司治理结构，有的接近于美国，有的接近于日本，但总的来说，都存在着各自的特点、都存在着差异。

为什么各国公司的治理结构存在着这么大的差异呢？这是由企业制度的差异，特别是企业产权制度的差异决定的。

美国的企业以垄断性的大企业为主导，这些大企业虽然也存在着股权多元化、分散化的趋势，但个人或家族资本仍占据统治地位，其总的特点是个人或家族资本的产权明确，所有者到位。这就决定了个人或家族所有者对企业的控制比较严，对经营者的约束和干预比较多，前述美国公司治理结构的一些特点，都是由此而产生的。

日本的企业就有所不同。日本的大企业，基本上不存在"一股独大"的问题，而是高度分散的，其总的特点是股权多元化、分散化、法人化，其结果使得个人产权反而变得模糊了。这与美国的企业截然不同。前几年笔者在日本报纸上看到以"日本的企业是谁的"为题展开的大讨论，初看起来，这似乎是很可笑的，日本企业不是资本家的吗？还有什么好讨论的。其实并非那么简单。以松下电器公司为例，一般容易把它理解为松下家族的私人企业，其实不然。松下电器在创业之初，主要是家族资本，随着经济的发展和企业规模的扩大，其股权比重直线下降，1950年松下家族持有该公司股票的比重已降到一半以下，为43.25%，到1955年更降到了20%左右，到1975年又猛降为

3.5%，进入 90 年代后，降到了 3%以下。其第一大股东是三井住友银行，但也只占 4.6%，第二大股东是日本信托，占 4.0%，第三大股东是日本生命保险，占 3.9%，前 10 位大股东都是法人股东，合计占 29%，其股东总数为 145697 名[①]，股权可以说是高度多元化、分散化了。这样一种股权结构，还能说松下电器公司是松下家族的吗？显然不能。不仅松下电器是这样，其他一些大企业也同样如此。例如，东芝第一大股东是三井住友银行，占 3.8%，前 10 位大股东合计 24%；日立第一大股东是日本信托银行，占 5.8%，前 10 位大股东合计 33.8%；三洋第一大股东是日本信托银行，占 5.8%，前 10 位大股东合计 31.7%；丰田第一大股东是丰田自动织机，占 5.3%，前 10 位大股东合计39.3%；新日铁第一大股东是中央三井信托银行，占 4.7%，前10 位大股东合计 33.1%；NEC 第一大股东是日本信托银行，占4.7%，前 10 位大股东合计 29.8%。

上述日本大企业产权制度方面的股权多元化、分散化、法人化的特征，决定了日本企业法人治理结构的突出特点，这就是：最终所有者的控制被削弱，形成经营者集团控制企业的局面，从而实现了企业自主经营。

从以上分析中可以清楚地看出，日本公司的治理结构同美国的公司大不相同；而这种差异恰恰是由企业制度，特别是企业产权制度决定的。因此，脱离开企业产权制度而空谈治理结构，是不可取的。

但目前在公司治理结构研究中，我们比较多地照搬外国特别是美国企业的治理结构的经验，而对于我国企业的产权结构的发展趋势考虑得却很少。现在人们普遍认为，我国企业国有股一股

---

① 引自日本东洋经济新闻社出版《会社四季报》2002 年第 1 集。

独大的状况必须改变，否则难以解决政府干预过多、政企不分的问题。怎样改？能改成美国企业那样由个人或家族资本居统治地位吗？能通过私有化的办法把国有企业特别是大企业的国有股权统统量化到个人让个人所有者到位吗？显然不能。既然如此，照搬美国公司的治理结构，能行得通吗？我认为，我国企业产权改革的发展趋势，既不同于美国也不同于日本，我们只能从我国的实际出发，充分考虑我国国有企业特别是大企业多年累积形成的现实的产权状况，提倡和推进国有企业之间以及国有企业与非国有企业之间相互持股，在此基础上实现股权多元化、分散化、法人化。这样，我们就可以建立起同这种产权结构相适应的、既不同于美国也不同于日本的，适合我国情况的公司治理结构。

二　脱离开合理的利益结构，孤立地强调
维护所有者利益的倾向

美国企业强调维护所有者利益，这当然是符合公司制企业的初衷的。但是也应当看到，所有者的利益并不是孤立的，而是寓于合理的利益结构之中的。必须有一个合理的利益结构，才能真正维护所有者的利益。美国企业强调维护所有者的利益，它能行得通，一是因为所有者到位，所有者对企业的经营具有强大的约束力；二是因为美国企业同时还强调对经营者的激励。这里有一个利益分配的问题，也就是说，要有一个合理的利益结构。如果单纯地强调所有者的利益而不去研究、建立合理的利益结构，不去正确处理各个利益主体的关系，所有者的利益也不可能得到维护。实际上，这个合理的利益结构并不是一成不变的，而是各个利益主体在长期较量过程中不断形成的结果。

在经济学研究中，我们历来对生产资料所有制的重要性都很

重视。这当然是对的，因为生产资料所有制是生产关系的基础，是经济利益关系的决定因素。事实也正是这样，地主拥有了土地所有权，他就几乎拥有了一切，农民难以维持温饱，劳动成果均被地主占有；在旧式企业，资本家拥有了企业的所有权，也就几乎拥有了一切，对工人极尽盘剥之能事，最大限度地榨取工人的剩余劳动，列宁说泰罗制是一项"压榨血汗的科学制度"，深刻地揭示了当时的分配关系的实质。确实所有权在当时的利益关系的结构中居于核心或主体地位，因此我们说所有制是绝对重要的。然而，近百年来，现代企业产权关系发生了巨大的变化，企业内部的利益结构多元化、复杂化了，个人产权在利益关系结构中的地位已不像过去那样绝对，从而生产资料所有制也已不像以前那么重要了。

我们说生产资料所有制重要，是因为利益关系重要。当生产资料所有权在人们的利益关系结构中占绝对优势的时候，所有制就是绝对重要的。随着科技的进步和企业制度的发展，随着经营者阶层的出现及其作用和势力的增强，企业职工特别是经营者，分享着企业的剩余，利益关系结构逐步变化，所有权所占份额自然也就相对缩小，其重要性也就相对缩小。

在近代，企业产权制度方面的最大变化，就是有限责任制度的广泛发展。企业形态由无限责任到有限责任，是公司发展史上的一次质的飞跃。有限责任的企业形态，同过去小业主式的经营以及同无限责任公司在产权关系和利益关系上存在着本质的区别。无限责任的企业形态，风险和利益都集中在所有者身上，利益关系结构的焦点非常集中。对一个无限责任公司的所有者来说，由于他必须承担无限连带责任，企业如何经营就成了涉及身家性命、生死攸关的大事，必然要亲掌企业经营大权，大权不可能旁落，在这种情况下，所有权和经营权是不可能分离的。而在有限责任的企业形态下，股东以实出资本额为限承担有限责任，出资额以外的个人其他财产不受企业经营的牵连，风险被分散了，它不再是无底洞，而是有限度的。这时所有者才有可能把经营大权交给他人去掌管，所有权和经营权才有可能真正分离。也只有在这时，才有可能形成能与所有者相抗衡的、具有独立利益的经营者集团。这种局面出现以后，必然会引起利益结构的变化，利益结构关系的焦点发生转移，经营者在企业利益关系结构中的地位越来越突出，所有者所占份额相对缩小。随着技术的进步，职工在企业生产过程中的地位和作用也发生着变化，收入水平也在逐步提高，这也在一定程度上改变着利益关系的结构。

我们可以用日本企业经营者的收入状况为例，来看一看利益关系结构的变化。日本大公司的董事，普遍持有本公司的股份，但一般持有量并不大。他们任职期间不能出售本公司股票，企业经营好坏给他们造成的股权上的利益得失并不居主导地位，相反，给他们带来的与股权无关的利益得失，却更加重要得多。

关于这个问题，笔者在 1992 年发表的《论企业自负盈亏》一文（见本书第二部分）中已经详细分析过。在股票分红率很低的情况下，日本企业经营者持有股票的收益是不多的，他们更主要的利益来源于以下几个方面：

第一，高工资。优秀企业职工的工资普遍高于一般企业，而董事的工资相对于本企业的平均水平，又要高出好多倍。董事的工资是按年计算的，因公司规模不同、效益不同，董事的工资水平也不相同，有很多大企业董事的年薪高达两三千万日元。

第二，高奖金。董事和监事的奖金，是在公司净利调分配中单独列项公开处理的，同一般职工的奖金分开计算。以某石油公司为例，先从职工奖金情况来看，1990 年月平均工资为 36 万日元，效益好的企业职工奖金一般按六个月工资额发放，约为 220

万日元。再从股东分红情况来看，1990 年该公司股票分红总额为 36.75 亿日元，发行股票总数 122526 万股，平均每股 3 日元，股东总数 133440 名，平均每名股东不到 1 万股，而 1 万股的红利只不过 3 万日元，只相当于其全年奖金的 1.3%。董事和监事的奖金更高，总额达 1.64 亿日元，人数为 19 人，平均每人 870 万日元，同股东的分红相比更是相差悬殊。而且董事的奖金并非平分，有的企业，总经理一人按规定可得 30%（按上例计算应为 5000 万日元）。由此可见，经营者特别是高级经营者的奖金收入较其股票所有权的收益要高得多。

第三，高交际费。交际费不是经营者的个人收入，但他们有权使用。交际费数量非常之大，据日本国税厅 1990 年《法人企业实态》公布的数字，日本企业一年支出的交际费总额为 5 兆日元，而相同口径的企业股票分红总额约为 4 兆日元。交际费总额大于股东分红总额，这是一个很值得注意的社会经济现象。这笔钱的使用对市场的刺激作用很大，特别是推动了服务行业价格的上涨。因为使用交际费时比个人消费更易于接受高价服务。

交际费的使用权不仅限于董事，范围要广得多。凡业务上有需要，各级业务人员都可以开支一定数量的交际费，但这笔钱的使用从政府的税务部门到每个企业都有章法可依，因此，在日本虽对企业交际费的开支褒贬不一，但多数人还是赞同的。

第四，高退休金。企业一般职工到退休年龄后，接工龄计算，每年一个月的工资一次支给，而董事的退休金，按年收入的 30% 计算，这比一般职工就高得多了。若按年收入 3000 万日元（这种收入水平的董事是相当多的）计算，退休金每年近千万日元，董事在任时间最长的可达 10 年以上，退休金一项就可高达上亿日元。

第五，高社会地位。大企业的经营者社会地位高，同样，优秀企业职工的社会地位也较一般企业高，职业稳定、收入高，受人尊重。一位大企业的经营者曾对笔者说，他的企业的牌子，对每位职工来说都是一笔无形资产，扛着这块牌子就是一笔财富。

以上几点构成企业利益结构的主体部分。所有这些都同企业经营状况紧紧地联系在一起。企业兴旺，这些就能保持和提高，如果经营不善就会减少，若是企业倒闭，一切都会失去。所有这些都表明，日本企业经营者之所得在企业收益中所占的比重，呈不断扩大的趋势，利益关系结构发生了明显的变化。

美国企业近几十年来，利益关系结构也发生了巨大的变化。20 世纪 30 年代中期，美国一些企业就开始实施了"收益分享计划"，实际上就是企业业绩的改善所得的收益，按照一定的分配比例由企业与职工分享，而不是全部由所有者拥有。

20 世纪 70 年代以后，美国企业又广泛地实施了股票期权制度，也就是一般所说的"认股权计划"。"认股权计划"是对企业管理者和员工实行的一种长期激励，它要求授予公司管理者和员工一定数量的认股权，即在某一期限内，以一个固定的执行价，购买一定数量本公司股票的权利。获得认股权的雇员可以按认股权确定的买入价（执行价）购买本公司股票，而后在高价位抛出以获得收益。这也是协调所有者与管理者利益，激励管理者与员工的举措。据统计，1997 年《财富》杂志排名前 1000 家美国公司中，90% 实行了认股权计划，1997 年变现认股权的收入比 1996 年上升了 35%，认股权收入在管理人员的收入结构中所占的比重高达 28%。

总之，利益结构关系的变化在不同国家虽有不同的表现，但利益关系在不断调整，结构在不断变化，却是共同的趋势。通过这种调整，使职工的收入随企业效益的提高而增加，从而调动员工的积极性，为企业创造更大的效益，最终使所有者的利益能够得到更好的维护。

企业利益结构合理，就能够把企业经营者和全体职工的积极性、创造性充分调动起来，从而使企业充满生机与活力。如果利益结构不合理，比如，所有者竭泽而渔，给企业经营者和职工的利益过少；或者利益结构向经营者过于倾斜，所有者或职工群众利益遭到忽视；或者过于看重职工眼前的、局部的利益，"分光吃净"，挫伤企业的后劲，等等，都不能把企业活力调动起来。

我们现在的情况是，所有者既不到位，又单纯强调要维护所有者的利益，而不去研究合理的利益结构建立对经营者与职工的激励机制，结果企业搞不好，所有者的利益也得不到维护。

三　笼统地反对内部人控制,忽视败家子控制的倾向

企业不能没有控制，不是所有者直接控制就是经营者控制，如果经营者的控制损害了所有者的利益，就变成了大家所批评的内部人控制；如果所有者不能到位，又不去认真建立合理的利益结构，不能形成在合理利益结构框架内的、既有激励又有约束的经营者控制，这就会变成毫无章法、毫无约束的败家子控制。后者比所谓的内部人控制更糟。

内部人控制不一定搞不好企业，它主要是权力和利益分配的问题，是所有者和经营者之间较量的问题；败家子控制是富了方丈穷了庙，企业搞不好经营者却可以挥霍和侵占国有资产。因此，不能笼统地反对内部人控制，如果所有者注定不能到位，那就应当研究如何建立合理的利益结构框架内的、既有激励又有约束的经营者控制机制。

日本企业内部人控制的问题比较突出，常常听到对日本企业经营者控制企业、忽视所有者利益的批评意见。但也不可否认，

日本企业并不是毫无约束的败家子控制体制，而是一种比较有效的经营者集团控制的模式。

为什么日本的企业会形成经营者集团控制的局面呢？原因就在于，股权多元化、分散化条件下的法人相互持股，具有一种"架空机制"，在企业的经营管理上，个人所有者被架空。如前所述，日本大企业的大股东多为法人，股东数量多但单个股东的持股率低，因此没有哪一家能够独家说了算，而需要十几家乃至几十家大股东联合起来才能控制企业。股东大会通常是前几十位大股东的代表出席，个人股东人数众多、人均持股极少，他们只顾炒股票，谁也不去出席股东大会，在企业经营管理上他们是自动架空的。为了研究股东大会，笔者曾经请一位购有上市公司股票的中国留学生出席股东大会进行实地考察，据他说，会议开得确实很简单，总经理报告工作，与会者举手通过，用不了半小时即可解决问题，纯属形式。就此笔者请教过多位日本经营学家，他们承认，这不是个别现象，股东大会通常都是这么简单。这就发生了一个问题，所有者的利益是不是就没有人来维护了呢？事实并非如此。实际上，如果企业经营出了大毛病，法人大股东也会从维护自身利益出发进行干预，但干预的方式并不是在股东大会上具体地讨论企业的经营工作，而是在会前进行沟通采取应对措施。股东大会前两周，企业要向每位股东发送营业报告书，包括经营状况说明、资产负债表、损益计算书、利润支配表，法人大股东据此可以对企业经营做出评价，如果符合要求，股东代表就举手通过，如果状况不佳，会前就相互通气，必要时就联合起来通过股东大会更换经营者。这里有一个非常关键的问题：法人大股东的这种干预权力由谁来行使？并非最终所有者——个人或家族大股东，而是大股东企业的法人代表——经营者（这和美国的大企业截然不同）。因此，实际上是由各个法人股东企业的代表——经营者形成的集团，发挥着对企业经营者的控制、监督和处置作用。也就是说，在相互持股的条件下，在一定意义上可以说，作为最终所有者的股东被架空了，在企业经营上起决定作用的，归根到底是经营者而非个人或家族股东。

一方面有法人大股东代表组成的经营者集团的控制，另一方面又有合理利益结构的保证，这就能够促使企业经营者兢兢业业为搞好企业而努力工作。由于利益结构比较合理，日本的企业有很强的凝聚力，职工把企业视为命运共同体，企业兴我兴、企业衰我衰的利益关系表现得十分明显，特别是在企业经营中起关键作用的经营者，更是一心扑在工作上。一个职业经营者，如果把企业搞坏，不仅前述的各种利益将会失去，而且还会面临被罢免的处境，这是涉及经营者一生前途、生死攸关的事情，谁也不会掉以轻心。因此，在日本企业经营者中间常常发生由于拼命工作而"过劳死"的事件，成为引人注目的一种社会问题。由此也可以看出，日本企业的主流是有控制、有约束的经营者集团控制的治理机制，而不是败家子控制。

我们的国有企业的情况又是怎样呢？

许多人认为，国有股产权归属不明确，谁是国有资产产权的代表不明确，所有者不到位，国有股产权虚设等是根本问题，因此想方设法解决所有者到位问题。怎样解决呢？无非是探讨由谁来代表所有者行使权力，于是就产生了由国有控股集团公司或政府授权的投资机构行使出资人权力的举措。然而，控股公司也好、授权投资机构也好，它们可以成为出资人的代表来行使权力，但它们本身并不是真正的所有者，并不能像真正的家族或个人所有者那样从切身经济利益上去关心企业的治理，于是国有股产权虚设的状况依然如故。我认为，所有者到不到位并不是主要问题，国有企业或国有股一股独大的控股企业，所有者不能真正到位是注定的、不可避免的。但这并不是说国有企业和国有控股企业就注定搞不好。事实上我们有很多国有或国有控股企业搞得很好，如果按照美国企业所有者到位的标准来衡量，我们的这些企业所有者也是不到位的。这些企业搞得好，关键是有一个好的领导班子，特别是一把手，企业并不归他们所有，但他们有高度的觉悟、责任心和敬业精神。这种好的领导班子是靠行政力量来考核与选拔的。对于为数不多的特大型企业来说，这种用集中控制人事权的办法来体现所有者的意志，是必要的也是有效的，但对于成千上万的、众多的国有或国有控股企业来说，如果一律用这种办法，不但难以保证选拔的准确，而且还会固化政企不分的弊端，通过各种关系跑官甚至买官的腐败现象就难以避免，很多败家子控制企业的现象，往往从这个空隙中滋生出来。应当看到，这是比所谓的内部人控制更需要我们重视的问题。

对于绝大多数国有或国有控股企业来说，我认为主要的问题不是所有者到位或不到位的问题，而是如何真正落实有限责任与实现股权多元化、分散化的问题。过去我国的国有企业是无限责任制企业，而且是债权债务和社会负担双重的无限责任，一切经营后果由政府承担；经过 20 多年的改革，目前我国国有企业在债权债务方面的有限责任制度已经确立，但无限的社会责任还没有解除（详见本部分《深化企业改革要在有限责任制上下工夫》一文）。只有彻底解决了这个问题，才能真正实现两权分离、政企分开，形成有效的企业经营机制。在此基础上引导企业相互持股，实现股权多元化、分散化、法人化，进而形成既有控制与约束，又有合理利益结构的、规范的经营者集团控制企业的局面。

（原载《当代财经》2003 年第 1 期）

如何建立和健全企业经营者的
激励与约束机制*

一 有限责任的企业制度,是建立和健全
激励与约束机制的前提

  建立和健全企业经营者的激励与约束机制，特别是采用期权制，需要具备一定的条件，诸如证券市场是否规范，股票价格的形成机制是否健全、能否正确反映企业的经营状况，经营者市场是否已经形成，现行的法律法规的限制能否突破，用于奖励经营者的股票有没有合法的来源，等等。这些外部条件都很重要，但我认为这还是第二位的，更重要的还是企业自身的条件。就企业自身来说，最重要的条件是有没有建立起有限责任的企业制度。

  有限责任是现代企业制度的最基本的特征。无限责任的公司制度，出资者对企业的经营要承担无限连带责任，企业财产同出资人的其他财产连在一起，没有边界，是一个无底洞。可以说出

<hr>

  * 2000 年 4 月 15 日提交"21 世纪企业高级论坛——国有企业经营者激励与约束机制问题研讨会"的论文。

资者的身家性命都押在企业的经营上，他必须亲掌企业的经营大权，才能自己掌握自己的命运。因此，在这种企业制度下，所有权和经营权不可能分离，经营者集团也不可能产生。有限责任制度的出现是公司发展史上的一次质的飞跃。只有在这种制度下，才能够分散经营风险，这时才会有两权分离，才会有经营者集团的出现，对经营者的激励与约束机制才真正提到日程上来。

我国的国有企业原本是无限责任的企业，经营后果全部由出资者——政府承担。因此，企业由政府直接经营，经营者由政府委派，是必然的。经过 20 年的改革，特别是经过现代企业制度试点，许多人认为这个问题已经解决了。其实并没有解决。

在市场经济国家，企业的有限责任和无限责任的区别，集中表现在债权、债务关系上。我国国有企业的无限责任是双重的，既表现在无限的债权、债务关系上，又表现在无限的社会责任上；而且两者相互作用、相互影响，使企业的无限责任难以摆脱。

按照我国公司法的规定，企业的出资者以其全部出资承担有限责任、企业以其全部法人财产承担有限责任，似乎债权、债务关系上的有限责任已经不成问题。其实不然。改革至今，企业冗员问题远远没有解决，多数企业还不得不背着应由政府承担的社会责任，这反过来又影响着企业债权、债务关系的明确性。国有企业承担的本应由政府承担的社会责任不解除，它的债权、债务关系也就必然是一种软约束。因为它的债权人多为以政府为背景的银行和企业，而企业背的债务又是为承担同政府有关的社会责任而背上的，这就变成了一笔糊涂账，责任难以分清，激励与约束也就失去了客观基准。正因为责任分不清，企业的无限责任反倒变成了无责任，企业家反而变成了可以不负责任，经营责任很容易被经营者推掉，企业的无限责任实际上还是由政府承担着。

　　为了使企业经营者能够认真负责地搞好企业，就不能不把希望寄予觉悟高、责任心强的好的领导班子特别是一把手，于是政府就不得不把注意力放在领导班子的选拔上。这又进一步固化了政企不分。在这样的企业制度下，孤立地谈激励与约束机制是本末倒置。因此，对于尚未真正解决有限责任问题的企业来说，要建立与健全激励与约束机制，还得先回到企业制度上来，先从根本上解决有限责任问题，这样才能创造前提条件。

二　解脱不应由企业承担的社会责任，是实现有限责任的当务之急

　　国有企业在人才和设备方面本来是有优势的，但目前这种内在的优势不能很好地发挥，一个最大的障碍，就是人浮于事。企业为了解决已离退、下岗人员的生活问题，就已感到难以应付，对于在岗的人浮于事问题，就更难提到日程上来考虑，于是三个人的事五个人做，只好勉强凑合。其实，这样凑合不仅效率低、成本高，而且无法改进技术、加强管理，难以把企业搞好。

　　作为政府当然要保持社会的稳定，而这种保持社会稳定的责任，又不得不压给国有企业。初看起来这样做可以分散一些负担，实际上这样做的成本可能更高。企业在人浮于事的状态下运转，勉强凑合，必然效益下降、亏损增加，于是不得不靠银行贷款过日子，结果造成了呆账，最终还是要由政府承担。分散负担的结果，担子最终还是落到政府身上。也就是说，社会负担对政府来说是"背着抱着一般沉"。这就需要比较一下，到底是背着好还是抱着好。

　　目前正在运转着的国有企业，人员普遍超过实际需要。如果各地政府根据本地的财力能够多投入一些力量，有步骤地彻底解

决一些企业的人浮于事的问题，这些企业就可以集中优秀的资产和精干的队伍，轻装前进。这样就可以使这些企业由吃财政变为创造更多的效益，更好地支援财政。这比大家都勉强凑合要好得多。另外，还有一些效益比较好、经济实力比较强的大企业集团，政府可以鼓励和支持它们加大力度解决下属企业人浮于事的问题，比如可以把一部分或大部分下属企业的富余人员收上来，由集团公司统一安置，使基层企业轻装前进，创造更大的经济效益以增强整个集团的经济实力。

总之，要尽快地、最大限度地解决企业人浮于事的问题。当然，要想一步到位，是不现实的，但应尽快把方向明确起来。要从各地和各大企业的经济实力出发，因地制宜，解决一个是一个、解决一批是一批。这样做，付出同样的代价却可以换来企业机制的转换和效益的提高。只有这样，才能使企业按照规范的有限责任的体制来运营，从而使企业实现两权分离、形成经营者阶层和法人治理结构，在此基础上才能有效地建立和健全经营者的激励与约束机制。

三　股票期权制与高薪制的比较和选择

（一）股票期权制

股票期权，就是公司授予其经营者的在一定期限内、按预先确定的价格，购买本公司一定数量股票的权利。预先确定的价格称为"执行价"；"执行价"是固定的，和到期后股票的出售价之间的差价，就是被授予者的收益。在此期间，本公司股价升值越高，被授予者的收益越大，这是对经营管理者未来工作业绩的一种奖励，因此它会形成一种有效的激励机制。

执行价一般按股票期权授予日的市场最高价与最低价的平均

值计算，也有的如香港《创业板上市规则》规定，执行价不得低于期权授予日的收盘价和授予日前五个营业日的平均收盘价两者中的较高者。

股票期权授予时，就同时确定了执行价，但需要间隔一段时间后才能行使期权（即按执行价购买股票）。期权授予和期权行使有这样一个时间差，就会形成差价。以香港创业板为例，必须在授予日的 3 年以后才能行权，而且最多不得超过 10 年，即有效期为 10 年。也就是说，行使期权的权利是分批实现的，例如，满 3 年后的第一年行使 10%，以后每年再行使一定的百分比，到第 10 年行使完毕。这种行权的时间表是事先安排好的。

实行股票期权制，股票的来源是一个重要的问题。正规的期权制度，是由证券交易所公布的《上市规则》中认定的。凡有期权制度的证券交易所，都要求股票发行人（上市公司）提出公司内部"雇员或行政人员股份计划"，在计划中要按规定的比例预留股票用于授予期权，例如，香港《创业板上市规则》中规定这一比例为发行股票总数的 10%，发行人（上市公司）需拟定这 10% 股票期权在 10 年内分批实施的进度安排。

授予股票期权，属于企业行为，计划要经股东大会通过，在公司董事会下设专门委员会掌管计划的实施。具体做法各国、各企业不尽一致，但专门委员会的组成都必须包括外部董事。由这个委员会决定期权的授予范围、授予条件、授予数量，根据公司业绩和经营者个人的表现，对其授予适当数量的期权。

由上面介绍的情况可以看出，期权制度有以下特点：

1. 股票期权对被授予者来说是一种权利而非义务，按规定的进度被授予者有权购买该项股票，但没有必须购买的义务。如果到期后股票的出售价和执行价之间的差价为零或者为负值，被授予者可以不买。因此，它带有"负盈不负亏"的色彩。

2. 由于期权的收益源于股价的上升，上升的幅度越大收益越多，因此，这是对企业经营管理者未来业绩的奖励，是一种长期的激励机制。这种制度适用于上市公司，对于创业阶段、上升阶段的高速发展的企业，以及处于困境或亏损状态而且扭亏有望的企业激励作用最为明显。特别是进行风险投资的高科技企业，激励作用尤为明显。至于一般的平稳发展的企业，股价变化幅度不大，其激励作用则相对较小，但由于股票期权的数量可以很大（香港创业板规定，每名被授予者可获得期权数的上限为期权总数的25%，可见数量很可观），每股差价虽小但收益总量可能很大，故其激励作用也不可低估。

3. 股票期权制理想的状态应该是企业经营管理者通过努力工作，推进企业经营业绩的提升，而企业经营业绩的提升又能够得到市场投资者的认同以致推动股价上升，其结果会加大期权持有者的收益，从而发挥其激励作用。由此可见，有没有成熟的、规范的股票市场，是一个非常关键的问题。如果股票市场很不规范，投机性很强，甚至企业经营管理者有可能参与操纵市场，炒作各种消息使股价偏离企业业绩，在这种情况下，期权的作用就不可能很好地发挥。正因为如此，在证券市场的上市规则中都有限制条款。例如，香港《创业板上市规则》中规定，授予期权的股票发行人（上市公司），在可能影响股价的情况发生时，或者在做出有可能影响股价的决定事项时，不得授予任何期权；尤其是在初步公布全年业绩或公布中期业绩前一个月内，不得授予任何期权。出现上述情况时，直至股价敏感资料按上市规则的规定公布之后，方可授予期权。

（二）高薪制

高薪制包括高工资和高奖金，是和经营管理者的业绩挂钩的一种激励制度。业绩好，个人收益高；业绩不好，收益降低，有些收益项目甚至还会失去。很多国家的企业多采用这种激励方式。

有些国家的企业，高薪制和股票期权制是结合使用的，如美国的企业经营管理人员的薪酬，一般包括基本工资、年度奖金和股票期权，前两部分是对过去工作成绩的肯定，第三项是对今后工作业绩的奖励。美国企业传统的薪酬制度，主要是前两部分，近一二十年来第三部分逐渐增加。

有些国家的企业，股票期权使用不多，主要靠高薪制，如日本的企业，采用股票期权制的就比较少。据了解，像新日铁这样的著名企业，至今还没有采用股票期权制，据悉今后可能要在下属的高科技企业实行这种制度。就总体来说，日本的企业主要采取高薪制，而且它的高待遇是多方位的，不仅有高工资、高奖金的薪酬制度，而且还有高退休金、高交际费和高社会地位等多方面的利益。以交际费为例，据笔者掌握的 1990 年的数据，全日本企业由经营管理者掌握使用的交际费为 5 万亿日元，而同一口径的企业股东分红却只有 4 万亿日元，即交际费总额大于股东分红的总额（这种格局近几年也没有大的改变），由此可见一斑。这些都是对经营管理者业绩的奖励，是和经营业绩紧密联系在一起的。如果经营业绩很差，所有这些都可能失去。例如，董事的退休金，是按在任年限乘以年收入的 30% 计算的，比普通职工高出许多倍（普通职工的退休金按工龄乘以一个月的基本工资计算，差别很大），董事工作成绩好，可连选连任，在任时间就长，退休金收入就很高。相反，如果干了一届就被免职，这项收益就会受到很大影响。这种制度对经营管理者来说，既有激励又有约束，而且力度是很大的（关于日本企业经营者收入"五高"的详细资料，见本书第二部分《论企业自负盈亏》一文）。

（三）对比分析

1. 高薪制是一种常规的激励办法，比较容易实施，它以奖励过去为主，但实施得好，也可以形成一种约束机制，对以后的业绩也有明显的激励作用。对于我国的企业来说，只要把有限责任的企业制度真正健全起来，把经营管理者的产生机制真正健全起来，就可以在此基础上进一步调整利益结构，按照经营管理者的业绩提高他们的待遇，从而形成有效的激励与约束机制。我认为这是现实可行的、可以广泛采用的办法。

2. 股票期权制是一种对今后的业绩起长期刺激作用的激励办法，把企业的发展和经营管理者的收益紧紧地联系在一起，其激励作用比较大，但它的适用条件有一定的限制。就企业自身来说，必须是创业阶段、高速发展阶段的企业，用这种办法，才能显示出它的刺激作用。就企业外部来说，更受许多条件的限制，前面已经讲过，诸如证券市场是否规范，股票价格的形成机制是否健全、能否正确反映企业的经营状况，经营者市场是否已经形成，现行的法律法规的限制能否突破，用于奖励经营者的股票有没有合法的来源，等等。这些条件不具备，就不能广泛采用这种办法。就我国目前企业的状况来说，我认为实行股票期权制的条件还很不成熟，不应一窝蜂似的搞试点。目前应当下力量对国际经验进行调查研究。

3. 转轨期间的我国国有企业，由于内外条件的限制，一方面难以按照国际惯例实施规范的股票期权制度。另一方面，由于目前职工仍普遍实行着偏低的工资制度，而且平均主义的影响仍严重存在，如果加大对高级经营者实行高工资的力度，难以行得通；如果力度不够，在日趋激烈的人才竞争面前，又难以留住人才。面对这种两难局面，必须积极采取变通的办法，建立有效的激励与约束机制。

目前有些企业试行"虚拟期权制",即在企业奖励基金中单列出期权专用基金,通过内部结算的办法,以期权授予时和行权时股价的差价乘以持有的股数,计算应得的收益。这样做既有了激励作用,又解决了股票的来源问题,而且由于和未来业绩紧密挂钩,比直截了当地发高工资,容易被职工所接受。此外,还有一些非上市的企业,由于不能形成股价,试行授予一定股份的分红权的办法。这些都是值得进行研究和总结的。我认为,对于国内企业自发地实行的各种各样的"期股制",要进行跟踪调查,及时总结经验,向积极的方向引导,努力避免国外实行期权制碰到的道德风险,防止不良行为的蔓延。

4. 还有一种既非通常所说的期权,但又类似期权的激励制度,很值得注意。这就是通过内部职工持股的办法分享创业利润的制度。有些高风险、高科技、高速发展的企业,特别是向股票上市的目标奋进的企业,采用这种办法,对于增强企业的凝聚力、吸引优秀人才,起了重要作用。笔者在 1990 年调查日本企业时,曾经发现过这样的案例:有一家企业在 4 年前公开上市,上市前就建立了企业内部职工持股制度,上市后股价为面额的60 倍,职工持股率很高,职工持股会成为第二大股东,持股职工从中得到很大一笔创业利润;还有一家企业的一位女职员,在报纸上发表文章说,她几年前大学毕业时,人们争相到大企业就职,但她选择了有发展前途的小企业,而且持了股,没过几年这个公司的股票就上市了,她得到了一大笔收入,甚至在市区买了自己的公寓。目前我国的一些高科技企业,也已经有了这方面的成功经验。

总之,要积极试验,但要因地制宜、因企业制宜,不能搞一刀切。特别要注意激励制度与企业制度的关系。如前所述,如果不着力建立、健全以有限责任为基本特征的现代企业制度，不把企业经营好坏的标准和责任界限搞清楚，孤立地搞激励与约束机制，就会本末倒置，不可能产生好的效果。

（原载《经济管理》2000 年第 6 期）

四　关于国有企业民营化与私有企业的发展

促进非公有制经济健康发展[*]

中华人民共和国宪法修正案强调："我国将长期处于社会主义初级阶段。""国家在社会主义初级阶段，坚持以公有制为主体、多种所有制经济共同发展的基本经济制度，""在法律规定范围内的个体经济、私营经济等非公有制经济，是社会主义市场经济的重要组成部分。"这是党的十五大精神的贯彻和落实。

个体经济、私营经济，是在改革开放的新形势下迅速发展起来的。它们和传统的计划经济体制没有直接的联系，是由民间自己发起成立，在市场竞争中生存和发展起来的。从它们产生那天起，就离不开市场，本身就是和市场联系在一起的。我们要长期坚持搞社会主义市场经济，当然就不能不发展非公有制经济。改革的实践也已证明，非公有制经济已经成为我国经济增长的重要力量；随着它的发展，正在成为国家财政收入的重要来源；这部分经济的发展在开辟就业门路、缓解社会就业压力方面起到了重要作用；对于地方经济的发展也起着越来越重要的作用。

宪法修正案已经公布实施，它肯定了非公有制经济在我国社

---

[*] 为《经济管理》1999 年第 4 期写的"卷前时评"。

会主义市场经济中的地位和作用，使党的十五大的精神用根本大法的条文固定下来，这将更加有利于鼓励和引导个体经济、私营经济等非公有制经济健康发展。

促进非公有制经济健康发展，从企业外部环境来说，需要按照十五大精神进一步消除"左"的思想影响，纠正对个体经济、私营经济的种种偏见。现在，对非公有制经济的歧视性政策正在逐步消除，但在实际工作中、在政策的掌握上，在一些地方还没有做到对不同经济成分一视同仁，存在着对非公有制经济的不公平待遇。为了促进非公有制经济健康发展，我们需要努力学习和宣传宪法，创造一视同仁、平等竞争的环境。

促进非公有制经济健康发展，从非公有制经济特别是私营公司制企业自身来说，迫切需要解决按照现代企业制度的要求加以规范的问题。必须突破个人或家族式管理的局限性，广泛集资实现资本社会化，建立科学的公司治理结构，制定切实可行的企业发展战略，避免不规范的竞争行为、经营行为。要真正做到把企业利益同国家的利益、消费者的利益结合好，特别要注意切实维护好劳动者的合法权益。

促进非公有制经济健康发展，关键还在于政府职能的根本转变。只有加速这种转变，才能更好地坚持社会主义初级阶段的基本经济制度，形成以公有制为主体、多种所有制经济共同发展的生机勃勃的新局面。

（原载《经济管理》1999 年第 4 期）

国有企业的民营化和民营企业的发展[*]

关于什么是民营经济，人们在认识上存在着很多差异。有人常常把民营经济和私人经济混同起来，因此，常常把国有企业民营化等同于私有化，甚至担心会造成国有资产流失，会威胁到公有制的主体地位，会削弱国有经济的主导作用，等等。其实这是一种误解。为什么在这个问题上容易产生误解，怎样才能消除这些误解呢？我觉得，需要从企业形态说起。

一 企业形态分类

企业形态是国际上用得比较广泛的概念。任何一个国家，为了研究分析企业、组织管理企业，都需要从各种不同的角度对企业进行形态分类。例如，从企业所在的行业、地域以及企业的规模、技术特征、经济性质、组织形式等不同的侧面，都可以对企业进行类别划分。这种类别划分，有时可以用得很宽，有时也可以用得很窄。在我们研究民营经济问题的时候，我以为，至少要

---

[*] 1999 年 1 月 30 日提交"民营经济发展研讨会"论文。

涉及三个方面企业形态的划分：一是企业的经济形态；二是企业的经营形态；三是企业的法律形态。

第一，关于企业的经济形态。这是按出资主体来划分的，实际上就是我们通常所说的所有制形式。在我国，过去由于"左"的指导思想起主导作用，盲目追求"一大二公"，使所有制形态单一化，限制了生产力的发展。党的十一届三中全会以后，确定了以公有制经济为主体、多种所有制经济共同发展的方针，而且逐步明确了这是我国社会主义初级阶段的基本经济制度，而非一时权宜之计。

公有制经济，不仅包括国有经济和集体经济，而且还包括混合经济中的国有经济成分和集体经济成分。目前在城乡大量出现的股份合作制经济，基本上是以劳动者的劳动联合和劳动者的资本联合为主的形式，这是改革中的新事物，是一种新型的集体经济。至于非公有制经济，也应当说是社会主义市场经济的重要组成部分。这些就是我国社会主义初级阶段所有制结构的基本格局。我们所讲的企业经济形态，就是属于上述范畴的问题。

第二，关于企业的经营形态。这是按经营主体来划分的，实际上就是我们通常所说的经营方式。对一个企业来说，出资主体同经营主体可以是统一的，也可以是不统一的。例如，国有国营、业主私人所有私人经营，就是出资主体同经营主体统一的。但从现代企业发展的现状和趋势来看，所有者是委托给职业经营者来经营的，这时，出资主体同经营主体就是不统一的，这也就是我们通常所说的两权分离。实际上，每一种所有制的企业都可以实行多种不同的经营方式，国有企业也可以民营，这只是企业经营形态的问题，并不涉及企业经济形态改变的问题。

第三，关于企业的法律形态。这是按法人主体来划分的，实际上就是我们通常所说的法人类别。企业作为法人、作为独立承担民事责任的主体，都是依法确立的，从它的设立、运营直到终止、清算，都有明确的法律规制。由于各国的法律不同，企业的法律形态分类也就有所不同。以日本为例，其公司的基本法是1899年制定的《商法》，在这个法中分别确立了股份有限公司、无限责任公司、两合公司等三种类型的公司法人，1938年又制定了《有限责任公司法》，专门确立了有限责任的公司法人。到目前为止，日本仍然存在着上述四种不同的公司法人，所依据的就是上述两个法律。我国的企业法律形态分类则有所不同，在《公司法》中确立了股份有限公司和有限责任公司两类公司，在有限责任公司中又单独列出了国有独资公司，实际上是确立了三种公司法人。无论各国的法人类别的划分怎样不同，但都属于企业法律形态范畴的问题。

上述三种企业形态，是从三个不同侧面对企业进行的类别划分。它们之间既有联系又有区别，在研究不同问题时，可以使用不同的企业形态分类，一般不能混淆。例如，对"国有国营"的企业来说，所有权和经营权是不分的，但所有权是属于经济形态范畴的问题，而经营权则是属于经营形态范畴的问题，两者仍然是有区别的；在两权分离的情况下，更是如此，经营权如何运用，又可以有许多不同的做法，可以是授权的，可以是委托的，也可以是承包的或者是租赁的，但无论采取怎样的形式，都是属于经营形态范畴的问题，与经济形态更是不能混为一谈。

过去在股份公司问题上，总有人解不开它到底是"姓资"还是"姓社"，其实，他们是把企业的经济形态同企业的法律形态搞混了，历史的经验告诉我们，股份制是现代企业的一种资本组织形式，是依法发行股票广泛筹集社会资本的一种企业形态，至于资本的所有权属于谁，或者说资金的来源是个人、法人、外资或者是政府，并不重要，重要的是如何按照法律更多地筹集资金、如何依法运用好这些资金。所以我们说，股份制是企业法律形态问题而不是企业所有制方面的问题，因此，不能笼统地说股份制是公有还是私有，不存在"姓资"还是"姓社"的问题，其道理也正是在这里。

二 国有企业的民营化

在我们把前述三种企业形态区分开来之后，就可以非常清楚地看出，国有企业民营化和私有化并不是一回事情，从国际经验看，国有企业民营化的形式也是多种多样的，有的可以伴随着所有权的改变，但多数情况下和所有制的变化是无关的。

我们都还记得，20世纪70年代初期的石油危机，影响到了西方发达国家经济的发展，当时各国政府为了减轻财政负担，减少财政赤字，纷纷实施了国有企业民营化的措施，由于各国的情况不同，原有国有企业的基础差异也比较大，在民营化的过程中各国的做法不同、侧重解决的问题也不同，所以，对什么是民营化，在国际上也存在着多种多样的理解。

进入20世纪80年代以后，西方各国为了总结和交流民营化的经验，举行了多次国际会议，从学术的角度，对民营化的含义进行了讨论。在1985年的一次会议上，有的国家的代表，如德国的学者认为，国有企业的全部或者一部财产卖给私人，即所有权转移，才是民营化；而法国的学者则认为，企业目标和机制的转换，即国有企业像私有企业那样，追求盈利，转变为以营利为目的，就是民营化。与会者多数认为，法国学者的贡献就在于，他们强调了民营化并不是所有权转移，而是企业经营目标的转移，即向盈利行为转移的问题。这次会后，在研究报告中，对民营化的概念概括出了 15 种说法。① 这些说法，有的大同小异，有的相互交叉或者重复。尽管这 15 种说法显得杂乱无章，但它们毕竟是比较完整地反映了当代各国学者对民营化的认识，因此，对于我们研究国有企业民营化问题，还是有参考价值的。

1. 改变所有制，即把国有企业或企业的一部分财产向私人出售。这种做法是和经济形态的转变同时进行的。

2. 改变企业法律形态，即向依据民法设立的法人企业形态转变，使政企完全分离，但不需要把所有权向私人转移。

3. 改变公共事业的供给责任，或者称为"职能的民营化"，即把一部分公益事业的供给责任由国家控制向民间转移。

4. 转变经营方针，即导入民间企业的追求盈利的机制。

5. 扩大企业自主权，即向经营者转移权力。

6. 非官僚主义化，即从法律的和行政的过多限制中解脱出来，创造能发挥企业家精神的环境。

7. 实行非集中化，即从地理意义上，或者更重要的是从决策、计划实施权力委让的意义上实行非集中化。

8. 条件均等化，即国有企业要具有与民间企业相同的经营活动条件。

9. 促进竞争，即把过去一直由国有企业控制的领域向民间开放，利用市场，形成竞争机制。

10. 打破垄断，即传统的"自然垄断"领域内国有垄断企业的解体。

11. 职工"待遇民营化"，即工资、劳动、雇用条件，比照民间企业进行调整。

12. 公共服务范围的削减。

---

① 详见《民营化的世界潮流》（日文版）御茶水书房出版。

13. 公共资源的民营化，即准许民间企业免费或部分免费享用公共部门的生产资料、服务或公共部门开发的专有技术。

14. 公共收入的民营化，即鼓励私人向公共事业投资，公共投资的收益向民间转移，如在公私混合出资的公益事业领域，在收益分配上对民间出资者实行优惠政策，等等。

15. 非国有化，包括国有企业进入国际资本市场，也包括外国投资者对本国国有企业的股份和资产处置权的取得。

从上述十五种说法来看，对民营化含义的理解是非常广泛的，并非民营化就是私有化。如果把民营化和私有化等同起来，显然就过于简单化了。

20 世纪 80 年代，日本加速了国有企业民营化进程。在日本，国有企业民营化主要包括以下两个方面的内容：一是局部改变所有制，即政府所有的资本，部分地向民间出售，转为民间企业。二是规制缓和，即解除各有关行业领域的特别法的制约，逐步向民间开放。

对照各国对民营化的理解和改革的实践，我觉得，我国国有企业的改革，实际上早已进入了民营化的进程。建立现代企业制度，对国有企业进行公司化改造，实际上也是民营化的一种重要形式。虽然在抓大放小的过程中也伴随着一些所有权的转移，但这是比较小的一个局部，就总体来说，这主要是经营形态方面的问题，向私有化问题并无必然的联系。因此，对民营化问题不能回避，而应当因势利导，积极推进。

三　民营企业应向股权多元化、分散化方向发展

目前我国的民营企业，大体是从两个方面发展而来的，一是国有企业改制而来，一是由个人或集体创办起来的。从发展趋势

来看，我认为，这两类企业都应向股权多元化、分散化的方向发展。这是因为，民营企业基本的经营特征应当是自主经营、自负盈亏、成为有竞争力的经济实体。而只有股权多元化、分散化，才有助于实现上述目标。

对国有企业进行公司化改造，如果只是改造为国家独资或者占绝大多数股权的公司，就仍然难以摆脱行政机关的控制，难以实现自主经营。少数行业的企业可以这样做，多数竞争性行业的企业则不应这样做，而应当使股权多元化并且要大幅度降低国家直接持股的比例。这样，才能转换机制，实现自主经营。

大幅度降低国家直接持股的比例，公有制的主体地位岂不就动摇了吗？其实不然。我们发展股份制企业，当然要吸收个人资金，但从我国的实际情况来看，光用发展个人股的办法来使国家直接持股比例大幅度降低，是根本不可能的。如果我们主要用大力发展企业法人相互持股的办法来降低国家直接持股的比例，就不但是可能的而且还不会因此而从根本上改变原来所有制关系的格局，例如，企业既要吸收其他企业的投资来增加资本金，又要以自有资金去持其他企业的股。这样交叉进行，就可以在资金总量不变的条件下，使相互持股的每一个国有企业的资本金同时都会增加，从而使国家直接投入各个企业的原有资金在资本金中所占份额相对下降。尽管这会使企业资本金虚增，但只要不是用行政办法而是按照企业间的生产联系和经济需要，本着自愿的原则来形成法人相互持股关系，伴随的就会是资金在产业间的合理流动和产权组织结构的合理调整。采用这种办法，由于企业间的资金是可以相互抵消的，所以并不会过多增加企业的负担。当然，这不可能一蹴而就，需要有一个逐渐磨合的过程。

按照上述设想，通过法人相互持股使股权多元化、分散化之后，就可以削弱最终所有者的控制，形成经营者集团控制企业的格局，真正实现企业自主经营。为什么会有这样的效果呢？这是因为，在股权多元化、分散化的前提下，法人相互持股具有一种"架空机制"。以日本的大企业为例，企业的大股东多为法人，法人股东数量多但单个股东的持股率低，因此，需要几十家大股东联合起来才能控制企业（如松下电器公司拥有 17 万股东，最大的股东是住友银行，持股率只占 4.3%，前 10 位大股东持股合计也只占 26.5%），这些法人大股东由于相互持股的缘故，它们互相参与，作为股东的干预力是相互抵消的，在股东大会上实际成为支持企业经营者的一种强大力量；而个人股东，人数众多、人均股权极少，每人都持有不止一家公司的股权，各大公司的股东大会又都在同一天召开，谁也无法分身去参加股东大会，所以，他们也基本不起作用，是自动架空的。这就决定了公司经营者具有很大的自由度，在具体经营上，来自所有者方面的干预甚少，自主经营的权力极大。当然，如果企业经营出了大的毛病，法人大股东也会从维护自身利益出发进行干预，干预的方式是联合起来更换经营者，但是，这里有一个非常关键的问题，就是法人大股东的这种干预权力由谁来行使？并非最终所有者——个人大股东，而是股东企业的法人代表——经营者。因此，实际上是由各个法人股东企业的代表——经营者形成的集团，发挥着对企业的控制、监督和处置作用。也就是说，在相互持股的条件下，在一定意义上可以说，作为最终所有者的股东被架空了，在企业经营上起决定作用的，归根到底是经营者而非个人股东。

当然，日本企业的所有制关系同我国企业是根本不同的，但法人相互持股使法人股东的代表转化成经营者集团，最终所有者被架空，这种作用和机制是相通的；无论最终所有者是个人股东还是国家行政主管机关，被架空的可能性是同等的。我们在国有企业的公司化改造过程中，正确运用法人相互持股的"架空机制"，把一元的"行政婆婆"改组成多元的"法人婆婆"，就可以转换企业经营机制，使企业之间能够相互影响、相互制约、相互促进，从而淡化行政主管部门的直接干预，突出经营者集团的作用，使企业经营机制得到转换，促进实现企业自主经营。

上述道理，我觉得对于个人或者集体创建和发展起来的民营企业来说，也是适用的。这样的企业在它发展壮大的过程中，需要大量的资金，光靠企业自身的积累是远远不够的，必须面向社会广泛筹集资金，实现资本的社会化。这是现代企业发展的必然趋势。以松下电器公司为例，松下幸之助在80多年前创业的时候，是100%的独资，随着企业规模的扩大，松下家族的资本在松下电器公司中所占的比重不断下降，1950年降到43%，1955年降到20%，1975年更猛降到5%以下，为3.5%，1990年又降到2.9%。松下幸之助从他创业直到他逝世，始终是松下电器公司的象征，掌握着松下电器公司的命运，但是，我们应当注意到，他的身份实际上发生了很大的变化。最初是以他的资本即以资本家的身份控制着企业，后来则是以他的知识，以他的经营理念、经营韬略和经营才干即以经营者的身份控制着企业。我们每一位民营企业家都应当有这样的观念和胆识，敢于和善于广泛集资，实现资本社会化，这样才能突破个人和家族的局限性，广招各路英才，壮大经营者队伍；而且只有自身不断增长知识、增强才干，才能掌握住企业，使企业和个人的事业兴旺发达、长盛不衰。

（原载《中国工业经济》1999年第4期）

民营化与私有企业的发展[*]

张泉灵（以下简称"张"）：我们以前经常谈到怎样把国有企业的经营机制搞活，有许多经济专家提到这样一种方式，就是把国有企业民营化。那么就有人担心，这会不会改变企业公有制的性质，会不会削弱国有经济的主导作用，会不会造成国有资产的流失，等等。那么，您对这个问题怎么看？

吴家骏（以下简称"吴"）：在这个问题上，实际上误解是很多的。

张：您觉得这是一种误解？

吴：对，我认为这是一种误解。这里涉及企业形态问题。企业形态在国际上是一个通用的概念，任何一个国家，它要从宏观上管理企业或者要研究、分析企业问题，都需要从各个不同的侧面对企业进行类别划分。企业类别的划分可以有很多种划法，比如，我们在研究企业的民营化问题的时候，我自己觉得至少有三个方面企业形态的类别需要把它们区分开：一个是企业的经济形态问题，一个是企业的经营形态问题，另外企业还有一个法律形

---

* 1999 年 3 月中央电视台《中国报道》主持人张泉灵在演播室进行的采访。

态的问题。必须把它们区分开来。

所谓企业的经济形态，就是按企业的出资人来划分的企业形态，这就涉及所有制关系问题了。是国有、是集体所有，还是私有，等等，这是所有制问题。那么，经营形态就和这个不一样了，它是怎么经营的问题，是属于经营方式方面的问题，是按经营主体来划分的，而不是按出资主体来划分的。这么一说就区别开了。你国有也可以民营嘛！而且民营也可以有各式各样的方式方法。承包、租赁，这些都可以说是民营化的方式。

张：也就是说，早期我们搞的比如个人承包国有企业，也已经是一种民营化的方式了。

吴：是的，我是这样看的。

除了上面说的两种以外，企业还有法律形态。我们知道，每个企业都是一个独立的法人。所谓独立的企业法人，就是依法设立的经济组织。从它的设立到它的运营一直到它的最后终结、清算，都有法律规定。每一类企业，它的法律规定又是不一样的。股份有限公司有它的法律规定，而有限责任公司就不能用股份公司的法律来规制。国际上还有一种无限责任公司，又是由另外的法律来规制的。也就是说，各种各样的法人，都有不同的法律分类，比如我国《公司法》规定有两类公司：一类是股份有限责任公司，另一类是有限责任公司。在有限责任公司里边，又单独列出了一个国有独资公司。实际上我国的法律确立的，是上述三类公司法人。别的国家就有所不同，比如日本，正好在 100 年以前，也就是在 1899 年，他公布了一个《商法》，这个法里规定了三种公司法人形态：一种是股份有限责任公司，另一种是无限责任公司，还有一种叫两合公司。这个法律一直到现在还在沿用，只不过每年都有小的修订，但大的分类一直没变。到了1938 年日本又另外公布了一个法律，叫做《有限责任公司法》，这个法专门规定了有限责任公司从成立到终结的整个的法律问题。这就可以看出，有限责任公司也好，100年以前规定的股份公司、无限公司也好，这些都是属于企业法律形态方面的问题。

前述企业形态的三种不同的分类，我们在研究不同问题的时候，可以分别从不同的侧面去运用，但是不能把它们混淆。一混淆就会产生前面说的那种误解。你看，国有民营，国有讲的是所有制，是经济形态问题；而民营是属于经营形态方面的问题，它还可以是国有嘛！当然，国有民营也可以是将一部分资产出售，那就是所有制的部分改变了，但国有民营并不完全是这样。所以说，很多误解是因为这三种形态没有区分开造成的。

张：国有企业的民营化，不等于国有企业的私有化。所有制和经营形态是两个不同的概念。

吴：是的。

张：除了我们前面提到的承包这个民营化的方式之外，还有没有其他的民营化的方式？

吴：我们现在搞的现代企业制度，国家正在搞的试点，正在搞的国有企业公司化改造，大家都不觉得这是民营化，我个人认为这就是民营化。我的观点就是这样。

张：为什么这么说？

吴：国有企业民营化，不是从我们现在开始的。这里有个如何认识国际经验的问题。从国际上看，有些国家从20世纪70年代就搞这件事情，西方国家在80年代初就开始讨论这个问题，开了多次国际学术讨论会，各国的专家学者对民营化的看法也不完全一样。例如，1985年有过一次学术会议，会上德国学者认为，要民营化就必须把国有企业卖给私人，或者把企业的一部分资产卖给私人。他们的观点是认为民营化就是所有制的变化。法国学者的观点就有所不同，他们认为民营化不一定是所有制的改变，民营化是经营机制的改变，国有企业能够真正按照民营企业那套办法去经营、去赚钱、去追求利润，按照这样的要求，把机制给它变过来，把一系列的管理办法、管理方式变过来，这就是民营化。其他许多国家的代表赞成法国学者的观点，认为法国学者的贡献就在于区分开了这两种关系，即民营化不一定是所有制的改变。在1985年这个会议之后，他们搞了一个研究报告，把各国学者的意见归拢起来，概括出了15种民营化的方式，其中真正涉及所有制改变的只有一种，其他都不涉及所有制问题。比如说，各国国有企业的分配方式同民营企业都不完全一样，把国有企业职工包括高级职员的待遇，仿照民间企业的制度来制定和运作，这也是民营化的一种方式。另外，我们扩大企业自主权，这种做法在国外也是有的，这也叫民营化。还有一些产业是政府控制得比较紧的，民间企业是不能进入的，这样的行业各国都有。缓解对这些行业的规制，让民间企业能够进来，这也是一种民营化的方式，如此等等。他们归纳出15种民营化的方式，按照这15种做法来对照，我认为，我国的企业改革实际上早已经进入了国有企业民营化的过程。但这个民营化的过程并不是私有化的过程。

张： 刚才您也已经谈到了扩大企业自主权的问题，这是近几年来我国国有企业改革当中的一个非常重要的问题。那么，我们现在当然有了一些很好的法律、法规，也有了一些很好的或者说是更加完善的市场的运作方式，来保证企业不受到一些不必要的行政干预。但在这方面需要解决的问题仍然很多，您觉得民营化过程是否能够对扩大企业自主权提供一些帮助。

吴： 我觉得你提的这个问题是很重要的，而且也是很难解决的。我们在民营化的过程中，比如说我们搞的现代企业制度试点，80%搞成了国有独资公司，当然这也是有法律依据的，《公司法》里确实有独资公司的规定。但我觉得，要想通过改革真正解决扩大企业自主权的问题，国有独资不是很好的办法，他仍然是一个上级主管单位，不可能摆脱行政干预。所以我就说，要想实现企业自主经营，就必须走股权多元化、分散化的路子。就是一个企业它不是只有一个婆婆，不是只有一个出资的上级主管单位，它可以有很多的其他的出资人。我认为，国有企业之间只要双方都有需要又有可能，都可以互相持股，同时也可以向职工、向公众出售，这样逐渐地把它变成不是只有一个婆婆，企业的自主经营就能比较容易实现。

张：在中国，要让企业不是只有一个婆婆有一定的难度，就是中国没有一个完善的资本市场的存在。那么，应该向谁去分散这些股权呢？

吴：一个是职工持股。当然这不可能有很大的资金量，不可能占有很大的比重。

张：特别是对国有大企业来说，更是这样。

吴：对，它解决不了这个根本问题。我觉得还是要靠国有企业之间相互持股，这是一个好办法。国有企业之间实际上它也有这种需要。我们现在行业之间，产业结构需要调整，有的行业资金存量很大，生产能力过剩，资金不一定要往那里投放；有的行业呢，它还是缺少资金的，如果通过我们有领导、有组织地把一些长线行业企业的资金向短线行业的企业转移，这对长线企业来说也体现出一种利益，它的资金流向短线行业去，比在长线企业获利肯定要高。这也是一种动力。当然，还是得加以行政指引。

张：据我所知，日本也曾经有过这样的现象。但日本企业之间相互持有股权，跟您说的形态又不完全一样，比如，它是银行持有工业企业的，工业企业持有商社的，商社又持有银行的，这样一种循环的关系。它主要是为了加强财团之间相互的关联性。那么，您说的这种方式，在我们这里应用，投资的动力又是什么呢？比如说作为一个国有企业，我为什么要买你的股票，你又为什么要来持有我的股权，这种投资的动机何在呢？

吴：要知道，我们过去企业之间生产的衔接是靠计划来保证的，上游的产品供应下一个厂家，它是通过计划的调拨来实现的。到了市场经济条件下，企业之间也应当有一种稳定的协作关系，不然就保证不了生产的顺利进行。这是社会化大生产的分工所决定的。日本企业相互持股也有这个背景，企业持股以后就可以保证它所需要的上游企业生产的零部件源源不断的供应。通过相互持股要解决的正是我们通过计划要解决的生产衔接的问题。我们从原来的计划体制向社会主义市场经济体制过渡，我觉得企业之间生产衔接的问题也是必须解决的。那么，没有了计划安排的衔接，企业相互持股就可以成为解决生产内在联系的一种重要手段，如果我们能够很清楚地意识到这一点，有意识地加以引导，我想企业之间是会有这样一种意向的。

张：刚才我们就国有企业民营化问题采访了吴家骏先生，下面播报相关新闻，然后请继续收看中国报道。

欢迎继续收看中国报道。就像刚才在新闻里看到的，我们的记者发现，在很多私营企业发展到一定程度之后，它们都纷纷感到有一种困惑，就是在私营企业发展壮大之后，下一步棋该怎样走呢？有关这个问题，我们将继续采访吴家骏研究员。

我们都知道，在民营企业当中，的确有一部分私营经济的存在，那么我们发现，从十三大开始我们国家对私有经济的评价发生了一些变化。从有益的补充，到十五大的评价是我国社会主义市场经济的重要组成部分。那么，您觉得这样一种转变体现了一种什么样的思路？

吴：在这个问题上，我们的认识也有一个逐步深化的过程。改革开放以后，我国重新出现私人经济，是在 80 年代初。在当时，对于这种经济现象应该怎么办，没有一个明确的说法，当时的态度是看看再说。先进行调查研究，不禁止、不宣传，调查研究以后再说。这是一个比较稳健的办法。到了1987年就逐渐有了一点说法，比如，明确了"允许存在，加强管理，兴利抑弊，逐步引导"的十六字方针，等等，逐渐地合法性就被肯定下来了。到1988年修改宪法时，就是你刚才说的十三大精神了，说这是社会主义公有制经济的补充。这个时候实际上是政策上的一个彻底的大转变，也就是从消灭它回过头来到法律上承认它，这是很大的转折。

刚才你提的这个问题，实际上又是一个新的飞跃。那就是说，它的地位和作用又得到了进一步肯定。1997年十五大关于社会主义市场经济的重要组成部分的这个评价，它的背景我觉得有三个：一个是我们对社会主义初级阶段的长期性，认识上进一步加深了。我们现在不是一般地说我们的国家正处在社会主义初级阶段，而是强调我们的国家将长期处于社会主义初级阶段。这是非常重要的一个估计。那么，社会主义初级阶段的基本经济制度是什么呢？那就是以公有制为主体，多种所有制经济共同发展。也就是说，在很长的时期里应该是这样的一种格局。这样的一个背景一看就清楚了，私有经济在这里边，它的作用和地位的评价，显然比过去的评价要高；第二点，我觉得私营经济本身的特性也决定了要有这样一种变化。私营经济的产生，就是私人发起设立的，它在市场竞争中求生存、求发展，同过去计划体制那一套制度没有直接联系，所以说，私人经济天生就是属于市场经济的，两者必然是联系在一起的。我们在社会主义初级阶段，要长期发展社会主义市场经济，放在这个背景下一看，私人经济的地位和作用显然应该得到充分肯定。这是第二个背景；第三就是从这几年的实践看，私人经济的作用也表现得非常突出。原来对它的存在和发展还有人担心，现在看来得到了大家的理解和认可。比如说，它是一个经济增长点，这大家看得都很清楚了，它的增长速度，不要说比国有的快，就是比集体的也快。这是一个作用。第二它能创造就业机会，这也是很明显的。我们国有企业有很多下岗职工，由私人企业给他们当中的许多人安排了就业，这对社会的稳定起了很重要的作用。第三私人经济的发展对地方经济的发展起了重要的促进作用，比如东南沿海许多小城市的发展，现在回过头来看，私人经济在这里起的作用不能不承认。另外，比如增加国家财政收入，比如它生产的多种多样的商品从很多方面满足了人民日常生活的需要，等等。所有这些都说明，我们社会主义市场经济确实需要有这样一种经济形式共同发展。

张：前面我们在新闻当中也谈到了，有许多民营企业逐步地壮大起来，它发生了一些困难，继续发展下去有许多困惑。比如说，它本来有一个家族式的经营方式，现在怎样把这种家族式的经营方式变成股份式的经营方式，这是它们在摸索的问题。您觉得它们继续发展下去，应该如何解决这些问题？

吴：你说的这个问题，我觉得是更带有根本性、带有长远性的问题。确实，私人经济要健康发展，要往大里做的话，都面临今后怎么走的问题。小的还好办，大了以后怎么办？我觉得我刚才讲的国有企业股权多元化、分散化，也适用于私人经济。这是资本社会化的问题。这样才能超越个人和家族的局限，真正走向社会。作为私人企业家，要有这样的观念，要有这样的胆识。这样才能上大的台阶，否则老是小打小闹，搞不出名堂来。

这种事情不能只看一年两年，要往长远看，要作为一个长的历史阶段来看。现在私人经济在我们这里的地位得到了肯定，使他今后的发展有了稳定的基础和环境，这时就应该考虑得更长远，要考虑今后到底该怎么搞法。咱们大家都很熟悉日本的松下电器公司，松下幸之助创办这个企业是在 80 多年前，那时完全是小作坊式的家族企业，是 100% 独资的。后来，企业要发展壮大，光靠自己每年赚的钱不断地滚，满足不了企业大发展的需要，必须吸收社会资本的参与，这样资本就逐渐多元化了。到 1950 年松下家族资本在松下电器公司中所占的比重就降到了一半以下，为 43.25%。到了 1955 年，又大幅降到了 20.43%。这不是绝对量的下降，而是随着企业的发展，社会资本进来了，这是企业发展壮大的一个标志，到了 1975 年更降到了 3.8%，比重就很小了。进入 90 年代后，又降到了 3% 以下。也就是说，他经过了 80 年的时间，实现了这样一个股权多元化、分散化的变化，那么我们的私人企业要往远里走，看看能不能加快这个变化过程。这对私人企业家来说，就是一个非常要害的问题了，就是有没有这样的胆识。不要怕企业失控，松下幸之助从创业到逝世，始终是松下电器公司的灵魂、象征，它所占的资本份额早就降得很小了，但他始终掌握着这个公司。这是因为，在这几十年间，松下幸之助在松下电器公司的身份实际上发生了变化。我们看表面好像没有变化，实际上已经发生了变化。前期他作为出资者控制着企业，到了后期，他凭着什么在那里站得住呢？不是资本。靠的是他的经营的胆识、经营的韬略、经营的理念、还有他的才干。要看到这些东西。历史是这样发展过来的。一个私营企业家，不能光看到眼前的一些东西，要重视自己素质的提高，自己的胆识，自己的经营韬略怎么样，等等。有了这些，就可以掌握和控制企业。这里确实给我们提出了很多新的、值得思索的问题。

　　张：感谢您到演播室来接受我们的采访，谢谢。也感谢观众们收看今天的中国报道，明天同一时间再见。

（原载《中国工业经济》1999 年第 4 期）

论企业活力源泉同企业所有制的关系 *

"老大为何学老乡"、"老大如何学老乡",是一个既有实践意义又有理论意义的课题。实际上,这个问题在 10 年以前就提出过,但一直没有大的进展,一个重要原因就是"老大"和"老乡"的所有制形式不同,若不改变国有企业的全民所有制性质,能把乡镇企业的机制引进来吗?这个问题往往给人造成许多疑虑。这里涉及一个根本性的理论问题:企业活力的源泉同企业的所有制形式之间到底存在着一种什么样的关系。就此问题,谈三点看法。

一 在研究和探索企业活力源泉问题时,不宜于把所有制的地位和作用看得过高、过重

生产资料的所有制是生产关系的基础,无疑它是极为重要的、具有决定意义的大问题。然而,在微观上,在研究和探索企业活力源泉问题的时候,却不宜于把企业所有制问题的地位和作

---

* 1996 年 10 月 10 日在"老大为何学老乡高级战略研讨会"上的发言。

用看得过重、过高。为什么这样说呢？因为所有制之所以重要，既非因为它是目的，也非因为它是手段，而是因为它是经济利益关系的决定因素，即在利益关系的结构中居于核心的地位。然而，这种利益关系的结构并不是一成不变的，在现实经济生活中，利益结构的变化，在企业的微观经济中已经明显地表现了出来。由于现代企业产权关系的变化，企业内部的利益结构多元化、复杂化了，个人产权在利益结构中的位置已不像以往那样绝对，而是因企业而异，在许多情况下表现得已不像以前那么重要了。

关于现代企业产权关系的变化，根据我对日本股份制企业特别是大企业的实态进行的考察，在财产关系上至少可以看出以下的三个特点：

第一，股东承担有限责任。现代企业多为股份公司和有限责任公司，它们都是股东在出资范围内承担有限责任的公司制度。这是现代企业制度的最本质的特征。这种有限责任的企业形态，同过去的小业主式的经营以及同无限责任公司在利益结构上存在着本质的区别。无限责任的企业形态，风险和利益都集中于所有者身上，利益结构的焦点比较集中，对于一个无限责任公司的所有者来说，因为他要负无限连带责任，企业如何经营就成了涉及身家性命、生死攸关的大事，必然要亲掌企业经营大权，不可能大权旁落。只有在有限责任的企业形态下，股东出资额以外的其他财产不受企业经营的牵连，这时所有权才有可能和经营权真正分离，也才有可能形成能与所有者相抗衡的、具有独立利益的经营者集团。这种局面出现之后，必然引起利益结构的变化。

第二，法人股东持股率高。不仅出资人承担有限责任，而且企业法人相互持股的比重高，个人股东持股率低，因而企业承担的有限责任真正量化到个人产权上的部分已不占主要地位。也就是说，现代企业的风险和利益机制源于个人产权的因素已在逐步淡化。

从东京证券交易所公布的 1989 年全日本上市公司全部股票的股权分布状况看，个人股东持有的股票只占 22.6%，如果按股票时价金额计算则更低，只占 20.5%，其余近 80% 由各种法人持有（见表 1），而这些法人股东又都不是归个人大股东所有的纯私人的企业。法人企业相互持股发展到一定程度，就使企业的归属变得越来越"模糊"。我在日本的报纸上曾经看到过"日本企业是谁的？"这样的讨论。看起来是很怪的题目，其实是很现实的问题。以松下电器公司为例，松下幸之助在 80 多年前创业时，纯属松下家族所有，但到了 1950 年他的持股率就下降到 43.25%，1955 年降到了 20.43%，进入 20 世纪 70 年代以后猛降到 5% 以下，到了 1994 年降到了 3.5%①，它的第一大股东是住友银行，但也只占 4.6%。这样的一种股权结构，我们还能说松下电器公司是属于松下家族所有的吗？有人说，我国的国有企业产权没有量化到个人、产权模糊，把这看成是不能形成自负盈亏机制、企业没有活力的根源。如果按照这种思路去分析，日本企业的产权不是也很模糊吗？可是，日本企业具有无可争议的自负盈亏的机制，而且是充满活力的，那么，这种机制又从何而来呢？岂不发人深思吗？

第三，个人股权极为分散。股权分散的主要表现是股东人数众多，人均股票持有量相对较少。如表 1 所示，在日本，有个人股东 2408 万人，持有股票 8704 万交易单位，平均每人 3.61 个单位即 3610 股，其面额总共为 18 万日元，只相当于大企业职工半个月的平均基本工资，若按股票交易时价换算也只有 412 万日

---

① 见《会社四季报》东洋经济新报社出版 1995 年新春 1 集。

元，也只相当于大企业职工一年的平均基本工资。这种股权向高度分散化方向发展的产权关系的变化，显然对企业内部的利益结构的变化会产生一定的影响。

表1　　　　　　　　日本上市公司股票分布状况

股东分布	股东数		股票数		股票金额	
	数量 （人）	比重 （%）	数量 （千股）	比重 （%）	金额 （亿日元）	比重 （%）
中央政府和地方政府	1361	0.0	2509405	0.7	12464	0.3
金融机关	133184	0.5	176861507	46.0	2163168	43.5
事业法人	814231	3.2	95461061	24.8	14666944	29.5
证券公司	81065	0.3	7697757	2.0	100644	2.0
个人	24087872	95.2	87046483	22.6	1018159	20.5
外国人	174136	0.7	14846161	3.9	208102	4.2
合计	25291849	100.0	384422377	100.0	4969484	100.0

注：①本表为1989年的数字，上市公司总数为2031家。②金融机关主要指银行和保险公司。③事业法人的核心是大企业。④外国人数包括外国法人和自然人。⑤股票金额是按交易时价计算的。

资料来源：根据1991年《东证要览》整理。

通过上面对企业产权关系变化的分析，可以看出至少在一些类型的企业，利益结构的核心或焦点已有所转移。如果看不到这种变化，一成不变地看待企业内人们利益关系的结构，简单地、凝固地看待个人产权在企业活力中的地位和作用，单纯从企业的所有制形式上去寻找企业活力的动因，那就有可能产生两种相反的不正确的倾向：一种是像十一届三中全会以前那样，认为只有"一大二公好"，必须"限制集体，打击和取缔个体，城镇集体企业急于向单一的全民所有制过渡"；另一种是把全民所有制看得一无是处，认为必须私有化才能产生活力。这两种倾向都是在企业活力源泉问题上把所有制形式看得过于重要，对我们研究和挖掘企业活力都是很不利的，对于研究探索"老大"在既定所有制的前提下如何学"老乡"也是很不利的。其实事物并不是那么绝对，应当看到各种不同所有制的企业都能产生活力，因为有一个更本质的东西，这就是利益结构。我认为，研究企业活力的源泉，最重要的是利益结构而不是所有制。

二　企业活力的源泉在合理的利益结构

企业生产经营活动的主体是人，企业的经营者和职工群众的聪明才智和积极性充分调动并合理组织起来了，企业就能表现出巨大的活力。人的积极性从何而来？如果离开经济利益关系单从精神上去寻找原因，当然会陷入唯心论。同样，如果凝固地看待人们经济利益关系的结构，不去分析它的发展变化，也会陷入机械唯物论。

还是以日本的企业为例。日本的企业有很强的凝聚力，职工把企业视为命运共同体，企业兴我兴、企业衰我衰的利益关系表现得十分明显，特别是在企业经营中起关键作用的经营者，更是一心扑在工作上。在日本企业经营者中间常常发生由于拼命工作而"过劳死"的事件，成为引人注目的一种社会现象。是什么力量支撑他们这样拼命干呢？据我看，并非所有制而是与所有制既相联系又有区别的利益关系。

日本企业普遍实行职工持股制度，职工多为本企业的股东，但人均持股率不高，企业经营好坏给他们造成的股权上的利益得失并不居主导地位；相反，给他们带来的与股权无关的利益得失，却更加重要得多。实际上，企业的活力、企业的动力与约束机制首先源于这种利害关系。

关于这个问题,我在 1992 年发表《论企业自负盈亏》一文(见本书第二部分)中已经详细分析过。以企业经营者为例,每个公司的董事,普遍都持有本公司的股票,除少数业主型的经营者之外,公司董事持股的数量并不大。董事持有本公司股票是不能出售的,他们不能像一般职工那样,可以随本公司股价的涨落买进卖出,从中牟利,他们持股主要是表明自己的责任感和对本公司经营前景的信心。在股票分红率很低的情况下,经营者持有股票的收益是不多的。他们更主要的利益来源于以下几个方面:

第一,高工资。优秀企业职工的工资普遍高于一般企业职工的工资,而董事的工资相对于本企业的平均水平,又要高出数倍。董事的工资是按年计算的,随公司规模不同、效益不同,董事的工资水平也不相同。据 1984 年统计,大企业董事平均工资为 827 万日元,也有很多大企业董事的年工资高达数千万日元。

第二,高奖金。董事和监事的奖金,是在公司净利润分配中单独列项公开处理的,同一般职工的奖金分开计算。以某石油公司为例,先从职工奖金情况来看,1990 年月平均工资为 36 万日元,职工奖金一般按 6 个月工资额发放,约为 220 万日元。再从股东分红情况来看,1990 年股票分红总额为 36.75 亿日元,发行股票总数 122.526 万股,平均每股 3 日元,股东总数 133440 名,平均每名股东不到 1 万股,而 1 万股的红利只不过 3 万日元,只相当于其全年奖金的 1.3%。董事和监事的奖金更高,总额达 1.64 亿日元,人数为 19 人,平均每人 870 万日元,同股东的分红相比更是相差悬殊。而且董事的奖金并非平分,有的企业,总经理一人按规定可得 30%(按上例计算就为 5000 万日元)。由此可见,经营者特别是高级经营者的奖金收入较其股票所有权的收益要高得多。

第三,高交际费。交际费不是经营者的个人收入,但他们有权使用。交际费数量非常之大，据国税厅《法人企业实态》公布的数字，1989 年全日本企业支出的交际费总额为 5 兆日元，而相同口径的企业股票分红总额约为 4 兆日元。交际费总额大于股东分红总额，这是一个很值得注意的社会现象。这笔钱的使用对市场的刺激作用很大，特别是推动了服务行业价格的上涨，因为使用交际费时比个人消费更易于接受高价服务。

交际费的使用权不仅限于董事，范围要广得多。凡有业务上的需要，各级业务人员都可以开支一定数量的交际费，但这笔钱的使用从政府的税务部门到每个企业都有章法可依，因此，在日本虽对企业交际费的开支褒贬不一，但多数人是赞同的。

第四，高退休金。企业一般职工到退休年龄后，按工龄计算，每年一个月的工资一次支给，而董事的退休金，按每年收入的 30% 计算，这比一般职工就高得多了。若按年收入 1000 万日元（这种收入水平的董事是很多的）计算，退休金每年 300 万日元，董事在任最长的可达 10 年以上，退休金一项就可达数千万日元。

第五，高社会地位。大企业的经营者社会地位高，一般认为财界的权力是由大企业经营者持有的，甚至有的学者认为，在日本占统治地位的是企业界，是大企业的两三万个经营者。同样，优秀企业的职工社会地位也较高，他们的职业和收入稳定，受人尊重。一位大企业的经营者曾对我说，他的企业的牌子每个职工"扛"着它，就是一笔财富。对每个职工来说，这也确实是一种无形的资产。

以上几点构成企业利益结构的主体部分。所有这些，都同企业经营状况紧紧地联系在一起。企业兴旺，这些就能保持和提高，如果经营不善就会减少，若是企业倒闭，一切都会失去。这实际是一种自负盈亏的动力与约束机制，这种机制在经营者身上表现得最为突出，所以我以经营者为例进行分析，实际上这种利害关系在每个职工身上也能不同程度地表现出来。经营好的企业，职工工资和奖金大大高于其他企业，相反，如果企业经营不好，职工的奖金普遍减少甚至取消，如果企业倒闭，正常、稳定的生活就会被打破，每个人都要自己去重新寻找合适的工作，这也是一种威胁而不是一件轻而易举的事情。这就会形成一种紧迫感。总之，企业经营得好，人人都能受益；企业经营差或者倒闭，人人都要付出代价。

企业利益结构合理，就能够把企业经营者和全体职工的积极性、创造性充分调动起来，无论企业所有制形式如何，都能使企业充满生机和活力。如果利益结构不合理，比如所有者"竭泽而渔"，给企业经营者和职工的利益过少；或者利益结构向经营者过于倾斜，出资人或职工群众利益遭忽视；或者过于看重职工眼前的、局部的利益，"分光吃净"，挫伤企业的后劲，等等，都不能真正把企业活力调动起来。所以说，企业活力的源泉主要不在所有制形式而在合理的利益结构。

三　深化企业改革的侧重点应转到利益结构的调整上来

如果把所有制问题看得过重，总是在这个问题上兜圈子，就很难探讨出企业改革的新思路。江苏油田向优秀乡镇企业学习之所以有成效，也是因为在思路上跨越了所有制差异的困扰，实事求是地从利益关系上进行调整，在承包上对权责利严考核、硬兑现；实行能上能下的干部制度，职工靠竞争上岗、靠本领吃饭；在分配上形成利益激励机制，实行有劳有效才有得，做到企业和经营者与经营成果挂钩，干部和工人与劳动成果挂钩。其结果公有制的性质并没有改变，企业的活力大大增强了。这也说明了深化企业改革应当在调整利益结构上做文章。

利益结构同所有制虽不是同一个问题，但又存在着密切的联系。合理的利益结构，在一些情况下，同所有制几乎就是一回事，例如，有些小企业，把它卖掉才有助于把各种关系理顺，但在多数情况下并非如此，甚至可以说同所有制几乎不相干，例如，上一节里所列举的那些情况就是这样。因此，首先需要从理论上、指导思想上把侧重点从所有制问题的研究探索转到利益关系的调整上来。侧重点调整过来了，才有可能在调整利益结构上真下工夫、迈开步子。

利益结构的调整，不同的企业务有不同的任务，对国有企业来说，首先是要处理好国家和企业的分配关系。过去国有企业负担过重，在改革过程中，国有企业又承担了改革的成本，靠了国有企业的贡献才有可能给非国有企业种种优惠政策。改革进到了现阶段，在多种经济成分的企业有了相当程度的发展以后，国有企业的负担需大大减轻，这样才能从经济上为增强企业的生机和活力打下基础。为此，迫切需要解决以下两个问题：

第一，要把完善税制纳入合理利益结构设计中来。目前，非全民所有制企业以及个人所得税征收潜力比较大，减少这方面的流失，可以使财政更加充实，在此基础上，国家就会有充实的财力放活企业，使全民企业在改善经营、照章纳税的前提下，增加留利，提高自我改造和自我发展的能力。

第二，要把政府经济行为的规范与监督纳入合理利益结构设计中来。国有企业利润的上缴，是对所有者应尽的义务，无论上缴比例高低，只要运用得当，就会促进经济发展总体水平的提高。但是国有企业的上缴，在原则上也应和税收一样，是取之于民、用之于民、受人民监督的。也就是说，各级政府资金掌管和运用得好坏，手中握有权力的官员是否廉洁奉公，是应该承担经济和法律责任的。像过去那种大笔一挥多少个亿就白扔了而又无人能够受到追究的状况，实际上是利益结构的扭曲，在合理利益结构形成过程中，这是应该着力解决的问题。

就企业内部来说，建立合理的利益结构，也有几个迫切需要解决的问题。

第一，要加速形成企业命运共同体。在打破国家大锅饭以后，国家不再用补贴来维持落后企业的生存，企业必须自力更生、自求发展。这就会形成优胜劣汰的竞争机制。在这种企业之间的竞争中，若想取胜，企业内部就不能过度竞争，而必须增强内部凝聚力，形成企业命运共同体。这样才能增强对外竞争的实力。如何正确处理企业内部竞争与企业外部竞争之间的关系，是现代企业经营管理中极其微妙的问题，甚至可以说是个核心的问题。竞争的意识、竞争的动力，归根到底产生于个人的追求。只有团结一致的对外竞争而没有企业内部个人之间的竞争，是不可想象的。因此，企业要发展，不可没有企业内部竞争，也就是说，不可不打破企业的"大锅饭"。然而，对企业内部的竞争，又必须正确引导与协调，否则也会竞争过度，从而抵消对外竞争的实力。因此，作为企业的经营者，必须想方设法使企业内部既有竞争，又能使之保持适度，以便团结一致，通过对外竞争来维护企业和企业成员的利益。这就是说，要善于使企业成为全体职工的命运共同体。

第二，企业内的利益关系要摆在明处。摆在明处指的是个人收益的分配要有章法、要讲民主、要便于群众监督。日本企业经营者的收入虽高，但都有章可循、有法可依，而且是公开处理的。例如，大企业董事奖金总额，在每年一次的股东大会上公布，和资产负债表、损益计算书一起编入营业报告书，几万甚至几十万股东人手一册。交际费的总额以及开支范围在税法上也有规定，在每年《法人企业实态》上都公布交际费的支出总额、平均每家企业支出额以及平均每千日元营业额的支出额，等等。这样就可以使多数人理解和接受，减少消极作用。我国企业经营者和职工的收入差别过去是比较小的。随着改革的深入、自负盈亏机制的形成，经营者的责任加重、作用突出，对经营者素质的要求也越来越高。因此，如何评价经营者的作用、如何给予相应的待遇需要认真研究。现在的问题是，一方面，从总体上来说，经营者的工资水平并未提上去；另一方面又有一些企业经营者的个人收入和公费开支混乱并且透明度不够。例如，我国企业没有明确的交际费制度，而实际上却在大量支出这类的费用，无论总量或开支范围，都无法控制。这些都是需要在合理利益结构的设计中予以解决的问题。无论是职工群众或是企业经营者，根据贡献，该给的给够，但超出规定的严加限制，而且违法必究，这样才能真正建立起合理的利益结构。

（原载《中国工业经济》1997 年第 2 期）

企业活力的来源：合理的利益结构

一　需要对所有制的认识进一步解放思想

在研究如何深化国有企业改革的时候，我们很自然、很习惯地把所有制问题看得无比重要。国有经济比重到底高点好；还是低点好？目前的实际状况到底是高了还是低了？在社会主义初级阶段，国有企业应该保持多高的比重？对这样一些问题，人们一方面把它看得很重要；另一方面又根本无法找到客观的衡量标准，因而常常成为困扰我们思想，使改革思路难以拓宽的敏感问题。我觉得，在这个问题上需要进一步解放思想。

过去我们一直把所有制看得非常重要。因为它是经济利益关系的决定的因素。所有权在利益关系的结构中居于核心或主体的地位。然而这种利益关系的结构不是一成不变的，在现实经济生活中，利益结构的变化，在企业的微观经济中已经明显地表现了出来。近百年来，现代企业的产权关系发生了巨大变化，企业内部的利益结构多元化、复杂化了，个人产权在利益结构中的位置已不像以往那样绝对，因企业而异，在许多情况下，所有权已不像以前那么重要了。

在企业产权方面发生了哪些变化呢？一个最大的变化，是有限责任制度。现代企业多为股份公司和有限责任公司，它们都是股东在出资额范围之内承担有限责任的公司制度。这是现代企业制度最本质的特征。在有限责任的企业形态下，股东以实出资本金为限承办有限责任，出资额以外的个人其他财产不受企业经营的牵连，这时所有者才有可能把经营大权交给他人去掌管，所有权和经营权才有可能真正分离，也只有在这时，才有可能形成能与所有者相抗衡的、具有独立利益的经营者集团。这种局面出现以后，必然会引起利益结构的变化，利益关系结构的焦点发生转移，经营者在企业利益结构中的地位越来越突出，所有者所占份额则日益缩小。

在企业产权方面的另一个重大的变化，就是股权多元化、分散化、法人化。这种变化虽然在不同国家表现出来的程度不同，但已经可以看出这是一种发展的趋势。许多国家的大公司，都有几十万甚至上百万股东，而且大股东也已不是独家。以著名的松下电器公司为例，它的第一大股东是住友银行，股权为4.6%，其他大股东也多为法人。松下幸之助在80多年前创业时是100%独资，经过几十年的发展变化，现在松下家族在松下公司只占有2.9%的股权。也就是说，法人企业相互持股发展到一定程度，个人股权比重会大幅度下降，这就使企业的归属变得越来越"模糊"。这种股权向多元化、分散化、法人化方向发展的产权关系的变化，显然对企业内部利益结构的变化，会产生巨大的影响。

通过上面对企业产权关系变化的分析，可以看出至少在一些类型企业，利益结构的核心或焦点已有所转移。如果看不到这种变化，一成不变地看待企业内人们利益关系的结构，简单地、凝固地看待个人产权在企业活力中的地位和作用，单纯从企业的所有制形式上去寻找企业活力的动因，那就有可能产生两种相反的不正确的倾向：一种是像十一届三中全会以前那样，认为只有"一大二公好"，必须"限制集体，打击和取缔个体，城镇集体企业急于向单一的全民所有制过渡"；另一种是把全民所有制看得一无是处，认为必须私有化才能产生活力。这两种倾向都是在企业活力源泉问题上把所有制形式看得过于重要，对我们研究和挖掘企业活力都是很不利的。其实事物并不是那么绝对，应当看到各种不同所有制的企业都能产生活力，因为有一个更本质的东西，这就是利益结构。我认为，研究企业活力的源泉，最重要的是利益结构而不是所有制。

二　从利益关系上寻找企业活力的动因

有人认为，我国国有企业产权没有量化到个人，产权模糊，而且把这看成是不能形成自负盈亏机制和企业没有活力的根源。如果按照这种思路去分析，日本企业的产权不是也很模糊吗？可是，日本企业具有无可争议的自负盈亏的机制，而且是充满活力气，那么这种机制又是从何而来的呢？

企业生产经营活动的主体是人。人的积极性从何而来？如果离开经济利益关系单从精神上去寻找原因，当然会陷入唯心论。同样，如果凝固地看待人们经济利益关系的结构，不去分析它的发展变化，也会陷入机械唯物论。

日本的企业有很强的凝聚力，职工把企业视为命运共同体，企业兴我兴、企业衰我衰的利益关系表现得十分明显，特别是在企业经营中起关键作用的经营者，更是一心扑在工作上。在日本企业经营者中间常常发生由于拼命工作而"过劳死"的事件，成为引人注目的一种社会现象。是什么力量支撑他们这样拼命干呢？据我看，并非所有制而是与所有制既相联系又有区别的利益关系。

日本企业普遍实行职工持股制度，职工多为本企业的股东，但人均持股率不高，企业经营好坏给他们造成的股权上的利益得失并不居主导地位，相反，给他们带来的与股权无关的利益得失，却更加重要得多。实际上，企业的活力、企业的动力与约束机制首先源于这种利害关系。

以企业经营者为例，每个公司的董事，普遍都持有本公司的股票，除少数业主型的经营者之外，公司董事持股的数量并不大。董事持有本公司股票是不能出售的，他们不能像一般职工那样，可以随本公司股价的涨落买进卖出，从中牟利，他们持股主要是表明自己的责任感和对本公司经营前景的信心。在股票分红率很低的情况下，经营者持有股票的收益是不多的。他们更主要的利益来源于以下几个方面：①高工资；②高奖金；③高退休金；④高交际费；⑤高社会地位。所有这些，都同企业经营状况紧紧地联系在一起。企业兴旺，这些就能保持和提高，如果经营不善就会减少，若是企业倒闭一切都会失去。这实际是一种自负盈亏的动力与约束机制，这种机制在经营者身上表现得最为突出，但实际上这种利害关系在每个职工身上也能不同程度地表现出来。经营好的企业，职工工资和奖金大大高于其他企业。相反，如果企业经营不好，职工的奖金普遍减少甚至取消；如果企业倒闭，正常、稳定的生活就会被打破，每个人都要自己去重新寻找合适的工作。这就会形成一种紧迫感。总之，企业经营得好，人人都能受益；企业经营差或者倒闭，人人都要付出代价。

企业利益结构合理，就能够把企业经营者和全体职工的积极性、创造性充分调动起来，无论企业所有制形式如何，都能使企业充满生机和活力。如果利益结构不合理，比如所有者"竭泽而渔"，给企业经营者和职工的利益过少；或者利益结构向经营者过于倾斜，出资人或职工群众利益遭忽视；或者过于看重职工眼前的、局部的利益，"分光吃净"，挫伤企业的后劲，等等，都不能真正把企业活力调动起来。所以说，企业活力的源泉主要不在所有制形式而在合理的利益结构。

三　要把侧重点从所有制问题转移到利益关系调整上来

利益结构同所有制虽不是同一个问题，但又存在着密切的联系。合理的利益结构，在一些情况下，同所有制几乎就是一回事，例如，有些小企业，把它卖掉才有助于把各种关系理顺，在这种情况下，企业所有制形式同企业活力的关系就极为密切，但在多数情况下并非如此，甚至可以说同所有制几乎不相干。因此，首先需要从理论上、指导思想上把侧重点从所有制问题的研究探索转到利益关系的调整上来。

利益结构的调整，不同的企业各有不同的任务，对国有企业来说，首先是要处理好国家和企业的分配关系，过去国有企业承担了改革的成本，改革进到了现阶段，在多种经济成分的企业有了相当程度的发展以后，国有企业的负担需大大减轻，这样才能从经济上为增强企业的生机和活力打下基础。为此，迫切需要解决以下两个问题：

第一，要把完善税制纳入合理利益结构设计中来。目前，非全民所有制企业以及个人所得税征收潜力比较大，减少这方面的流失，可以使财政更加充实，在此基础上，国家就会有充实的财力放活企业，提高全民企业自我改造和自我发展的能力。

第二，要把政府经济行为的规范与监督纳入合理利益结构设计中来。国有企业的上缴，在原则上也应和税收一样，是取之于民、用之于民、受人民监督的。也就是说,**各级政府资金掌管和运用得好坏,手中握有权力的官员是否廉洁奉公,是应该承担经济和法律责任的**。像过去那种大笔一挥多少个亿就白扔了而又无人受到追究的状况,实际上是利益结构的扭曲,在合理利益结构形成过程中,这是应该着力解决的问题。

就企业内部来说,建立合理的利益结构,也有两个迫切需要解决的问题:

第一,要加速形成企业命运共同体。在企业之间的竞争中,若想取胜,企业内部就不能过度竞争,而必须增强内部凝聚力,形成企业命运共同体,这样才能增强对外竞争的实力。如何正确处理企业内部竞争与企业外部竞争之间的关系,是现代企业经营管理中极其微妙的问题,甚至可以说是个核心的问题。作为企业的经营者,必须想方设法使企业内部既有竞争,又能使之保持适度,以便团结一致,通过对外竞争来维护企业和企业成员的利益。

第二,企业内的利益关系要摆在明处。摆在明处指的是个人收益的分配要有章法,要讲民主,要便于群众监督。日本企业经营者的收入虽高,但都有章可循、有法可依,而且是公开处理的。这样就可以减少消极作用。我国企业经营者和职工的收入差别过去是比较小的。随着改革的深入、自负盈亏机制的形成,经营者的责任加重、作用突出,对经营者素质的要求也越来越高。因此,如何评价经营者的作用、如何给予相应的待遇需要认真研究。现在的问题是,一方面从总体上来说,经营者的工资水平并未提上去;另一方面又有一些企业经营者的个人收入和公费开支混乱并且透明度不够。例如,我国企业没有明确的交际费制度,而实际上却在大量支出这类的费用,无论总量或开支范围,都无法控制。这些都是需要在合理利益结构的设计中予以解决的问题。无论是职工群众或是企业经营者，根据贡献，该给的给够，但超出规定的要严加限制，而且违法必究，这样才能真正建立起合理的利益结构。

（原载《中国企业报》2007 年 10 月 22 日）

五　关于经济结构调整

研究经济结构，搞好经济调整

当前，我国经济工作的中心是调整。经济调整，就是要把我国国民经济重大比例严重失调的状况改变过来。从根本上说，只有按照合理的经济结构去调整比例关系，才能扭转比例失调，把整个国民经济纳入有计划按比例发展的健康轨道。因此，经济调整实际上也就是调整经济结构。

一 什么是经济结构，为什么要研究经济结构

过去，在我国的实际经济工作中，经济结构是一个用得不多的概念。在政治经济学的研究中，常用这个概念，一般指的是经济基础，也就是理解为生产关系。这种理解的根据是什么呢？主要是根据马克思在《政治经济学批判》序言里所讲的一段话："人们在自己生活的社会生产中发生一定的、必然的、不以他们的意志为转移的关系，即同他们的物质生产力的一定发展阶段相适应的生产关系。这些生产关系的总和构成社会的经济结构，即有法律的和政治的上层建筑竖立其上并有一定的社会意识形式与

之相适应的现实基础。"① 所以有些同志把经济结构仅仅作为政治经济学理论中的一个基本概念来使用，同实际经济工作扣得不很紧密。在工业经济学中，过去也用过一个类似的概念，叫做工业部门结构。这指的是各工业部门之间的比例关系。这是侧重于从生产力的角度来理解的。比如，要出产一定量的钢，就需要有相应的电、煤、矿石，等等。这些生产部门之间应该有一定的比例关系，这种比例关系被理解为工业部门结构，也就是各部门之间的构成。

一种是从生产关系的角度来理解，一种是从生产力的角度来理解。现在看来，这两种理解都是比较窄的。实际上，经济结构所包括的内容要广泛得多。它既包括生产关系方面的问题，也包括生产力方面的问题。这样理解，在理论上也是有根据的。马克思在《资本论》第三卷中曾讲过："生产的承担者对自然的关系以及他们相互之间的关系，他们借以进行生产的各种关系的总和，就是从社会经济结构方面来看的社会。"② 这里，马克思既提到了生产的承担者和自然的关系——这是属于生产力方面的问题；又提到了进行生产的各种关系的总和——这是属于生产关系方面的问题。因此，我们觉得应当从生产力、生产关系两个方面的结构来研究经济发展的问题。基于这样的认识，在1979年下半年开始进行的经济结构问题的调查研究当中，我们提出了10个方面的结构问题，这就是：产业结构、经济组织结构、所有制结构、技术结构、产品结构、就业结构、投资结构、价格结构、地区和城乡结构以及积累和消费结构10个方面的结构问题。这样10个方面的结构，既包括了生产关系也包括了生产力。

---

① 《马克思恩格斯全集》第13卷，人民出版社1962年版，第8页。
② 《马克思恩格斯全集》第25卷，人民出版社1974年版，第925页。

对于这样一种认识和分类,现在还有很多不同的看法。有人认为这样来认识经济结构面太宽了,什么东西都扯进来,使经济结构变成了一个包罗万象的概念。所以有人主张把有关生产关系方面的问题划出来,只从生产力的角度去研究经济结构,认为如不这样研究,就会抓不住重点;也有人主张还按过去传统的理解,只从生产关系的角度研究经济结构,认为这样才符合马克思的原意;还有人认为应当按照马克思在《资本论》中讲的,从生产力和生产关系各个方面去研究经济结构,这样才完整。我个人同意后一种看法,对经济结构的概念应该广泛地理解,至于说研究问题的面应当宽一点还是窄一点,这是另外一个问题。每个时期重点应当抓哪个方面的问题,可以根据实际需要去选择,但不能因此而改变对经济结构概念的全面理解。同样,广泛地理解经济结构的概念,也并不等于面面俱到、齐头并进地研究各种结构问题。事实上,一年多来对经济结构的调查研究并不是 10 个方面齐头并进的,而是有重点的。我们抓的重点一个是产业结构,一个是积累和消费结构。

按照这样一种认识,我们可以对经济结构下一个简单的定义:经济结构是指国民经济的构成。即构成国民经济的诸要素之间的质的联系和量的比例。具体地说,就是指国民经济各个部门、各个地区、各种成分、各个组织以及社会再生产各个方面的构成、联系和制约关系。研究经济结构问题,就是把整个国民经济作为一个大的系统,通过各个不同的角色,从整体的联系上研究国民经济的发展,进行多种方案的比较,寻求最佳方案。

那么,为什么要研究经济结构呢?或者说,我们是基于什么考虑提出研究经济结构这个问题呢?我觉得把经济结构作为一个重要问题来研究,不是从定义和概念出发决定的,而是根据实际的需要,从我国经济发展中存在的实际问题出发来考虑决定的。

提出这个问题的时间是在 1979 年上半年。当时的背景是什么呢？

第一，当时存在的突出问题，是国民经济的严重比例失调，为了正确认识和解决比例失调的问题，就必须研究经济结构。比例失调是由于"四人帮"长期破坏造成的。但粉碎"四人帮"以后，对比例失调严重性的认识，并不是一下子就统一了。为什么 1978 年公布的十年规划纲要提得那么高？一个很重要的原因，就是对比例失调的严重性认识不足，急于求成。事实上，不把这种比例失调调整过来，就不可能使国民经济走上健康发展的轨道。主观上想更快地发展经济，实际上是办不到的。当时提出来的这个规划实际上是冒进，是盲目的乐观，对存在的困难和比例失调的严重性认识不足。1979 年 4 月中央工作会议讨论决定要对国民经济进行调整，解决比例失调问题。但在实际工作中，人们对这个问题的认识仍然是参差不齐的。当时有的承认，有的不承认，有的半信半疑，有的虽承认比例失调，但从本部门、本地区的局部出发去解释，等等。所有这些，都不利于正确认识比例失调的严重性和危害性，对克服比例失调也是很大的障碍。

要解决这个问题，就必须研究经济结构，从国民经济整体上去分析经济发展的合理性，从整体出发而不是从一个部门的局部或一个地区的局部出发去寻求合理的比例关系，否则，比例失调问题是无法解决的。

有些同志认为，经济结构无非就是比例关系，说起比例关系大家都比较熟悉，何必又引出经济结构的概念，会不会增加问题的复杂性，它的实际意义何在呢？

我觉得，研究经济结构问题的实际意义是很大的。虽然经济结构也表现为一定的比例关系，但是它比通常所说的比例关系问题包括的内容要广泛得多。这是因为，国民经济的发展可以有各种各样的比例，各个部门都可以从自己的角度去设想一种比例，要求别的部门来适应自己的比例。在经济结构问题调查研究活动中，北京地区举行了多次有几百人参加的情况交流会，从这些交流会上就看得很清楚，各部门的积极性都很高，讲来讲去没有一个部门说自己是长线，一讲比例失调，就都说本部门投资少了、占比重小了，都伸手要投资，而且听起来似乎都有充分的理由。如果没有一个合理的经济结构的总体设想，在决定投资时也就会没有标准，没有合理的依据。过去一个时期，上项目、给投资的依据，一个是"以钢为纲"，另外一个是看哪位首长批的条子过硬。为什么会这样？一个很重要的原因就是没有一个从整体上考虑的合理的经济结构。因此，我们可以得出这样一个结论：就比例谈比例，解决不了比例失调问题。哪一种比例合理，比例关系本身没法回答，必须用经济结构来回答。因为不同的比例是由不同的经济结构决定的。有什么样的经济结构，就有什么样的比例关系。从"以钢为纲"出发建立的经济结构，就有"以钢为纲"的那样一种比例关系；从人民的吃、穿、用、住出发来设计一个经济发展结构，它的比例关系和"以钢为纲"的比例关系肯定是不一样的。这两套比例关系作为完整的经济结构方案进行比较，才能选择哪个方案是合理的。如果不研究经济结构，就形不成整体上的方案，就无法进行比较。研究经济结构，就是要从整体的联系上研究经济的发展，并且从多种方案的比较中选择合理的经济结构的方案。在此前提之下统一了认识，再谈各部门的比例关系，就有了共同的语言。如果经过经济结构问题的研究，大家公认了一种设想，统一了认识，这样，每一个部门在经济发展中的位置就明确了。也就是说，用经济结构的概念解决经济发展问题，就可以进行各种方案的比较。各种比例关系有了一个整体上的合理的依据，就可以找到解决比例失调的正确途径，比那种就比例谈比例要科学得多，合理得多。这就是从研究解决比例失调问题的需要出发来看研究经济结构问题的必要性。

第二，当时遇到的另外一个突出的问题，是国民经济整体的经济效果太差。为了研究改善总体的经济效果，就必须研究经济结构。我国人民多年来付出了很多劳动，创造了很多社会财富，但为什么生活改善得这么慢？吃、穿、用、住都很紧张。从这个状况出发，觉得需要从国民经济的整体上进行一些研究。

我们可以从 30 年来的经济发展的情况做一些分析和比较。第一个五年计划时期，经济发展比较快，生活改善比较显著。1958 年以后的 20 多年来，生产发展就慢，生活很少改善。这两个时期经济发展的效果显著不同，难道 1958 年以后劳动人民付出的劳动少了？实际上正好相反，1958 年以后人民群众付出的劳动更多。最后的成果到哪儿去了？这就使人不能不从整体上考虑，不能不从经济结构上来研究寻求答案。现在初步看起来，第一个五年计划虽然也是优先发展重工业，但重工业的规模还不那么大，没有离开农业和轻工业能承担的规模，经济结构比较合理。1958 年以后，"以钢为纲"，造成畸形发展的结构。两种经济结构造成了两种不同的结果，整体上的经济效果差别很大。

我们知道，社会的生产是一个相互联系的整体，在整个社会生产过程中，各个部门之间是相互消耗的。从最初的初级产品开始，经过一次次的加工，最后落到可以吃、穿、用、住的最终产品为止，才算是完成了整个的生产经济活动。我们生产的目的是为了满足人民物质和文化生活的需要，如果不把生产活动的最终成果落到可供人民吃、穿、用、住的最终产品上，那也就会是为了生产而生产，大家空忙一场而得不到实惠，结果弄得吃、穿、用、住都很紧张，生活得不到改善。因此，这里就有一个从总体上考虑的经济效果问题。这就是：社会获得一定数量的可以满足人民吃、穿、用、住需要的最终产品，需要付出多少总的劳动量

（包括消耗和占用的初级产品、中间产品、生产手段，等等），两者应当有一定的适度的比例。

这种总体上的经济效果，从单个企业或者工业部门往往是看不出来的。对企业来说，劳动生产率可以很高，成本可以很低，利润率可以很高，每百元固定资产创造的产值和每单位能源创造的产值等等指标都可以很高。这些都可以从不同方面反映企业的较好的经济效果。但是，企业这些生产成果，最后是否都能落到人民生活上，能够使人民得到多少实惠，从这些指标中并不都能看得出来。这种社会生产的总的经济效果，只有从整个经济结构的全局上去分析才能考察清楚，才能有效地提高。

这是因为，获得一定量的最终产品需要付出多少总的劳动量，不仅仅取决于企业生产情况，也不仅仅取决于技术发展水平，同时还决定于社会生产组织的水平，特别是决定于经济结构合理不合理。经济结构是影响经济发展的全局性的大问题。往往由于一种产业政策考虑不周，就会造成一种不合理的经济结构，而经济结构不合理，就会出现很多不利的情况：或者是生产遭受破坏；或者是互相抵消力量，造成浪费，使生产发展缓慢；或者是生产虽有所增长，但人民生活得不到改善，得不到实惠。如果把国民经济搞成重工业片面发展的重型结构，投入重工业的生产建设的劳动量很多，而又主要是自我服务，最终产品出产就会相对地少，总的经济效果就会很差；如果整个产品的生产过程经常中断，没有一个合理的经济结构来保证初级产品、中间产品顺利达到能使人民生活得到实惠的最终产品，中间产品多，大量产品在中间阶段停留或相互抵消了，总的经济效果也会很差。然而这些情况往往从一个企业、一个部门看不出来，必须从整个的经济结构上去研究解决。

举例来说，煤矿工人下井挖煤，运出地面，国家派车拉走了，对煤矿工人来说就算完成了任务，对国家做出了贡献。如果能不断提高效率、降低成本、增加盈利，对企业来说经济效果就算是得到了改善。但是，这些煤转来转去，最后要转到每个人身上，直接、间接把它消费掉，才算是真正有用。否则，就是没有达到目的。这个最后的结果，从煤炭企业的角度并不能完全看到。如果煤拿去炼钢，钢锭积压起来没有用，劳动到此就中断了，不但炼钢工人的劳动白费了，连采矿工、铁路工人的劳动也给糟蹋了。如果炼出的钢拿去造机器，机床放在库里积压起来，劳动到此又中断了。我们制造机器，绝不是为了机器本身，归根到底是为了用它来生产生活资料，最终要用到人民生活上，否则机器造出来也没有实际意义，而只能是一种浪费。现在的问题是，劳动过程在许多环节上中断，所以付出了很多劳动，生活得不到改善，东西都到哪儿去了呢？都卡在当中了。现在钢材库存将近 2000 万吨，机电产品五六百亿元，远远超过了合理的库存周转量。一方面积压，一方面还去继续生产，实际上是为了增加库存积压而生产。这里既有经济体制问题，也有经济结构问题。这样的一种经济结构，当然就不会使人民付出的劳动得到实效。在整个社会生产过程中，如果当中卡得很多，中间产品多而不出最终产品，社会生产活动和我们进行生产的目的就没有挂起钩来，这样，经济效果也就不可能好。为了改善经济效果，就必须研究经济结构。

所以说，从最终产品出发来考察总的社会生产的经济效果，这是引起经济结构问题研究的第二方面的背景和原因。

第三，提出研究经济结构的问题，也受到了系统理论的启发。研究经济结构，就是把整个国民经济的总体作为一个大的系统，从整体、从全局出发去研究国民经济的发展。从整体去研究，进行方案的比较，选择最佳的方案，实际上也就是系统理论在国民经济问题研究上的运用。我个人理解, 系统理论需要我们把握的有两个要点: 一个就是把研究对象作为一个系统, 从系统的整体出发研究问题, 而不是从局部、从个别的问题出发去分析问题; 另一个是实现最佳化, 即从整体上研究问题, 并进行多种方案的比较, 选择最佳方案。因此, 经济结构也可以说是把系统理论引入经济问题进行整体研究的一个概念。

从以上三方面来说明研究经济结构的必要性、重要性。当然还有其他方面的影响, 例如, 国外对经济结构特别是产业结构的研究对我们也有很大的启发。但是, 如前所述, 我们研究经济结构是为解决我国经济发展中的实际问题服务的。具体来说, 研究经济结构为的是解决经济调整问题。调整的目标是什么呢? 就是要调整出一个合理的经济结构, 使国民经济比例关系协调, 走入有计划按比例发展的健康轨道。只有这样, 经济才能以更高的速度发展。研究经济结构的过程实际上就是统一思想的过程。首先就是要正确的领会中央调整的精神, 充分认识比例失调的严重性, 看到调整的必要性。不这样的话, 就不可能建立合理的经济结构, 不能使国民经济健康发展。

二　我国经济结构存在哪些主要问题

经济结构方面存在的问题, 实际上也就是比例失调的重大表现。

1. 农业严重落后于工业, 阻碍国民经济迅速的发展。长期以来, 我国农业的发展同整个国民经济的发展很不适应。虽然在理论上也强调了农业是发展国民经济的基础, 但在实践上并未真正解决加速农业发展的问题。农业劳动生产率很低, 我国每个农业劳动力年平均产量只有 1000 多公斤, 而苏联为 1 万多公斤,美国为 10 万多公斤，农业生产远远不能满足国民经济发展对粮食和经济作物的需要。特别是在第二个五年计划以来，每年都要大量进口粮食，只要征购偏高或歉收，局部地区就发生饥荒。这种状况同一个农业大国很不相称。

2. 轻工业落后，不能满足城乡人民提高生活水平的要求。我国轻工业的位置一直摆得比较低，在基本建设投资中，轻工业的比重第一个五年计划时期最高为 5.9%，"文化大革命"中的第三个五年计划时期（1966—1970）降到 4%，1978 年有所提高达到 5.7%，但还低于第一个五年计划时期的水平。而重工业投资的比重，近 20 多年来一直在 55% 上下。这种状况，使轻工业长期落后，主要轻工业产品供应紧张，不能满足人民的需要，在出口方面也缺乏竞争力。

3. 重工业脱离农业和轻工业片面发展，并且内部比例失调。我们国家的重工业也是很不发达的，还要进一步发展。但是，如果重工业的发展离开了农业和轻工业允许的一定的条件，想要发展也发展不起来。长期以来，我国重工业的规模和速度超过了国民经济可能提供的物力和财力，挤了农业和轻工业，这样也就妨碍了自己的发展。重工业内部各部门之间也很不协调，特别突出的是燃料动力工业落后，远远不能满足国民经济发展的需要。能源短缺问题已经成为国民经济中十分突出的问题。由于电力不足，许多工厂处于停工或半停工状态，现有生产能力远远不能发挥出来。前一阵觉得能源好像没问题，大量出口换外汇也要靠石油，没有经过认真的勘探掌握地质资源，就要干十来个大庆，实际上是落空的。

4. 交通运输业落后。我国铁路通车的里程不到美国的 1/6，不到苏联的 1/2，比印度还少。我们是 5 万多公里，印度是 6 万多公里，苏联是 13 万多公里，美国是 33 万多公里。公路、水运都很差，码头不够，进出口货物运输都很困难。国内的物资交流也受到限制，工业品下乡下不去，农产品上不来，很多东西烂在山区、海边，交通运输跟不上已经成为国民经济发展的巨大障碍。

5. 基本建设规模过大，积累和消费的比例失调。1978年底，在贯彻调整方针之前，已开了工的全民所有制建设项目，就有6.5万多个。这些开了工的项目，建设周期拖得很长，三年该完的弄个20年还完不了，每年都要投很多人力、物力，对经济发展是很大的包袱。这些已开工而没收摊的项目，如果按原计划都把它们建设完，需要几千亿元的投资。按现在每年投资可能达到的规模，不上新项目，也得十年才能打扫完这批胡子工程。贯彻调整方针以来，砍掉了一批项目，但基建规模过大的问题至今没有解决，仍然是今后调整中要抓好的中心问题。

在基本建设投资中，骨头和肉的比例也严重失调。在第一个五年计划时期，全部基本建设投资当中，生产性投资占70%左右，非生产性投资占30%左右，这个比例是比较合适的，所以人民生活也能得到一些改善。1958年以后，第二个五年计划时期，生产性投资上升到87%，非生产性投资下降到13%。"文化大革命"期间，生产性投资上升到87.3%，非生产性投资下降到12.7%。1977年全国城市平均每人居住面积只有3.6平方米，比1952年平均4.5平方米还要低。

这些问题实际上反映了积累率过高，积累和消费的比例失调。我国积累占国民收入的比重，第一个五年计划时期在23%—25%之间，第二个五年计划以后突破了30%，其后的一二十年间，个别年份高达43.8%。现在看来，积累率偏高了，而且资金的利用效率又很差，结果既没有能够有效地促进生产发展，人民生活中应当解决的一些问题也没有得到及时的解决。

上面列举的这些经济结构存在的问题，当然还不够全面。此外还有一些问题，如价格结构不合理，进出口结构不合理，对外贸易不能发挥我国经济优势，做了许多赔本生意，技术引进和成套设备引进的规模同国内工作基础和经济力量不相适应，工业布局不合理，三线建设遗留的问题很多，国防工业和民用工业脱节，工业污染严重，等等。另外，城镇集体所有制企业发展慢，科学教育文化卫生事业、商业服务业和现代化的要求不相适应，职工的技术水平和管理水平低，这些都是经济结构方面需要解决的问题。

上述这些问题当中，最主要的问题是什么？我们觉得主要是积累和消费的结构以及产业结构方面的问题。在产业结构方面，主要是农业、轻工业、重工业比例失调，它本质上是生产资料和消费资料两大部类不相适应，所以，调整产业结构，应当把解决两大部类的关系问题作为一系列经济结构问题的着重点。

三 怎样向合理的经济结构过渡

调整的方针是积极的方针。从当前的财政情况出发，为了稳定经济，当然首先要缩小基本建设规模，减少财政支出，消灭财政赤字，实现财政收支的平衡。但是，调整绝不是消极的收缩，从根本上讲，要摆脱经济困难，求得经济的稳定，还是要通过调整把生产搞上去，特别是把农业、轻工业生产搞上去。只有在发展生产的基础上才能增加财政收入，从根本上解决财政上的困难，才有可能使积累和消费水平都得到提高。毛泽东同志说过："财政政策的好坏固然足以影响经济，但是决定财政的却是经济。未有经济无基础而可以解决财政困难的，未有经济不发展而可以使财政充裕的。……如果不发展人民经济和公营经济，我们就只有束手待毙。财政困难，只有从切切实实的有效的经济发展上才能解决。"① 因此，在认真调整积累和消费的比例关系，切实压缩基本建设投资的同时，一定要认真组织好现有企业的生产，不忘发展经济，不忘开辟财源。

既要调整并在调整中促进生产发展，就要有下有上。哪些应当下，哪些应当上，依据什么呢？基本的依据应当是合理的经济结构。也就是说，要按照合理经济结构的要求去调整，把相互脱节的不合理的产业结构调整好。

那么，怎样的经济结构才是合理的呢？这个问题很复杂。因为经济结构的合理性是由多种因素决定的，它同生产力发展水平和生产关系的状况有着密切的联系，而且是相对于一定的时间、地点、条件而言的。一般地说，合理的经济结构应具有以下五个主要标志：①能够充分利用国内外的有利条件，避免和克服不利的条件；②能够充分有效地利用我国的人力、物力、财力和自然资源；③能够充分利用我国现有的物质技术基础，使国民经济各部门、各地区能够协调发展，社会再生产能够顺利进行；④技术能够不断进步，劳动生产率能够不断提高；⑤生产发展速度快，人民生活提高快，积累速度快，即能够实现高速度、高消费、高积累的良性循环。

这就是说，我们要建立一个能够比较充分和比较有效地利用我国人力、物力、自然资源，使国民经济的各个部门、再生产的各个方面得到协调发展，实现经济活动良性循环的经济结构。

为了实现经济活动的良性循环，国民经济各部门、各行业、各环节都必须协调发展并取得较大的经济效果。要同时做到积累的较快增加，技术水平和劳动生产率的较快提高，国民经济的高

---

① 《抗日时期的经济问题与财政问题》，《毛泽东选集》一卷本，第846页。

速发展，人民生活的较快改善，是不容易的。但是，如果经济结构合理了，这个目标是可以实现的。我们应当把增加生产和改善人民生活统一起来，只有生产发展速度，而没有日益增多的最终产品生产出来，或者只强调增加消费，而没有生产的发展，都不可能实现经济的良性循环。

怎样才能从现在的不合理的经济结构过渡到合理的经济结构呢？从根本上说，有两点：一是要靠合理地分配和使用投资；一是要靠合理地调整和组织现有的生产。前者是根本性的措施，但受国家财力的限制，需要较长的时间才能见效；后者是经常性的措施，可以马上着手进行。调整经济结构，应当同时从这两个方面努力。具体地说，有以下几个途径：

第一，通过合理的投资结构来改变产业结构，促进经济结构合理化。为此：

1. 分配投资时首先要按照合理经济结构的要求确定投资方向。这就必须制定明确的、合理的产业政策，一个时期着重发展什么，怎样带动全局发展，应当有明确的方针。

过去的"以钢为纲"是一种产业政策，在这种产业政策的带动下，实际上形成了一套比例关系，形成了一种经济结构，实践证明，这种产业政策是不合理的。要改变这种不合理的经济结构，看来需要加强农业、轻工业的发展，在重工业中要加强能源工业的发展。但是，在今后的一个时期内，由于受国家财力限制，投资不可能大量增加，又怎样来促进农业、轻工业和能源工业发展呢？

农业要靠政策、靠科学，反对瞎指挥。过去忽视了农业全面发展，单打一地抓粮，结果粮也上不去。今后要尊重社队自主权，因地制宜，搞科学种田，反对瞎指挥，实行联产计酬的责任制度，促进农林牧副渔各业全面发展。轻工业要靠联合。跨地区、跨部门按经济合理的原则进行联合。通过经济联合有助于解决资金和原料不足的困难,这方面的潜力很大。这样做并不是对农业、轻工业不投资。为了把农业和轻工业搞上去,大幅度地增加城乡人民生活用品生产,有效地回笼货币和增加财政收入,一定量的投资还是不可少的。强调农业靠政策、靠科学,轻工业靠联合,是为了更好地动员农业、轻工业内部潜力,促进农业和轻工业更快地发展。

过去占用投资最多的是重工业,所以要特别强调重工业靠挖潜。现在许多重工业企业开工不足,潜力很大,再不能盲目增加投资,扩大建设规模,应当把现有能力好好组织一下,充分发挥现有企业潜力,生产适销对路的产品,满足城乡市场的需要。

这样就可以节约大量资金,用于重工业中心的几个薄弱环节;能源工业和机械工业的挖革改,等等。也可以节省资金用于农业、轻工业、交通运输业以及文教事业、城市建设,特别是住宅建设。

2. 分配投资时还要注意安排在建项目配套建设投资,迅速形成生产能力。现在基本建设规模过大,周期过长,很多建设项目主体工程已经完成,但配套工程迟迟不能完工,使整个建设项目不能及时投产,长期形不成生产能力。应当坚决压缩基本建设规模,严格控制新开项目,长期不能投产或者即使完工以后也不能保证正常生产的项目,该停的坚决停下来,把资金集中用于能够及时见效的项目,特别是那些能够促进农轻重协调发展的建设项目。这样才能取得更好的投资效果,促进工业生产迅速发展。

3. 分配投资时还必须充分考虑我国人口多、底子薄的特点。要拿出一定数量的资金大力发展投资少、消耗能源少的"劳动密集型产业",充分利用我国丰富的人力资源,弥补我国建设资金缺乏和技术装备落后的不足。

4. 分配投资时还要考虑现有企业改造的需要。扩大再生产不能光靠新建项目，要通过现有企业以技术改造来增加生产能力，扩大再生产。这样做投资省、见效快，能够取得更好的经济效果。

我们不仅要注意资金的合理分配，更要重视资金的节约使用，努力提高资金的使用效果。为此就要把讲求经济效果提到首要的地位；改革和完善现行投资效果的评价、考核办法。这样，才能使各项投资在改变不合理结构中发挥应有的作用。

第二，有效地利用国际经济联系，促进经济结构合理化。国际间的经济联系，对国内的经济建设影响很大。过去"四人帮"一伙搞闭关锁国，阻碍了我国技术和经济的发展。粉碎"四人帮"以后，实行正确的对外政策，加强了对外经济联系。应当看到，国际间的经济合作搞得好可以促进本国经济发展，搞得不好也可能起相反的作用。这里的关键在于对外经济交往的规模和深度要同国内的技术和经济力量、组织管理水平以及各项工作基础相适应；进出口贸易的结构，要能促进农轻重协调发展，要和调整经济结构的要求相适应。要充分估计到引进项目对国内经济工作的影响，认为两者可以"脱钩"是不切实际的。一定要防止国内建设被进口项目牵着走，防止国内建设调整成了农轻重，而引进项目又牵着我们搞重轻农。尤其是一些大工业建设项目成套设备的引进，需要大量的外汇，而且需要国内大量物资和货币资金配套，更应当从严掌握。这样做可以节省出大量外汇，用作进口粮食和农业、轻纺工业技术和设备的资金，支援农业和轻纺工业发展，也可以防止把国内建设中的人力物力都牵扯到重工业项目上去，不利于农业、轻工业发展。在机械设备的进口上要防止重复引进，加强仿制翻版和创新的能力，既可以节省外汇，又可以促进本国机械工业的发展。

进出口贸易,要能够促进农业和轻工业全面发展。目前在我国经济发展中,粮食不足是个很大的问题。但解决粮食问题又不能单打一地抓粮食,而必须在农林牧副渔各业全面发展中去解决粮食问题。可是,当前阻碍我国农、林、牧、副、渔各业全面发展的一个实际困难,仍然是粮食问题没有解决。由于粮食不足,林、牧、渔业的发展受到很大限制。这是很大的矛盾。怎样解决这个矛盾呢?我们首先应当采取各种措施保证必要的粮食种植面积和提高单位面积产量,努力发展本国粮食生产,同时合理组织进出口贸易也是解决这个矛盾的有效途径。例如,可以在一个时期内有计划地增加粮食进口,用粮食来支援林、牧、渔业和经济作物全面发展,促进人民食物构成的改变,减少粮食消耗。这样做,反过来会减少粮食进口,同时也可以减少某些用作工业原料的农产品(如棉花)和以农产品为原料的工业品(如食糖)的进口,从而促进本国轻工业更快地发展。例如,现在棉花、食糖进口量很大,可以考虑适宜种棉的地区大力发展棉花生产,适宜种甘蔗的地区大力发展甘蔗生产,减少棉花和食糖进口,用节省下来的外汇进口粮食以弥补这些地区粮食的不足;可以允许经济作物区大力发展可供出口的经济作物(如花生、大豆等),用换回的部分外汇进口粮食,供应本地需要,等等。

第三,合理组织和调整使用现有的生产能力和生产物资,促进经济结构合理化。我国工业生产能力已有相当的规模,煤炭年产6亿吨,发电近3000亿度,钢铁年产3700多万吨,石油年产1亿吨,机床拥有量两百七八十万台,主要生产资料的产量都居世界的前几位。这么大的工业生产能力,每年生产这么多的物资,合理组织和调整使用这些已经形成的生产能力和生产资料,就能够影响产业结构,使经济结构趋于合理。

合理组织和调整使用现有生产能力和生产物资的出发点,应当是提高社会生产效率，增加最终产品，降低最终消费品总的生产费用，改善生产资料拥有总量和消费品生产总量的比例关系，使我国现有的物质技术条件能够得到充分的利用，生产出更多的消费品，更好地满足人民物质文化生活的需要。同这个目标有关的问题很多，例如，以下几个问题就是当前比较突出又可以着手研究解决的问题：

1. 节约使用和合理分配能源。要制定稳定的能源政策，确定合理的能源结构，使各种能源都能得到充分合理的利用。在能源的分配使用上，应当真正做到对轻纺工业优先供应，同时要研究各种能源用于生产和生活的合理比例，努力减少工业生产用能源的浪费，更好地满足人民生活的需要。特别应当考虑到广大农村的需要，通过发展沼气等多种途径逐步解决农民取暖和烧饭问题。这不仅直接关系到改善农民生活而且可以防止森林和草原的破坏，促进秸秆归田，对改善环境和保持生态平衡也有积极作用。

2. 有计划地加强设备更新，改变生产技术结构。我国现有企业中，多数设备陈旧，效率低，能源消耗大，原材料利用效率低，应当有计划地更新设备。在基本建设投资减少、规模缩小的情况下，机械工业开工不足是个突出问题，应当很好地利用这个时机改造现有企业，把企业利润留成的资金吸引到现有设备的更新改造方面来，这样既可以防止盲目扩大基本建设规模，又可以有以下一些好处：①增加废钢来源，促进钢铁工业发展。②提高机械工业企业设备利用率，有利于缓和机械工业吃不饱的矛盾。③改善企业的技术状况，用高效率的新设备代替陈旧落后的设备，促进劳动生产率的提高。④减少能源消耗和原材料浪费。

3. 充分利用军工企业生产能力，增加民用品生产。全国机床有相当大的比重在军工企业，而且其中绝大多数是大型机床、高精度机床和数控机床。这是一支强大的加工能力,但现在利用很不充分。这些加工力量如果用来生产适销对路的民用消费品,可以有效地活跃市场,改善人民生活;如果用来攻取民用设备制造的难关,也可以取得明显的效果。

4. 促进民用建筑业发展。住宅是最重要的一种可供人民消费的最终产品。当前我国城镇居民最突出的生活问题,是缺少住宅,不仅数量少,而且使用不合理,苦乐不均的现象十分严重。很多国家民用建筑业成为带动国民经济发展的重要产业部门,而我国民用建筑却形不成产业,住宅的生产、流通、分配、消费各环节存在问题很多,这种状况严重阻碍了建筑业的发展,应当迅速改变。一是调整钢材、水泥、木材和其他建筑材料的分配和使用方向,大幅度增加对民用建筑业的供应,促进民用建筑业的发展。二是研究和逐步试行民用建筑商品化、施工单位企业化,使施工企业有独立的资金,有相应的生产手段,能够销售自己产品,在工业建设项目下马的情况下,有效地组织施工力量,加速民用建筑的发展。三是逐步改变住宅分配使用的供给制。现在国家每年用在职工住房上的补贴量很大,在低工资的条件下,这种补贴完全必要,但由于缺房户太多,这种补贴也是苦乐不均的。从长远来看,城镇人口不断增加,住房完全由国家包下来,包袱会越来越重,实际上是包不下来的,应当考虑结合工资制度的改革和工资的调整,在国家财力允许的范围内,逐步增发住房补贴,同时相应提高房租,使国家每年投入的大量住宅建设资金通过工资形式给职工再由房租中收回。这样就可以使分到住宅的职工根据住房的质量和数量合理负担房租,未分到住房的职工在物质生活和其他方面得到一些改善,有助于改变目前苦乐不均的状况。只有改变住宅分配的供给制,才能鼓励个人买房和自建房屋,从而减轻国家的负担。四是建立住房储蓄和实行分期付款,鼓励个人购买和修建房屋。

5. 改善商品流通的组织工作，促进最终产品的实现。商品流通环节问题很多，生产资料和消费品在各个环节大量积压，使各部门的生产比例畸形发展，严重妨碍合理经济结构的形成，降低了社会生产的经济效果。特别是最终消费品，往往不能实现，例如，生猪育肥后不能及时收购；水果成熟后运不出来；蔬菜收割后大量积压损耗；许多轻纺工业产品不适销对路造成大量积压，等等，都是已经拿到手的最终产品不能真正用于人民的消费。解决这些问题，除了制定合理的经济政策，清仓利库，确立经济责任之外，还要适当加强流通环节的必要设备，如增加仓库、冷藏设备和运输设备，等等。

6. 按照经济合理的原则，坚决搞好关停并转。在经济调整中，现有企业总有一些要关停并转。这个调整措施，重点不在关停而在并转，或者说应当是以转为主。这样才能成为积极的措施，通过关停并转使现有企业生产能力得到合理利用，把生产搞活，促进经济发展。

第四，发挥各地优势，促进经济结构合理化。50 年代后期以来，在各地都要建立完整经济体系的指导思想影响下，各省甚至地、市都力求建立门类尽量齐全的经济体系，而且都要"以钢为纲"。这样的地区经济结构，不仅未发挥各地的优势，各用所长，各避所短；相反，有的地区恰恰是用其所短，避其所长。结果，严重地影响了各地经济的发展，从而也影响了全国经济发展。

地区经济结构合理化的主要标志应当是看它是否适合各地的特点，能不能发挥各地的优势，包括自然优势和经济优势。各地区经济的发展要从实际出发，建立各有重点，各具特色的经济结构。铁矿、煤炭、石油、有色金属资源丰富的地区，可以钢铁、煤炭、石油、有色冶金为重点；轻纺工业原有基础好、原材料又充裕的地区，电子工业等精密工业技术力量雄厚的地区，可以轻纺工业、电子工业等为重点；自然条件适宜，历史上形成的棉、麻、丝、茶等经济作物产区，可以经济作物为重点；森林和草场资源丰富的地区，可以林业、畜牧业为重点。总之，在全国统一计划指导和综合平衡的条件下，各地区建立什么样的经济结构，要进行投资效果和成本的比较。那些在本区发展很不利的产业部门则可以不搞，尽量利用社会分工和专业化协作带来的好处。各地区都把资金主要投放到比较经济效果最高的部门，主要生产比较成本最低的产品，在这样最优地区经济结构基础上建立的全国经济结构，也将是经济效果最高的经济结构。这样做，需要有一些条件，例如，在运输条件上要能保证物资及时调出调入，价格上要能够互利，还要有组织地加强地区间经济联系，互通有无，使各地的弱点和缺门得到弥补，这样才能真正促进各地发挥自己之所长。

现在的不合理的地区经济结构是几十年来逐步形成的，要改变这种不合理的结构，充分发挥地区优势，也是要有一个过程的。特别是由于我国各地区经济发展本来就不平衡，工业先进地区，加工工业发达地区同经济落后的农牧为主的原料产地之间的矛盾很大。加工工业产值高、利润大，过去集中建在一些技术比较先进的工业城市，但这些城市本身并没有原料，靠其他省市调拨、供应。过去搞中央一级财政，这个矛盾突不出来。实行两级财政后，各地都在考虑自己的经济利益，都想发展利润高的加工工业，想把工业原料就地加工，要"大钱自己赚"。因此，有些地区提出应当扬长补短，不能避短。认为如果避短，原料产地的加工工业永远落后，就会永远是为别人提供初级产品的地区，甚至提出会变成"殖民地经济。"结果各地都积极建设小厂，就地加工各种原料，而大厂却吃不饱，技术和设备能力不能发挥。基本建设规模不断扩大，建材、施工力量紧张，产品质量下降，成本升高。这样，全局的经济效果降低了。

怎样解决这些问题呢？解决这些问题，需要处理好几个关系。一是发挥局部优势和发挥全局优势的关系。不能光从本地区的局部利益出发，而要从全局出发考虑发挥优势的问题。如果从局部看是一种优势，但这样做不利于发挥全国优势，那就应当首先考虑全局利益。二是当前的优势和长远的优势的关系。由于各地区经济发展不平衡，布局不合理，从这种既成事实出发考虑的全局优势从长远看并不一定合理，但是，要想使它合理，需要有一个调整的过程，不能要求一下子都做到。例如，按经济合理的原则，原料产地的加工工业落后的面貌，不应永远继续下去。适合在当地加工的，要逐步发展加工工业就地加工，才能做到经济合理。但是又不能调整过猛，要求一下子做到，必然不利于经济的发展。

因此，把先进和落后地区的差别凝固化，不准落后地区发展工业是不对的；同样，不考虑全国现有工业的状况，单纯从局部地区的利益出发去发展工业，也是不对的。

为了解决好这个问题，就应当明确几条：①原料产地要保证按计划给加工工业地区调拨原材料，充分发挥现有企业的作用。②一律不准建新厂，原料产地在按计划调拨后仍有多余的，要主动找有加工能力的企业搞联合，不能再建小厂；没有原料的工业城市，更不能再盲目发展加工工业。

这样才能有效地控制基本建设规模。今后，随着经济情况的好转，再按照经济合理的原则，在原材料产地建加工企业。但这些问题只能在经济不断发展的过程中解决，现在只能采取一些过渡办法，例如，可以采取利润返回、加工产品返回方式解决经济利益问题。

　　不合理的地区经济结构，又同现行的不合理的经济管理体制互相交织在一起。要建立合理的地区经济结构，就要同改革经济管理体制一并加以考虑。我国现行的以行政方法为主、权力高度集中的经济管理体制不利于合理的地区经济结构的建立，在某种意义上可以说，力求建立门类齐全的、自给自足的地区经济结构，是现行的经济管理体制"逼"出来的。在统配包销的物资分配体制下，行政命令的生硬规定，行政区划的人为限制，加上物资计划的缺口留得很大，流通渠道经常滞阻，各地为了不致受制于人，就力图建立自给自足、万事不求人的经济结构。所以，要改变现在不合理的地区经济结构，就要逐步改革现行的经济管理体制，破除自然经济观，大力发展商品经济，实行计划调节和市场调节相结合的原则。只有这样，才能建立起能够发挥各自优势的合理的地区经济结构。

　　　　　　　　　（原载《陕西财经学院学报》1981 年第 2 期）

工业部门结构理论与实践的若干问题[*]

任何一个国家，由于社会的自然的条件不同，要使经济健康发展，都需要从本国的实际出发，选择适合本国国情的经济发展模式。包括采用什么样的所有制结构、积累消费结构、产业结构，等等。在产业结构中，首先要处理好工业和农业两大物质生产部门的关系，使工业和农业能够协调发展。在此基础上，第二层次的问题，就是要建立合理的工业部门结构。所以说，工业部门结构是一个很重要的问题。合理的工业部门结构是工业顺利发展，提高经济效益的保证。

一　什么是工业部门结构

工业部门结构就是指工业部门之间的生产联系、制约关系和数量比例。围绕这个简单定义，我想说明两点：

第一，工业部门日益增多是历史发展的趋势。工业是由许多相互联系、相互依存的工业部门构成的有机体系。这些工业部门

---

* 1984 年 9 月 25 日在国家经委、全国总工会第 21 期研究班做的报告。

的产生，是社会分工发展的结果。马克思把社会分工区分为一般分工、特殊分工和个别分工三种形式。他说："单就劳动本身来说，可以把社会生产分为农业、工业等大类，叫做一般的分工。把这些生产大类分为种和亚种，叫做特殊的分工；把工厂内部的分工，叫做个别的分工"。工业部门的出现与一般分工直接相关。最初的工业就是从农业中分离出来的；工业部门的发展则是特殊分工的结果。由于生产规模的扩大和科学技术的进步，工业内部的专业分工越来越发展，从原有的工业部门中不断分离出新的工业部门，如从机械工业中分出农业机械制造工业、工业设备制造工业，从冶金工业中分出有色金属冶炼工业，等等，都是工业内部专业分工发展的结果；由于最新科学技术成果在生产中的应用，新的产品不断出现，也会有新兴工业部门不断产生。这些都是特殊分工的结果。因此，随着技术和经济的发展，工业部门日益增多成为一种历史的趋势。这些不同的工业部门，分别由若干同类型的工业企业组成。

　　我国现行工业部门分类是将全部工业分成冶金工业、电力工业、燃料工业、化学工业、机械工业、建筑材料工业、森林工业、食品工业、纺织缝纫及皮革工业、造纸及文教用品工业和其他工业共 11 个大的部门。每一个大的工业部门中又分成若干个部门。例如，冶金工业分为黑色金属工业和有色金属工业两个部门；燃料工业分为煤炭工业、石油工业、炼焦及焦炭化学工业 3 个部门，等等。这样进行分类的工业部门共有 44 个。每一个工业部门又进一步做细分类，例如，黑色金属工业分为黑色金属矿采选和黑色金属冶炼及加工两个细分类。石油工业分为石油开采和石油加工两个细分类。这样的细分类共有 155 个。每个企业都按其在正常生产情况下的主要产品性质，把整个企业划为某一个细分类，然后按照细分类的归属将企业划为某个工业部门。

　　每个工业企业，都要根据其在正常生产情况下的主要产品的性质，按照工业部门分类表划入某一个细分类。然后再按细分类的归属，划归某一个工业部门。因此，任何工业部门都是由若干同类企业所组成的。或者说，工业部门是同类企业的总和。

　　这里说的同类企业，通常有三个标志：①产品的经济用途相同；②使用的主要原材料相同；③工艺过程性质相同。

　　有些企业，上述三个标志都相同，当然就划归同一个工业部门；但有些企业不是上述三个标志都相同，在这种情况下，首先要看产品的经济用途是否相同。因此，产品经济用途的同类性是对工业企业进行部门分类的主要标志。但也有例外，如皮鞋、胶鞋的制造划入橡胶加工工业部门，而布鞋的制造划入缝纫工业部门，实际上原材料的同类性在这里又成了部门分类的主要标志。

　　随着技术和经济的发展，日益增多的工业部门之间，具有越来越广泛、越来越复杂的生产联系和制约关系。每个工业部门既是其他部门存在和发展的一个条件，其自身的发展也要受其他部门的制约。每个工业部门都需要其他部门提供的产品作为自己的劳动手段、劳动对象和劳动者的生活资料，同时也必须把本部门的产品通过交换，供给其他部门使用。这样，各个工业部门之间就形成了经常的、大量的、相互交错的技术经济联系。这种联系必须保持一定的比例，社会再生产才能顺利地进行。我们所说的工业部门结构，也就是指各个工业部门间的生产联系、制约关系和数量比例。

　　第二，要从整体的联系上寻求规律，研究工业发展的合理性。工业部门结构是一个整体的概念，研究工业部门结构就是要从工业经济的整体上去分析工业发展的合理性，从整体出发而不是从一个企业、一个部门或一个地区的局部出发去寻求合理的比例关系。

　　过去我国国民经济比例失调、工业内部比例失调问题的产生，同经济结构以及工业部门结构没有统筹安排好有很大的关系。因此，要认识比例失调、解决比例失调问题，就必须认真研究经济结构和工业部门结构，否则就没有办法解决比例失调问题。这是因为，工业的发展、国民经济的发展，不只是一种模式，可以有各种各样的比例，每个工业部门都可以从自己的角度去设想一种比例，要求别的部门来适应这种比例。这一点，从1979年下半年举行的经济结构调查会上看得很清楚。当时，各部门都说自己是短线，一讲比例失调就说本部门投资少了、占比重小了，都伸手要投资，而且都能说出许多理由。不仅各工业部门是这样，就是综合领导机关也有这个问题，如果没有一个合理的经济结构和工业部门结构的总体设想，在决定和批准各部门投资时也会失去合理的依据和标准。因此，可以得出这样一个结论：就比例谈比例，解决不了比例失调问题。哪一种比例合理，比例关系本身没法回答，必须用经济结构、部门结构来回答。因为不同的比例是由不同的结构决定的。有什么样的部门结构，就有什么样的部门比例。一种产业政策可以带动形成一种部门结构；产业政策变了，部门结构也会变化。从"以钢为纲"出发建立的部门结构，同从满足人民吃、穿、用、住的需要出发建立的部门结构、比例关系是不会一样的。

　　总之，有了合理的部门结构才会有合理的部门比例。如果不研究部门结构就不能形成整体方案，就不好进行比较。研究部门结构就是要从整体的联系上研究工业的发展并且从多种方案的比较中选择合理的经济结构、工业部门结构的方案。在此前提之下统一了认识，再谈各部门的比例关系，就有了共同的语言，各个工业部门在经济发展中的位置也就明确了。可见，用部门结构解决经济发展问题，比那种就比例谈比例要科学得多、合理得多。

最近几年，我国工业的发展已经从"以钢为纲"转变为发展消费品生产，对轻纺工业实行"六个优先"，促进了国民经济的发展和人民生活的改善。但也应当看到，在人民吃、穿、用、住的需要中，最紧张、最迫切的问题莫过于城镇居民住宅问题。住宅建设既直接关系到改善人民生活问题，又可以带动一系列工业的发展，如建材、家用电器、纺织品、家具等等工业的发展都同人民的居住条件有关。国外建筑业成为经济发展的一大支柱，我国这个方面的潜力是很大的，如何通过抓城镇住宅建设来带动工业的发展，形成新的工业部门结构，这是一个很值得认真研究的问题。从长远来看，逐步创造条件实行住宅商品化是问题的关键。国家建造住宅的投资应当通过卖房和按造价计租的方式收回，使资金能够运动起来，这样就可以加速住宅建设从而带动相关工业部门的发展。当然，这涉及工资制度的改革，是个比较复杂的问题，但是，随着经济的发展，这些问题并不是注定不能解决的。

通过上述两点的分析，可以帮助我们了解什么是工业部门结构和为什么要研究工业部门结构。

二　工业部门结构中的两个基本关系

这许许多多工业部门之间的结构关系是错综复杂的，从全局来看，最基本的关系主要有两个：一个是甲类工业和乙类工业的关系；另一个是采掘工业和加工工业的关系。具体部门之间相互关系的处理，最终必须保证这两个基本关系协调，工业生产才能顺利进行，取得更好的经济效果。

（一）甲类工业和乙类工业的关系

甲类工业和乙类工业的关系，也就是工业生产领域中两大部类的关系。甲类工业是生产生产资料的工业，乙类工业是生产消费资料的工业。马克思在分析资本主义再生产过程中，把社会生产分成生产资料生产和消费资料生产两大部类，指出这两大部类之间必须保持一定的数量比例，社会生产才能顺利进行。马克思用数学公式分析了两大部类的关系，指出：第一部类产品的价值必须等于两大部类不变资本的补偿价值和两大部类不变资本的积累价值。第一部类产品如果大于两大部类不变资本补偿和积累的需要，就会出现生产过剩，第一部类产品的一部分就不能实现；反之就会出现生产不足，使生产资料的需求得不到满足。显然，在这两种情况下，扩大再生产都难以正常进行。马克思扩大再生产公式还指出：第二部类产品的价值必须等于两大部类可变资本补偿价值和追加可变资本价值以及资本家消费的剩余价值。第二部类产品如果大于两大部类原有工人、新增工人和资本家的消费需求，就会出现第二部类产品生产过剩，使得一部分消费资料不能实现；反之，就会出现消费资料生产不足，使消费资料的需求得不到满足。在这两种情况下，扩大再生产同样难以正常进行。

在我国的实际经济工作中，甲类工业和乙类工业（即工业生产领域中的两大部类）的关系，一般是通过轻、重工业的关系反映出来的。我国的工业部门是按照社会分工发展自然形成的部门划分的。按这种方法划分的工业部门，每一个工业部门的企业使用的原料、采用的工艺和产品的经济用途大体相同。在此基础上，再按每个工业部门产品的主要用途分成甲类工业和乙类工业。通常把甲类工业称为重工业，把乙类工业称为轻工业，这样轻、重工业的比例关系就成为我国工业部门结构中反映两大部类关系的基本比例关系。但是应当指出，轻、重工业的划分，只能近似地而不能准确地反映工业部门结构中的两大部类关系。

这是因为，工业部门是由生产同类产品的企业组成的，而轻、重工业的分类又是在这个基础上进行的。然而，实际上每种工业产品的用途往往是既可以用作生产资料，也可以用作消费资料，所以在轻、重工业的分类中，甲、乙类工业是相互交叉的。例如，煤炭既可以用于生产消费，又可以用于个人生活消费，在这种情况下，按现行的轻、重工业分类方法，就只能按其主要用途把煤炭工业部门的整体划归重工业，实际上并不完全是生产资料。同样，在轻工业产品中也有类似情况，如棉纺织品主要用于个人生活消费，因而划归轻工业，但也有相当数量的棉纺织品用于生产消费。这种交叉越大、越复杂，也就会使轻、重工业的分类越难准确地反映工业生产领域里的两大部类关系，也就越难用轻、重工业的比例来说明部门生产联系的实质问题。这是工业部门结构、工业部门分类方法中存在的一个普遍的弊病。但不能因为这种方法不完善、有弊病，就从根本上否定它的意义。作为甲、乙两类工业关系的近似反映，轻、重工业的关系仍然是工业部门结构中的一个基本关系。

（二）采掘工业和加工工业的关系

工业部门结构中的另一个基本关系是采掘工业和加工工业的关系。两大部类之间不仅价值总量要相适应，而且在两大部类之间、两大部类内部还存在复杂的物质交换关系。因为社会总资本的运动"不仅是价值补偿，而且是物质补偿，因而既要受社会产品的价值组成部分相互之间的比例的制约，又要受它们的使用价值，它们的物质形式的制约"。各工业部门之间在物质内容上也要相互衔接。为了从原料供求和加工过程的联系上进一步研究工业部门结构，又需要把整个工业分为采掘工业和加工工业。

采掘工业是直接从自然界取得加工工业所需要的原料和能源的工业。如采矿、采煤、石油开采，等等，它的劳动对象是自然资源。加工工业是对从采掘工业和农业获得的原材料进行加工的工业，它既包括直接对采掘工业产品和农产品进行加工的工业，如金属冶炼业、制糖业，等等，也包括对经过加工工业加工的产品做进一步加工的工业，如机器制造业，等等。总之，加工工业的劳动对象不直接是自然资源，而是人们已经花费过劳动的产品。在工业部门结构中，把采掘工业和加工工业的关系作为一个基本关系，用它来概括地反映采掘工业、原材料工业和制造工业之间前后序的复杂的生产联系是十分必要的。

但是，采掘和加工工业的划分也存在与轻重工业划分类似的问题。工业产品的生产过程是一个不断加工的过程，它的前后序是相对的。矿石的开采和金属的冶炼，直接表现出采掘和加工工业的衔接关系，但冶炼后还要继续加工，要经过轧材、零件的多次加工，最后才能装配成各种机械。显然，这种复杂的前后序加工的衔接关系，很难从采掘和加工工业的产值比例中反映出来。

因此，为了弥补上述种种缺陷，工业部门结构应当同工业生产的序列结构联系起来研究。

三　研究部门结构必须联系研究序列结构

工业产品的生产是一个连续的过程。从人们把自己的劳动作用于自然界开始，到生产出可供生活消费的产品为止，整个生产过程可以分为初期生产阶段、中间生产阶段和最终生产阶段。与此相对应，各个生产阶段的产品分别称为初级产品、中间产品、最终产品。各类产品之间的关系称为序列结构。研究序列结构，就是要使各工业部门之间在物质内容上相互衔接并且尽量提高后序阶段产品的出产率。

初级产品一般指人们的劳动作用于自然资源而获得的产品，

主要是农产品原料和采掘工业产品。进行初级产品生产的目的，是从自然界获取物质实体作为下个阶段生产的劳动对象。

中间产品一般指初级产品经过一次或多次加工，作为劳动手段或劳动对象继续投入生产过程的产品。进行中间产品生产的目的，是经过逐次加工使初级产品不断变成最终产品。

最终产品，是经过采掘劳动或者经过一次或多次加工后获得的、不再参加生产过程的产品，其中主要是生活消费品，也有些是用于行政、国防、出口的产品。

最终产品是社会主义生产目的的体现，进行初级产品、中间产品的生产，归根到底是为了生产最终产品，用来满足人民物质和文化生活的需要。

获得一定数量的最终产品，必须占用和消耗一定数量的初级产品和中间产品。这三类产品之间的关系既反映了两大部类的关系，又反映了产品加工过程中前后序列的衔接关系。最终产品同初级产品、中间产品的比例，体现两大部类的关系；初级产品同中间产品的比例以及各种中间产品之间的比例，反映了工业生产过程中各生产环节的衔接关系。处理好这三类产品的比例关系，生产过程才能衔接好，才能顺利地进行，取得好的经济效果。因此，能够客观地反映这三类产品内在联系的工业部门结构，才是合理的结构，才能保证建立起一个能够发挥经济优势、经济效益高、良性循环的部门结构。实现最终产品率最优化，是这种合理部门结构的重要标志。

一般来说，占用和消耗的初级产品、中间产品越少，生产的最终产品越多，表明社会获得一定数量的最终消费品所需的生产费用越少。从这个意义上讲，最终产品率越高，社会经济效果越好。但是，社会生产是连续进行的。为了保证最终产品持续稳定地增长，社会总产品中必须有一定比例的初级产品、中间产品来保证扩大再生产的需要，因此最终产品率又不能是越高越好。最终产品率过低，说明大量的生产资料不能进入最终生产阶段，造成初级产品、中间产品大量积压；最终产品率过高，又会挤占初期和中间生产阶段的生产资料，不能保证扩大再生产的需要，从而影响以后每年最终产品的生产。因此，寻求并保持一个最优的最终产品率，是工业部门结构问题研究中要解决的重要课题。

四　影响工业部门结构变化的因素

过去有一种传统的看法，认为在扩大再生产中，生产资料优先增长是绝对的，因此，优先发展重工业变成了社会主义建设中不可改变的指导方针，把工业部门结构中重工业的比重不断上升看成是社会主义建设取得成就的基本标志之一。这就很容易产生一种盲目性，把发展重工业当成目的，离开农业、轻工业的需要，离开生产最终消费品满足人民生活的需要这个根本目的去考虑重工业的发展。我国社会主义建设的实践证明，这种认识是不正确的。事实上，工业部门结构并不是只有一种固定的模式，它要随着许多影响因素的变化而变动。为了探求合理的工业部门结构和解决工业部门结构中存在的问题，就需要分析各种影响因素，研究工业部门结构变化的规律性。

（一）技术进步对工业部门结构的影响

技术进步无疑是影响工业部门结构变化的重要因素。但是，应当看到，技术进步对工业部门结构的影响不是单方面的，而是具有相互联系又相互矛盾的两个方面的影响。一方面，科学技术的进步，将使机器设备越来越多地代替手工劳动，这就需要增加生产资料的生产，以使用现代化的设备装备国民经济各个部门；

同时，由于采用先进的设备，它的生产效率高，原材料、能源需要总量也会增加。这些都是需要第一部类优先增长的因素。另一方面，科学技术的进步和机器设备效率的提高，又会使单位产品消耗的固定资产下降；由于技术的进步和工艺的改进，单位产品的原料和能源消耗也会降低。在这种情况下，原材料和能源总量不变，就可以生产出更多的最终消费品，或者在最终消费品总量不变的条件下，原材料、能源工业的发展速度就可以放慢。这些又是使第一部类产品比重下降的因素。

　　每个时期上述两个方面的因素如何相互交错地起作用，是个极为复杂的问题，用简单化的办法对待这么复杂的问题，认为任何时候生产资料都要优先增长，把优先发展重工业绝对化，显然是不对的。一般地讲，在技术不断进步的过程中，资本的有机构成提高是主要的、突出的因素，所以生产资料优先增长成为扩大再生产中的一种发展趋势。然而社会再生产作为一个整体，它的各种因素是相互制约的，必须保持平衡，才能协调发展。马克思说："不变资本的生产，从来不是为了不变资本本身而进行的，而只是因为那些生产个人消费品的生产部门需要更多的不变资本。"列宁也说过："社会产品的第一部类（生产资料的制造）能够而且应当比第二部类（消费品的制造）发展得快。但是决不能因此得出结论说，生产资料的生产可以完全不依赖消费品的生产而发展，也不能说二者毫无联系。……生产消费（生产资料的消费）归根到底总是同个人消费联系着，总是以个人消费为转移的。"现在，我国正处于用机械代替手工劳动的阶段。生产资料要加速发展是肯定无疑的。但是也要看到另外的一面：①我国人口多，劳动力多，资金不足，这就决定了我们要发展适用技术，要使先进技术和一般技术甚至还包括一些落后技术长期共存；②目前我国工业生产的技术经济效果差，能源和原材料单耗高，相当长的一个时期以来工业盲目发展形成的许多生产能力没有很好地发挥作用，这些方面的潜力发挥后，在生产资料生产规模不变的情况下，可以增产更多的最终消费品；③多年来忽视在发展生产的基础上改善人民生活，在生活上的欠账比较多，等等。这些又都是加速消费品生产发展的因素。

技术进步对工业部门结构的影响，也不仅限于对轻、重工业之间比例关系变化的影响，同时对重工业内部各部门之间以及轻工业内部各部门之间的比例关系的变化，也有直接的影响。各个工业部门的技术发展不会是齐头并进的，一个时期总有一些新的技术出现，使某些工业部门发展较快或者产生某些新兴工业部门，引起各部门比例的变化。例如，我国石油工业从无到有的迅速发展，引起能源工业内部结构的变化；化纤工业的发展，引起纺织业内部结构的变化；原子能的利用和宇航工业的发展，带动许多相关工业部门的兴起和发展，等等。这些都表明科学技术的发展对工业部门结构具有非常重要的影响。

（二）经济发展对工业部门结构的影响

除科学技术进步的因素外，经济发展水平也是影响工业部门结构变化的重要因素。在资金利用效率不变的条件下，要加速经济发展，就需要增加生产性积累，这是影响生产资料生产加速发展的因素。经济越发展，人民生活也就应当得到相应的改善，消费水平会提高，这又是要求生活资料生产加速发展的因素。

生产力的发展水平首先决定消费水平，进而决定消费构成。工业部门结构必然随着消费水平和消费结构的变化而相应地变化。例如，随着经济的发展，人民生活消费的总量会增加，在消费中，吃的比重会下降，穿、用的比重会上升，改善居住条件的要求会更加强烈。在吃的当中副食品比重会上升、经过工业加工

的食品比重也会上升，在穿的方面高档衣着比重上升，用的方面
高档、耐用消费品比重上升。这就对工业的发展和工业部门结构
的变化提出了要求。

消费结构的变化直接影响到消费品生产结构的变化，最后归
根到底还是要引起原材料、能源、机器设备等生产资料生产结构
的变化。

（三）　社会的自然的因素对工业部门结构的影响

除技术的、经济的因素之外，许多社会的、自然的因素，也
对工业部门结构的变化有很大的影响。新的资源的发现，会引起
新的采掘工业的发展，进而引起原材料工业和加工工业部门结构
的变化。人口的增加会促使劳动密集产业部门的比重上升。国际
环境的变化、战争危险的增减，都会导致军工产品的比重上升或
者下降，等等。在我国工业特别是加工工业中占很大比重的国防
工业的兴建和发展，就同国际环境以及对形势的分析判断有关。

（四）　非正常因素的影响

上面分析的是一些技术、经济、社会等方面影响工业部门结
构变化的客观因素。这些因素有其自身变化的规律性，工业部门
结构必须充分考虑和适应这些因素的变化进行合理安排。如果对
这些影响因素考虑得不充分，工业部门结构就可能不合理，如果
再加进一些非正常的影响因素，就会促使工业部门结构畸形化。

所谓非正常的因素主要是指那些干扰和模糊工业部门结构合
理标志的影响因素。例如，如下一些因素：

第一，基本建设摊子铺得过大，占用的资金多，投入的人力
物力多，但建设周期长，形不成生产能力，长期不出产品，这就
是属于促使结构畸形化的影响因素。因为部门结构需要从三组经

济指标来分析：①各部门产值比重；②各部门占用资金的比重；③各部门人员比重。在这三组经济指标之间具有内在的联系，投资是改变部门结构使之合理化的重要途径。向某个部门投放资金和人力，为的是增加这个部门的生产能力，改变各部门产值的比重来适应经济发展的客观要求。从投资总量上看，一个时期如果投资多，表现为积累率高，消费会受到限制，在正常情况下，这种高积累会带来经济的高速发展，反过来又会使消费得到改善；从投资结构上看，根据部门结构合理化的要求，一个时期对某个部门投资多一些，形成生产能力后，腾下手来又可以加强别的部门，在正常情况下，各部门交替发展，可以使生产保持平衡，使工业部门结构趋于合理。但是，如果加进了非正常因素，积累率的提高已超过合理的限度，使消费长期不能得到必要的增长；固定资产投资超过了建筑材料和施工力量的实际可能；投资项目太分散，等等，以致基建摊子大、周期长、投资不见实效，这不仅直接表现为投资效果差，而且会使投资结构同部门生产结构脱节，即使原来的投资结构比较合理，也会导致工业部门结构的畸形化。如果原来的投资结构已不合理，后果就更严重了。

第二，流通环节不畅，对工业部门结构的影响也很大。我们主要工业消费品和生产资料的生产，一般是经过商业部门和物资部门与用户见面的。商业和物资部门按计划收购工业企业计划内的产品，不管市场是否需要，凡列入计划的都必须收购。过去由于计划控制过死，计划脱离实际，产品结构同需求结构不相适应，一方面群众需要的东西供不应求，另一方面企业的大量产品又在商业和物资部门积压，这样就使工业部门和生产结构不能适应社会对各种产品的需求结构，使工业部门结构无法正确地反映各个生产部门的客观联系和数量比例，形成许多假象，干扰和模糊了部门结构的合理标志，促使工业部门结构畸形化。

第三，运输是生产过程在流通领域里的继续。交通运输落后，生产出来的产品不能够顺畅地流转到用户手里，大量产品由于运输不畅而沉积起来，这也会使产品的生产同需求脱节，使生产结构不能反映部门间应有的联系和比例，促使工业部门结构畸形化。

总之，工业部门结构是由多种因素决定的。影响工业部门结构的客观因素是不断发展变化的，工业部门结构也不能一成不变，必须随着变化了的情况进行调整，同时，那些非正常的因素也是要不断努力去排除的。因此，调整工业部门结构是经济工作中的经常的任务，要想一劳永逸是不可能的。这样才能在各种影响因素的不断发展、变化中经常保持工业部门结构合理。

五　建立合理的工业部门结构的重要意义

一个国家，只要建立了工业特别是形成了自己的工业体系，就必然有自己的工业部门结构。这种工业部门结构怎样建立，是不是正确体现了客观需要的联系和比例，是不是合国情，对于工业的发展乃至整个国民经济的发展具有非常重要的意义。

第一，工业部门结构正确反映各工业部门间的生产联系，才能使工业生产正常进行。国民经济是一个有机的整体，每一种工业产品都是许多企业或部门共同劳动的成果，每一个工业部门的生产活动都离不开其他部门的配合，各个工业部门之间存在着客观的生产联系和数量比例。工业部门结构首先要正确地反映这些客观存在着的、复杂的部门联系和比例关系。这是工业生产正常进行的必不可少的条件，只有正确反映了这种联系，工业经济才能协调发展，否则就会比例失调，使生产遭到破坏。

第二，工业部门结构适合国情，才能发挥经济优势，取得最佳经济效果。各工业部门保持一定的比例，是工业生产正常进行的前提条件。但是，只具有这样的条件，并不一定能获得最好的经济效果。这是因为，各部门的比例并不是绝对的，工业部门结构并非只有一种模式。工业部门结构的最佳方案，不仅是一般地保证再生产过程的正常循环，而且要适合国情，扬长避短，发挥优势，实现良性循环。这样，才能取得最佳经济效果。我们知道，各工业部门由于生产特点不同，它们的资金占用率有高有低，能源消耗率有高有低，劳动密集程度也各不相同。这些不同特点的产业怎样组合，建立怎样的结构才更合理，需要从国情出发进行选择。例如，我国人口多，劳动力多，资金不足，能源不足，底子薄，更多地发挥劳动密集型产业和需要投资少，消耗能源少的产业就可以扬长避短，发挥优势；如果不考虑这些基本国情，不适当地把国民经济搞成重工业片面发展，耗用的投资和能源过多，就会不利于国民经济的发展，妨碍经济效果的改善。1958年以来，我们工业经济效果显著下降，就同工业部门结构不合理有很大的关系。1958年以来，我国工业生产的增长速度是很高的。1957—1980年我国全民所有制独立核算企业的总产值平均每年递增9.5%，较工业发达国家还要高（美国4.1%，苏联7.8%，联邦德国4.7%，法国4.6%，英国2.3%），但每百元固定资产净值和定额流动资金实现的利润和税金，却从1957年的34.7元降为24.8元。经济效果下降得这么严重，工业部门结构不合理是一个重要的原因。1980年轻工业每百元资金实现的利润和税金比重工业高2.1倍，但在工业固定资产原值中，轻工业所占比重从1957年的24.2%降为1980年的15.5%，由于在工业部门结构中轻、重工业比重的变化，1980年比1957年减少利税收入达70亿元之多。这就可以很清楚地看出部门结构对经济效果的影响，说明合理的工业部门结构是取得最佳经济效果的保证。

第三，工业部门结构合理，才能改善企业的经济效果并且使企业的经济效果在整个社会的经济效果中得到体现。社会主义企业是国民经济的基层生产经济单位，提高企业的经济效果是改善国民经济效果的基础和保证，只有每个企业都能精打细算，充分有效地利用人力、物力和资金，才能使整个国民经济效果不断提高。但是，每个企业又不是孤立的，个别企业的经济效果离不开整个国民经济的状况。如果工业部门结构不合理，各部门的比例不协调，企业所必需的外部条件就得不到满足，例如，能源工业落后，原材料工业不能适应生产发展的需要，等等，都会造成停工损失使企业的经济效果下降。另一方面，在工业部门结构不合理的情况下，从单个企业来考察，即使劳动生产率比较高，成本比较低，各项技术经济指标都比较好，但是，如果各部门比例失调，企业的产品就可能既不是再生产过程中所需要的，也不是消费市场所需要的，在现行体制下，这些产品尽管可以卖得出去，但最后都成为物资部门和商业部门的库存积压，那么，在这种情况下企业的经济效果就不能真正使人民得到实惠，在社会经济效果中并不能得到体现，而且还会体现为相反的效果。所以说，社会经济效果并不是企业经济效果的简单相加，只有工业部门结构合理，才能使企业经济效果同社会经济效果真正一致起来，使企业经济效果真正成为改善国民经济效果的保证。

第四，工业部门结构合理，才能提高最终产品率，更好地满足人民物质文化生活的需要。我们进行物质生产活动，要从最初的初级产品开始，经过一次次的加工，最后加工成可以吃、穿、用、住的最终产品流转给消费者为止，才是完成了整个生产经济活动，才能达到我们进行物质生产活动的目的。在这个过程中，要占用和消耗大量的初级产品、中间产品，最后才能形成一定数量的最终消费品。因此，这里就有一个从总体上考察的经济效果问题。这就是：社会获得一定数量的可以满足人民吃、穿、用、住需要的最终消费品，需要付出多少总的劳动量。两者应当有一定的适度的比例。付出的劳动越少，获得的成果越多，经济效果也就越好。而这种总体上的经济效果，并不仅仅取决于企业的生产情况，更主要的是取决于部门结构是否合理。如果投入重工业生产建设的劳动量过多，而又主要是为基本建设服务或为自身服务，最终消费品出产也就比较少，最终的经济效果就会比较差；如果整个产品的生产过程经常中断，没有一个合理的部门结构来保证初级产品、中间产品顺利成为能使人民生活得到实惠的最终产品，中间产品多，大量产品在中间阶段停滞和相互抵消了，最终消费品出产得也会比较少。如果这样，人们的生活就不可能得到相应的改善。

所有这些都说明，工业部门结构，是影响工业经济发展的全局性的问题，往往由于一种产业政策考虑不周，就会造成一种不合理的部门结构，而部门结构不合理，就会出现很多不利的情况：或者是比例失调，生产遭受破坏；或者是相互抵消力量，造成浪费，使生产发展迟缓；或者是生产虽有所增长，但优势不能发挥，人民生活得不到改善，得不到实惠。只有部门结构合理，才能使国民经济各部门协调发展，实现良性循环，从而使各个企业的作用真正发挥出来，取得更好的经济效果，使人民得到实惠。

六　我国工业部门结构的变化和存在的主要问题

新中国成立前，我国经济发展缓慢，部门结构是畸形的。1949 年全国解放时，钢的年产量只有 15.8 万吨，能源生产总量只有 2.374 万吨标准燃料，汽车、拖拉机、缝纫机、手表等工业完全是空白，机械工业基本上是修修配配，每年只能生产简单的金属切削机床 1600 台。新中国成立后，经过 30 多年的努力，我国工业有了比较大的发展，许多重要工业产品产量，已经跃居世界的前几位，1982 年工业总产值达到 5500 多亿元，按可比价格计算，比 1949 年增长 50 多倍，各主要工业部门普遍地得到了迅速发展，工业总产值在工农业总产值中的比重从解放初期的 30% 发展到 70%，工业部门结构也在工业迅速发展中发生了根本变化。从无到有、从小到大，发展了我国自己的冶金工业、能源工业、机械工业、化学工业、建材工业、森林工业和轻纺工业，许多新兴工业部门相继出现，建立了门类比较齐全的、具有一定技术水平的、独立完整的工业体系。

我国工业部门结构中重工业的比重不断增加。1980 年重工业产值在工业总产值中的比重从 1949 年的 26.4% 提高到了 52.9%。在重工业中，制造工业得到了比较快的发展，特别是其中的机械工业发展更快，已从新中国成立前只能进行修理和简单装配，发展到能够制造工作母机、机车、船舶、汽车、大型成套发电设备、矿山和冶炼设备、化工设备、农业机械和军事装备等门类比较齐全、具有极大规模和相当水平的机械工业体系。这就使采掘工业、原料工业和制造工业的比重发生了变化，制造工业的比重从 1952 年的 41.9% 上升为 1980 年的 50.9%，其中机械工业的比重从 1952 年的 11.4%，上升为 1980 年的 25.5%，为国民经济提供技术装备的加工制造能力大大加强了。同时，与支援农业有关的工业部门得到了迅速发展。从第一个五年计划时期到 1980 年化肥、农药每年平均增长 26.2%，农业机械每年平均增长 20.4%，目前这两个部门的产值在工业总产值中虽然占的比重仍然比较低，但就发展速度来说，则是所有工业部门中最高的。

我国能源工业有了很大发展。1980 年我国煤炭、石油、天然气、水电等一些能源的产量为 6.2 亿吨标准燃料，已居世界第 4 位。与 1949 年比，原煤增长 18 倍，原油增长 865 倍，发电量增长 68 倍。能源的生产构成也发生了较大变化，1980 年与 1952 年相比，石油、天然气的比重从 1.3% 上升到 26.9%，水电比重从 1.9% 上升到 3.8%。特别是石油工业有了较快的发展。新中国成立前我国石油工业几乎等于零，新中国成立后在社会主义建设中也曾受到贫油的困扰。60 年代开发了大庆油田，以后又相继发现了一些新的油田，使石油工业以平均每年递增 20%（1953—1980）的速度迅速发展，终于改变了石油工业落后的面貌，现在每年出口石油达 1700 多万吨，成为主要换汇物资。

在轻工业中以工业品为原料的比重上升，以农产品为原料的比重下降。1980 年与 1952 年比，以工业品为原料的比重从 12.5% 上升到 31.5%，以农产品为原料的比重从 87.5% 下降到 68.5%。各工业部门的产品结构也有了比较大的改变。特别是最近几年，重工业面向消费市场，增产耐用消费品，轻工业更是加倍努力适应市场的需要，产品的花色品种大量增加。

30 年来工业的发展和工业部门结构的变化表明，我国已经从一个现代工业很少的、落后的农业国变成了一个现代化工业达到一定规模的、社会主义的工业国。但是，由于中间出现了曲折，现在还不能说我国工业部门结构已经很合理了，相反，这方面的问题还相当多。

目前，我国工业部门结构存在的主要问题是什么呢？

我国工业部门结构目前存在的问题比较多，这里主要就部门结构中的两个基本关系方面做一点综合的概述。

第一，轻、重工业比例不协调。新中国成立以后，我国的工业建设采取优先发展重工业的方针，1952—1980 年，国家用于重工业的投资总额为 37.42 亿元，占全部基本建设投资的 53.3%，重工业产值 1980 年比 1949 年增长了 99 倍。而同期轻工业投资只有 394.3 亿元，占全部基本建设投资的 5.6%，只相当于同期重工业投资的 20% 多一些。一般来说，一个时期侧重发展某些工业部门，是完全必要的，平均使用力量并不能更好地促进工业的发展。但是，这样做的目的是为了更有效地带动整个工业和整个国民经济发展。在我国工业化的初期，侧重发展重工业是正确的，否则就不可能在较短时期内建立我国工业化的基础，促进整个工业的发展，并从根本上改变旧中国工业十分畸形的部门结构。对这一点，无论过去还是现在都应肯定。但是也应当看到，多年来我国重工业的发展没有始终自觉同社会主义生产目的紧密联系起来，没有认真注意从满足人民生活需要增产最终消费品出发，从农、轻、重协调发展的需要出发去进行工业建设。长期以来，重工业主要为大的建设项目服务，为自身服务，为生产消费品服务的比重过小。整个工业的发展，在很大程度上可以说是由重工业的基本建设的需要带动起来的。诚然，制造生产资料也是需要生产资料的，因而重工业必须有相当大的一部分用于自我循环，这是肯定的。但像我们过去搞得那样多，就超过了合理的限度，使重工业的服务方向偏离了正轨。重工业的服务方向不对头，是表明我国轻重工业不协调的一个最突出的问题。

由于重工业占用资金、材料、能源过多，使轻工业发展落后于社会需要。1980 年轻工业产值比 1949 年只增长 25 倍，远远低于重工业增长的速度。轻工业产值在工业总产值中的比重 1949 年为 73.6%，1980 年降为 47.2%。轻工业中的重要部门食品工业，1952 年产值占工业总产值的 24.1%，而 1980 年降到了 11.4%，纺织工业 1952 年产值占工业总产值的 27.5%，而 1980 年降到了 14.7%，结果轻工业产品的总量少，花色品种少，市场供应紧张，远远不能满足人民生活的需要，成为工业部门结构不合理的突出标志。

由于突出了重工业，不但挤了轻工业，而且挤了农业，我国的农业发展缓慢，生产不稳定，反过来又使工业的部门结构常常受到农业生产起伏的影响。农业是发展国民经济的基础，农业的状况对工业的发展影响很大，这种影响，不仅表现为对工业生产水平的影响，而且也引起工业部门结构，特别表现为轻、重工业结构的变化。我国轻工业以农产品为原料的部分在新中国成立初期占将近90%，近年来以工业品为原料的比重上升，但由于轻工业投资少，重工业投资中为轻工业生产服务的比重小，所以至今以农产品为原料的部分仍将近占70%，在这种情况下，农业生产的变化，对工业部门结构的影响就非常直接。例如，1959年我国农业生产下降13.6%，次年轻工业就下降10%，经过几年恢复，农业在1963年比上年增长11.6%，1964年又比1963年增长13.5%，结果轻工业在1964年增长17.8%，1965年又增长47.7%。这就使轻、重工业比重发生了比较大的波动。轻工业占的比重新中国成立初期为73.6%，1960年降到33.4%，成为新中国成立以后轻工业比重最低的一年，而1965年又上升到51.6%，成为第二个五年计划以来最高的一年，轻重工业结构的不稳定，必然造成轻工业内部和重工业内部结构的波动。这种由于农业生产波动引起的工业部门结构的变化，当然很难同人民消费需求结构的变化及生产建设需求结构的变化相适应。这样的不相适应，正是工业部门结构不合理的一个重要表现。

第二，采掘工业和加工工业比例不协调。同加工工业相比，采掘工业需要的投资多，建设周期长，发挥效益慢，建设起来比较困难。30年来，采掘工业产值占重工业产值的比重下降很多，

1952 年占 15.3%，1970 年降到 8.5%，近几年有些回升，但 1980 年也只达到 11.3%，仍较 1952 年低 4 个百分点。相对地说，我国工业加工能力过剩而能源原材料供应不足，使工业生产能力不能充分发挥，限制了工业经济的全面发展。目前采掘工业落后，是我国工业部门结构中存在的突出问题。

采掘工业落后最突出的表现是，能源工业不能适应国民经济的需要，能源供应紧张，造成大批生产能力开工不足，已成为当前经济中的薄弱环节；其次是冶金工业、化学工业、建筑材料工业的矿山开采能力不足，矿石供不应求，加工能力过剩，既表现为直接对初级产品加工的能力相对过剩，也表现为加工工业内部后序加工能力对前序加工能力的过剩。以加工工业的主要生产手段金属切削机床为例，我国 1980 年机床的社会拥有量为 283.3 万台，而利用率只达 50% 左右，这里既有由于经济调整某些机械工业企业开工不足的问题，也有金属材料供应短缺的问题，两者都表明加工工业能力相对过剩。我国成品钢材产量只有 2716 万吨，每台机床拥有成品钢材量只有 9.6 吨，与国外比较相差很多。每台机床拥有的成品钢材比较高的如日本，约为 100 吨左右，比较低的苏联约为 20 多吨，中等的如美国约为 40 多吨。当然，这里边包含着很多复杂的因素，也有些不可比因素，但从我国每台金属切削机床拥有成品材量过低，至少可以看出我国机床落后，生产效率低，同时也可以说明加工能力过大，原材料工业落后，工业部门结构不协调。

上述我国工业部门结构中存在的两个方面的问题，集中到一点就是两头小、中间大，即在初级产品、中间产品、最终产品的关系上，初级产品和中间产品比重过大，最终产品率低；在初级产品和中间产品的关系上，中间产品比重过大，初级产品不足。所以，党的十一届三中全会以来，我国工业部门结构调整的主要方向，是努力加速初级产品的发展，减少初级产品、中间产品生产阶段的积压浪费，促进最终产品率迅速提高。

党的十一届三中全会以来，我们贯彻执行调整方针，取得了显著的成效。几年来，在工业建设上，我们把消费品工业放到了重要位置，大力发展适销对路的轻纺工业产品的生产，重工业调整了服务方向，能源和原材料工业得到了重点加强，轻、重工业以及采掘和加工工业比例严重失调的局面得到了扭转。总之，十一届三中全会以来，经过全国人民的共同努力，国民经济重大比例严重失调的问题，已经基本解决，国民经济走上了协调发展的健康轨道。

七　工业部门结构合理的标志与途径

前面已经讲过，工业部门结构并不是只有一种固定的模式，不是只有一种固定的比例。因此，很难说哪一种数量比例就一定是合理的，哪一种数量比例就一定是不合理的。必须从实际出发，进行多种因素的分析、比较，才能判定怎样的比例才是合理的。但是，这并不是说合理的工业部门结构是捉摸不定的，它有一些基本的标志，这些基本标志是：①适合国情，能够充分发挥本国人力、物力、财力和自然资源的优势；②能够促进技术进步，不断提高劳动生产率；③各部门生产衔接，比例协调，经济效果好；④能够充分利用国际经济联系。

一般来说，符合上述这些要求的工业部门结构，就可以认为是基本合理的。怎样才能够从不合理的工业部门结构过渡到合理的工业部门结构，实现工业部门结构的合理化呢？

从根本上说，有两个方面的途径需要特别重视：第一，正确选择发展重点，合理确定投资方向和投资比例，有效地利用有限的建设资金，使工业部门结构向合理的方向转变。第二，合理组织和调整使用现有生产能力和生产物资等物质技术条件，促进工业部门结构合理化。

靠合理分配使用新的投资来改变工业部门结构，虽是根本性的有效措施，但受国家财力限制，需要较长时间才能见效。我国工业生产能力已有相当大的规模，每年可以生产大量的物质产品，合理组织和调整使用这些生产资料，就能影响产业结构，使工业部门结构趋于合理。合理调整使用现有生产能力和生产物资的出发点，应当是改善生产资料拥有量和消费品生产总量的比例关系，提高最终产品率，使我国现有的物质技术条件能够得到充分的利用，生产出更多的消费品，更好地满足人民物质文化生活的需要。

八 正确处理新兴工业和传统工业的关系

随着科学的发展、新技术的开发，新兴工业必然会迅速发展。如何正确处理新兴工业和传统工业的关系，是工业部门结构中具有战略意义的重要问题。

（一） 什么是新兴工业

新兴工业是相对传统工业来说的。由于科学技术是不断发展的，每个历史时期都会有新的科研成果和新的技术出现，因此，每个时期的新兴工业和传统工业的内容也是不断发展变化的。钢铁工业在 18 世纪末，汽车工业在 19 世纪末 20 世纪初，曾经是新兴工业，而现在则变成了传统工业。

现阶段我们所说的新兴工业，是指第二次世界大战以后由于科学技术的发展而形成的新的产业。这些新技术、新产业，不是单项技术、单一产业，而是一种技术群、产业群。目前国内外对这些技术群、产业群的看法不尽相同，有的看得广一些、有的看得窄一些。比较公认的、带有普遍意义的有：微电子技术、生物工程、新型材料。有人把它们看做是当代新技术革命的主要标志。除此之外，还有一些比较重要的，如光纤通信、新能源、航天技术、海洋工程，等等。这些都应看成是当代的新兴技术，同它们的应用相联系形成的产业，就是当代的新兴产业。

为了加速我国社会主义现代化建设，我们必须高度重视新兴技术和新兴工业的发展。但也应当看到，新兴工业又是在传统工业的基础上形成和发展起来的，因此，也决不能忽视传统工业对发展新兴工业的基础作用。那种认为传统工业已是"夕阳"工业，不应再去大力发展，我们要实现四化就必须"全面赶超"，全面发展新兴工业的观点；或者认为我国技术经济落后，传统工业还不够发达，目前不具备发展新兴工业的条件的观点，都是不能同意的。事实上，工业落后的国家并不是必须跟在别人后边，走完发展传统工业的路，然后才能发展新兴工业。因为新兴工业的发展不仅是受传统工业的影响，而且也受科学技术水平的影响。工业落后的国家，可以利用工业先进国家科学技术的成果，从本国实际出发，使某些新兴工业快一点发展起来，并且利用新兴技术、新兴工业来改造传统工业。

因此，我们的正确的对策应当是：第一，从经济的发展来看，在相当长的时期里，传统产业仍然是我国国民经济的主体。但是，必须有重点地发展新兴产业，争取在本世纪内使新兴产业在国民经济中的比重有较大幅度的提高。第二，从技术的发展来看，到本世纪末，从总体上说，要力争达到经济发达国家 70 年代末、80 年代初的先进技术水平。但不同领域又不能"一刀切"，有些方面，特别是某些新兴技术领域，应当争取达到更为先进的甚至当时的世界先进水平，有些方面还可能达不到 70 年代末、80 年代初的水平，有些方面则应当根据我国自己的特点，开发独创的技术。

（二）我们有条件建立和发展自己的新兴工业

只有积极发展新兴工业，才能实现工业部门结构的现代化，提高新兴工业产值在工业总产值中的比重。我们能不能迅速建立和发展起我们的新兴工业呢？可以肯定地说，是能够的。

第一，各个国家之间的技术经济发展总是不平衡的，先进未必总是先进，落后也未必总是落后；先进变落后，落后变先进，后来者居上，古今中外都有。这可以说是事物发展的一般规律。英国在 18 世纪的产业革命中处于领先地位，但在以后的发展中，美国超过英国。近些年来，日本又在某些方面超过了美国。我国目前虽然还比较落后，但在新技术革命形势下，如果实行了恰当的经济发展战略和产业政策，抓住时机并且利用得好，就可以加快我们的发展，较快地赶上和超过发达国家的水平。

第二，我国已经基本上建立了比较完整的工业体系，科学教育事业有了很大的发展，拥有一支相当数量的、具有一定水平的科技队伍。这些都是建立和发展新兴工业的基础和保证。

第三，我国实行了对外开放政策，为引进技术、利用外资创造了良好的条件。过去帝国主义封锁我们，没有条件用国外的技术。现在国际条件变化了，我们可以利用工业发达国家经济结构的调整，利用各国之间激烈的竞争，发展技术和经济贸易，获取我们需要的技术。

第四，无论新兴工业或是传统工业，要迅速发展都必须有广阔的市场。同工业发达国家相比，我们有很大的优势，新兴工业有广阔的发展领域。改造传统工业的需要、改善人民生活的需要，都成为发展新兴工业的促进因素。

第五，我国的经济制度能够保证集中力量干几件大事。我国的经济实力从人均水平看是比较弱的，但从总量来分析，实力是比较强的。我们实行计划经济，能够统一使用力量，这对建立和发展新兴工业是一个不可忽视的有利条件。

（三）　怎样建立和发展新兴技术和新兴工业

1. 要采取"有限目标，突出重点"的方针。当代世界技术革命中出现的不是一两项新技术，而是一群新技术、新企业。我们绝不能齐头并进，必须从我国技术、经济和资金的条件出发选好重点。特别应当吸取过去盲目追求"全面赶超"、"自成体系"的教训，真正做到有所为、有所不为，集中力量支持重点。

突出什么重点呢？

首先，信息技术是当代新兴技术中应用最广泛、效益最显著的领域，应当把它作为发展的重点。为此：第一，要尽快形成健全发展的集成电路产业。集成电路是信息技术的基础，它的技术变化快，设备、工艺更新期短，因此，需要集中研究和开发力量；需要有一支技术进步活力很强的支撑工业；需要不断追加大量的投资。正因为这样，要求得集成电路产业的健全发展，必须把它作为重点来支持。第二，要发展电子计算机的应用，建立软件产业。软件应当作为独立的产业加以扶持。要同技术专利一样，实行保护软件版权的政策。第三，要研究和生产电子计算机。不能光靠进口，要生产自己的电子计算机来满足各个方面的需要。这就需要充分发挥现有计算机工厂的潜力，使微机的性能、质量逐年提高，向各部门提供廉价、可靠、使用方便的产品，为计算机的广泛应用创造条件。第四，要加快现代化通信网的建设。在短期内，电缆传输、模拟通信系统还不可能完全被代替，但也要及早准备发展光缆传输、数字通信系统以及卫星通信系统。第五，抓紧发展信息材料和节能材料。信息材料的开发和生产必须先行，才能保证发展信息技术和信息产业的需要。

其次，在发展信息技术的同时，还要大力发展航天技术、核技术和海洋工程。航天技术在国民经济中的应用有广泛的前景。很多领域，如卫星地面站、计算机终端、广播电视、资源考察、气象预报、大地测量、地图绘制、导航定位等等，都可以直接受益于航天技术。由数据网络和卫星组织的信息系统，是现代通信的基础结构。因此，现阶段要重点发展通信卫星、广播卫星，相应地发展国土普查的资源卫星、气象卫星。

开发利用核能，是改善我国能源结构，特别是解决华东、广东、辽宁等地区能源紧缺问题的最现实有效的途径。

海洋工程也有广阔的前景。近期内海洋开发应以大陆架潜水工程、海洋环境服务工程、海水综合利用工程、、海洋采油气等的开发为重点。

此外，生物技术也要加强基础研究，有选择地进行技术开发。

2. 要为传统工业服务，以传统工业为市场。发展新兴工业不但要以传统工业为基础，而且要促进传统产业的发展。我们应当从实际出发，积极利用世界新技术革命的成果，加速传统工业的技术进步。

第一，要尽快推广微电子技术和微型电子计算机，发展机械—电子一体化产品。优先采用微电子技术改造旧设备，对有改造价值的机床，通过数字显示、数字控制和提高精度等措施，形成新的生产能力。迅速开发市场容量大，投资效益高的机械电子结合的耐用消费品、家用电器产品，丰富人民生活，活跃市场，增加积累。

第二，要积极采用高技术成果，革新传统工艺，推广新型材料的运用，促进产品的更新换代。各工业部门应当从本行业、本企业的实际需要出发，充分利用信息技术、新材料技术、生物技术等方面的科技成果，推动传统工艺的革新，逐步把我国工业转移到新的科技基础上来。

第三，要在生产过程控制、工程设计、企业管理方面，有步骤地应用电子计算机。这样做，既可以改造传统工业，提高企业的技术水平，又可以为新兴工业开辟市场，促进新兴工业发展。

（原载《经济工作者学习资料》1986 年第 13 期）

抓消费　促生产

在当前经济结构调整中，很多企业开工不足，产品滞销。如何采取行之有效的措施，促进经济的发展？目前企业生产面临很多困难，结构调整、经济发展的突出矛盾和关键环节在哪里？现在就这个问题谈一些看法。

关于如何解决企业生产面临的困难，像过去那种"抓革命、促生产"的不务实的口号不见了，但"就生产论生产"的倾向却还到处可见。大家都在讲调整生产结构、找新的增长点，但找来找去找不准。有人说，银行不要惜贷、企业不要怕贷，关键是要有好项目，找到好项目，就不怕加大投入。话虽不错，但怎样才能找到好项目呢？大家都感到茫然。

一　那么问题的症结在哪儿呢？

依我看，症结不在生产而在消费。因此，就生产论生产是不行的，而应当"抓消费，促生产"。在社会再生产过程中，生产和消费相互依存、互为前提。没有生产就没有消费，同样，没有消费也就没有生产。生产是为了满足需要，生产结构应该是跟着需求结构走的。现在的问题是消费不振，没有形成正常、合理的需求结构，于是生产结构的调整也就失去了明确的目标，这就很容易出现盲目性。在吃、穿、用、住最终消费品全面过剩积压的环境下，让谁去找好项目谁都会感到茫然。所以，我觉得应当设法尽快把消费振兴起来，消费正常了，市场上才能"水落石出"，什么项目好才能看清。

二 关于最终消费品全面过剩积压,是不是绝对过剩?

我认为，有些是，有些不是。最明显的是住房，实际上极为短缺。这怎么是绝对过剩呢？其他商品也是一样，要在市场正常运作的情况下，才能看出是不是真的过剩。现在积压的产品并非都是劣质产品，其中绝大多数是好的，有些甚至还是优质名牌产品。这种状况同改革初期那次调整，存在着重大的区别。上次的比例失调最大的特点是中间产品过剩积压，可供吃穿用住的最终产品率低，人们付出的大量劳动都沉淀在社会生产的中间环节。所以上次调整难度比较大，必须从头往下理，把中间环节的梗阻理顺，最后形成最终产品，才能给人民以实惠。而这次的失调则更多地表现为最终产品的过剩积压，现在从南到北，到处生活用品琳琅满目、堆积如山，但另一方面却又有许多人生活得不到改善。市场上表现出来的不是消费品短缺，而是无人购买，致使生产企业开工不足。显然，这样的失衡，调整起来比上次难度要小许多。我觉得，现在的当务之急是把这些已经创造出来的最终产品分到需要者手中，使物尽其用。这正是社会主义生产目的所要求的。这样，既可以使人民得到实惠，又可以带动企业的生产，减少停工、停产和防止下岗人员进一步增加，有助于进入良性循环。当然，这种分配只能是通过市场，因此急需启动消费品市场。这也就是我在前面所说的，当前特别需要强调"抓消费，促生产"。

三 消费不振的原因何在，现在应当怎样抓消费才能促生产呢？

首先，这和人们的消费心理、消费习惯有关，特别是目前许多人感到今后收入和增支的预期不确定因素较多，抑制消费、增加储蓄的倾向日益增加。

其次，和一部分居民支付能力不足有关。如果居民有支付能力的需求严重不足，最终消费品就会大量积压，进而又会扩大停产、半停产的程度，甚至使下岗人数进一步增加，这又会使居民支付能力进一步下降，不利于实现经济的良性循环。

因此，我们应该把握住最终消费品相对充裕的有利时机，大胆地加大资金定向投入，使市场启动并受到一定程度的冲击，从而带动企业的生产。这样做，不是用行政办法决定对哪些企业的生产进行支持，而是通过市场，通过消费者的选择来带动企业的生产，这无疑会有助于用正常的消费结构来带动合理的生产结构，从而促进企业和产品结构的调整。

我所说的资金定向投入，一是指投向公共设施，这可以带动生产消费和个人消费。生产消费被带动之后，最终还要落实到个人消费，这样市场才能繁荣。据说公共设施投资有40％可以进入个人消费领域，但这只是理论上的推算，实际上有相当大的比重转为储蓄，真正转为个人消费的部分远不如预期的那样高。尽管如此，这也不失为一种促进消费的可行的办法。二是指向低收入者倾斜，更直接地投向消费。去年，我曾发表文章建议拿出数百亿甚至上千亿元资金来启动市场（见《向低收入者倾斜加大资金投入》一文），例如，可以加强城市最低生活保障工作，可以给建立养老保险和医疗保险基金以资金支持，还可以给住房困难户购房以资金支持，等等。这样的投入会带来较高的向个人消费的转化率，而且有助于加速社会保障体系的建立，实际上这些已经在做。

总之，对于那些看不准的生产建设项目，财政和银行资金的使用仍应谨慎，与其建成投产后造成新的积压，不如直接投向消费以启动市场。在我们集中力量抓增长速度的时候，千万不要忘记效益，千万不要忘记社会主义生产目的。我们在这方面的历史教训实在太多了！

据我观察，我国市场情况极为特殊，由于存在着我前面所说的种种预期的不确定性，即使资金投到了低收入者手中，他们也照样不去消费，这又怎么办呢？在国外有没有这方面的经验可供我们借鉴？

这是很难办的事情。在国外，抑制或刺激消费常常通过利率、税收或信贷政策来实现，有时作用很明显。以日本为例，1997年4月，政府把消费税由3%提高到5%，仅几个月时间对消费的影响作用就显露出来，11月份，居民家庭平均消费支出比上年同期下降2.1%，到今年1月，更比上年同期猛降4%。日本政府见势不妙，为了克服经济滑坡，又提出退税和减税对策。

我国没有开征消费税，无法使用类似的税收政策进行调节，但通过调整利率来影响消费的措施我们已在采用。现在，各地都在研究和采用促进消费的各种措施，有些措施有效，也有些无效甚至起到相反的效果。比如，现在许多地方用降价来促销，实际上是亏本倾销，这是极不可取的办法。消费者的心理是买涨不买落。越这么干，市场越疲软。

"谷贱伤农"的道理广为人知，但"衣贱伤工"的道理却很少有人去想。许多城市个体商贩甚至是无证商贩包围着大商场，廉价兜售各种商品，使大商场难以维持。有些地方乱批发市场风，建立批发市场搞零售，实际上是压价倾销的不正当竞争行为。搞市场经济，商业的批零差价是不能没有的。

各国都有批发市场，但明确规定只对小商小贩搞批发，不直接对个人搞零售。我认为，对批发市场的运作和价格管理是急需加强的。如果压价倾销的不正当竞争行为不加制止，对经济发展和结构调整都是十分不利的。这种做法不但不能促进消费，相反，压价的结果还会加大生产企业的亏损、停产甚至倒闭，下岗人数会日益增加，居民有支付能力的需求又会进一步下降，市场会更加疲软，陷入恶性循环。

总之，目前消费品的积压并不都是绝对过剩，也不完全是产品结构问题，而在很大程度上是有支付能力的需求不足的结果。即使是产品结构方面的问题，也不能在静止中调整，而只有在市场正常运作、生产不断循环的过程中，才能得到合理的调整。因此，必须扩大有支付能力的需求，以启动市场。

至于居民储蓄倾向过重，有了支付能力也不消费的问题，还需要研究探寻切实可行的引导办法。我想，在一定的范围内采用购物证的办法来促进消费，也不是不可考虑的。例如，城市最低生活保障金的发放，就可以只发购物证而不发货币。因为最低生活保障标准的确定，就是只考虑维持最低生活的需求而不能考虑增加个人储蓄的需要，完全有理由从这里入手"发票证，促消费"。

四　对加大资金投入的力度，会不会有可能带动物价上涨呢？

通货膨胀是不得人心的，应当极力避免，掌握得好也是能够避免的。但有两种不同的通货膨胀，应加以区分。一种是商品短缺，盲目加大资金投入，乱上项目，搞重复建设，使居民普遍受损的通货膨胀。另一种是商品比较充裕，资金投入有重点地向低收入者倾斜，使低收入者得大于失的通货膨胀。后一种由于有较充实的物质后盾，掌握得好一般不会形成过度的通货膨胀，而且对绝大多数低收入者来说，增收幅度大于物价上涨幅度，是受益者；对高收入者和较多存款者，会造成利率损失，但不会使他们的现实生活恶化，应该说是可以承受和应该承受的；问题是，总有一批处于高、低收入结合部的群体，会受较大损失。从长远看、从大局看，使企业渡过难关进入良性循环，最终还是普遍受益。只要加大宣传力度，把利害关系讲透，人民群众还是可以承受的。总之，我们需要的是购销两旺条件下的物价稳定，这是生产不断发展、人民生活不断改善、经济发展实现良性循环的标志。

（原载《厂长经理日报》1998 年 8 月 24 日）

"抓消费，促生产"，营造发展首都经济的良好社会经济环境*

　　发展首都经济，目前也不得不面对经济增长速度回落、效益下滑、亏损增加、结构矛盾突出等"当务之急"的问题。现在，大家都在研究这些问题，寻求解决的办法。通常的思路是"调整生产结构，寻找新的经济增长点"，但新的经济增长点很难找，结构调整也就难见实效。我认为，应该换个思路来考虑问题。我觉得，问题的症结不在生产环节上，而在消费环节，所以应当改调整生产为调整消费，即"抓消费，促生产"。

　　目前，结构性矛盾表现在满足人们吃穿用的最终消费品大量积压，商场竞相削价，企业收入锐减、经营亏损、发不出工资，职工下岗人数增加。而下岗人数越多，职工收入越少，商店里的东西就越卖不出去，企业收入就越低，这就形成了一个恶性循环。显然，在这个恶性循环的怪圈里，有支付能力的需求即有效需求不足，是关键的一环。

　　如果能增加有效需求，我们就有希望摆脱目前的困境。我的

————————

* 在"发展首都经济对策研讨会"上的发言要点。

想法是，改变过去将资金投到生产项目上、以生产带动消费的做法，采用向低收入者倾斜的办法，将资金直接投入消费领域，把它变成直接的购买力。这里的意思是说，财政与金融向消费倾斜，例如，贷款给房地产业，不必先贷给建筑部门，盖出房子来再低价出售，刺激消费（因为，一方面房子已经积压卖不动；另一方面据说只能有 10% 的投资可转化为消费基金，转化比例太低，解决不了产品积压的问题）；而是直接贷款给低收入者买房，直接作为消费基金，变成现实的购买力。这样做，贷款百分之百地转化成了购买力，积压产品有了销路，就可带动企业利润增加、生产上升、就业稳定，从而营造一个稳定的社会经济发展环境。毕竟，在商品积压、下岗职工越来越多、社会矛盾日益突出的情况下，很难建设国际一流的大都市，很难发展以高新技术为基础的首都经济。

（原载《经济与管理研究》1998 年第 4 期）

从经济发展战略上通盘考虑住宅问题[*]

  住宅制度的改革要大动干戈，仅仅研究卖点房、调点租很难行得通。目前，国家正在研究和制定整个国民经济发展战略方针，如果把住宅生产和分配问题在研究这个战略方针的过程中考虑进去，通盘去研究，提出战略性的措施，那才能够促进住宅问题彻底的解决。

  在产业政策和产业结构上，要把住宅建设放在应有的突出位置。因为住宅建筑业是一个很重要的经济发展支柱，是一个大的物质生产部门，实际上，我们这么多的队伍在创造财富，可是我们却把它作为一种负担，其原因就是没有商品化，资金投下去收不回来。

  这几年在经济发展战略上有一个很大的变化，就是从满足人民需要出发，抓消费品的生产，来带动整个工业的发展，带动国民经济的发展。实践证明，由于这个战略上的转变，发展了生活消费品，改善了人民生活，繁荣了市场。

  但是，我认为，在消费品中恰恰把住宅这个人民主要的消费

---

  * 在"全国城镇住宅建设和房地产管理改革座谈会"上的发言摘要。

品考虑得不够。住宅是最耐用的消费品，是人民生活最基本的条件，它更能满足人民的需要，更能带动一大片工业的发展。住宅问题解决了，其他耐用消费品才能更大幅度增长。应该在产业政策中从计划战略角度把住宅作为一个主要消费品生产，来带动一大片工业的发展。

（原载《房产通讯》1983 年第 5 期）

六　关于社会保障
与社会稳定

树立正确的社会保障观

目前，建立社会保障体系已经成为我国深化国有企业改革的"瓶颈"，不解决这个问题，国有企业就不能轻装前进，建立现代企业制度的任务也就无法实现。社会保障体系的建设工作，从一开始就需要有正确的指导思想，如果脱离了实际可能，将会难以为继。因此，树立正确的社会保障观，至关重要。

一 社会保障的实质是社会互助

对于社会保障问题，无论是国内或者是国外，常常都会出现许多误解。例如，有人认为，社会保障应当是由国家包下来的，个人交纳保险费是额外负担，每当在领取养老金方面遇有不如意之处，就责怪政府；也有人认为，社会保障的资金来源，完全是个人的积蓄，是自己在职期间交纳保险费，老后再领取回来，因此认为，领取高额养老金是理所当然的。其实，这些都是误解。任何国家也不可能把社会保障的费用全部由政府包下来。新中国成立初期，我们对城市职工采取了包下来的政策，随着时间的推移，早已难以为继了，即使是经济发达国家，也不可能持久地做到这一点。同样，个人交纳的保险费，数量也是很有限的，任何人一生所交保险费，也不会够他退休以后养老金的常年支用。实际上，社会保障既不是政府全包，也不是个人储蓄，而是一种社会互助。为了阐明这个问题，需要从什么是社会保障说起。

　　社会保障是国民经济生活保障体系的一个组成部分。国民经济生活保障体系包括的内容很多，各国的情况也不尽相同，一般来说，可以分为个人保障、企业保障和社会保障三个部分；而社会保障又包括社会保险、政府救济和社会福利三项内容，其中社会保险是主体部分（详见下图）。

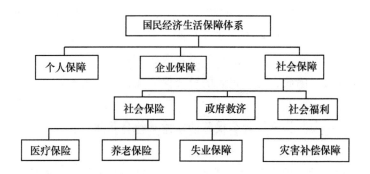

　　在图示的整个保障体系中，个人保障包括生命保险、财产保险、个人养老保险等各式各样的保险内容，因人而异，其保险者是保险公司，被保险者是参加保险的个人，因此，它具有较为突出的个人积蓄的特征；企业保障包括企业灾害保险、企业养老保险，等等，因企业而异，保险者是保险公司，被保险者是企业，因此，它具有企业内部互助的特征；社会保障中的政府救济和社会福利，具有明显的政府负担的特征；而社会保障的主体部分——社会保险则具有突出的社会互助的特征。

　　为什么说社会保险具有社会互助的特征呢？正如图中所示，社会保险主要包括医疗保险、养老保险、失业保险和灾害补偿保险，这四种社会保险的保险费交纳者和领用者是不对应的，例如，交纳医疗保险费的人和就医领取补贴的人是不对应的，每个就医者领取的补贴额也是不相同的；交纳失业保险金的人，不一定都变成领取失业救济的失业者；同样，交纳灾害补偿保险费的人，也不一定都成为因公被伤害者。显然，这些都是在参加者之间互相调剂，社会互助的性质表现得非常明显。唯独养老保险表现得较为复杂，交纳养老保险金的人最终都要成为养老金的领取者，这种表象往往妨碍人们认识养老保险的本质特征，因此，前面说的种种误解特别突出地表现在养老保险问题上。

　　虽然参加养老保险的人最终都要领取养老金，但这并不改变互助的性质。据日本一桥大学教授、著名的社会保障问题专家高山宪之先生按照 1990 年的数据测算，日本企业职工在职 35 年交纳的保险费总额，只相当于退休以后平均余命 20 年领取的养老金总额的 15%，其余的 85% 政府补贴所占比重很小，绝大部分来自未达退休年龄的在职人员交纳的保险金。不难看出，这是一种社会统筹的"后代养前代"的社会互助。

　　任何社会都存在着如何扶养老人的问题。在没有建立社会保障体系的条件下，一般是以家庭为单位来扶养老人，例如，新中国成立以前，我国城乡居民家庭以及目前的农村居民家庭都是如此，一些经济发达国家在建立社会保障体系以前也都是这样，这可以称之为家庭范围内的"后代养前代"的扶养老人的制度。建立社会保障制度之后，并不是变成全部由政府负担或者全部靠个人积蓄，"后代养前代"的性质并未改变，改变的只是由家庭扩大到社会，变成了社会范围统筹的互助。

二　社会保障的水准取决于经济发展
水平和人口年龄结构

　　一国社会保障能够达到什么样水准，同该国经济发展的水平成正比。经济发展水平高、国家经济实力强，政府对困难居民的救济以及创办社会福利事业的财力就会充裕，社会保障的程度就能够提高。本文着重研究的养老保险，虽然不是政府全包，但各国政府的财政总是要在一定程度上给予补贴，所以它和经济发展水平也直接相关。首先，经济发展水平越高，政府补贴的财力就会更充裕。其次，经济发展水平越高，职工的工资水平就越高，交纳保险费的承受能力也就越强。

　　一国社会保障能够达到什么样的水准，尤其是其中的养老保险能够达到什么样的水准，这同该国人口年龄结构有极大的关系。既然养老保险是社会统筹的"后代养前代"的互助合作，那么，这种合作方式在人口年龄结构合理的条件下，就会是非常有效的，例如，老年人口少、青壮年人口多，人口年龄结构呈金字塔状，这时对老人的"扶养比率"就高，养老金的收支状况就会比较宽裕。反之，如果进入老龄化社会，青壮年比例下降，对老人的"扶养比率"就会降低，养老金的财务状况就会恶化。以日本为例，随着平均寿命的延长、生育率的下降，在养老金财政收支体系上发生了巨大的变化。从以下有关养老金的几项指标的变化，可以看出日本这样发达的经济大国，也遇到了越来越多的困难。

　　1. 扶养比率大幅度降低。扶养比率是指参加养老保险交纳保险费的人数同领取养老金的人数的比例。1990 年日本参加养老保险（"厚生年金"保险）的人数为 3100 万人，领取养老金的人数为 1050 万人，在计算扶养比率时要把参加年数少的养老金领取者扣除，只算参加 20 年以上的退休人员数，1990 年为 480 万人，扶养比率是 6.5∶1。据统计，1971 年日本厚生年金的扶养比率是 37∶1，只过了 20 年，就降到了 6.5∶1，这种形势显然是十分严峻的。

2. 收支比率大幅度上升。养老金的收支比率是指发放总额占当年收缴的保险费以及保险费运用收入总额的比例，比率越高，积累的能力越差。1990 年日本"厚生年金"支付总额为 10 兆 5000 亿日元，保险费收入 13 兆日元，另有保险基金运用收入 4 兆 2000 亿日元，共计收入 17 兆日元，支出占收入的比例为 61%。此项指标 1971 年为 17%，1982 年突破了 50%，以后逐年上升，这也表明年金收支方面的困难在逐步增加。

3. 积累比率大幅度下降。养老金的积累比率是指上年末养老保险基金累计余额相当于本年度支出额的倍数，积累比率越高表明养老金的财力越强。然而，近 20 年来日本"厚生年金"的积累比率呈下降趋势。1971 年积累比率为 27 倍，到了 1990 年已经降为 6.6 倍，也就是说，20 年前的累计余额够 27 年支用，进入 90 年代后，只够 6 年多支用了。

从以上几项指标的变化情况看，日本"厚生年金"的收支情况在恶化。面对这种状况，日本政府正在采取改革措施。一方面，要提高养老保险费交纳比例，由目前占工资的 14.5% 逐步提高到 30%；另一方面，要把开始领取养老金的时间，由目前的 60 岁逐步推迟到 65 岁，同时还要把目前 68% 的替代率（支给的养老金占原工资的比率）降低到 60%。这些措施表明，随着人口年龄结构的变化，不得不降低社会保障的水准，否则将会难以为继。

三 在加速经济发展的基础上逐步
提高社会保障的水准

我国在旧体制下，基本上没有建立起社会保障体系，农村人口是以家庭为单位来扶养老人的，城市职工则是由企业或机关全部包下来的。随着经济体制改革的深入，这种状况必须尽快改变。如果不把企业内部保障转变为社会保障，企业就不堪重负，改革就难以深化；如果农村人口不超越家庭进行社会统筹，也难以适应农村经济发展的要求。因此，加速社会保障体系的建设，已经成为刻不容缓的大事。但是，我国经济发展水平还不高，无论是国家或者是个人，积累的能力都还很低，所以社会保障体系的建立，既要抓紧进行，又不可操之过急、要求过高。因此，建立社会保障体系的指导思想需要注意以下几个问题：

第一，国民经济健康发展，是建立社会保障体系、提高保障水准的基础。在这个问题上我们应当有非常强烈的紧迫感。我国人口老龄化的到来已经迫在眉睫。据统计，1990 年，60 岁以上的老龄人口已占 8.57%，65 岁以上的人口也已达到 5.57%，而且人口老龄化的速度也远远快于其他经济发达国家。65 岁以上老龄人口由占人口比重的 7% 发展到 14%，法国经过了 115 年，英国经过了 45 年，日本人由于平均寿命延长较多，1993 年男子60 岁以后的平均余命高达 20.17 年，女子高达 24.94 年，据预测，65 岁老人占人口比重由 7% 发展到 14%，在日本只有 25 年时间。

我国人口老龄化的速度远远高于法国和英国，同日本相差不多。据预测，2000 年我国 60 岁以上人口将占到 9.84%，65 岁以上人口将占 6.71%；2030 年 60 岁以上人口占 21.93%，65 岁以上人口占 14.64%。也就是说，我国用不了 30 年就会使 65 岁以上老龄人口所占比重，由 7% 增长到 14%。这就提醒我们，必须在今后的一二十年之内使我国经济有一个大的发展，这样才能从经济实力上保证在人口老龄化巨大压力到来之时，使社会保障的水准不致大幅度地下降。

第二，保障水准起步时宁可低一些，不宜要求保持过高的替代率。目前，我国城市职工养老金替代率超过了 80%，这是比较高的水准。日本"厚生年金"的替代率，在发达国家中也是偏高的，但目前也只有 68%，而且要向 60% 的目标发展。当然，我国实行的是低工资制，和发达国家高工资的计算基数差距大，高替代率不等于维持高生活水准，尽管如此，替代率也只能是逐步提高，不宜在一开始就定得过高，然后被迫下降。从我国经济发展水平的实际出发，总的水准在 60% 以下比较现实。随着经济的发展，首先要保证工资水平的提高，调动在职人员的积极性，促进经济健康发展，这样才能为提高替代率创造物质前提。

第三，充分调动国家、集体、个人及其家庭等方面的积极性。如前所述，建立社会保障体系全部由国家包下来是不可能的。像日本这样的经济发达的国家，据 1990 年统计，国库补贴占当年养老金支出总额的比例只不过是 18%，养老金支出的资金来源主要靠在职人员和企业交纳的保险费。我国的情况也不会两样，如果没有企业和个人的积极性，社会保障体系是不可能建立起来的。目前在我国一些城市试点的社会统筹和个人账户相结合的办法，是一个调动各方面积极性的、切实可行的办法，应当尽快推广。

除此之外，我们还应当考虑从个人保障、企业保障、社会统筹等多种渠道来解决人民经济生活保障问题。社会统筹的养老保险如果降低替代率，只能是保障退休职工的基本生活，这可以称之为基础养老保险；有余力的、效益好的企业，可以在社会统筹的基础上自主建立企业职工养老保险，使之成为优秀企业的职工在基础养老保险之上，得到一定程度的附加；经济条件好的职工个人，如有余力，还可以在企业养老保险基础之上再参加个人养老保险，这样就可能形成阶梯式、多层次的保障体系。

这里还需要特别强调一点，就是要重视发挥家庭在扶养老人方面的作用。家庭内部"后代养前代"的扶养老人的传统，在我国有着悠久的历史，这个传统不可轻易丢掉。随着商品经济的发展，家庭结构必然发生变化，家庭保障的作用逐步削弱，社会保障的作用逐步增强，这是历史的必然。但是，这需要一个或长或短的过程，不可能一蹴而就。前述日本采取推迟领取养老金的时间、降低替代率等措施，实际上意味着要降低社会范围的"后代养前代"的因素，从而在一定程度上强化家庭内部扶养老人的责任，这个历史的经验和教训，是值得我们汲取的。

（原载《中国工业经济》1995 年第 6 期）

日本社会保障及其对我们的启示

一 日本国民生活保障体系概况

社会保障是国民生活保障体系的一个组成部分。但各国保障体系却不尽相同，一般来说，可以分为个人保障、企业保障和社会保障三个部分，而社会保障又包括社会保险、政府救济和社会福利三项内容，其中社会保险是主体部分。

日本社会保险的主要内容包括四个方面：

1. 医疗保险。凡是在日本居住的人（包括在日本逗留一年以上的外国人），都必须加入某种公共医疗保险，这就是通常所说的"全民皆保险制度"。主要分为两种：

（1）适用于一般居民的"国民健康保险"。它由市、町、村政府掌管的医疗保险，保险者是政府，被保险者是没有资格参加工作单位"健康保险"的一般居民，如个体经营者、农民、无业者和学生等。保险费一般以"住民税"为基础来计算，每个家庭最高限额是 46 万日元。住民税按家庭收入计算，税率又比较低，从一般居民收入的实际看，能达到最高限额的家庭并不多。居民加入保险后，每户发一个医疗保险证，凭证挂号，医疗费自己只负担 30%；妇女生育发助产费 24 万日元（东京的规定，各地规定不同）；被保险者死亡时，发 5 万日元丧葬费；同一个人同一个月内在同一个医院看病，自己负担的医疗费超过 6.3 万日元（低收入者为 3.5 万日元）时，超出部分予以报销。

　　（2）适用于工薪人员的"健康保险"。它分别由政府和"健康保险组合"掌管的医疗保险。被保险者是企业职工。职工人数在 700 人以上的企业，可以单独建立"健康保险组合"；不足 700 人的企业可以联合起来，总人数达到 3000 人以上，可以共同建立"健康保险组合"。保险者是"组合"，被保险者是参加"组合"的职工，称为"组合掌管"的医疗保险。"组合掌管"以外的企业职工的健康保险，由政府负责，称为"政府掌管"的医疗保险。保险费由企业和职工个人各负担一半。政府掌管的医疗保险，按基本工资的 8.4% 缴纳；组合掌管的医疗保险，按基本工资缴纳的比例在 3%—9.5% 之间，具体比例根据每个"组合"的实际情况决定。职工看病时，本人只需负担全部费用的 10%，家属看病时本人负担 20%，家属住院本人负担 30%。如果一个月由自己负担部分超过 6 万日元（低收入者为 3.36 万日元），超过部分予以报销。女职工生育，按基本工资发半月工资的助产费，最低额为 20 万日元；如果是男职工的配偶生育，发助产费 20 万日元。职工死亡，发半月工资丧葬费，最低额为 10 万日元；职工家属死亡，发 10 万日元丧葬费。女职工生育期间，企业停发工资，由健康保险按 60% 发三个半月工资。

　　2. 养老保险。日本的养老保险分为三种：一是公共年金；二是企业年金；三是个人年金。公共年金对全体国民是强制加入的，这就是所谓的"全民皆年金"制度。企业年金和个人年金，是在公共年金基础上附加的，因企业而异、因人而异。公共年金的保险者是政府，企业年金和个人年金的保险者是保险公司或信托银行。企业年金和个人年金可以自由参加，不是强制性的，但由于建立企业年金基金涉及纳税的优惠问题，例如，企业年金的保险费由企业和个人各负担一半，企业负担的部分免交法人税，个人负担的部分免交个人所得税，所以建立企业年金时，必须由企业按有关规定提出申请，经国税厅批准后才可以建立。在整个国民生活保障体系中，企业年金和个人年金可以理解为同社会保障并列的企业保障、个人保障的主要内容。公共年金是由政府掌管和运营的养老保险。每个市、町、村政府都设有中央政府社会保障厅的下属机构——社会保障事务所，负责掌管公共年金的有关事务。公共年金分为基础年金和厚生年金两部分。

基础年金制度适用于全体国民，其保险费按规定的月额缴纳，现行制度规定，20—60 岁的国民，每人每月交 11100 日元，特殊困难户可以免交。养老金的给付，也是按月计算的，现行制度规定，65 岁以上的老人，每人每月支给 6 万日元。这是使全体国民老后能够维持基本生活需要的保障制度。

厚生年金适用于工薪人员，其保险费按每月基本工资的一定比例计缴，目前执行的标准是：男子按月工资的 14.5％ 计缴；女子按月工资的 14.15％ 计缴。保险费由用人单位和职工各负担一半，个人负担部分由用人单位负责在工资中扣缴。养老金的支给，不同年龄段的人按不同的方法算，加入养老保险 35 年以上的退休职工每月领取的养老金，相当于原工资的 68％。

3. 失业保险。失业保险是为了救济失业者和促进再就业而建立的一种保障制度。保险者是政府，中央政府的劳动部设有雇用保险课专门掌管失业保险方面的事务。在市、町、村基层政府设有公共职业安定所具体负责这方面的管理工作。被保险者是各行业企业的职工。

失业保险费由用人单位负责缴纳，一般行业按工资总额的

1.15％计缴，其中职工个人负担 0.4％，用人单位负担 0.75％。失业者的补贴，按年龄和工龄分出不同档次，最少的发 90 天工资，最多的发 300 天工资，公共职业安定所负责为失业者介绍新的工作，一般在此期限内可以找到新的工作。如果在此期限内公共职业安定所介绍的工作当事人不愿接受，到期停发失业补贴，生活困难者由政府按困难户进行救济，与失业保险无关。

4. 灾害补偿保险。灾害补偿保险是对工作中或通勤过程中，因公受伤致残或死亡者进行赔偿的一种保障制度。保险者是政府，实际事务由劳动部的劳动基准局及其下属各级机构承担。灾害补偿保险费全部由用人单位承担，职工个人不负担费用。保险费随行业的不同实行不同的费率，按工资总额计算，最低的行业是 0.6％，最高的行业可达 14.9％。灾害补偿费包括医疗费、误工补贴、丧葬费和残疾补偿费等。以残疾补偿费为例，一次性补助最低额为 56 天工资额，最高为 503 天工资额；按年计发的补贴，最低为每年发 131 天工资，最高为每年发 313 天工资。

二　日本社会保障面临的问题

在日本，对于社会保障问题常常会出现许多误解。例如，有人认为社会保障应当由政府全包下来，个人交纳保险费是额外负担，每当在领取养老金方面遇有不如意之处，就责怪政府；也有人认为，社会保障的资金来源，完全是个人的积蓄，是自己在职期间交纳保险费，老后再领取回来，因此认为领取高额养老金是理所当然的。其实，这些都是误解。任何国家也不可能把社会保障的费用全部由政府包下来；同样，个人交纳的保险费，数量也是很有限的，任何人一生所交保险费，也不会够他退休以后养老金的常年支用。实际上，社会保障既不是政府全包，也不是个人储蓄，而是一种社会互助。据高山宪之先生按照 1990 年的数据测算，企业职工在职 35 年交纳的保险费总额，只相当于退休以后平均余命 20 年领取的养老金总额的 15%，其余的 85% 政府补贴所占比重很小，绝大部分来自在职人员交纳的保险金。不难看出，这是一种社会统筹的"后代养前代"的社会互助。

任何社会都存在着如何扶养老人的问题。在没有建立社会保障体系的条件下，一般是以家庭为单位来扶养老人，日本在建立社会保障体系以前就是这样，这可以称之为家庭范围内的"后代养前代"的扶养老人的制度。建立社会保障制度之后，"后代养前代"的性质并未改变，改变的只是由家庭扩大到社会，变成为社会范围统筹的互助。

随着国民平均寿命的延长和社会人口向老龄化的发展，日本的社会保障制度也受到了挑战。1947 年日本国民 60 岁以后的平均余命男子为 12.83 年，女子为 15.39 年，到了 1993 年男子的平均余命增加到 20.17 年，女子增加到 24.94 年，这就使社会保障费用的收支体系发生了巨大的变化。从以下厚生年金的几项指标的变化，可以看出日本社会保障面临着越来越多的困难。

1. 厚生年金的扶养比例大幅度降低。年金的扶养比例是指参加年金保险交纳保险费的人数同退休后领取养老金的人数的比例。1990 年日本参加厚生年金保险的人数为 3100 万人，领取养老金的人数为 1050 万人，在计算扶养比例时要把参加年数少的养老金领取者扣除，只算参加 20 年以上的退休人数，1990 年为 480 万人，扶养比例为 6.5∶1，即 6.5 个交纳保险金的扶养 1 个退休人员。据统计，1971 年厚生年金的扶养比例是 37∶1，相隔只 20 年，就降到了 6.5∶1，这种形势是十分严峻的。

2. 厚生年金的收支比率上升。年金收支比率是指年金发放总额占收缴的保险费及其运用收入总额的比例，比率越高，积累的能力越低。1990年日本厚生年金支付总额为10兆5000亿日元，保险费收入13兆日元，另有保险费基金运用收入4兆2000亿日元，共计收入17兆日元，支出占收入的比例为61%。此项指标1971年只占17%左右，1982年突破了50%，以后逐年上升，这也表明年金收支方面的困难在逐步增加。

3. 厚生年金的积累比率下降。年金积累比率是指上年末厚生年金累计余额相当于本年度支出额的倍数，积累率越高，表明年金财政实力越强。然而，近20年来，日本厚生年金的积累比率呈下降趋势，1971年积累比率为27倍，到了1990年已经降为6.6倍，也就是说，20年前的积累总额够27年支用，进入90年代后，只够6年多支用了。

由此可见，厚生年金的收支情况在恶化，如果不采取相应的措施，将不堪重负。因此，日本政府对年金制度正在进行改革。

第一，逐步推迟退休年龄。有步骤、分阶段地把领取养老金的时间由60岁提高到65岁。

第二，逐步降低养老金支给标准。目前的替代率为68%，将来要以60%为目标，逐步进行调整。

第三，提高保险费交纳标准。目前，厚生年金保险费按工资的14.5%计缴，这个比例今后要逐步提高，有的学者测算，必须提高到30%才能维持，也有的学者提出，应当把奖金（一般相当于3—6个月的工资）纳入保险费计算基数。总之，提高保险费交纳标准已是大势所趋。

三　几点启示

目前，建立社会保障体系已经成为我国深化国有企业改革的"瓶颈"，不解决这个问题，国有企业就不能轻装前进，建立现代企业制度的任务也就无法实现。然而，我们也应当清醒地认识到，建立社会保障制度同样存在着许多制约因素，单凭善良的愿望是不可能把保障体系健全起来的，特别是多年来我们实行的是低工资高积累的制度，社会保障基金一直没有建立，大量退休人员由企业负担，大量在职的多余人员难以分流，面对这种现实，企图一下子就把社会保障完善起来，从而把企业的包袱卸掉，这无疑是一种幻想。因此，我们不能孤立地就社会保障谈社会保障，而应当在全面分析制约因素的基础上进行综合研究。

首先，一国社会保障能够达到什么样的水准，同该国经济发展的水平成正比，经济发展水平高，国家经济实力强，政府对困难居民的救济以及创办社会福利事业的财力就会充裕，社会保障的程度就能够提高。就社会保障中涉及面最广的养老保险而言，虽然不是政府全包，但各国政府的财政总是要在一定程度上给予补贴，所以它和经济发展水平也直接相关。经济发展水平越高，政府补贴的财力就会越充裕，经济发展水平越高，职工的工资水平就越高，交纳保险费的承受能力也就越强。

其次，一国社会保障能够达到什么样水准，尤其是其中的养老保险能够达到什么样水准，同该国人口年龄结构有极大的关系。既然养老保险是社会统筹的"后代养前代"的互助合作，那么这种合作方式在人口年龄结构合理的条件下，就会是非常有效的。例如，老年人口少、青壮年人口多，"人口年龄结构图"呈金字塔状，这时对老人的"扶养比率"就高，养老金的收支状况就会比较宽裕。如果进入老龄化社会，青壮年比例下降，对老人的"扶养比率"就会降低，养老金的财务状况就会恶化。

我国在旧体制下，基本上没有建立起社会保障体系，农村人口是以家庭为单位来扶养老人的，城市职工则是由企业或机关全部包下来的。随着经济体制改革的深入，这种状况必须尽快改变。如果不把企业内部保障转变为社会保障，企业就不堪重负，改革就难以深化；如果农村人口不超越家庭进行社会统筹，也难以适应农村经济发展的要求。因此，加速社会保障体系的建设，已经成为刻不容缓的大事。但是，我国经济发展水平还不高，无论是国家或者是个人，积累的能力都还很低，所以社会保障体系的建立，既要抓紧进行，又不可操之过急，要求过高。因此，在建立社会保障体系的指导思想上，需要注意以下几个问题：

第一，国民经济健康发展，是建立社会保障体系、提高保障水准的基础。在这个问题上我们应当有非常强烈的紧迫感。我国人口老龄化的到来已经迫在眉睫，据统计 1990 年 60 岁以上的老龄人口已占 8.5%，65 岁以上的人口也已达到 5.5%，而且进一步老龄化的速度也远远快于其他经济发达国家。65 岁以上老龄人口由占人口比重的 7% 发展到 14%，法国经过了 115 年，英国经过了 45 年，日本人由于平均寿命延长较多，1993 年男子 60 岁以后的平均余命高达 20.17 年，女子高达 24.94 年，据预测 65 岁老人占人口比重由 7% 发展到 14%，在日本只有 25 年时间。我国人口老龄化的速度远远高于法国和英国，同日本相差不多。据预测，2000 年我国 60 岁以上人口将占到 9.84%，65 岁以上人口将占 6.71%，2030 年 60 岁以上人口占 21.93%，65 岁以上人口占 14.64%。也就是说，我国用不了 30 年就会使 65 岁以上老龄人口所占比重，由 7% 增长到 14%。这就提醒我们，必须在今后的一二十年之内使我国经济有一个大的发展，这样才能从经济实力上保证在人口老龄化巨大压力到来之时，使社会保障的水准不致大幅度地下降。

第二，保障水准起步时宁可低一些，不宜要求保持过高的替代率。目前我国城市职工养老金替代率超过了 80%，这是比较高的水准；日本"厚生年金"的替代率，在发达国家中也是偏高的，但目前也只有 68%，而且要向 60% 的目标发展。当然，我国实行的是低工资制，和发达国家高工资的计算基数差距大，高替代率不等于维持高生活水准。尽管如此，我国的替代率也只能是逐步提高，不宜在一开始就定得过高，然后被迫下降。从我国的实际出发，总的水准在 60% 以下比较现实。随着经济的发展，首先要保证工资水平的提高，调动在职人员的积极性，促进经济健康发展，这样才能为提高替代率创造物质前提。

第三，大力发展多种经济成分，分流国有企业的多余人员，才能把失业保险有效地建立起来。失业保险不可能无限度地解决失业人群的生活保障问题，它以较小的失业率和较短的再就业周期为前提。如前所述，日本失业者的补贴最多发满 10 个月，这就意味着在此期限内能够安排失业者再就业，只有这样，失业保险才能有效地发挥其作用。目前我国国有企业富余人员多达 20%—30%，如此之多的冗员，要想靠失业保险把他们从企业中分离出来，是绝对不可能的。这是因为，在短时期内无论如何也不可能使他们全部再就业。这么多人旷日持久地吃失业保险，是不可想象的，无论哪一个国家，都不可能为失业保障提供这么大量的基金。因此，解决失业问题，首先不是靠失业保险而是靠广开就业门路；只有把失业率和再就业周期降到合理限度之内，失业保险的有效性才能显露出来。这就要求我们更加放手地发展个体经济和集体经济，鼓励和支持国有企业的多余人员从事个体经营和参加集体企业，只有这样才能分离多余人员，减轻国有企业的负担，促进深化国有企业的改革。

第四，充分调动国家、集体、个人及其家庭等多方面的积极性。如前所述，建立社会保障体系，全部由国家包下来是不可能的。像日本这样的经济发达国家，据 1990 年统计，国库补贴占当年养老金支出总额的比例只不过是 18%，养老金支出的资金来源主要靠在职人员和企业交纳的保险费。我国的情况也不会两样，如果没有企业和个人的积极性，社会保障体系是不可能建立起来的。目前在我国一些城市试点的社会统筹和个人账户相结合的办法，是一个调动各方面积极性的、切实可行的办法，应当尽快推广。除此之外，我们还应当考虑从个人保障、企业保障、社会统筹等多种渠道来解决人民经济生活保障问题。社会统筹的养老保障如果降低替代率，只能是保障退休职工的基本生活，这可以称之为基础养老保障；有余力的、效益好的企业，可以在社会统筹的基础上自主建立企业职工养老保险，使之成为优秀企业的职工在基础养老保险之上，得到一定程度的附加；经济条件好的职工个人，如有余力，还可以在企业养老保险基础之上再参加个人养老保险。这样就可以形成阶梯式、多层次的保障体系。

这里还需要特别强调一点，就是要重视发挥家庭在扶养老人方面的作用。家庭内部"后代养前代"的扶养老人的传统，在我国有着悠久的历史，这个传统不可轻易丢掉。随着商品经济的发展，家庭结构必然发生变化，家庭保障的作用逐步削弱、社会保障的作用逐步增强，这是历史的必然。但是，这需要一个或长或短的过程，不可能一蹴而就，前述日本采取推迟领取养老金的时间、降低替代率等措施，实际上意味着要降低社会范围的"后代养前代"的因素，从而在一定程度上强化家庭内部扶养老人的责任。这个历史的经验和教训，是值得我们汲取的。

（原载《新视野》1996 年第 2 期）

加速建立适合我国国情的
社会保障体系[*]

目前，国有企业面临的困难甚多，特别是企业富余人员多，办社会的负担重，成了极为普遍而又突出的问题。出路何在？人们多寄厚望于社会保障体系的建立。然而，单凭善良的愿望，是不可能把社会保障体系健全和完善起来的。特别是多年来我们实行的是低工资、高积累的制度，社会保障基金一直没有建立，大量退休人员的重负压在国有企业身上，大量冗员难以分流。面对这种现实，企图一下子就把社会保障体系完善起来，从而把企业的包袱统统卸掉，无疑是一种幻想。因此，我们应当客观地分析建立社会保障制度的必备条件，探讨如何改善或创造这些条件，采取切实可行的措施，加速建立适合我国国情的社会保障制度。

一 建立社会保障制度的制约因素

社会保障能够达到什么样的水准，首先取决于经济发展水

平。社会保障是国民生活保障体系的一个组成部分。一般来说，国民生活保障体系分为个人保障、企业保障和社会保障三个部分，而社会保障又包括社会保险、政府救济和社会福利三项内容。显而易见，经济发展水平越高，国家经济实力越强，政府对困难居民的救济以及创办社会福利事业的财力就会越充裕，保障的程度就能够提高。社会保障的主体部分——社会保险（包括医疗保险、养老保险、失业保险和劳动灾害保险），虽然不像政府救济和社会福利那样主要由政府出资，但各国政府总是要在一定程度上给予补贴，所以它和经济发展水平也直接相关，即经济发展水平越高，政府补贴的财力就会越充裕；经济发展水平越高，职工的工资水平就越高，缴纳保险费的承受能力也就越强，社会保障的程度也会越高。

　　社会保障能够达到什么样的水准，同人口年龄结构直接相关。社会保障中的政府救济和社会福利一般是面对全社会的，但实际上它的服务对象又是向老年人和儿童倾斜的。因此，这和人口年龄结构关系极大。如果青壮年比重高，上述需求相对就比较少，保障程度就会提高；反之，保障程度就会降低。至于社会保障的主体部分——社会保险更是如此。以养老保险为例，人们常常认为它是由政府全包的，也有人认为它完全是个人的积蓄，即自己在职期间缴纳保险费，老后再领取回来，似乎和年龄结构没有直接关系。其实这是误解。任何国家也不可能由政府把社会保障的费用全部包下来。

　　新中国成立初期，我们对城市职工采取了包下来的政策，随着时间的推移，早已难以为继了。即使是经济发达国家，也不可能持久地做到这一点。同样，个人缴纳的保险费，数量也是很有限的，任何人一生所缴保险费，都很难或几乎不可能够他退休以后养老金的常年支用。日本一桥大学教授、著名经济学家高山宪之先生曾按照 1990 年数据测算，日本企业职工在职 35 年缴纳的保险费总额，只相当于他退休以后平均余命 20 年领取的养老金总额的 15%，其余的 85% 绝大部分来自未达退休年龄的在职人员缴纳的保险费，政府补贴所占比重很小。也就是说，养老保险既不是政府全包，也不是个人储蓄，而是一种社会统筹的"后代养前代"的社会互助。这就和人口年龄结构发生了密切的关系。在人口年龄结构合理的条件下，这种互助合作方式就会非常有效。例如，老年人口少，青壮年人口多，这时对老人的扶养比率就高，养老金的收支状况就比较宽松。反之，如果进入老龄化社会，青壮年比例下降，对老人的扶养比率就会降低，养老金的财务状况就会恶化。

社会保障能够达到什么样的水准，还受就业程度的影响。就业程度高，居民中的困难户相对少，政府救济的负担就轻，保障水准就可以提高。相反，如果就业程度低，失业率过高，失业保险和政府救济的负担就重，保障水准就必然降低。失业保险是社会保障的一个非常重要的方面，是为了救济失业者和促进再就业而建立的一种保障制度。

从国际经验看，失业保险制度的有效运行，是以较低的失业率和较短的再就业周期为前提的。以日本为例，失业者的补贴，按年龄和工龄分出不同档次，最少的发 3 个月的工资，最多的发 10 个月的工资。这就意味着在此时限内，一般能够实现再就业。其间政府设置的"公共职业安定所"负责为失业者介绍新的工作，如果当事人不愿接受，到期停发失业补贴，生活困难者由政府按困难户进行救济，与失业保险无关。不难看出，就业程度低，失业率高，再就业周期长，就会使大量人员成为政府救济的对象。这不但会加重政府的负担，而且保障的水准也只能是很低的。

二　从国情出发建立社会保障体系

不难看出，我们面临的形势是十分严峻的。无论是经济发展水平、人口年龄结构，还是劳动人口的就业状况，都是不容乐观的。我们必须正视这种情况，认真、冷静地探寻解决这些问题的有效、可行的对策。目前最为紧迫、急需解决的有以下几个方面的问题：

（一）加速经济发展，为提高保障水准创造物质基础

国民经济的健康发展，经济效益的不断提高，是建立社会保障体系、提高保障水准的基础。长期以来，我国经济建设普遍存在着热衷于追求数量而忽视质量，追求新建而忽视技术改造的倾向，走的是外延型、粗放型经济增长的道路。结果是经济增长速度虽快，但经济效益很差。近几年来，工业盲目发展、重复建设的势头还没有真正得到遏制，经济效益综合指数至今仍然低于"七五"计划已经达到的水平。这种状况如果不尽快改变，就难以形成完善社会保障体系的物质前提。

特别值得重视的问题是，我国人口老龄化的到来已经迫在眉睫。65 岁以上老龄人口中由人口比重的 7% 发展到 14%，法国经过了 115 年，英国经过了 45 年，日本只需要 25 年时间。而我国人口老龄化的速度还将远远高于法国和英国，同日本相差不多。据预测，我国用不了 30 年，65 岁以上老人占人口的比重就会由 7% 增长到 14%。这就提醒我们，必须抓住时机，在今后一二十年的时间里使我国经济有一个大的发展。只有这样，才能从经济实力上保证在人口老龄化的巨大压力到来之时，使社会保障的水准不致大幅度下降。

　　既然经济发展水平直接决定着社会保障水准的提高，而我国的经济又不够发达，这就要求我们在建立社会保障体系时，保障水准在起步阶段宁可低一些，特别是养老保险不宜规定过高的替代率。目前我国城市职工养老金替代率（养老金占原工资的比率）超过了80％，这是比较高的比率。当然，我国实行的是低工资制，和发达国家高工资的计算基数差距大，高替代率并不等于维持高生活水准。尽管如此，我国的替代率也只能是逐步提高，不宜在一开始就普遍定得过高，然后被迫下降，那将形成十分困难的局面。我们应当着眼于加速经济的发展。随着经济的发展，首先要保证工资水平的提高，调动在职人员的积极性，促进生产发展，这样才能为提高替代率创造物质前提。

（二）发展多种经济成分，分流国有企业多余人员，有效地降低失业率

　　社会保障尤其是其中的失业保险，不可能无限度地解决大量失业人群的生活保障问题。它是以较小的失业率和较短的再就业周期为前提的。如前所述，日本失业者的补贴最多发满10个月，在此期限内能够安排再就业。只有这样，失业保险才能有效地发挥作用。目前我国名义失业率虽然不高，但国有企业在职的富余人员多达20％—30％。如此之多的冗员，要想靠失业保险把他们从企业中分离出去，是绝对不可能的，这么多人如果短时期内不能实现再就业，旷日持久地吃失业保险或吃政府救济，都是不可想象的。因此，解决失业问题，首先不是靠失业保险而是靠广开就业门路；只有把失业率和再就业周期降到合理的限度之内，失业保险的有效性才能体现出来。

　　要广开就业门路，就要更加大胆地发展非国有经济特别是集体经济和个体经济。过去靠国有企业支撑，才有可能给非国有企

业以更多的优惠政策，而现在则应当大力发展非国有企业，反过来支持国有企业的改革。我们应当支持和鼓励国有企业的富余人员从事个体经营和到集体企业就业，只有这样才能分流富余人员，减轻国有企业负担，使实际的失业率不断降低，从而使失业保险真正发挥应有的作用。

（三）充分调动国家、集体、个人及其家庭的积极性，多方筹措社会保障基金

任何社会都有如何扶养老人的问题。在没有建立社会保障体系的条件下，一般是以家庭为单位来扶养老人，这可以称为家庭范围内的扶养老人的制度。建立社会保障制度之后，逐步扩大统筹范围，家庭范围的扶养老人的制度则转变为社会统筹的"后代养前代"的扶养老人的制度。这种转变需要有一个较长的过程，而且要适度，不考虑经济发展水平，过度地实现社会化，是不切实际的。我们应当考虑从个人保障、企业保障、社会保障的结合上多渠道地解决国民生活保障体系问题。社会统筹的部分应当降低替代率，这一部分只保障退休人员的基本生活，可以称之为基础养老保险；有余力的、效益好的企业，可以在社会统筹的基础上自主建立企业补充养老保险，经济条件好的职工个人，如有余力，还可以在企业补充保险的基础上再参加个人养老保障。这样就可以发挥各方面的积极性，形成阶梯式、多层次的保障体系。

无论是企业保障或者是社会统筹，都存在着资金来源的问题。过去我们实行的是低工资制，企业利润全部上交，基本上用来铺新摊子。目前我国国有资产存量中，有相当一部分是这样形成的。也就是说，本应形成保障基金的部分并没有积存起来，而是形成了新的固定资产。于是就有一种观点认为，应当把这部分

国有资产的产权量化到个人。

我们认为，这样做无论在理论上或是在实际操作上都是不可行的。按照谁投资谁所有、谁受益的原则，既然已经形成了国有资产，那么其产权的归属就是明确的。但确实存在着过去职工付出的劳动没有得到应有的补偿，以及优秀的经营者创造性劳动所形成的效益没有得到应有的奖励等问题。这些都属于过去的欠账，而且人员是动态的。就一个企业来说，无论是职工或者是经营者，都已几经变迁，若想如实地清算和还原是根本不可能的。考虑到这些实际情况，一种可行的办法是，把清理历史的欠账同建立社会保障体系的任务结合起来，不是把一部分国有资产量化给个人，而是在国有资产存量中切出一部分，出售之后用来形成社会保障的启动资金。这在理论上和实际操作上都是可行的。

（原载《光明日报》1996 年 4 月 25 日）

充满活力的企业是保持社会
稳定的一个重要因素[*]

　　纵观国际国内的历史经验，像我国这样的发展中的大国，必须在打好农业这个基础的同时，抓好三件事：一是增强企业活力，开拓社会物质财富的源泉；二是建立完善的社会保障体系，确保人民群众基本生活的安定；三是实行公平合理的税制，调节高低收入者的差距。搞好上述三件事，才能实现效率和公平的统一，促进经济发展，实现共同富裕，从而确保社会稳定、长治久安。其中第一条增强企业活力是根本。

一　企业是创造社会物质财富的基本经济单元，在企业活动中必须坚持效率优先的原则

　　一个社会，有了充满活力的企业，物质财富才能大量涌现，从而保证人民生活不断改善。这是确保社会稳定的物质基础。因此，增强企业活力，开拓社会物质财富的源泉，是我们任何时候

---

[*] 1999 年 9 月 10 日在"现代企业管理理论与实践研讨会"上的发言。

也不能放松的大事。

要增强企业活力，就必须把企业的经营者和广大职工的积极性和创造性充分地调动起来。企业活动是创造物质财富的过程，在这个过程中应该更多地强调激励的作用。由于人们的先天的和后天的条件与素质存在着差异，每个人的机遇也不尽相同，在物质财富创造过程中的作用和成就也必然不同。这种差别不仅表现在职工个人之间，而且也必然会表现在企业与企业之间。因此，企业的优胜劣汰、职工的分配差距，就成为合乎逻辑的必然规律。这里通行的应当是效率优先的原则。

企业和社会一样，也存在着是否可持续发展的问题。充满活力的企业，才能成为可持续发展的企业。在市场经济条件下，如何实现企业的持续发展，是每一个企业不能不考虑的战略问题。但在改革开放以前，我国的国有企业只是按照指令性计划任务进行生产的生产组织，不是真正意义上的企业，一切都由政府包着，有任务就干，没任务就等，企业只生不死，企业自身没权也没有必要考虑企业如何发展的问题。改革开放以来，国有企业向着自主经营、自负盈亏的方向发展，但是，这个路至今远还没有走完。在由计划经济向市场经济转轨时期，国家对企业还没有完全摆脱无限责任，政府对企业还有包着的一面，有些企业虽然经营不善，但还可以苟延残喘地维持下去。这样的企业毫无活力，绝不是可持续发展的企业。随着改革的深入，市场竞争的激烈程度日益增强，这样的企业必定要被淘汰。

我国将长期处于社会主义初级阶段，而在社会主义初级阶段，以公有制为主体、多种所有制经济共同发展，是我们必须坚持的基本经济制度。在我国，非公有制经济是社会主义市场经济的重要组成部分，在坚持公有制经济为主体的前提下，要继续鼓励和引导，使之健康发展。我们讲增强企业活力，指的是不同所有制的企业，既包括公有制企业也包括非公有制企业，只有把各种不同所有制企业的活力统统地调动起来，整个国民经济才能健康发展。

非公有制企业，是在改革开放以后重新出现的，它同传统的计划体制没有直接的联系，是由民间自己发起成立，在市场竞争中求生存和发展的经济，因此可以说，它"天生"就是和市场经济联系在一起的。非公有制企业在竞争中优胜劣汰，是顺理成章的、被认为是十分自然的事情。它不是只生不死，能存续下来的必定是有活力的；而公有制企业特别是国有企业，由于许多历史的、社会的原因，情况就复杂得多。如何增强国有企业的活力，就成为更需要着力解决的问题。

企业要想在市场竞争中不是昙花一现，而是始终保持着活力、持久地存续下去，并不是轻而易举的。世界上有许多这样的企业，一时发展很好，有的甚至在排行榜上名列前茅，但时隔不久就销声匿迹。因此，对于可持续发展的、有活力的企业，无论是国有企业或是非国有企业，都应当给予鼓励、支持和肯定，创造这样企业的企业家和职工理应受到尊敬。他们不仅为一个企业的兴旺做出了贡献，而且也为社会经济的发展、社会的长治久安做出了贡献。

如果我们不是这样认识充满活力的企业，不是在创造财富的过程中突出效率、鼓励发展，而是以平均主义的观念去看待公平，就会扼杀人们的积极性，不利于社会生产力的发展。所以，在创造财富的过程中，需要更加放手地发挥人们的聪明才智，在利益关系的处理上，需要与人们聪明才智的发挥、人们对社会的贡献相适应，而不要过于担心在企业之间尤其是个人之间拉大差距。

二　建立、健全社会保障体系和完善税制，是实现社会公平的有效保证

作为社会主义的市场经济，实现共同富裕是它不可动摇的目标，因此，我们又必须注意防止两极分化。怎样才能防止两极分化呢？我以为，不能在创造财富的过程中去卡，而应该在着力开拓社会物质财富源泉的同时，采取相应的手段去调节，这样才能形成加速社会经济发展和改善人民生活的良性循环。采取什么样的手段去调节呢？借鉴国际经验，主要可以采取两个方面的措施：一是建立完善的社会保障体系；二是实行公平合理的税制。

建立完善的社会保障体系，最基本的作用是用来保障低收入者的基本生活。一般来说，社会保障是国民生活保障体系的一个组成部分。国民生活保障体系包括的内容很多，各国的情况也不尽相同，一般分为个人保障、企业保障和社会保障三个部分。个人保障、企业保障，是在社会保障基础上的附加，因人而异、因企业而异，经营好的优秀企业，就有可能为本企业职工提高保障水平；社会保障则是最基本的，它一般包括社会福利、政府救济和社会保险。在社会保险中，又包括养老保险、医疗保险、失业保险、伤害补偿保险，等等。

从上述内容不难看出，一个国家的社会保障能够达到怎样的程度，同经济发展水平和国家经济实力直接相关，国家经济实力强，举办社会福利和实施政府救济的力度就可以增强，各种社会保险的水平也可以提高。而国家经济实力的增强，同企业的活力又直接相关。因此，企业优胜劣汰、个人收入出现不同档次，看起来是拉大了差距，而实际上是对企业进行了优化，对人们聪明才智的发挥进行了激励，从而可以有效地促进经济的发展，为提

高社会保障水平创造物质前提，这绝不是搞两极分化，而应该说是防止两极分化的积极、有效的办法。

实行公平合理的税制，不但可以增加国家的财力，而且有助于缩小高收入者和低收入者的差距，这也是防止两极分化的积极、有效的办法。目前我国所得税的税制并不健全，而且流失严重，尤其是个人所得税的流失更为严重，另外，国际上广泛使用的一个重要税种——遗产税，我们也还没有设置，在税制的建设和实施方面，需要做的事情还很多。我们应该从这些方面下工夫来实现社会公平，而不应该从创造财富的环节上去卡，搞低水平的、平均主义的"公平"。因此，我们应当从理论上、观念上、政策上切实地鼓励优秀企业的发展，切实鼓励个人靠诚实劳动、靠聪明才智来发家致富。这是光彩的事业。

与此同时，又要用税收进行调节。例如，一些国家的遗产税，就在这方面起着重要的作用。人们靠自己的聪明才智和辛勤劳动，不但为社会创造了财富，而且自己也能够积累大量的财富。企业法人财产虽可以延续，但个人财产却不可能全部传给子孙，通过税收其中大部分将转化为社会财富。因此，每一代人都要自己去努力奋斗、努力创造，而不可能有游手好闲的三代富翁。可见，公平的税制既可以促进经济发展，又有助于实现社会公平。

（原载《新疆财经》1999 年第 6 期）

向低收入者倾斜，加大资金投入[*]

——增加有效需求以启动市场

一 确保社会稳定的三大经济要素

综观国际和国内的历史经验，保持经济发展和社会稳定，必须在打好农业这个基础的同时，抓好三件事：

1. 增强企业活力，开拓社会物质财富的源泉。

2. 建立完善的社会保障体系，确保人民群众基本生活的安定。

3. 实行公平合理的税制，调节高低收入者的差距。

抓好上述三件事，才能促进经济发展，实现共同富裕，从而确保社会稳定、长治久安。改革十几年来，在这三方面都取得了巨大成就，但都还没有从根本上解决问题。特别在当前，潜伏着许多矛盾和不稳定因素，企业负担重，效益差，产品滞销，开工不足，致使大量人员下岗、收入减少，这就直接影响到居民购买力，使市场销售不畅，反过来又加剧了企业的开工不足。因此，

* 1997 年 3 月 3 日写的内部建议报告。

必须采取切实可行的应急措施。

二　区分两种不同的结构失衡

目前我国工业面临着新一轮的结构调整。但这同改革初期那次比例失调相比，存在着根本的区别。上次的失调最大的特点是中间产品过剩积压，可供吃穿用住的最终产品率低，人们付出的大量劳动都沉淀在社会生产的中间环节。所以，上次调整，难度比较大，必须从头往下理，把中间环节的梗阻理顺，最后形成最终产品，才能给人民以实惠。而这次的失调则更多地表现为最终产品的过剩积压。据统计，截至1996年底全国积压商品房面积已达6624万平方米，占用资金600亿元以上，其中大部分是可供人们居住的住宅；全国乡镇级以上工业企业的库存商品总值已达13276亿元，再加上商业库存，总值已超过3万亿元人民币，其中各种库存积压的工业消费品，数量也很可观。这些积压产品并非都是劣质产品，其中绝大多数是好的，有些甚至是优质名牌产品。市场上表现出来的不是消费品短缺，而是无人购买，以致生产企业开工不足。显然，这样的失衡，调整起来比上次难度要小许多。

如果说上次的调整是"抱着钢锭饿肚皮"，那是无可奈何；现在，如果我们"捧着馒头饿肚皮"，那就是自讨苦吃了。

因此，现在急需把这些最终产品分到需要者手中，使物尽其用。这正是社会主义生产目的所要求的。这样，既可以使人民得到实惠，又可以带动企业的生产，有助于进入良性循环。当然，这种分配只能是通过市场，因此急需启动消费品市场。

三　扩大有支付能力的需求以启动市场

目前消费品的积压并非绝对过剩，也不完全是产品结构问题，而是有支付能力的需求不足的结果。即使是产品结构方面的问题，也不能在静止中调整，而只有在市场正常运作、生产不断循环的过程中，才能得到合理的调整。因此，必须扩大有支付能力的需求，以启动市场。

根据消费品积压和物价涨幅回落的状况分析判断，近期内拿出数百亿甚至上千亿资金来启动市场是可行的。但资金的投向十分重要。投向高收入者，只会增加银行存款，不能形成现实购买力，如果能确保投向低收入者，就可以扩大有支付能力的需求，从而启动市场。

怎样才能确保投向低收入者呢？可以采取以下办法：

第一，提高最低生活保障线。现在许多城镇实行了最低生活保障制度，但起点偏低。北京较高，也只有 190 元，多数城市在百元以下。可以有计划、有区别地调高。

第二，给建立养老保险基金以资金支持。我国建立养老保险制度的最大难题是启动资金不足。目前我国由社会统一发放养老金的比例甚微，绝大多数仍由企业发放，由于企业效益差而发不出退休金的事例处处可见。需要尽快转变为规范地由社会统一按时发放养老金，但这又需要巨额资金，如能在这方面加大资金投入力度，既可以体现向低收入者倾斜，又可以促进社会保障制度的完善，实为一举两得。

第三，给建立医疗保险基金以资金支持。目前困难企业由职工个人垫付应报销药费的现象很普遍。由于制药企业多为外商控制，药品价格成倍上抬，增加了医疗制度改革的难度，这是涉及制药产业发展战略的需要另行研究解决的大课题。当务之急，是投入一笔资金解决医药费报销难的问题。这也是确保资金投入向低收入者倾斜，形成现实购买力的一项可行的办法。

第四，给建立再就业基金以资金支持。在这方面加大资金投入，有助于解决下岗待业人员过多的矛盾。这也是向低收入者倾斜，可以间接地发挥启动消费品市场的作用。

第五，给住房困难户购房以资金支持。住宅积压实在可惜，应使之物尽其用。在房改中职工购房享受了许多优惠（例如，有的地方工龄每年折扣0.9%、教师职业优惠5%等），所以使低工资条件下的职工购房成为可能。这理所当然受到欢迎。其实，这里隐含着极大的新的分配不公。有些老职工本来就没分到过住房，已是不公，又无房可买，他们的工龄、职业优惠无法兑现。因此，可以考虑对这一部分无房户，根据他们的职业特点、本人贡献排队，有重点地解决一批人的购房问题。

四　多方筹措资金

总的原则是小部分来自企业，大部分来自财政。现在欠交养老和医疗保险基金的企业很多，优势企业怕吃亏，劣势企业交不起。可以采取对积极交纳统筹基金的企业按较高比例加大补贴力度的办法，以鼓励企业多交。对中央财政和地方财政，要硬性规定节支额度，狠压重复建设的项目和行政开支，能不办的事不办，能缓办的事缓办。

这里需要特别提一下住房问题。在目前的房改中，有些职工由于支付能力不足，不愿购买。其实这大可不必操之过急，因为这部分房屋实际已被利用，而且售房回收的资金也十分有限，放缓一些并不影响大局。现在的当务之急，是尽快把积压的新房盘活，使物尽其用。这些积压的住宅，有一部分是高档别墅，也有些因位置偏僻不易售出。但这只是较小的部分，除此之外的绝大部分是可以利用的。目前房屋闲置，大量占压资金，银行贷款也难以收回。怎样解开这个结呢？可以采取以下办法：一是先把商品房的基价降下来，这可以通过银行贴息、开发商让利和大幅度取消不合理收费来实现；二是再比照有房户购房办法给以优惠；三是在采取上述措施之后，如果低收入职工仍然无力支付，可用银行贷款予以支持。

采用以上办法，虽不能彻底解决房改问题，也不能从根本上解决职工住房困难问题，但至少可以解决以下几个问题：第一，将已建成的住宅盘活，减少积压，使物尽其用。第二，缓解一部分职工住房困难。第三，用增加购房贷款的办法把房地产占压的资金盘活，有助于建房贷款的回收。第四，有助于促进建筑业的进一步发展，从而带动建材和相关产业的发展，形成良性循环。

五　区分两种不同的通货膨胀

加大资金投入的力度很难掌握，有可能带动物价上涨。通货膨胀是不得人心的，应当极力避免，掌握得好也是能够避免的。但有两种不同的通货膨胀，应加以区分。一种是商品短缺，盲目加大资金投入，乱上项目，搞重复建设，使居民普遍受损的通货膨胀。另一种是商品比较充裕，资金投入有重点地向低收入者倾斜，使低收入者得大于失的通货膨胀。后一种由于有较充裕的物质后盾，掌握得好一般不会形成过度的通货膨胀，而且对绝大多数低收入者来说，增收幅度大于物价上涨幅度，是受益者；对高收入者和较多存款者，会造成利率损失，但不会使他们的现实生活恶化，应该说是可以承受和应该承受的；问题是，总有一批处于高、低收入结合部的群体，会受较大损失。从长远看、从大局看，使企业渡过难关进入良性循环，最终还是普遍受益。只要加大宣传力度，把利害关系讲透，人民群众还是可以承受的。

总之，我们需要的是购销两旺条件下的物价稳定，这是生产不断发展、人民生活不断改善、经济发展实现良性循环的标志。如果居民有支付能力的需求严重不足，最终消费品大量积压，进而又扩大了停产、半停产的程度，这就会使居民支付能力进一步下降，不利于实现经济的良性循环。因此，我们应该把握住最终消费品相对充裕的有利时机，大胆地加大资金定向投入，使市场启动并受到一定程度的冲击，从而带动企业的生产。这样做，不是用行政办法决定对哪些企业的生产进行支持，而是通过市场，通过消费者的选择来带动企业的生产，这无疑会有助于用正常的消费结构来带动合理的生产结构，从而促进企业和产品结构的调整。

当然，以上设想实施起来十分复杂，是一项大的系统工程。从中央到地方政府，应成立专门的领导小组，任务和目标是安定民生、启动市场。从资金投入的规模、市场形势的分析和预测、通货膨胀程度的把握，到资金投向的掌握，要精心策划，实行全过程监控，这样就可以在短期内见效。

（原载《经济管理》1997 年第 9 期）

附　　录

冷静、严谨、认真、热诚

——中国社会科学院荣誉学部委员吴家骏访谈录[*]

一 关于人生道路

丁毅（以下简称"丁"）：吴先生，有机会对您进行访谈，我感到非常高兴。没有拜读您的文集^②之前，总见您衣着得体、温文儒雅，我想象中一直以为您出身于书香门第，从小过着衣食无忧的生活，顺顺当当地从小学念到大学，大学学企业管理，大学毕业从事企业管理研究。拜读您文集后，才知道您的人生经历完全不是这样。

吴家骏（以下简称"吴"）：你想象中那种风平浪静、一帆风顺的生活对我们那个时代的人而言，过于奢侈。正像你在我文集中看到的那样，1932 年我出生于北京一个普通的铁路职工家

---

　　* 中国社会科学院建院 30 周年"青年学者与学部委员、荣誉学部委员学习交谈"活动。

　　② 《吴家骏文集》，经济管理出版社 2001 年版，第 1—2、802—809 页。

庭，兄弟姊妹 9 人，家境贫寒。为生活所迫，1944 年我 12 岁小
学刚毕业，就辍学到北京西直门火车站做童工。1947 年国民党
政府颁布童工法，裁减童工。我又重新回到学校。为节省学费和
追回做童工流失的时间，我直接跳到初中第四学期。1950 年我
离开中学，偶然发现财政部中央税务学校招生广告，就考了进
去。

丁：吴先生，我在您文集中看到，您爱好文艺表演，在中学
期间就编剧本、演话剧。1950 年您甚至报考了北京人艺。那年
人艺不招话剧演员，您才做了其他选择。当时您为什么选择了税
务学校呢？税务工作对文艺青年的吸引力应该不算很大吧？

吴：当初报考税务学校动机很单纯——那里管吃、管穿、管
住，还发助学金，能减轻家里经济负担。年轻人可塑性大，追求
进步的热情高，入学后经过一场"专业思想教育"，很快就安下
心来，学什么都能学进去。放弃文艺表演，走上经济管理研究的
道路，也遗憾也不遗憾。人生道路也许就是一个在有限选择中发
挥无限主观能动性的过程。既然走上了这条路，就努力把它走
好。

丁：也正是这种想法促使您 1956 年离职报考人民大学的吗？

吴：的确如此。1956 年，国家号召向科学进军，高校扩大
招生。那时我已经从税务学校毕业，在轻工业部制盐工业局做了
5 年多的计划工作，亲身参加了我国第一个五年计划和十五年发
展远景规划的制定，很受鼓舞。对国家的美好发展前景充满信
心，对经济工作也有了浓厚的兴趣。虽然我已是 2 岁孩子的爸
爸，但还是想去深造，在爱人的大力支持下，我考取了中国人民
大学工经系。1960 年毕业后留校任教。28 岁才算是正式走上经
济研究道路，起步很晚。

丁：起步虽很晚，但您走得很远。您 1960 年留校任教；1962

年调到经济研究所；然后是"四清"和文革；1977年协助马洪先生组建工经所；1980年开始任工业经济研究所副所长；1985年起担任博士生导师；1992年起享受政府特殊津贴；……一直到现在，您始终坚持在经济管理研究岗位上，取得了丰硕的研究成果。您觉得童年生活的磨难对您今日取得的成就有助益吗？

吴：苦难是人生的老师，磨难是人生的财富。童年艰苦生活的磨炼培养了我执著的个性和独立思考、分析问题的能力；促使我更勤奋，不断努力追赶流逝的时间。当然那段经历为我以后的成长也制造了很多困难。我跳班上中学，文化基础没打好，特别是英语搞了个"夹生饭"，改革开放后要用了却拿不起来。

丁：您后来选择自学日语，是不是和这个"夹生饭"有关？

吴：当然有关，英语我是学怕了。我调入工业经济研究所后，孙冶方所长看到我们那批青年在大学期间赶上了反右派、大跃进、反右倾等很多政治运动，专业知识和外语都很薄弱。他决定给时间、给经费让我们打基本功。一是学资本论，二是补学外语。我选择了日语，刚学了两个月就开始"四清"了，又是个"夹生饭"。1990年要去日本亚洲经济研究所，在那里要住上将近一年，"哑巴日语"怎么行。那时我已满58岁，托人破例进入了一个专为18岁娃娃出国前强化口语的培训班。刚学了两个月，签证下来了，又是个半拉子。可笑的是我在日本亚洲经济研究所完成研究任务后，用中文写了5万多字的论文，照例要在研究所学术会议上发表论文要点。我搞了一个论文提要，事先请人把日语汉字的读音标出来，我硬着头皮用日语去讲。讲了半个小时，满头大汗。我看听众谁也没听懂我在说什么，但会场却是鸦雀无声，都用鼓励、友善的目光看着我。然后报以热烈的掌声。我真是又兴奋又惭愧。我想这种韧劲儿，和我幼时的经历也是有关系的。

二　关于中日经济学术交流

丁：吴先生，20 世纪 90 年代我在日本留学期间就已久闻您的大名。您和马洪先生 1982 年共同主编的《现代中日经济事典》在日本影响很大；您多次协助马洪先生组织的"中日经济学术讨论会"论文集日文版，在日本影响也很大。您和日本学术界交往渊薮很深，所以我首先想请您谈谈您组织中日学术交流的情况和感受。

吴：我和日本学术界、企业界交往很早。1978 年党的十一届三中全会前夕，我就和马洪老师一起参加了由袁宝华、邓力群同志率领的企业管理考察团到日本访问了 1 个多月。这是改革开放初期我国派出的第一个大型考察团。这次访问收获颇多，我和邓力群、马洪、孙尚清一起合写了一本《访日归来的思索》[①]，系统地介绍了日本在六七十年代高速增长的经验和先进的管理经验。此后不久，我又在《红旗》杂志发表了《探索我国企业管理现代化道路》[②] 的文章。

丁：您和马洪先生主编的《现代中日经济事典》[③] 对我在日本留学期间的学习帮助很大。这部事典的编纂有什么由来吗？

吴：是的。1980 年我陪同马洪老师会见了日本综合研究所理事长菅家茂先生率领的"日本 80 年代研究会中坚企业经营者访华团"，向他们介绍了中国企业面临的问题和改革的进展情

---

① 邓力群、马洪、孙尚清、吴家骏著：《访日归来的思索》，中国社会科学出版社 1979 年版。

② 吴家骏：《探索我国企业管理现代化道路》，《红旗》1980 年第 20 期。

③ 马洪、吴家骏主编：《现代中国经济事典》，《现代日本经济事典》，中国社会科学出版社 1982 年版。

况。此后，中日两国经济学术交流日益增多，但是双方共同感到有一个很大的困难，就是由于两国经济制度、经济运行、经济理论体系全然不同，彼此很难准确理解对方的经济概念和经济事件。当时两国经济界人士互访频繁，每个访问团往往提出同样的问题，需要反复介绍那些重复了多次的最基本的概念和情况。效率很低，迫切需要一部"入门书"，于是就产生了编写这套事典的动议。

丁：事典这种著作形式好像我们国家过去还没有，这个动议是日方首先提出的吗？

吴：是的。记得是菅家茂先生向我提出的。当时我国确实还没有事典这样的著作形式，但日本早已有之。事典也要有章节和条目设计，但又不像辞典那样直接就每个词条做出解释，而是要对每个经济事件的来龙去脉做详细阐述。这套书分为《现代中国经济事典》和《现代日本经济事典》两部，共 160 余万字，分别按照中日两国各自的经济理论体系，系统地、具体地介绍了本国经济发展和经济运行的情况。可以说是一部增进相互了解的非常实用的工具书。

丁：这部著作出版已有 20 多年了，现在回过头来看，您有何评价？

吴：当时对促进中日经济学术交流的作用是很明显的。时至今日，我仍然认为，如果想要全面、系统地了解日本经济，全面、系统地了解我国计划经济体制下经济运行的机制和改革初期机制转换的情况，它仍然不失为一部很好的参考书。因此，我愿意向青年朋友们推荐。

丁：谢谢您的推荐。在此后的 20 多年里，您不下 10 余次访问了日本。1990—1991 年，您在日本亚洲经济研究所任客座研究员，1994—1995 年任东京大学客座研究员，1997—1998 年又受聘担任东京大学客座教授。我想请您谈一谈与日本学术界的长期交往对您的学术观点的影响。

吴：我对日本的学术访问始终围绕一个主题："中日企业比较研究"。特别是重点研究了日本股份制企业的组织结构和动力机制，从中探索我国企业改革可资借鉴的经验。在菅家茂先生和其他日本朋友的帮助下，我实地考察了许多各种不同类型的企业，阅读了大量的第一手资料，拜访了几十位企业家、经营学家和经济学家。1991 年秋我在日本亚洲经济研究所做了 10 个月客座研究员后回到北京，写了"访日归来话改革"的系列文章，连续发了五期《中国社会科学院要报》上报给中央。文章比较早也比较系统地分析了日本股份制企业值得注意的一些特点，同时提出了我国国有企业在公司化改造过程中，通过企业法人相互持股实现股权多元化、分散化的主张。

三　关于国有企业改革的思路

丁：看了您的著作我有一个非常突出的印象，就是您研究问题很集中。虽然也触及到许多宏观经济政策、经济结构等方面的问题，但您始终专注于企业管理和企业制度的改革。

吴：是这样的。人的时间和精力总是有限的，专注易于深入。我大学毕业正赶上中央起草《工业七十条》。我参加了马洪老师为起草这个历史性文件而进行的企业调查和号称《工业七十条》说明书的《中国社会主义国营工业企业管理》一书的写作。从那时起我的研究方向就定好位了，直到现在也没变。

改革开放后，在扩大企业自主权试点之前，马洪老师授意并指导我执笔写了一篇题为《充分发挥企业的主动性》的文章，1978 年 9 月在《光明日报》发表。文章比较早地提出：

一、"解决经济管理体制问题，应当把充分发挥企业的主动性作为基本的出发点"，针对当时解决经济管理体制问题主要在中央和地方条块分工上变来变去，反复出现"一统就死，一死就叫，一叫就放，一放就乱，一乱又收……"的团团转的现象，指出"无论企业归谁管，无论国家机关的条、快怎样分工，都需要按照客观规律的要求，处理好国家和企业的经济关系，尤其是要承认企业在客观上所具有的独立性，赋予企业一定的自主权。"

二、"正确处理国家和企业的关系是实现国家、企业和劳动者个人三者利益统一的关键"，针对当时企业只是行政机关的附属物的状况，指出"在社会主义经济中，国家和企业之间，应当建立严格的经济核算关系。企业要有独立的资金，要对自己经营的成果负责。""不把国家和企业的关系处理好，企业之间的关系、企业和劳动者个人之间的关系也都不可能处理好"。

三、"明确国家和企业双方的经济责任，才能更好地发挥企业的主动性"，针对当时国家只下达指令性计划而不能提供物质保证的混乱局面，指出"企业为完成计划任务所需要的条件国家也应当给予保证。在经济上必须明确国家和企业双方的责任。这种责任应当落实到人，真正把企业经营好坏同每个人的经济利益挂起钩来。"这是比较早地提出承认企业独立性、扩大企业自主权、强调把企业经营好坏和职工个人物质利益紧密挂钩的文章。

我关注和研究日本企业的经验，也是为了探寻我国企业改革的路子。在"访日归来话改革"系列文章中我明确提出了：利用多元法人相互持股的"架空机制"，实现企业自主经营；建立合理的利益结构，构筑"利益防线"，实现企业自负盈亏；增强企业凝聚力，通过企业内部"适度竞争"，提高企业对外竞争力，使企业成为"自主经营、自负盈亏、有竞争力的经济实体"的改革思路。这些文章后来在《中国工业经济》、《经济研究》、《改革》等刊物公开发表了。

　　丁：按我理解，您提出的改革思路实际上包括三个要点：一是如何实现企业自主经营；二是如何实现企业自负盈亏；三是如何提高企业竞争力。这对当时的国有企业来说，确实是三个最要害的问题；但从根上说，这三个要点还是基于您所说的"通过企业法人相互持股实现股权多元化、分散化的主张"，我想请您就此再谈谈您的基本观点。

　　吴：你提的这个问题确实很重要。据我考察，日本的股份制企业有一个最突出的特点，就是股权多元化、分散化、法人化。全日本上市公司股票总额的 70% 以上是由法人企业相互持有，真正由个人股东持有的只占 20% 多一些。而且每个法人股东持股率也很低，没有一股独大现象，股权高度分散化。这对中国很有参考价值。

　　丁：法人相互持股比重这么高，它的流通性如何呢？

　　吴：按照日本著名经济学家奥村宏教授的说法，法人持股属于"控制证券"，虽不禁止流通，但企业为了保持稳定的合作关系实际很少流通，企业之间形成了"稳定股东"。日本上市公司的股票并非是全流通的，这对于防止外资恶意收购非常有效。我们目前就碰到了外资恶意收购龙头企业、企图控制重要产业的棘手问题，我认为回过头来研究一下日本的经验还是有益的。关于这个问题，我在《日本的股份公司与中国的企业改革》[①] 一书中有过详细的论述。

---

　　① 吴家骏著：《日本的股份公司与中国的企业改革》，经济管理出版社 1994 年版。

丁：您说日本企业没有一股独大，那么日本大企业的股权结构具体是怎样的呢？

吴：以我们最熟悉的松下电器公司为例，一般容易把它理解为松下家族的私人企业。其实不然。松下电器在创业之初，主要是家族资本，随着经济的发展和企业规模的扩大，其股权比重直线下降。1950 年松下家族持有本公司股票的比重已降到一半以下，为 43.25%，到 1955 年更降到了 20% 左右，到 1975 年又猛降为 3.5%，进入 90 年代后，降到了 3% 以下。其第一大股东是三井住友银行，但也只占 4.6%，第二大股东是日本信托，占 4.0%，第三大股东是日本生命保险，占 3.9%。其股东总数为 145697 名[①]，股权可以说是高度多元化、分散化了。不仅松下电器是这样，其他一些大企业也同样如此（详见下表）。

日本 8 家知名大企业前 10 位大股东持股比例

企业名称	股东总数	第一大股东 占股权比重	第二大股东 占股权比重	第三大股东 占股权比重	前十位大股东 合计占股权比重
松下	14.56 万	三井住友银行 4.6%	日本信托银行 4.0%	日本生命保险 3.9%	29.1%
日立	29.53 万	日本信托银行 5.8%	切斯（伦敦）3.9%	日本生命保险 3.9%	33.8%
东芝	40.83 万	三井住友银行 3.8%	第一生命保险 3.7%	日本生命保险 3.3%	24.0%
索尼	68.74 万	莫库斯利 6.6%	日本信托银行 4.1%	思台脱，斯托利银行 3.2%	27.2%

---

① 《会社四季报》，日本东洋经济新闻社 2002 年第 1 集。

续表

企业名称	股东总数	第一大股东占股权比重	第二大股东占股权比重	第三大股东占股权比重	前十位大股东合计占股权比重
三洋	14.53 万	日本信托银行 5.8%	三井住友银行 4.6%	朝日银行 3.6%	31.7%
丰田	21.38 万	丰田自动织机 5.3%	三井住友银行 5.0%	东洋信托银行 4.2%	39.3%
NEC	10.79 万	日本信托银行 4.7%	住友生命保险 4.0%	切斯（伦敦）3.7%	29.8%
新日铁	45.86 万	中央三井信托银行 5.6%	日本信托银行 4.7%	三菱信托银行 3.9%	33.1%

（本表是作者根据日本东洋经济新闻社出版的《会社四季报》2002 年第 1 集整理）

　　这样一种股权结构，不但可以保护企业防止恶意收购，而且由于没有一股独大，不是哪一家说了算，而是十几家乃至二三十家大股东联合起来才能控制企业。这反而有助于实现企业自主经营。

　　丁：对照日本企业的经验，您觉得我们应如何解决一股独大问题呢？

　　吴：我在 20 世纪 90 年代初就主张国有企业的改组不要光考虑引进外资。国有企业之间、国有企业和非国有企业之间相互持股，同样可以完成股份制改造，使国有企业由只有一个"行政婆婆"转变为"多元的法人股东"。但 1994 年开始进行的"建立现代企业制度百家试点"的结果，却把 80% 以上的试点企业都搞成了国有独资公司。这是很不理想的。现在医治"一股独大"，同样要眼睛向内，鼓励国有企业之间、国有和非国有企业之间相互持股，推进股权多元化、分散化、法人化。这样就有可能取得日本企业那样的效果。

四　关于现代企业制度的本质特征

丁：您说起现代企业制度试点，使我记起了您在《求是》杂志发表的《现代企业制度的特征》①和在其他报刊发表的相关文章。您强调"现代企业制度最本质的特征是有限责任"，"从无限责任到有限责任是公司发展史上的一次质的飞跃"，"有限责任是现代企业制度一系列制度特征的总根子，"等等。好像这些观点和当时流行观点不太一样。

吴：是的。有一种宽派观点，把和企业、企业管理有关的东西全挂上现代企业制度的标签，似乎"现代企业制度是个筐，什么都能往里装"。显然这种观点不可取。还有一种窄派观点，说现代企业制度就是公司法人制度，把两者等同起来。我认为这种观点也太宽了。公司是依法设立的，各国法律体系不同，公司法人必然也是多种多样的。笼统地讲公司法人就是现代企业制度，很不准确。实际上并不是所有的公司法人都是现代企业制度。无限责任的公司法人，风险太大，不能适应瞬息万变的市场竞争环境，不能广泛吸收社会资本，没有生命力，所以它不是现代企业制度。只有有限责任的公司法人才是现代企业制度。

丁：据我所知，美国就没有无限责任公司法人，凡是公司法人不言而喻都是有限责任的。所以，把公司法人制度和现代企业制度画等号和您的有限责任论，是不是并不矛盾？

吴：你说的美国确实如此，但它并不代表一切。当今世界无限责任的公司法人制度客观存在。日本的情况你很了解。日本企

---

①　吴家骏：《现代企业制度的特征》，《求是》1994年第20期。

业现行的法律有两个：一是 1899 年颁布的公司基本法——《商法》，它规定了股份公司、两合公司、无限责任公司三种公司法人，后两种都是以承担无限责任为特征的；另一个是 1938 年颁布的《有限责任公司法》，专门规定了有限责任公司法人。至今日本还是四种公司法人并存，能笼统地说公司法人就是现代企业制度吗？

丁：可是日本在颁布了《有限责任公司法》以后，两合公司、无限责任公司都在萎缩，现在占的比重已很小。

吴：为什么会萎缩？不正好说明它不是现代企业制度吗？问题还不在于美国和日本怎样，更重要的是我们研究现代企业制度问题必须考虑国情：我们的国有企业原本都是由政府承担无限责任的，这个问题比美国和日本都要突出。他们那里可以略而不计，我们这儿可不行。如果不强调有限责任，过去那些"翻牌公司"只要经工商局注册就是公司法人，岂不都变成现代企业制度了？这样的改革还有啥意义呢？

我为什么说有限责任是"质的飞跃"，是"总根子"？原因在于无限责任公司出资人对企业的经营要承担无限责任，经营好坏涉及身家性命，是个无底洞。无限责任公司的出资人，不能不自己掌握自己的命运，必然要亲掌经营大权。这时所有权和经营权不可能分开。只有在有限责任公司制度出现后，出资人以其出资额为限、企业以其法人财产为限承担责任，企业经营才不再是无底洞，经营好坏才不再涉及出资额以外的个人其他财产。风险被分散了、限定了，这时才可能有两权分离，现代企业制度的一系列制度特征才能由此而产生。所以，我一再强调在国企改革过程中要落实有限责任，不但要改变企业债权债务方面的无限责任，而且要改变企业办社会方面的无限责任。这样政企才能分开，两权才能分离，真正的现代企业制度才能建立起来。

五　关于国有企业的民营化

丁：您 1998 年在东京大学任客座教授时专门研究了国有企业民营化问题，回国后您针对当时国内在民营化问题上容易产生的误解，运用企业形态分类的理论阐明了民营化与私有化的联系与区别，提出了国有企业民营化不等于私有化的观点。请问企业形态的概念在国际上用得多吗？

吴：这个概念倒是常用，但用它来论证民营化与私有化的关系并不多，原因是西方在这个问题上不像我们那么敏感。在我国，很长一段时间里，国有企业民营化一直是很敏感的话题。有人常把它等同于私有化。一讲民营化就有人担心会不会改变企业公有制的性质，会不会削弱国有经济的主导作用，会不会造成国有资产的流失，等等。其实这是一种误解。

丁：为什么容易产生这样的误解，怎样消除这种误解呢？

吴：我在《国有企业的民营化和民营企业的发展》[①] 一文中专门讲了这个问题。要消除这种误解，就需要用企业形态分类的概念了。任何一个国家，为了研究分析企业、组织管理企业，都需要从各种不同角度对企业进行形态分类。例如，从企业所在的行业、地域，以及企业的规模、技术特征、经济性质、组织形式、法律地位等等不同侧面，都可以对企业进行类别划分。这种类别划分有时可以用得很宽，有时也可以用得很窄。在我们研究民营化问题时，至少要涉及三个方面企业形态的划分：一个是企业的经济形态，一个是企业的经营形态，还有一个是企业的法律

---

① 吴家骏：《国有企业的民营化和民营企业的发展》，《中国工业经济》1994年第 4 期。

形态。这是从三个不同侧面对企业进行的类别划分。它们之间既有联系又有区别，在研究不同问题时可以使用不同的分类，但一定不能混淆。

丁：那些误解是不是产生于这种混淆？

吴：正是。所谓企业经济形态，是按出资主体来划分的，是国有、集体所有或是私有，这是所有制问题。经营形态就不同了，它是按经营主体来划分的，国有可以国营也可以民营，民营又可以是承包经营、租赁经营，等等，这是经营方式问题。如果把这两种形态分清了，就不会把民营化等同于私有化了。从国际经验看，民营化的形式很多，私有化只是民营化中的一种，不能把两者画等号。

丁：过去在股份公司问题上，总有人解不开它到底是"姓资"还是"姓社"，是不是也和这种混淆有关系？

吴：这是把企业的经济形态和企业的法律形态搞混了。股份公司是依法发行股票广泛筹集社会资本的一种企业形态，并不限定资本的来源是谁。这是企业法律形态问题，不是所有制问题。所以我们说不能笼统地讲股份制是公有还是私有，不存在"姓资"、"姓社"的问题，其道理也正是在这里。

六　关于治学风格与治所经验

丁：马洪先生为您的论文集所写序言曾经提到，您和陆斐文老师一起协助他进行了创建工业经济研究所的工作,[①]您能谈谈治所的体会吗？

吴：工业经济研究所是从 1977 年在原经济研究所工业组的

---

① 吴家骏著：前引书，第 1—4 页。

基础上开始筹建的。那时的工业组只有 7 个人，陆斐文任组长。按当时的说法，陆老师负责"招兵买马"，很多有经验的老同志包括影响最大的朱镕基、蒋一苇同志都是经她的手调进的；我负责学术组织，最重要的一项基础工作就是协助马洪老师组织了双周座谈会。通过双周座谈会，完成了一项系统的调查研究。前后用了几个月的时间，找遍了所有的经济部门，分别请各部委的研究室主任、计划司长前来座谈。马洪老师亲自主持和提问，把被"文化大革命"搞乱了的经济工作的实际状况摸得一清二楚，及时上报中央。这为中央进行经济改革决策提供了重要的参考资料，也为工业经济研究所的业务开展打下了坚实的基础。

我从 1980 年开始担任工业经济研究所副所长，延续时间很长，你要我说体会，最概括地讲，我觉得在工经所这样的高层次的学术研究机构担任领导工作，是一种荣耀，也是一种责任和奉献。一定要肯花时间和精力，没有奉献精神是搞不好的。

丁：我从您的成果目录中注意到，您发表的文章绝大部分是在 90 年代您卸任甚至退休后完成的，80 年代您担任常务副所长期间发表的文章相对要少得多。这和您担负了行政领导工作有关吗？

吴：这要从两方面来看。一方面说明我缺乏统筹兼顾的本领，往往顾此失彼；另一方面也说明行政领导工作确实也使我付出了相当多的时间和精力。

丁：在长期的治所过程中，您一定积累了很多经验，能向青年朋友说说吗？

吴：一言难尽。我只想说一些从老领导身上学到的东西，奉献给青年朋友。

对我一生影响最大的前辈，一是马洪老师，一是孙冶方老师。他们共同的特点是理论联系实际、深入调查研究。我和马洪老师一起工作是从 1960 年开始的。我大学刚毕业就参加了为起

草《国营工业企业工作条例》（简称"工业七十条"）由马洪领
导的工厂调查和《中国社会主义国营工业企业管理》一书的写
作。马洪老师组织写作班子深入生产第一线。我被分在京西煤
矿，到井下蹲点半年多，具体了解了企业的实际，学到了调查研
究的本领，养成了调查研究的习惯。我在日本能够比较深入地考
察企业，和这段经历不无关系。1964年我随孙冶方所长到大庆
油田和大兴安岭林区调查研究，所到之处他所提的问题、发表的
见解，都很实际，很具体、深入。他所提出的经济工作要牵牛鼻
子（指利润指标），不要抬牛腿；企业固定资产管理制度是"复
制古董"（指设备大修理基金的使用，只能照原样恢复，不允许
结合大修对设备进行改造），妨碍技术进步等等高论，都不是靠
拍脑袋拍出来的，而是调查研究产生的真知灼见。孙冶方老师是
研究政治经济学的，但对管理非常关心，非常重视。粉碎"四
人帮"后，我写了一篇加强企业管理的文章，他听到中央电台
播出后，专门把我找去（当时他已病重住进协和医院）要看文
字稿。他激动地说："不研究管理、不要管理，企业怎么能搞
好，经济怎么能够发展！"这些老前辈的言传身教，对我可谓一
生受用。所以我要向青年同志们特别是研究现实经济、应用经济
的同志们建议，一定要重视和学习先辈的经验和学风。现在经济
问题、管理问题那么多，不深入实际调查研究，就难以找到解决
问题的有效途径。一定要切忌浮躁，要下真功夫，夯实基础。

丁：谈到学风，我想最后再提一个问题：您最崇尚什么样的
风格？

吴：1990年许玉龙同志曾编著一本《当代中国经济学百
家》[①]，他在访问我的时候，问了同样的问题。我给他写了一句

---

① 许玉龙编著：《当代中国经济学百家》，东北财经大学出版社1990年版。

话："我赞成这样的风格：冷静思考、严谨治学、认真执事、热诚待人。"我一直把它作为一种追求鞭策着自己。现在17年过去了，不能还停留在"我赞成"上，所以我把它改为："我愿意坚持这样的风格：冷静思考、严谨治学、认真执事、热诚待人。"

丁：提法改了一些，但实质未变，还是那八个字：冷静、严谨、认真、热诚。等访谈稿整好后，如果需要加总标题，我建议就用这八个字，您看好不好？

吴：好。那就辛苦你了。

作 者 年 表

吴家骏 1932 年 8 月生于北京。

1944 年 9 月毕业于北京西城区扶轮小学。由于生活所迫，12 岁小学刚毕业就到西直门火车站做童工。

1946 年底 国民党政府宣布裁减童工后被裁，于 1947 年 2 月进入北京盛新中学读书。1949 年 9 月转入北京培德中学，于 1950 年高中二年肄业。

1950 年 9 月考入财政部管辖的中央税务学校。

中央税务学校毕业后于 1951 年 9 月分配至财政部盐务总局做计划工作。不久盐务总局成建制转入轻工业部，更名为制盐工业局。

1956 年 9 月作为调干生考入中国人民大学工业经济系，1960 年

9 月毕业后留校任教，同时借调到中国科学院经济研究所工业组，参加马洪同志主持的《工业七十条》企业调查和《中国社会主义国营工业企业管理》一书的写作。1962 年 11 月正式调入经济研究所。

1969 年 9 月下放到河南五七干校。1972 年回城集中学习。

1975 年 被借调到国家基本建设委员会政策研究室。当时"文化大革命"已进入后期，中央准备加强经济工作，由李先念、谷牧同志通过国家基本建设委员会政策研究室开展调查研究工作。但由于"四人帮"搞"批邓"的干扰，很快工作就陷入停顿状态。后于 1977 年撤回中国科学院经济研究所，和工业组组长陆斐文一起协助马洪同

志筹建工业经济研究所。

1978 年　中国社会科学院工业经济研究所成立后，历任办公室主任、综合研究室主任、副所长等职，先后被评为助理研究员、副研究员、研究员、博士生导师。1997年退休并返聘至今。

1978 年　中国工业经济学会成立后，一直负责该学会的常务工作，曾任常务副会长兼理事长，现任理事长（法人代表）。

1988—1993 年　曾兼任中华全国总工会第十一届执委、中国青年企业家协会副会长。

1990—1991 年　任日本亚洲经济研究所客座研究员。1994—1995 年任东京大学客座研究员。1997—1998 年受聘担任东京大学客座教授。

1992 年　起享受国务院颁发的政府特殊津贴。

2006 年　当选为中国社会科学院荣誉学部委员。

作者主要论著目录

著作、文集

1.《企业管理漫谈》，辽宁人民出版社 1981 年出版

2.《全民所有制企业经理、厂(矿)长经济建设方针政策国家统考讲座》，经济管理出版社 1984 年出版

3.《中日企业比较研究》，日本亚洲经济研究所 1991 年日文版

4.《日本的股份公司与中国的企业改革》，经济管理出版社 1994 年出版

5.《吴家骏文集》（上、下册），经济管理出版社 2001 年出版

6.《访日归来的思索》（与邓力群、马洪、孙尚清合著），中国社会科学出版社 1979 年出版

7.《漫谈经济管理》（与马洪、陈伯林合著），河北人民出版社 1980 年出版

8.《工业企业管理讲话》（与马洪合著），四川人民出版社 1980 年出版

9.《企业领导制度研究》（与马泉山合著），经济科学出版社 1985 年出版

10.《十一届三中全会以来经济建设方针政策》（与李鑫、马泉山合著），经济管理出版社 1986 年出版

11.《中国工业经济管理》（副主编）经济管理出版社 1986 年出版

12.《日本企业透视》（与郑海航合著），经济管理出版社 1996 年出版

主编、共同主编

1.《**现代中日经济事典**》马洪主编、吴家骏副主编，中国社会科学出版社 1982 年出版

2.《**中国工业经济**》（经济管理刊授联合大学教材，项目主持人），经济管理出版社 1984 年出版

3.《**中国经济与管理入门**》（项目主持人），云南人民出版社 1985 年出版

4.《**工业企业亏损调查研究**》（课题第一负责人、执行主编），经济管理出版社 1989 年出版

5.《**中国企业制度改革研究**》（吴家骏、刘春勤、周绍朋主编，经济管理出版社 1993 年出版

6.《**经济理论与经济政策**》（吴家骏、汪海波主编）经济管理出版社 1986 年出版

7.《**中国的宏观经济管理**》（吴家骏、汪海波主编）经济管理出版社 1988 年出版

8.《**九十年代中国经济的改革与发展**》（吴家骏、汪海波主编）经济管理出版社 1991 年出版

9.《**建立和发展中国的市场经济**》（吴家骏、汪海波、郑海航主编）经济管理出版社 1995 年出版

10.《**增强企业活力与完善社会保障制度**》（吴家骏、吴照云主编）经济管理出版社 1998 年出版

11.《**中国产业经济发展与企业制度改革**》（吴家骏、李海舰主编）经济管理出版社 2002 年出版

12.《**中国经济开发——现在与未来**》（马洪主编、吴家骏常务副主编）经济管理出版社 1994 年出版

13.《**世界著名企业管理精华丛书**》（与郑泽铭、郭长禄 主编）辽宁人民出版社 1997 年出版

14.《**国有企业战略性改组研究**》（史忠良、吴家骏主编）经济管理出版社 1998 年出版

15.《**知识经济丛书**》（吴家骏、邓伟根主编）经济管理出版社 1999 年出版

16.《**中国产业发展与企业改革**》（史忠良、吴家骏主编）经济管理出版社 2001 年出版

论 文

1. 《在巩固中央统一领导的前提下，发挥中央与地方两个积极性》（与里岗合作），《经济研究》1977 年第？期

2. 《社会主义经济核算不容否定》，《光明日报》1977 年 7 月 18 日

3. 《充分发挥企业的主动性》，《光明日报》1978 年 9 月 9 日

4. 《红星养鸡场调查》，《经济管理通讯》1978 年第 2 期

5. 《我国工业企业管理为什么落后?》，《经济管理》1979 年第 12 期

6. 《我国企业管理理论与实践的几个问题》，《财务会计通讯》1980 年第 4 期

7. 《探索我国企业管理现代化的道路》，《红旗》1980 年第 20 期

8. 《关于我国经济管理体制改革的目标和步骤》，1980 年 11 月 4 日在成套总局经济管理研究班做的报告

9. 《努力实现企业管理的现代化》，载《企业管理讲座》，贵州人民出版社 1980 年出版

10. 《研究经济结构，搞好经济调整》，《陕西财经学院学报》1981 年第 2 期

11. 《列宁的一长制与党对企业的领导》，《经济与管理研究》1981 年第 3 期

12. 《论企业和企业管理》，经团联讲座《专题报告选》，1982 年出版

13. 《总结历史经验，提高企业管理水平》，载《中国企业管理百科全书》

14. 《工业在社会再生产中的地位和作用》，载刘国光主编《政治经济学》经济管理出版社出版

15. 《企业》，载马洪主编《中国工业经济研究》中国社会科学出版社 1983 年 2 月出版

16. 《关于企业管理的若干问题》，《企业管理实践》1982 年第 3 期

17. 《中国工业的技术改造和企业的整顿》1982 年 12 月在日本东京做的学术报告

18. 《从经济发展战略上通盘考虑住宅问题》（在"全国城镇住

宅建设和房地产管理改革座谈会"
上的发言摘要)《房产通讯》1983
年第 5 期

19.《中国的企业管理体制改革》1983 年 9 月提交"第一次中日经济学术讨论会"的论文

20.《走中国式现代化建设的道路》,《中国青年报》1983 年 10 月 22 日

21.《关于学习三中全会以来我国社会主义经济建设的基本方针和政策的几个问题》(在国家经委举办的厂长考试试点班上的讲话)《企业管理》1984 年第一期

22.《论健全和完善企业领导制度的标准》,《中国工业经济学报》1984 年第 1 期

23.《论管理科学的发展和现代管理的特点》(1984 年 8 月 2 日在大连市经委、市委党校做的报告)《教学参考》1984 年第 140 期

24.《工业部门结构理论与实践的若干问题》,1984 年 9 月 25 日在国家经委、全国总工会第 21 期研究班做的报告《经济工作者学习参考资料》1986 年第 13 期

25.《企业领导制度改革问题》,《贵州财经学院学报》1985 年第 1 期

26.《关于企业领导制度改革问题的理论探讨》(1985 年 1 月 5 日在中央党校经济管理师资班做的报告)《理论动态》1985 年 4 月第 561 期

27.《中国企业经营管理制度的变革》,载《经济理论与经济政策》经济管理出版社 1986 年出版

28.《现代管理的三个基本特点》,《发展战略报》1985 年 11 月 19 日

29.《厂长身份面面观》,《经济体制改革的理论与实践研究会论文集》,经济管理出版社 1987 年出版

30.《对工业经济管理学的对象和任务的一点看法》,《中国工业经济学报》1986 年第 4 期

31.《中国企业经营方式的新发展》,《中国的宏观经济管理》经济管理出版社 1985 年出版

32.《企业管理的几个理论问题》,《经济工作者学习资料》1986 年第 11 期

33.《中国企业承包经营责任制的完善和发展》(1991 年 4 月提交"第四次中日经济学术讨论会"论文)

34.《论企业自负盈亏》,《中

国工业经济研究》1992 年第 5 期

35.《论企业法人相互持股》，《经济研究》1992 年第 7 期

36.《论我国企业改革的难点和对策》，《中国社会科学院研究生院学报》1993 年第 1 期

37.《论企业内部职工持股制度》，《改革》1992 年第 5 期

38.《努力突破企业改革的难点》，《财贸经济》1992 年第 5 期

39.《日本股份制企业值得注意的一些特点》，《中国工业经济研究》1992 年第 9 期

40.《对企业自负盈亏的思路》，《粤港信息日报》1992 年 10 月 17 日

41.《企业如何参与市场竞争》，《经济管理》1993 年第 4 期

42.《企业参与市场竞争需要处理好的几个问题》，《中国盐业》1993 年第 4 期

43.《论企业竞争的适度性》，《改革》1993 年第 4 期

44.《国有企业民营化不等于私有化》，《厂长经理日报》1993 年 3 月 16 日

45.《中国企业家组团赴美考察美国企业管理与市场情况》，《中外产业科技》1993 年第 5 期

46.《关于我国企业制度改革的研究》（与刘春勤、周绍朋合作），《中国工业经济研究》1993 年第 10 期

47.《关于我国企业制度改革若干问题的思考》，《中国社会科学院研究生院学报》1994 年第 1 期

48.《中国企业制度的改革》，载《经济与管理研究》1994 年第 2 期

49.《抓住自负盈亏的核心》，《深圳商报》1994 年 1 月 28 日

50.《论现代企业制度》，《首都财贸》1994 年第 1 期

51.《日本企业内部真的没有竞争吗?》，《中外管理》1994 年第 1 期

52.《发展法人持股 形成"架空机制"》，《深圳商报》1994 年 2 月 16 日

53.《公司化改革要运用法人持股的"架空机制"》，《中国工业经济研究》1994 年第 3 期

54.《建立现代企业制度的若干理论问题》，《中国社会科学院研究生院学报》1994 年第 1 期

55.《企业应树立正确的营销观》（在"市场经济与企业信誉座谈会"上的发言），《经济日报》

1994 年 7 月 30 日

56.《公司化改造与实现企业自主经营》,《中国物资经济》1994年第 3 期

57.《论现代企业制度的特征》,《求是》1994 年第 20 期

58.《有限责任——现代企业制度的本质特征》,《新视野》1994年第 5 期

59.《现代企业制度的标准、特征、形式和实践》,《经济工作通讯》1994 年第 21 期

60.《现代企业制度的本质特征是什么?》,《求是内部文稿》1994 年第 13 期

61.《研究管理科学,加强企业管理》,《新视野》1995 年第3期

62.《树立正确的产权观》,《中国社会科学院研究生院学报》1995 年第 5 期

63.《树立正确的社会保障观》,《中国工业经济》1995 年第6 期

64.《来自日本社会保障制度的启示》,《首都经济》1995 年第7 期

65.《不宜要求保持过高替代率》,《中国市场经济报》1995 年 7月 1 日

66.《转变经济增长方式与企业组织结构的调整》（1995 年 10月 6 日在“中国工业政策国际研讨会”上的发言）载国家计委研究室《研究与建议》1995 年第 5 期

67.《社会保障的实质是社会互助》,《改革内参》1995 年第 12 期

68.《现代企业制度与企业法人财产权》,《经济研究》1996 年第 2 期

69.《日本社会保障及其对我们的启示》,《新视野》1996 年第 2 期

70.《加速建立适合我国国情的社会保障体系》（与马洪合作）《光明日报》1996 年 4 月 25 日

71.《关于法人企业相互持股问题》,《环球市场信息导报》1996年第 8 期

72.《深化企业改革的重点应转移到利益结构调整上来》,《要报》1996 年 11 月 10 日

73.《论企业活力源泉同企业所有制的关系》,《中国工业经济》1997 年第 2 期

74.《论企业活力源泉同企业所有制的关系》,《理论前沿》1997年第 2 期

75.《向低收入者倾斜,加大资金投入——增加有效需求以启动市

场》,《经济管理》1997 年第 9 期

76.《企业活力不足与企业所有制有关吗?》,《深圳特区报》1997 年 3 月 18 日

77.《企业所有制还那么重要吗?》,《开放潮》1997 年第 2 期

78.《论企业活力源泉同企业所有制的关系》,《中国工业经济》1997 年第 2 期

79.《企业活力的来源:合理的利益结构》,《中国企业报》1997 年 10 月 22 日

80.《社会保障根本出路是经济发展》,《深圳商报》1998 年 3 月 18 日

81.《国有企业改革的进展》,载《增强企业活力与完善社会保障制度》,经济管理出版社 1998 年出版

82.《中国国有企业改革的进展情况和需要探讨的几个理论问题》1998 年 1 月 12 日在东京大学所做学术报告的大纲

83.《企业活力源于合理的利益结构》,《深圳商报》1998 年 3 月 30 日

84.《企业活力探源:日本股份公司给我们的启示》,《企业活力》1998 年第 4 期

85.《发展首都经济从何入手》,《北京日报》1998 年 6 月 15 日

86.《金融不安与政府对策》,《当代财经》1998 年第 5 期

87.《抓消费,促生产》(访谈录),《工人日报》1998 年 8 月 4 日

88.《抓消费 促生产》,《厂长经理日报》1998 年 8 月 24 日

89.《抓消费,促生产,营造发展首都经济的良好社会经济环境》(在"发展首都经济对策研讨会"上的发言要点),《北京日报》1998 年 6 月 16 日

90.《解决国企改革中的两个认识问题》(在"经济学家眼中的20 年座谈会"上的发言要点)《厂长经理日报》1998 年 12 月 18 日

91.《论行业自律》,《中国经济导刊》1998 年第 23 期

92.《国有企业的民营化与民营企业的发展》,《中国工业经济》1999 年第 4 期

93.《国有企业战略性改组问题研究》(与史忠良、吴照云、吴志军、王云平合作),《中国社会科学院研究生院学报》1999 年第 2 期

94.《民营化与私有企业的发展》,1999 年 3 月中央电视台国际频道播出

95.《促进非公有制经济健康发展》,《经济管理》1999年第4期

96.《论有限责任》,《理论前沿》1999年第22期

97.《关于增强企业活力的几个问题》,《新疆财经》1999年第6期

98.《简论有限责任》,《光明日报》1999年11月12日

99.《对公有制多种有效实现形式的再认识》,《社会科学辑刊》2000年第1期

100.《有限责任与无限责任》,《北京日报》2000年4月24日

101.《当务之急要落实有限责任制度》,《光明日报》2000年7月14日

102.《深化企业改革要在有限责任上下工夫》,《当代财经》2000年第3期

103.《如何建立和健全企业经营者的激励与约束机制》,《经济管理》2000年第6期

104.《落实有限责任,改变凑合体制》,《中国企业报》2000年10月9日

105.《改制的根本是落实有限责任制度》,《中国经贸导刊》2001年第5期

106.《完善公司治理结构与企业制度创新》,《中国工业经济》2002年第2期

107.《公司治理结构研究中三种值得注意的倾向》,《当代财经》2003年第1期

108.《国有企业脱困的进展和今后的课题》,《中国工业经济》2001年第2期

109.《国有企业脱困和改制》,《中国经济年鉴》2001年出版

110.《日本国有资产管理体制改革》,载《国有资产管理体制改革》(陈元、郑新立主编)中国财政经济出版社2004年12月出版